大国通史丛书

总主编 钱乘旦

英国通史

A History of England

钱乘旦 主编

【第一卷】

文明初起

——远古至11世纪

宋立宏 李家莉 张建辉 著

江苏人民出版社

图书在版编目(CIP)数据

英国通史. 第一卷, 文明初起:远古至 11 世纪/宋
立宏,李家莉,张建辉著. --南京:江苏人民出版社,
2016.9(2025.8 重印)

ISBN 978 - 7 - 214 - 17543 - 4

Ⅰ.①英… Ⅱ.①宋… ②李… ③张… Ⅲ.①英国-
历史-远古- 11 世纪 Ⅳ.①K561.0

中国版本图书馆 CIP 数据核字(2016)第 174200 号

书　　　名	英国通史·第一卷　文明初起:远古至 11 世纪
主　　　编	钱乘旦
著　　　者	宋立宏　李家莉　张建辉
策　　　划	王保顶
责 任 编 辑	张蕴如
特 约 编 辑	李成懿
装 帧 设 计	刘葶葶
出 版 发 行	江苏人民出版社
地　　　址	南京市湖南路 1 号 A 楼,邮编:210009
照　　　排	江苏凤凰制版有限公司
印　　　刷	江苏凤凰新华印务集团有限公司
开　　　本	652 毫米×960 毫米　1/16
印　　　张	186.25　插页 24
字　　　数	2 480 千字
版　　　次	2016 年 9 月第 1 版
印　　　次	2025 年 8 月第 5 次印刷
标 准 书 号	ISBN 978 - 7 - 214 - 17543 - 4
定　　　价	660.00 元(全 6 卷)

(江苏人民出版社图书凡印装错误可向承印厂调换)

总 序

钱乘旦

写一部多卷本英国通史一直是我们的夙愿,这个夙愿已经持续好几代人了。

英国史对中国人来说具有特别的意义,因为在 19 世纪,第一个打开中国国门的是英国,从那个时候起,人们就强烈想要了解英国,看这个小国如何成为世界大国。1839 年林则徐组织编写《四洲志》,其中关于英国历史的记载有一两千字,这就是中国人对英国历史最早的系统记叙,算是一篇"简明史"。1841 年,魏源将《四洲志》的内容综合于《海国图志》中,中国人关于英国历史的了解,就是从那个时候开始的。

以后,到 20 世纪初,陆陆续续出版了一批翻译书籍,向国人介绍西方各国的历史文化,其中影响较大的包括《泰西新史揽要》[①]、《万国通史》[②]、《万国史略》[③]等等,这些著作中英国的内容占很大篇幅,比如《万国通史》30 卷中,涉及英国史和英帝国史的有 6 卷,反映了在那个时候人

[①] 马恳西:《泰西新史揽要》,李提摩太、蔡尔康译(Robert McKenzie, *History of Nineteenth Century*, Chinese edition translated by Timothy Richard and Cai Erkang),上海书店,光绪二十四年(1898 年)。

[②]《万国通史》(J. Lambert Rees, *History of Ancient and Modern Nations*),李思伦白辑译,上海广学会,光绪二十六至三十一年(1900—1905 年)。

[③] 彼德巴利:《万国史略》,金陵江楚编译局,光绪三十二年(1906 年)。

们对英国的注意特别强烈。但是在 1881 年,有一本叫《大英国志》①的翻译书在上海出版,其中内容全都相关于英国史,这就是我们所见到的最早用中文出版的"英国通史"。译者是一位英国传教士,虽说他向中国人介绍英国的历史完全是出于宗教的目的,但客观上,他是第一个向中国读者全面介绍自古代直至维多利亚女王时期英国历史脉络的有心人。

1907 年出版了另一本译著《英民史记》②,该书英文作者叫葛耘(J. R. Green,今译格林),是一位非常重要的英国历史学家,他改变了当时史学界写"帝王将相、才子佳人"史的一贯传统,而以普通人民作为历史叙述的主要对象。《英民史记》在今天就可以翻译成《英国人民史》,那是他重要的作品之一,这部作品在那个时代被译成中文,的确有一点超时代的意味。

几乎与此同时,1903 年,作新社推出《英国维新史》③,此书以英国革命为题材,记叙了查理一世从继位到内战结束被斩首的历史,是一部宣传革命改造国家的作品。1906 年,《北洋学报》则连续 14 期刊登《英国变政小史》④,其内容涉及英国的议会、宪法、国王、内阁、地方自治等各个方面,宣传用变革的方式改造国家。尽管这两部作品都不属于通史范畴,却都是中国人撰写的有关"英国史"的最早文字,多多少少算是"断代史"。

民国时期继续出版翻译著作,其中钱端升的《英国史》⑤最为突出。这部书的作者是屈勒味林(亦译为屈维廉,George Macaulay Trevelyan),他是 20 世上半叶英国最重要的历史学家之一,也是 19 世纪

---

① 《大英国志》(Thomas Milner,*Chronicle of Great Britain*,published by the Mission Press of London Missionary Society,1856),慕维廉编译,上海益智书会,光绪七年(1881 年)。

② 葛耘:《英民史记》(John Richard Green,*The History of the British People*,Chinese edition translated by M. E. Macklin & Li Yushu),马林译,上海美华书馆,光绪三十三年(1907 年)。

③ 《英国维新史》,作新社藏,光绪二十九年(1903 年)。

④ 《英国变政小史》,《北洋学报》1906 年连载。

⑤ 屈勒味林:《英国史》(George Macaulay Trevelyan,*History of England*),钱端升译,商务印书馆 1933 年出版,中国社会科学出版社 2008 年再版。

著名的历史学家、辉格史学的创始人马考莱的外甥。这部书本身的价值很高，但译文却半文不白，所以读起来很费力。钱端升本人也是著名学者，他翻译的这部《英国史》，曾被当时的国民政府指定为高等学校的历史教科书。

新中国成立后，又有几本英国通史著作被翻译成中文。1958年英国历史学家莫尔顿撰写的《人民的英国史》①在北京出版，莫尔顿是英共党员，其论点受苏联体系影响很大，但书中仍保留着英国历史学家的一些特点，有自己的编写结构。这部书从远古一直写到第一次世界大战，是地地道道的一部"通史"；但它作为通史又太简单了，所以只能算是英国简史。此外，有些观点在今天看来也太陈旧了，不再被历史学家们所认同。

苏联学者塔塔里诺娃的《英国史纲》②于1962年出版，它的内容仅限于1640—1815年，其实是一部英国近代史。这部书的引进，是当时全盘学习苏联的必然之物，书中典型地体现了那个时代苏联主流学界对英国近代历史的基本观点，其中对一些重大事件及人物的评价（如17世纪英国革命、工业革命、工会运动等），后来都成为我国世界史教科书中的标准说法。即使在今天，这本书对中国的英国史学者仍然是有意义的，因为它让我们了解苏联体系对英国历史的处理方式，终究，苏联体系是一个自成一体的重要历史学体系。

"文革"结束后，翻译作品在各个领域中如泉喷出现，而最早出现的英国通史著作，是英国前首相丘吉尔的《英语国家史略》。③ 丘吉尔是政治名人，但也写过许多历史著作，比如《第一次世界大战回忆录》、《第二次世界大战回忆录》等，当然，这些著作大多是由他自己口述而由别人代

---

① 莫尔顿：《人民的英国史》(A. L. Morton, *A People's History of England*)，谢连造等译，生活・读书・新知三联书店，1958年。
② 塔塔里诺娃：《英国史纲 1640—1815》(K. H. Татаринова: *Очерки по истории англии 1640—1815 гг. Rus*)，何清新译，生活・读书・新知三联书店，1962年。
③ 温斯顿・丘吉尔：《英语国家史略》(Winston Churchill, *A History of the English-Speaking Peoples*)，薛力敏、林林译，新华出版社，1985年。

笔的。《英语国家史略》分上下两卷,第一卷写英国本土及殖民扩张史,第二卷写英帝国白人殖民地如加拿大、澳大利亚等地的历史。丘吉尔是一位保守派政治家,他的历史观也充满保守主义色彩,他的这部书是新中国成立后翻译并正式出版的第一部以保守主义立场撰写的英国通史,让读者有机会了解保守学派对英国历史的阐释。

另一部保守主义作品是《英国现代史》①,作者梅德利科特是著名的历史学家,他曾主编《朗曼英国通史》(*Longman History of England*)共11卷,我们翻译的是其中最后一卷,内容涉及 1914—1964 年的英国史。由于是多卷本英国通史中的一卷,所以这本书只是一个断代史,而且是一个不完整的 20 世纪断代史。

可是有一部真正的"英国通史"被译成中文,即肯尼思·O. 摩根主编的《牛津英国通史》②。摩根是一位非常重要的历史学家,他这本书从公元前 55 年一直写到 1983 年,内容涉及英国历史的诸多方面,不仅包括传统的政治、外交、战争、司法等内容,而且把衣食住行、人口家庭、心态娱乐等这些新鲜的领域也写进去,体现着战后西方的史学观念。但是作为单卷本的英国通史,在有限的篇幅内写这么多内容其实是不可能的,结果,在一般书中要用好几页纸才能说清楚的事,在这本书中往往只剩下一两个小节。对不了解英国历史的普通读者来说,这本书起不到蒙学的作用;而对于专业的英国史学者来说,这本书又太浅了,学术含量不够。

阿萨·勃里格斯的《英国社会史》③也是一本通史性质的书,按照当代西方史学观念,这样的社会史其实是"去政治"的英国史,它的重点在经济、社会和文化方面,对传统的政治、军事、外交等内容很少提及。但

---

① W. N. 梅德利科特:《英国现代史》(W. N. Medlicott, *Contemporary England*),张毓文等译,黄席群校,商务印书馆,1990 年。

② 肯尼思·O. 摩根主编:《牛津英国通史》(Kenneth O. Morgan ed., *The Oxford History of Britain*),王觉非等译,商务印书馆,1993 年。

③ 阿萨·勃里格斯:《英国社会史》(Asa Briggs, *A Social History of England*),陈叔平等译,中国人民大学出版社,1991 年。

是专门的"社会"通史其实也很重要，它让人们了解那些在政治家眼里不起眼的事，也就是老百姓的琐碎事。《英国社会史》从史前一直写到 20世纪 80 年代，涉及英国社会的方方面面，其内容之丰富、涵盖面之广，很少有单卷本通史书能够超越它。

2013 年出版的《英国史》（上、下册）[①]是一部适合普通中国人阅读的书。这部书从古代一直写到 20 世纪下半叶，它采用传统的历史学叙事方法，以时间为序，铺陈了英国历史的完整过程。它试图把政治、经济、社会、文化等各种内容都包含进去，对初学以及想一般了解英国历史的人来说，是一本不错的书。只是它叙述平平，虽说提供了必要的知识，却缺乏思想和思考，可说是一部"专业"书。

在翻译著作接踵而来的同时，中国学者自己编写英国通史的工作也终于起步了。改革开放以后中国出现了前所未有的学术繁荣，英国史研究也取得跳跃式发展。按道理说，中国人接触到的第一个外国国家的历史是英国的历史，写英国史包括英国通史应该很早就开始，可是由于各种原因——学术的、资源的、历史条件的、学科传统的等等，到林则徐组织《四洲志》的 140 年以后，中国学者才终于下决心开始这项工作。1981年，程西筠、王璋辉合写的《英国简史》[②]率先出版，虽说该书确实是"简史"，拿今天的眼光看可以有更大的期许，但它终究迈出了第一步，是中国学者撰写的第一部英国通史。接着又有一些通史出版，其中陶松云、郭太风合著的《英国史话》[③]是一本供青少年阅读的普及性读物，在当时也是一部尝试。王荣堂的《英国近代史纲》[④]是一部断代史，它涉及1640—1914 年的英国史，虽说它只是一个断代，却也是一个完整的断代。王觉非主编的《近代英国史》[⑤]更进了一步，从学术含量方面说，这本书达

---

① 克莱顿·罗伯茨、戴维·罗伯茨、道格拉斯·R. 比松：《英国史》（Clayton Roberts, David Roberts, D. R. Bisson, *A History of England*），潘兴民等译，商务印书馆，2013 年。
② 程西筠、王璋辉：《英国简史》，商务印书馆，1981 年。
③ 陶松云、郭太风：《英国史话》，中国青年出版社，1985 年。
④ 王荣堂：《英国近代史纲》，辽宁大学出版社，1988 年。
⑤ 王觉非主编：《近代英国史》，南京大学出版社，1997 年。

到一个新的水平。

1988 年是一个重要的年份,在这一年,由中国学者撰写的第一部有分量的英国通史终于问世,标志着中国的英国史研究迈上一个新台阶。由蒋孟引主编,辜燮高、王觉非、张云鹤、孔令平四位学者参加写作的《英国史》①计 62 万字,从英国远古一直写到 20 世纪。书中吸收了许多研究新成果,从多个角度再现了英国的历史进程。这本书的出版,改变了中国没有自己的英国通史的局面,为国内大学提供了一部完整的英国史教材。这本书还有一个重要特点,就是表达了中国学者自己的观点,一个国家的学术研究,拿不出自己的观点是不行的,否则它也就成为变相的翻译了。

21 世纪初有三部英国通史接踵出版,它们是钱乘旦、许洁明的《英国通史》②,阎照祥的《英国史》③,高岱的《英国通史纲要》④。这三部书都出自新一代学者之手,其观点和知识体系都更加新颖、更能反映国际学术界的新发展。它们作为英国史入门书是绰绰有余,不仅为英国史课堂教学提供了良好的教材,也为一般想了解一点英国历史的普通读者提供了读本。但是,作为对英国历史更精细的阐述,以及中国学者更深入的研究,它们却远远不够;要反映中国学者对英国历史理解的水平、研究的能力,需要写一部多卷本英国通史,这就是我们长期以来抱持的夙愿。

我们这部英国通史从 2008 年开始筹划,历经七年终于写成,现在就要出版了。参加写作的,多数属于更年轻一代的英国史学者,其中许多是我的学生。作者们都经受过相当严格的英国历史专业训练,熟悉国际学术界,了解研究动态;他们都有国外学习的经历,具备良好的语言能力,能够接触史料、著述,因此有优厚的学术条件。所有这些和他们的先

---

① 蒋孟引主编:《英国史》,中国社会科学出版社,1988 年。
② 钱乘旦、许洁明:《英国通史》,上海社会科学院出版社,2002 年。
③ 阎照祥:《英国史》,人民出版社,2003 年。
④ 高岱:《英国通史纲要》,安徽人民出版社,2002 年。

辈比较起来都是得天独厚的——写一部多卷本的英国通史,在 20 年前几乎是天方夜谭! 不过,学术总是一浪推一浪的,没有先辈的努力和积淀,也就没有今天这部多卷本的英国通史。

英国这个国家值得人们的特别关注,因为它在人类历史上发挥过特殊的作用。我在《在传统与变革之间——英国文化模式溯源》的卷首语中曾经这样说:

> 在世界各民族中,英国算得上是一个典型,它体现着一种独特的发展方式——英国发展方式。这种方式以和缓、平稳、渐进为主要特色,即使对世界事务不甚了解的人也会有一种模糊的印象,即英国是一个稳重的民族,它注重实际而不耽于空想,长于宽容而不爱走极端,在世界历史的长剧中,属于英国的惊心动魄的场面着实不多见。

> 但正是这个不爱走极端的稳重的民族为现代世界(至少是西方世界)奠定了好几块基石:英国最早实现工业化,成为近代大工业的开路先锋,从而把全世界推进到工业时代。英国最早实行政治变革,为西方资本主义的民主制度树立了榜样。英国的发展方式提供了一种可能的模式,证明在一定条件下渐进道路的可行。英国的科学精神和经典理论丰富了人类的精神宝库,其求实与理性的态度明显地奠定了科学思维的基础。英国对现代世界的贡献与其稳重的行为方式一样令世人印象深刻,可以说,英国率先敲开了通向现代世界的大门,英国是现代世界的开拓者。①

正因为如此,英国的历史就值得特别注意,人们需要走进英国历史自身之中,来品味它的特征。尽管时至今日,英国的辉煌已经不再,它重新回到静谧的英伦三岛;但英国的历史还是值得回味的,我们写这部英国通史,便旨在和读者们一同去回味这个历史,并沉思它

---

① 钱乘旦、陈晓律:《在传统与变革之间——英国文化模式溯源》,浙江人民出版社,1991 年,卷首语第 1 页。

的蕴意。

江苏人民出版社给我们以坚定、热情、长期的支持,王保顶先生为书的写作和出版付出了艰辛的劳动,每一卷编辑也都作出了重大的贡献,为此,我们致以衷心的感谢,并希望能从读者们那里得到回报。

2015 年 7 月 8 日,于北京

目　录

附录

前　言

罗马征服是英国有文字历史的开端。罗马之前的不列颠没有留下书面文字，了解这一时期的历史、文化和生活方式，主要依靠考古发现，以及以此为基础而形成的各种假说和猜想。罗马征服后，不列颠的社会状态可以由写在官方文件中的规章和条文所反映，从这个意义上说，罗马人将不列颠从史前带入了史中。

罗马化是罗马征服后历史发展的主线，不列颠由此发生的变异，不仅体现在本地人在多大程度上被罗马化，也体现在他们对罗马政治制度、经济体制、军事机器、宗教思想、文化风俗做出了怎样的反应和选择。

不列颠一旦成为罗马帝国的一个行省，就被笼罩在罗马庇护制的阴影下。皇帝是最大的庇护人，他垄断着政治决策权，把持着所有重要职位的任命权，控制着军队，通过层层的庇护关系直达社会底层。如果必要，他会亲自出巡不列颠，以武力保障这里的秩序；和平时期，他通过批复来自不列颠的申述和推行帝王崇拜，来维持行省的安宁。

就地方政府而言，皇帝任命的不列颠总督并非专职，他们生活在不断流动的晋升体系中，故难以发展出专业行政知识。此外，官僚机构在开始时尚未增生。这些都为地方自治开辟了空间。在某些罗马势力不易渗透的地方,地方自治政府在罗马征服初期以藩属国的形式出现;随着时机成熟,藩属国逐渐被具有高度自治权的城市所代替。城市里的当地官员在审理刑事案和征收直接税方面发挥了重要作用,他们与罗马人合作,不仅巩固了自身的政治经济利益,也有利于罗马在转嫁行政负担的同时减少地方上的不安定因素。

与屈指可数的罗马文官相比,罗马在不列颠的军人数量要大得多。在这里罗马军队经历了两个重要变化:一是兵源募选日益本土化,这使原有的军团和辅助军之间的区别日渐淡化;二是行省驻军日益定居化,这使军队作为自成一体的社会,具有隔离于非军事区的趋势。由于这两个变化,军队在和平时期的非军事功能日益突出。罗马驻军的影响主要体现在:军队对城市化进程起重要的推动作用;向军队供应粮食,带动了不列颠南部的农业发展;军队是普及罗马公民权的重要渠道。

为了治理新征服的地区,罗马采用了建城的方式。不列颠的城市分为三类:殖民市、自治市和异邦城市。各类城市尽管政治地位各有高下,但都照搬了罗马政治体制,并复制了由少数富人控制大部分权力的罗马模式。此外,城市是文明生活的舞台和支柱,不列颠人在城市公共建筑里经历的一切,具有广泛的公共性,所以这些建筑既是传播罗马文化的堡垒,又塑造着城市的政治社会生活。作为一个整体,不列颠的城市不仅体现了一种自信的帝国文化,也是持有土地的地方精英对城市公共空间加以控制的体现。

尽管城市化进程引人瞩目,但罗马不列颠始终是个农业社会。这里的土著聚落延续了从铁器时代以来发展出的地方传统。乡间别墅代表了不列颠城市和农村之间的整合,通常带有古典风格的建筑装饰、地下供暖系统、镶嵌式地面、彩绘墙壁和浴室。建造此类屋宇,不是为了推动农村生产力,而是为了炫耀财富,是其主人维系权力和社会威望的一种方式。小镇是另一种重要的农村风光,比起乡间别墅来分布得更广泛。绝大多数小镇起源于罗马统治早期,到4世纪,小镇的经济活动要比那些作为行政中心的城市活跃得多，它们是罗马不列颠经济生活的晴雨表。小镇和乡村往往还是不列颠本土宗教的圣地所在，本土宗教和罗马宗教混合的趋势在这里表现得并不明显，但巴思等地发现的咒符仍然带有鲜明的罗马文化印记。

然而不列颠罗马化的重要特征是：只有地方精英被罗马化了，其后果是扩大了精英与百姓、富人与穷人、城市与乡村之间的沟壑。尽管如此，地方精英通过罗马庇护制所接纳和融入的基督教文化，仍是古代世界最重要的遗产，没有这份遗产，迄今仍可察觉的英格兰与苏格兰、英格兰与爱尔兰之间的差别，也许就不会明显。

从公元 5 世纪中叶起，盎格鲁-撒克逊人迁居不列颠，他们在英格兰建立起一系列部落小国，英国从此进入盎格鲁-撒克逊时期。其中七个主要国家不断征战，七国中四个较小的国家肯特、苏塞克斯、埃塞克斯、东盎格利亚在争霸中被三个大国诺森伯里亚、麦西亚、威塞克斯兼并。到 9 世纪 30 年代，再度崛起的威塞克斯基本完成了英格兰在地域上的统一。在此过程中，数位盎格鲁-撒克逊王称雄英格兰，他们以征税、制定法律、创设行政体系等多种方式实施统治，致使王权发生了深刻变化。军事首领性质的部落王转变成实施军事、行政、财税、法律统治的国家之王，这就为未来的国家统一奠定了政治基础。不仅如此，七国争霸还突破了部落国家的疆域，促成了语言、习俗、法律、民政等方面的融合，为统一的国家奠定了民族基础。

盎格鲁-撒克逊人迁居不列颠，使基督教文明一度湮没。公元 6 世纪末，基督教再次传入英格兰，来自罗马、爱尔兰和法兰克的传教士是三支主要的传教力量。罗马传统和爱尔兰传统的基督教这时分别影响了英格兰的东南部和北部地区，664 年的惠特比宗教会议使英格兰各王国的教会可以在一个大主教的领导下联合成一支团结的力量。再经过西奥多大主教的努力，英格兰教会不仅在组织上真正统一，而且开始介入世俗政治。邓斯坦任坎特伯雷大主教期间，英格兰发生修道院改革运动，进一步提升了教会的权威。丹法区（Danelaw）的维京人也皈依了基督教。基督教化促进了英格兰民族的形成,奠定了英格兰统一的基础。

8世纪末9世纪初,维京人开始进攻西欧基督教诸地区,给英格兰带来了三百年的动荡。在抵抗维京人的过程中,阿尔弗雷德大帝力挽狂澜,通过改革军事内政、建立防御体系、编修法典、奖掖学术等措施,加强了盎格鲁-撒克逊人的认同感和凝聚力。他与维京人签订的《韦德莫尔条约》标志着丹法区的形成,维京人由此与盎格鲁-撒克逊人碰撞融合,演变为英格兰民族的一个部分。丹麦王克努特是第一位真正统一英格兰的国王,在他统治下,丹麦人和盎格鲁-撒克逊人在语言、法律和习俗方面日益趋同,英格兰的封建化也因为丹法区的发展而得到促进。

盎格鲁-撒克逊时期也是英国政治法律制度奠基的时期,英格兰形成了以国王为中心的三级政府管理体系,制定和颁布了一系列成文法典,逐步形成一套固定的诉讼程序和审判方法。这些政治法律制度的出现,表明英格兰已经初步建立起自上而下的、较为完整的君主统治体系,这不仅奠定了中世纪英国王权强大稳定的基础,还对"等级会议""王在法下"等英国特色的政治法律文化传统产生了深远影响。

在社会经济生活方面,维京人入侵英格兰后,逐步转向农耕生活,使斯堪的纳维亚语的基本词汇和日常用语植入了英语。王权增长和宗教团体对不列颠的拓殖活动有深远影响,新的地主对土地的控制权持续增强。到诺曼征服前夕,英格兰是欧洲高度城市化的地区之一;由父母和孩子组成的核心家庭是社会的基本单位,妇女地位较高,在宗教事务中扮演重要角色。

在思想文化方面,基督教强调"王权神授",这推动了王权的成长,但也在一定程度上抑制了王权,特别是盎格鲁-撒克逊早期尤为如此。其突出表现是:国王要向教会人士下跪,有的国王甚至抛弃王位,成为修士。教会法的约束遍及整个社会,国王亦不能除外。《英吉利教会史》和《盎格鲁-撒克逊编年史》是这一时期史学编撰的桂冠,前者出自"英国史学之父"比德之手,后者被誉为"古英语散文中首屈一指的楷模"。

　　总之,在文明初起的漫长过程中,英伦诸岛上人来人往,诸多族群进进出出,文明曾随罗马的统治而进入不列颠,又随罗马人的撤离而离开不列颠。盎格鲁-撒克逊人在随后的征服中逐渐开辟新的文明,但当这种文明慢慢成熟时,新的征服又来临了。不列颠始终处在欧洲文明的边缘交接点上,它受欧洲大陆的影响挥之不去,却又始终保持着岛国的特色。这个特点,将始终显现于整个的英国历史。

本卷主持人　宋立宏

2015 年 6 月于南京

第一篇
罗马不列颠

第一章　从史前到罗马征服

　　今天的英国是个岛国，但在史前大部分时间里，有一座陆桥把它与欧洲大陆相连。古气候学的最新研究表明，在过去 70 万年中，今日的欧洲至少经历了 19 次寒与暖的交替，在较暖和的时候，大陆上的动物会迁徙到不列颠，而一旦进入寒冷时期，它们的地理活动范围就向南方转移。人类也与其他大型哺乳动物一样在不列颠岛上周期性地进进出出。50 万年以前，人类已确定无疑地生活在今天的不列颠岛南部了，在奇切斯特附近的博克斯格罗伍（Boxgrove），考古学家发现了旧石器时代的狩猎者留下的牙齿化石和骨骼碎片，经鉴定，它们来自一种早期人类海德堡人（Homo heidelbergensis），这是目前可以辨识的不列颠最早的居民。大约在 23 万年前，居住在欧洲的原始人类尼安德特人（Homo neanderthalensis）已来到不列颠，威尔士的庞特纽威德洞穴（Pontnewydd Cave）就保存着他们的遗骸，当时处于间冰期。尼安德特人约在 4 万年前开始被现在人类的祖先现代智人（Homo sapiens）所替代，后者带来了诸多的新事物，包括洞穴壁画、骨笛这样的乐器、繁复的葬礼等。这些东西传播广泛，意味着远距离的社交和复杂语言的存在。现代智人在不列颠的最早遗迹是德文郡肯特洞（Kent's Cavern）中一块上颌骨残片，距今约有 3.1 万年。不过，直到 1.3 万年前现代智人才在不列颠广为散布;又过了 2 000 年,气候恶化,严寒来袭,人类离开不列颠,旧石器时代进入尾声。

大约在 1 万年以前,气候迅速变暖,不列颠就持续有人居住了。冰冠后退导致海平面上升,但由于冰的重量消失,一度为冰冠压着的陆地也因而上升。对不列颠和爱尔兰来说,总体后果是海平面比陆地升得快,这样,到大约公元前 7 000 年,不列颠首次成为一个岛屿。

此时已是中石器时代(约 1 万—5 500 年前),温暖的气候把不列颠群岛上的冻原和干草原变为茂密的森林。中石器时代的遗址遍布英格兰和威尔士,苏格兰和爱尔兰也首次出现了人类活动的证据。桑德尔山(Mount Sandel)上的中石器遗址就是爱尔兰最古老的人类活动遗迹,这里的人是从苏格兰西南部坐船过来的。不列颠的居民们仍然以狩猎、打鱼和采集为生,残存至今的带柄石斧和弓形猎器表明它们是经过改造的工具,适用于森林环境。随着物质文化进一步发展,及由此造成的个别群体对地方资源的控制,不同的部落最终占领了特定的区域,到中石器时代晚期,定居的趋势开始发展。在欧洲,相关的证据是出现了半永久性的沿海村庄、巨大的贝冢、食物存储窖、地界和有规划的大型墓地;而这些标志在不列颠和爱尔兰却基本看不到,相反,在这些地方出现的是小规模的临时聚落,没有找到明显的存贮设备。比如,在塞文河的入海口格德克利夫(Goldcliff),被水浸泡的沉积物中保存着鱼骨和陆上哺乳动物的残渣,表明只有在冬天和春天才有人居住。[1]

新石器时代(约公元前 4000—公元前 2500 年)的特征是农耕和定居生活,大约在公元前 4000—公元前 3000 年间,从欧洲大陆新来的一批人将经过驯化的牛和羊引入不列颠,他们种植小麦和大麦,并掌握制陶技术。为种植谷物和放牧,他们砍伐森林;到公元前 3000 年时,农耕方式已覆盖绝大多数地区,我们今天所熟悉的地貌,就是从这个时候开始形

---

[1] Barry Cunliffe, *et al.*, eds., *The Penguin Illustrated History of Britain and Ireland: From Earliest Times to the Present Day*, London: Penguin Books, 2004, pp. 12 - 17.

成。但与大陆的情景不同,不列颠的已知聚落为数甚少,占穴而居的现象却非常普遍。

从新石器时代晚期到青铜时代早期,不列颠和爱尔兰地貌中最突出的变化是出现了众多庞大的纪念性建筑。有大量的人力投入到建造聚落围墙和祖先坟墓的工作中去,出现了种种环状列石。位于今天英格兰威尔特郡的巨石阵(Stonehenge)就是这类建筑中的最知名者,它于1986年被列入联合国世界遗产名录,每年都能吸引来自世界各地的百万游客。考古学家认为,占地大约11公顷的巨石阵,其修建分几个不同阶段完成,延续了至少1500年。第一阶段大约始于公元前3100年,先是修建了环形的沟渠和土台,用蓝砂岩排列出由两个圆环构成的巨石阵的雏形。在公元前2100年至公元前1900年又修建了通往石柱群中央部位的道路,规模庞大的巨石阵也在此期间落成,石柱顶上尚有横卧的巨石为楣。而其后的500年间,这些巨石的位置被不厌其烦地重新排列,直至形成今天的格局。从现存遗址看,这个环形石柱群被直径达120米的土堤围绕,石柱高达6米,单块重30—50吨;石柱上有厚重的石楣梁,构成柱廊形状;石环外侧土墙的东部有一巨大的石拱门,整个结构呈马蹄形;石环内有5座门状石塔,高约7米,呈同心圆状排列。巨石阵产生的时代没有留下文字记录,它的功能和用途至今众说纷纭,没有定论。用作天象观测台和宗教祭祀场所的解释一度很流行,但近来也有学者提出这里曾是被认为具有神奇治疗功能的康复中心,或某种墓碑。[①] 我们永远无法得知建造这些庞然大物的真正动机,但它们的默默矗立却隐隐指向一种有规划的社团活动,一种日益增长的社会凝聚力,一种将自己的历史强加给自然的心态。

---

① "Stonehenge", from Wikipedia, http://en. wikipedia. org/wiki/Stonehenge # cite_note - 16, Retrieved 26, January 2012; James Dyer, *Ancient Britain*, London: Routledge, 2003, pp. 64 - 78; Jacquetta Hawkes, "Stone Age to Iron Age", in Boris Ford, ed. , *The Cambridge Guide to the Arts in Britain*, Vol. 1: *Prehistoric, Roman and Early Medieval*, Cambridge: Cambridge University Press, 1988, p. 21.

值得注意的是,此类巨大建筑物尽管在许多方面有独到之处,因而可被看作是本土艺术的结晶,但说它没有受到大陆的影响,却是难以想象的。事实上,在 2002 年,巨石阵附近的艾姆兹伯里(Amesbury)小镇上发掘出一处史前墓穴,里面葬着一个人,考古学家称之为"弓箭手",因为墓穴中埋有许多石质箭头(flint arrowheads)。"弓箭手"生长在中欧的阿尔卑斯山区,却在公元前 2300 年左右下葬于此地,墓穴中还发现了金质的发饰和铜制的刀,这是在不列颠发现的最早的金属制品。此人很可能是一名铜匠,他长途跋涉,到巨石阵来朝拜,却最终长眠于此。

约在公元前 2475 至公元前 2315 年间,宽口陶器出现在英格兰。这种陶器常常被认为源自伊比利亚半岛,其使用者采用土葬,尸体旁往往陪葬一件宽口陶器。此外,这些人还善于精炼金属,起初以黄铜造器,但在大约公元前 2150 年前后,他们发现了如何用黄铜混合少量锡而制造出青铜。不列颠由此全面进入青铜时代。在随后 1 400 多年里,青铜取代石头,成了工具和武器制造的主要原料。今日英格兰西南部的康沃尔郡和德文郡锡矿蕴藏丰富,到公元前 1600 年时,当地的锡被大量输送至欧洲,德文郡南部几个海岛上留有史前聚落的遗迹,它们见证了这种贸易的繁盛之景。宽口陶器在不列颠的出现,究竟是表明有一个种族从欧洲大陆大量来到了不列颠,还是意味着有一种以使用宽口陶器为突出特征的整套文化生活方式通过部落间的贸易蔓延到了不列颠土著民那里,这在考古学家那里有争论,目前后一种观点比较流行。

在青铜时代早期,人们生活在敞开的聚落中,这里很少设有重防。房屋主要为木质结构,以茅草覆顶。人们懂得制盐,后来又采用了火葬。对当时的大多数人而言,务农仅够维持温饱。有些人负责采集,为了获取原木、食盐和碾碎谷物的石头,他们会越出本社群所在的疆界,而直接与其他群体发生接触,物品交换和暴力冲突也就如此产生了。最终,接触导致了区域差异,不同的社群因不同的服装和行为举止而进一步分化。

到青铜时代晚期,工匠们的技艺和才能似乎主要投向了金器和其他精巧私人物品的制作,以及完善青铜武器和工具。尽管这是为享有特权的上层阶级服务的,但有关的直接证据却难以发现。无论如何,在大约公元前 1200 年以后,不列颠仍是落后之地,当地铜匠肯定无法和他们的丹麦同行竞争,不列颠的财富主要来自琥珀贸易。这一时期尚有证据表明出现了较大规模的文化断裂,一些学者认为这可能意味着不列颠南部遭到了入侵,或者有了新的移民。这种断裂看来不仅仅局限于不列颠,甚至不仅仅局限于欧洲,因为这一时期不少近东的大帝国也引人注目地瓦解了,而原先骚扰东地中海的海洋民族,其足迹这时开始遍及整个地中海盆地。[①] 从公元前 750 年左右,来自欧陆的铁器文化开始影响到不列颠。

较之青铜,铁的硬度更高,更耐用,数量亦更多。铁器的使用尤其给农业带来了革命性的影响。用铁质犁头犁地,要比木质或铜质的犁头快得多、深得多,而用铁斧砍伐森林、开辟耕地也相对而言更迅捷有效。

一般认为,欧洲铁器时代的文化,主要以哈尔希塔特(Hallstatt)文化和拉坦诺(La Tène)文化为典型代表。

哈尔希塔特文化得名于奥地利萨尔茨堡附近的一处墓葬遗址,它涵盖了从青铜时代末期到铁器时代早期西北欧的大部分地区。哈尔希塔特风格的青铜长砍刀在公元前 7 世纪出现在不列颠,到公元前 6 至前 5世纪,这种风格的铁剑、匕首、青铜马具和男性首饰也出现了。这些物品一度被认为是奉行哈尔希塔特文化的民族从欧陆入侵不列颠的证据,现在看来更像是英吉利海峡两岸的军事首领互相赠送的礼物。[②]

随着铁器的出现和使用,聚落的性质也发生了变化。在哈尔希塔特文化区,一个最显著的特征是山寨大量涌现。在不列颠,尤其是在其中

[①] Anthony Harding, "Reformation in Barbarian Europe, 1300 – 600BC", in Barry Cunliffe ed., *Prehistoric Europe: An Illustrated History*, Oxford: Oxford University Press, 1994, p. 327.

[②] 克里斯托弗·A. 斯奈德:《不列颠人:传说和历史》,范勇鹏译,北京大学出版社,2009 年,第 15 页。

南部地区,山寨的修建从公元前 7 世纪起大大加快,到公元前 6 世纪和公元前 5 世纪早期发展到了一个高峰。这些山寨往往占地 1—6 公顷,而且层层设防,里面显得人口密集。在汉普郡的丹伯里(Danebury)的山寨,木屋环列在山寨中心周围,其外侧紧贴着护寨沟,进出山寨的通道还铺有碎石。这种格局似乎表明,人口在当时有了增长,并且呈现出集中的趋势。而修这种建筑不仅需要集体力量,还意味着权力以及能把人口团聚起来的社会经济体系都得到了适度集中;换言之,山寨的功能,可能是为了显示权力威慑,并用作地区权力中心。此外,部落间的矛盾和冲突可能已经激化。值得注意的是,在大约公元前 400 年后,不少这些山寨遭到弃置,只有少数仍被使用,但其地位越来越突出,有的甚至一直延续到公元前 1 世纪。因此,可以设想,维持早期山寨的社会体系也一直持续和发展了 500 多年。不列颠南部的山寨中尚有大量粮仓,显然,获得和储存余粮可能也是这类山寨出现的一个动因,虽说我们很难据此判断这究竟在多大程度上反映了一种有组织的区域再分配体系,或仅仅是一种防范周期性粮食短缺的措施。不过,有一点基本是清楚的:进口的奢侈品在当地的经济生活中并不重要,山寨作为区域体系的中心差不多是自给自足的。只有在涉及诸如铁、青铜、石材这类基本商品和诸如玻璃、琥珀、珊瑚这类次要奢侈品时,跨地域的交换才会发生,而且发生在一个社会互动是以礼物交换为特征的体系中。①

到公元前 6 世纪,不列颠与地中海世界之间的联系已经建立起来。最早的记录来自公元前 6 世纪一位马赛水手的航海手册,马赛当时是希腊人在西欧建立的首批港口殖民地之一。这份手册的原件现已失传,但公元 4 世纪罗马诗人阿维努斯(Avienus)在其诗作《海岸》(Ora Maritima)中引用了片段,表明手册曾提到从西班牙加的斯城沿大西洋海岸北上至布列塔尼、爱尔兰和不列颠的海上航道。这条远距离航线是

---

① Barry Cunliffe, "Iron Age Societies in Western Europe and Beyond, 800 - 140BC", in Barry Cunliffe ed. , *Prehistoric Europe : An Illustrated History* , pp. 351 - 353.

否使用频繁，今已无从知晓。

两个多世纪后，约在公元前 330 年，另一个马赛的希腊人毕提亚斯（Pytheas）也进行了直布罗陀海峡以外的航行。他写了一本已失传的《论海洋》，从后来希腊作家的引文中可以知道，他同样取道布列塔尼，探索了不列颠附近的北方水域。他最早发现不列颠是岛屿，呈三角形，并抵达一处名为贝勒里乌姆（Belerium）的岬角，这里出产锡，故应该是康沃尔郡。更了不起的是，他曾到达北极圈附近的"图勒岛"（Θουλη），发现那里整夜阳光普照，是"太阳入眠之处"。这里或许就是今天的冰岛，但也可能是设得兰群岛或挪威。无论如何，在毕提亚斯身后，古代航海家再也没有发现图勒岛，他报道的匪夷所思的极地现象无从证实，罗马时期权威的地理学家斯特拉博就断言他是个十足的骗子。① 只是到了公元 1 世纪后半叶，在不列颠总督阿古利可拉派遣一支舰队绕岛一周后，罗马人才相信不列颠的确是个岛屿。② 毕提亚斯可能留下了关于不列颠岛上居民的最早记录，他把这些人称为"Πρεττανοί"（其拉丁化的转写是 Prettanoi，也拼作 Priteni、Pritani 或 Pretani），它最初很可能是指这些人身上醒目的文身，正是从这个词中衍生出罗马作家后来更常使用的"Britanni"，即我们今天所谓的"不列颠人"（Britons），因此，"不列颠人"一词并非当地人的自称，而是地中海居民加给他们的名字。除了这个词之外，古典文献中最早描述不列颠岛的词是"Albion"（Ἀλβίων），其词根有"白色的"之义，最初很可能是指不列颠南部海岸那些白色的悬崖峭壁。

总的来看，虽然文献记载对大西洋沿岸的交易体系有所反映，但来自地中海的奢侈品几乎从未得到考古发现的证实。所以，约在公元前

---

① Stanley Ireland, *Roman Britain: A Sourcebook*, 3rd edn., London: Routledge, 2008, pp. 11 - 14; Barry Cunliffe, *The Extraordinary Voyage of Pytheas the Greek*, London: Penguin Books, 2002; 保罗·佩迪什:《古代希腊人的地理学——古希腊地理学史》，蔡宗夏译，商务印书馆，1983 年，第 65—69 页; A. L. F. Rivet, C. Smith, *The Place-Names of Roman Britain*, Princeton: Princeton University Press, 1979, pp. 42 - 43.

② 塔西佗:《阿古利可拉传》，马雍、傅正元译，商务印书馆，1959 年，章 10。

500 年的时候，不列颠的经济基础更可能是放牧和对食物资源的开发利用，而非对交易商品的操纵。

如果说哈尔希塔特文化在铁器时代早期席卷了大部分西北欧地区，那么进入铁器时代中晚期后，即在大约公元前 450 年之后，另一种相似的文化在整个欧洲弥漫开来，这就是所谓的拉坦诺文化，得名于今瑞士纳沙泰尔湖东端的考古遗址，其典型特征是装饰于武器、珠宝和陶器上的曲线艺术。拉坦诺文化是与克尔特文化最为相近的铁器时代文化。有的学者认为，拉坦诺文化是说克尔特语的人的文化，它能在欧洲迅速传播，与克尔特人这时的流动密切相关。[①]

在当前学术界，"克尔特"这个术语，更多被理解为一种语言，说这种语言的部族往往有着宽泛的文化上的相似，但不意味着它们彼此之间享有一种持久的文化统一。这些部族最早源于中欧多瑙河上游和莱茵河流域，从公元前 5 世纪中叶开始，他们忽然爆发式地向外流动，引发迁徙的原因常常被解释为人口膨胀、耕地缺乏、北欧波罗的海附近的日耳曼人开始南下。感到压力的克尔特人自然把目光投向他们通过贸易联系已经熟悉了的南方。他们很快来到高卢和伊比利亚半岛；一个世纪后又跨过阿尔卑斯山，于公元前 390 年闪电般地占领并洗劫了罗马城，再闪电般地撤出，然后在肥沃的波河流域定居下来。这次洗劫令罗马人痛苦而难忘，他们的防御策略从此改变了：罗马人务必要确保其永恒之城再无被任何蛮族接近的机会，他们直到控制了整个意大利，才恢复了安全感。克尔特人后来又散布到多瑙河中游，很快便以雇佣军的身份出现在希腊文献中，并最终到达小亚细亚中部的加拉提亚。

在欧洲的这次大迁徙过程中，克尔特人何时西进并抵达不列颠的？这点是没有历史记录可考的，因为古典作家不关心这个问题，而铁器时代不列颠人所讲的克尔特语又没有书面形式，这种语言的遗存今天只能

---

① Barry Cunliffe, *Iron Age Societies in Western Europe and Beyond*, *800－140BC*, pp. 367－368.

从钱币和一些人名地名中蠡测一番。目前流行的观点认为,不列颠土著
居民的语言虽然与欧洲北部一支克尔特部落的语言有联系,但同时带有
强烈的方言成分,其内部又可以分为两大分支:其中较大的分支叫布立
吞克尔特语(Brithonic Celtic,或称 P-Celtic),流行于不列颠大部分,但不
通行于爱尔兰岛和苏格兰西部的部分地区,这些地方的人主要说高德尔
克尔特语(Goidelic Celtic,或称 Q-Celtic)。前者残存于今天的威尔士
语、康沃尔方言和布列塔尼语之中,并与当时大陆上流行的克尔特语相
似;而后者能在现代爱尔兰语、苏格兰语、马恩岛的方言中窥见其痕迹,
在欧陆上则很罕见。①

  无论如何,已有的考古发现并不支持不列颠社团的文化与欧陆的拉
坦诺文化有着紧密联系的观点。一般认为,拉坦诺文化在大约公元前 3
世纪中叶出现在不列颠,但不列颠所发现的器物在风格上与欧洲大陆的
器物有细微区别,比如不列颠本土艺术家不像其大陆同行那样喜欢采用
对称的风格,而是大胆采用了不对称的设计。② 这很可能是本地艺术家
发挥主动,灵巧地改造了大陆风格。因此,大多数考古学家目前倾向于
将不列颠出现的拉坦诺风格的器物视为大陆器物的进口,或是不列颠人
的仿效所致,而不是克尔特民族大举入侵不列颠的证据。不过,并不能
因此而主张不列颠从未接纳过来自大陆的克尔特人。约克郡发现的一
些墓葬中有不少两轮车,它们覆盖在男女墓主的遗骸上,这属于当地的
阿拉斯(Arras)文化。这种"车葬"现象与塞纳河流域和法国北部的一些
墓葬极为相似。因此,不少学者认为这些墓主是外来的精英;此外,当地
部落叫做 Parisii,而塞纳河流域有个 Parisi 部落,这种名称上的相似又为
支持克尔特人来到不列颠提供了力证。但是,这些人也可能是本土精
英,他们或许采用了外来的墓葬风俗以自尊自贵。由于没有文字记录,
仅凭考古材料是难以下定论的。

---

① David Mattingly, *An Imperial Possession*:*Britain in the Roman Empire*, *54 BC - AD 409*,
 London:Penguin Books, 2007, p. 52.
② Jacquetta Hawkes, *Stone Age to Iron Age*, p. 23.

虽然克尔特人从大陆入侵不列颠的理论近来在学术界日益失去支持，但大多数学者仍然承认比尔盖人（Belgae）从公元前 2 世纪末起涌进不列颠南部，这可以算作大陆人的入侵。比尔盖人居住在高卢北部，一般认为属于克尔特人和日耳曼人的混种。随着罗马帝国在公元前 1 世纪向外扩张，他们开始流离失所。凯撒在其《高卢战记》中对此有记载：

> 住在不列颠内地的人，据他们自己的历代传说，是岛上土生土长的，住在沿海地区的人，则是为了劫掠和战争，早先从比尔盖迁移过去的，通常就用他们原来出生的那个国家的名字称呼他们，打完仗后，他们就在这里居住下来，并且开始耕种田地。居民很多，简直难于计数，他们的房舍建得很密集，大部分跟高卢的相像。①

尽管定居在不列颠，比尔盖人肯定没有失去与其大陆同胞的经济和社会联系，所以凯撒发兵征服高卢时，一再发现对手总能得到来自不列颠散兵游勇的增援。当然，也不能排除这种可能性：凯撒刻意夸大了不列颠和高卢之间的密切联系，以便为他入侵不列颠寻找借口。

不少学者利用凯撒对不列颠人的记述重构罗马入侵前不列颠人的社会生活特征。凯撒是这样写的：

> 全不列颠中，最开化的居民是住在肯几姆地区的，这是一片完全滨海的地区。他们的习俗与高卢人没有多大差别。至于住在内陆地带的人，则大多数都不种田，只靠乳和肉生活，用毛皮当做衣服。所有不列颠人都用菘兰染身，使人看来带有天蓝颜色，因此在战斗中显得更为可怖。他们还蓄着长发，全身除了头部和上唇之外，到处都剃光。妻子们是由每一群十个或二十个男人共有的，特别是在兄弟们之间和父子们之间共有最为普通，如果这些妻子们中间有孩子出生，则被认为是当她在处女时第一个接近她的人的

---

① 凯撒：《高卢战记》，卷 5 章 12。另参见同书的卷 2 章 4。

孩子。①

这段话值得仔细分析,因为其中每句话几乎都包含了预设的观念。不种田、只饮乳啖肉、以毛皮为衣,皆为游牧生活的标志。它们与种田、以面包与葡萄酒为主食、穿棉着麻的农耕生活形成鲜明对照。而农耕生活作为一种生活方式,在罗马人眼中是社会进步的象征,与凯撒同时代的瓦罗就认为人类发展要依次经过自然状态、畜牧生活、农业生活这三个阶段。② 用菘兰染身,不管出于什么目的,与罗马人的审美观相距甚远。留长发也是如此,罗马人自公元前 3 世纪起便不再留长发,只有哲学家留长发能够得到社会宽容,其他效颦者被讥为土气和野蛮,如高卢北部就被称做"长发高卢"(Gallia Comata)。头发要剃并不意味着身上的毛发也要剃,除了个别身负宗教义务而必须剃光全身毛发的祭司外,只有供人鸡奸的男子才会把身上剃得很光滑。③ 共妻制则是乱伦淫逸的代名词,与体现在罗马人一夫一妻制之中的道德准则格格不入。由此可见,凯撒是带着罗马人的视角去看不列颠人的,他能注意到的东西,往往反映出他自视为天经地义的合理观念;换言之,他表面上在客观地描述不列颠人,但实际彰显出的却依然是罗马人。因此,凯撒的记述对于真正了解不列颠人在罗马入侵前的社会结构和经济生活,是没有什么价值的。

近期的考古发现更是有力反驳了凯撒。凯撒说内陆的不列颠人"不种田,只靠乳和肉生活",但已有充分的考古证据表明,不列颠北部和西部在铁器时代晚期有大量的谷物种植。④ 事实上,"克尔特""比尔盖"这些概念皆来自后世古典作家的记载,其运用于相关考古材料乃是出于现

---

① 凯撒:《高卢战记》,卷 5 章 14。

② M. T. 瓦罗:《论农业》,王家绶译,商务印书馆,1981 年,卷 2 章 1。

③ J. P. V. D. Balsdon, *Romans and Aliens*, Chapel Hill: University of North Carolina Press, 1979, pp. 215 - 216.

④ Colin Haselgrove, "Society and Polity in Late Iron Age Britain", in Malcolm Todd ed., *A Companion to Roman Britain*, Oxford: Blackwell Publishing, 2004, p. 13.

代考古学家的解释,而考古材料本身是无言的,套用后世文献中的概念解释这些材料免不了刻舟求剑之弊,最终显得难以对号入座。所以,考古学家目前越来越谨慎,在描述从公元前2世纪末到罗马征服之间不列颠的社会群体时,尽量避免使用带有族性或人种含义的概念,转而将有关考古材料放在"前罗马铁器时代晚期"(Late Pre-Roman Iron Age,简称LPRIA)这个术语下讨论。①

诺福克郡的斯奈提沙姆窖藏(Snettisham hoard)是铁器时代晚期最知名的考古发现,窖藏出土物中,有用实心金银索缠绕而成的项圈,配置着拉坦诺风格的纹饰,这些项圈大约是在公元前75年左右被精心埋藏的,这里不仅是欧洲铁器时代最大的金银器窖藏,而且代表了罗马之前的不列颠工艺水平的最高峰。谁拥有这些宝藏,今天已经不可考,但将大量贵金属仔细地埋入地下,很可能是将其作为祭神品,这一类的宗教观念即使到罗马时代的晚期,仍旧不绝如缕。②

此外,考古材料显示不列颠并非文化统一和族群单一之地,不同区域在物质文化上的差异是比较明显的。不过,聚落遍布全不列颠,它们显然在铁器时代末期得到了强化。不列颠人普遍喜欢住在排列成环状的圆形房屋中,这可能与他们的循环的时间观有关。不少保存较好的圆屋可以在入口处按东西轴一分为二:烧饭、做菜、纺织等日常活动一般位于房屋的南半部;北半部则用来储物和睡觉。房屋入口对着初升的朝阳,有分隔昼夜、推算季节变化的计时功能,这在时钟和历法发明前无疑十分重要,表明人们已经对时间的流逝和天体的运动形成了比较复杂的概念。当然,社会的经济基础仍然是农业。

与铁器时代早中期相比,聚落的模式此时开始起变化,出现了考古学家们所谓的"奥皮达"(oppida)。这个词借自拉丁文(其单数形式为

① 这方面影响大的、有代表性的是 Martin Millett, *The Romanization of Britain: An Essay in Archaeological Interpretation*, Cambridge: Cambridge University Press, 1990, p. 10.
② 参见 Richard Hobbs and Ralph Jackson, *Roman Britain*, London: British Museum Press, 2010, pp. 18-19.

"oppidum"），在罗马人那里意味着城市的中心。凯撒曾用这个词来形容不列颠人的聚落，但他显然不认为不列颠人拥有罗马意义上的"城市"，因为他明确说"oppida"在不列颠人那里指的是"用壁垒和壕堑防护着的枝叶繁密、难于通行的森林地区"，更像是不列颠人的避难所。①

考古学家们所说的不列颠的奥皮达占地庞大，通常环有坚固但不连续的土墙，因而显得像是地区中心，体现了一种社会集中化的努力。奥皮达的出现可能表明，随着部落组织功能的重要性日益突显，部落领袖的职责得到进一步明确，在部落中有了形成奥皮达这种核心的需求。奥皮达的发展可能具有两种模式。在现在的科尔切斯特（Camulodunum）②，似乎是先出现了一个地方精英的聚落，奥皮达作为地区中心才在此基础上发展起来，锡尔切斯特（Calleva Atrebatum）等地的奥皮达表明这是一种常见的模式。在另一些地方，奥皮达起初可能是临时性或周期性的聚会地点，甚至通常可能位于无人居住的中立地区，由于众部落聚集在这里，其宗教仪式功能逐渐得以发展，交换活动随之出现，无论是否有人永久居住，部落认同开始集中在这里，它不仅成了社区中心，也是部落成员心目中的中心，渐渐的，诸如造币这样的功能也在这里发展起来。③

当罗马人占据奥皮达后，仍然将地方中心设在这里。有学者据此认为，"不列颠的奥皮达显示出真正的城市生活面貌，包括一个集权制的王权、正式的公墓以及带有城市名字的金属货币"，所以奥皮达代表了不列颠的"早期城市化"。④ 这种论断恐怕具有误导性，因为"城市"在罗马人眼中的内涵和奥皮达体现的内涵是截然不同的，不列颠的城市化直到罗马征服后才真正展开。⑤

除了聚落模式的变化，对植物花粉的研究显示，在罗马征服前，不列

---

① 凯撒：《高卢战记》，卷 5 章 21。中译本将"oppida"译作"要塞"。
② 本篇使用现代地名，其罗马时期的名字一般用原文标在后面的括号内，下同。
③ Martin Millett, *The Romanization of Britain*, pp. 21 - 29.
④ 克里斯托弗·A. 斯奈德：《不列颠人：传说和历史》，第 20 页。
⑤ 详见本篇第 5 章。

颠的大部分地貌已适合务农。早在青铜时代晚期,南部的许多林地就已
清除。在威尔士,主要的清除工作发生在青铜时代晚期和铁器时代早
期。而到了铁器时代晚期,英格兰北部的林地也被大量清除了。① 除了
这些情况,罗马之前的社会状况目前还很难用考古资料恢复,不过,材料
的缺乏并不意味着当时的社会组织结构简单无奇,当代人类学研究已无
数次证明,在几乎没什么考古资料可以借用的部落社会,其社会关系仍
相当复杂。此外,不难想见,随处可见的带防御的聚落,意味着武力也许
与社会权力如影随形,这里的诸部落好勇斗狠,不仅发动部落之间的战
争,也热衷于部落内部互相残杀。前罗马时代晚期的军事色彩应当是浓
烈的。

　　在同一时期欧洲的地中海盆地,绵绵不断的战事也主导了社会生
活。频繁的军事活动既带来了问题,也带来了解决问题的机会。罗马人
对地中海的征服就为他们带来了维持征服所不可或缺的财富、原材料和
以奴隶为形式的人力资源;同样重要的是,新的行省又让他们有地方安
排在意大利过剩的东西。比如从战争中退役的老兵,这些人放在意大利
往往变成严重的政治和社会动荡的根源;又比如葡萄酒,意大利的企业
家自公元前2世纪初起便向高卢南部输出葡萄酒。这样,罗马人在地中
海的核心区域变得逐渐依赖野蛮的边缘地带,而一个边缘地带征服后,
后面总会有另一个边缘地带,罗马人就这样抵达了沙漠、森林和海洋。
从公元前2世纪中叶开始,越来越多的证据表明英吉利海峡两岸的交往
日趋频繁,运输葡萄酒的双耳瓶(amphorae)在不列颠就多有发现。在韦
林菜园(Welwyn Garden)出土的一座墓室里,除了发现可能是当地某个
酋长被火化的遗骨,还发现至少5个双耳瓶和一批进口酒器,其中包括
一只来自意大利的银杯。葡萄酒很可能是在这次葬礼上饮用的。② 最
终,不列颠南部的铁器时代随着凯撒入侵而结束了,但在那些罗马势力

---

① Ken Dark, Petra Dark, *The Landscape of Roman Britain*, Stroud: Sutton Publishing,
　1997, p. 42.

② 相关图片,见 Richard Hobbs and Ralph Jackson, *Roman Britain*, pp. 23 – 25.

未及之处,譬如苏格兰,铁器时代直至公元 5 世纪方告结束。

凯撒入侵开启了英国历史和文化的一个新阶段。不过,这一点在当时是看不清楚的;它的重要性最初体现在罗马政治中。罗马政坛当时有三位巨人:庞培、克拉苏和凯撒。此三人既暗中结盟,共同把持罗马政局;又相互较劲,设法牵制和打压对手,力争为自己积累更大的政治声望,以确保能在政治角逐中最终胜出。公元前 56 年,这三人在路卡会议上商定,由凯撒续任高卢总督 5 年,而庞培和克拉苏出任公元前 55 年的执政官,任满后庞培出任西班牙总督,克拉苏出任叙利亚总督。这个安排对凯撒来讲,好处是可以继续保持他的兵权,但隐忧在于,一旦另外两个巨头在西班牙和叙利亚建功立业,他们在罗马民众心目中的威望很快就会盖过凯撒。罗马民众仍然是这一时期政治决策中举足轻重的力量[1],他们对战利品和罗马荣耀的渴望是不知餍足、喜新厌旧的。

凯撒必须寻找新的机会建功立业,而要再有作为,只得把眼光投向高卢之外。不列颠不啻是最好的选择。在当时罗马人眼里,不列颠是最遥远、最神秘的所在,潜藏在海怪出没的波涛汹涌之处。但大举入侵不列颠是有顾忌的,行省总督擅自领兵离开自己的行省,将会招致严厉惩罚。凯撒作为高卢总督,不可能不知道这一点,而他在罗马那些势力庞大的政敌巴不得搞垮他,肯定会利用这点大做文章。因此,不妨先发动一场小规模的短期入侵,探测罗马的舆论。如果舆论有利,便再接再厉,一举征服不列颠;如果舆论不利,就说这不过是对敌人惩罚性的出击,好让他们知道罗马人惹不起,今后懂得知难而退。为此,凯撒找了个理由:他在征服高卢时就发现,当地土著总是得到来自其不列颠同胞的援助,为了确保高卢的安定,有必要把潜在威胁连根拔除。

于是有了公元前 55 年的第一次入侵。对凯撒而言,这算得上一场灾难。在冬季来临前,凯撒来到不列颠,因为罗马船只过于庞大,不得不

---

[1] Fergus Millar, *The Crowd in Rome in the Late Republic*, Ann Arbor: University of Michigan Press, 1998.

在深水区靠岸。不列颠人早已守候在那里,罗马士兵惊慌失措,无法用平常陆上战争习有的那种敏捷和热情去应战。然而,不列颠人也被罗马舰只陌生的形状、怪异的排桨动作吓住了,一片混乱中,罗马人将不列颠人赶出海滩。不列颠人很快前来求和,并把凯撒先前派去劝降、但被不列颠人扣押的阿德来巴得斯人(Atrebates)康缪斯(Commius)送回。到第四天,海上风云变幻,载运罗马骑兵的18艘船尽管已接近海岸,却因突起的风暴不得不折回大陆。当晚又恰逢月圆之夜,高涨的海潮使罗马人搁浅在海滩上的许多船只互相碰撞,以致粉碎。经过一番补救,凯撒共损失了12只船。不列颠人看到这些,不禁蠢蠢欲动,突袭了第七军团,凯撒带兵前去解围。就是在这时,罗马人见识了不列颠人用战车作战的战术,这让他们感到非常新奇。① 因为战车在高卢久已不用,这很可能表明,这些不列颠人并不是与高卢有密切往来的比尔盖人,而是比尔盖人来之前已有的土著部落。凯撒勉为其难地解除困境,双方一时都不敢轻举妄动。不列颠人从罗马人的谨慎中看到了希望,派使者四处请求援兵,不久就聚集起一支很大的步兵和骑兵。凯撒虽然击退了敌军,但无法乘胜追击,因为他没有骑兵。一旦天气好转,他便起锚,退回到高卢。

这次入侵充其量是侦察敌情,了解不列颠的口岸和可以登陆的地点,以便为来年的真正入侵做准备。尽管并不顺利,甚至有几次颇为狼狈,凯撒在给元老院的信中无疑强调了自然环境之恶劣,而非他的侥幸脱逃。元老院和罗马公众的反应是出乎意料的,整个罗马为之轰动,元老院破天荒地颁令举行为期20天的谢神祭(supplicatio),这种仪式通常在巨大灾难或巨大胜利后举行。仪式举行时,全罗马的庙宇开放,神像和圣物都陈列在公共场所,供人献牲奉祀,各祭祀团体也都举行隆重的祭祷仪式。谢神祭一般为期1到3天,5到7天已很少见,庞培在东方大

---

① 凯撒:《高卢战记》,卷4章33。

捷时曾举行了 10 天,凯撒公元前 57 年平定全高卢后也不过举行了 15
天。① 显然,入侵不列颠不仅仅开辟了一个神秘的未知世界,更是罗马诸
神的胜利:罗马国运与罗马众神命系一线,罗马军队能在那么辽远的地
方获得胜利,说明罗马众神在那么辽远的地方也能保护罗马人。距离是
证明罗马众神强大与否的试金石。

次年春季,凯撒再度入侵不列颠,这次作了充分筹备。他曾嘱咐手
下副将在过冬时大量建造舰只,为了便于登陆,船身造得更低,为了能运
输更多辎重,甲板改得更宽,同时又加了帆和桨以便操纵。他聚集的作
战力量相当庞大,达 5 支军团和 2 000 名骑兵之多。不列颠人虽然集中
了大批军队,但被凯撒总数超过 800 只的舰队镇住了,不敢阻扰罗马人
上岸。罗马士兵这次汲取前车之鉴,用锚将船只固定在海岸边。然后凯
撒乘着夜色,闪电般地袭击敌军,后者逃进一处入口有大批砍倒的树木
封闭着的要塞,但这根本无法抵挡训练有素的罗马士兵,他们顺利攻克
了此处。这时凯撒得知一场风暴袭来,又损坏了许多船只。他取消了首
次军事行动,转而用了十天时间把船只全拖上岸,又在海滩上修建防御
工事,将船只跟营寨围在一起。这让不列颠人有了喘息机会,各部落暂
弃前嫌,共同集结军队,组成了由卡西维隆努斯(Cassivellaunus)领导的
部落联军,此人的领地距英吉利海峡 80 罗马哩,泰晤士河将之与其他沿
海部落隔离开来。不列颠人此时已领教过阵法操练十分娴熟的罗马军
团,不敢正面迎战,而是分成许多小股部队战斗。泰晤士河失守后,卡西
维隆努斯解散了他的大部分军队,只留 4 000 辆战车骚扰罗马军队的侧
翼和后方,他一边躲进丛林,一边又把罗马军队所到之处的全部牲畜和
人口撤离,以防不列颠人被卖为奴、食物被罗马人掠夺。这在一定程度
上造成了僵局。

但凯撒手上握有一张王牌。这个地区最强大的部落德里诺旁得斯
(Trinovantes)派人来见凯撒,愿意向他投降。此前,该部落的年轻王子

---

① 凯撒:《高卢战记》,卷 2 章 35。

门杜布拉久斯(Mandubracius)在其父亲被卡西维隆努斯杀害后曾逃至高卢,乞求凯撒庇护。他的族人现在向凯撒投降,以换取后者帮助他们对付卡西维隆努斯,并恢复门杜布拉久斯的王位。凯撒欣然接受了他们的条件。这个部落不仅给他提供粮食,还劝说其他部落臣服罗马,这些部落包括钦尼马依人(Cenimagni)、塞恭几亚契人(Segontiaci)、安卡利得斯人(Ancalites)、别布洛契人(Bibroci)和卡西人(Cassi)。对于这些部落,除了其名字外,我们今天已一无所知,不过它们应该都位于卡西维隆努斯领地附近,与他有利益冲突,故而都忌惮他。不列颠人的内讧成了凯撒第二次入侵不列颠决定性的转折因素,这些人向凯撒透露了卡西维隆努斯由树林和沼泽掩护着的要塞的具体位置,凯撒迅速将之攻克。

卡西维隆努斯只得孤注一掷,下令袭击罗马人的海军,试图切断凯撒和高卢的联系,但未能成功。卡西维隆努斯被迫投降。这时高卢突然发生叛乱,凯撒无心恋战,遂向卡西维隆努斯索取了人质,规定了不列颠每年须向罗马交纳的贡赋,同时还命令卡西维隆努斯不得伤害门杜布拉久斯和德里诺旁得斯人——这是第一个接受罗马人保护的不列颠部落。然后,凯撒就撤回了高卢,以后几年他留在高卢镇压叛乱。①

凯撒两次入侵不列颠,时间都很短,范围都局限在沿海地区。尽管不列颠从此被纳入罗马的势力范围,但很难说那是彻底的军事征服,不列颠并没有成为罗马版图的一部分,这要到将近百年之后罗马皇帝克劳狄统治时期才实现。所以,罗马的历史学家塔西佗对此评价不高:凯撒"是罗马人中最先率领军队进入不列颠的,他虽然以一战之威慑服了当地的居民而占据了沿海之地,但必须知道:他并没有把这个岛遗交给后人,而只是替后人开辟了先路而已"②。这是罗马人从军事角度做出的评判。而在凯撒时代和克劳狄时代之间进行写作的斯特拉博,则显然想为凯撒辩护。他认为不列颠与世隔绝,"既不能给我们造成任何的伤害,也

---

① 凯撒:《高卢战记》,卷5章1—23。
② 塔西佗:《阿古利可拉传》,章13。

不能带来任何的好处"，罗马人完全可以占领不列颠，但不屑于这样做，因为占领的成本太高，得不偿失。① 这是从战略角度做出的评断。

　　凯撒一旦掀开笼罩不列颠的神秘面纱，两个关于不列颠的形象从此反复出现在古典文献中。卡图卢斯是凯撒同时代的诗人，他给两位友人写过一首诗，谈以远行冲淡失恋的忧伤，其中感念他俩对自己的忠诚，哪怕他去印度、阿拉伯、安息、埃及，甚至沿着凯撒的足迹去"最遥远的不列颠人"（ultimosque Britannos）那里，他们都愿陪伴在他身边，不离不弃。在拉丁文原文中，"ulti/Mosque"一词被生硬地拆成两半，分置前一行句尾和后一行起首：不列颠人显然卡在世界尽头的孤境绝域。维吉尔后来又把不列颠与非洲北岸、中亚的粟特和乌浒水②相提并论，认为这些都是位于天涯海角的边鄙之地。③ 不列颠与偏远打上等号，从此成了古典作家笔下的惯用修辞，以至于这里日后被用作政治犯的流放地也一点不让人惊讶。但偏远并不意味着一无是处，凯撒的另一个同时代人，用希腊文写作的西西里人狄奥多罗斯，在谈及不列颠时这样说：

　　　　人们说居住在不列颠的各部落是土生土长的，其生活方式保持了旧有的风貌。他们在战争中使用战车，与传统上古希腊英雄在特洛伊战争中使用的一样；他们的房屋简朴，基本上以芦苇或原木建造而成。他们收割庄稼时只割谷物的穗，将之储存在带盖的谷仓里。他们每天拣出成熟的穗，加以研磨，由此获得食物。他们生活朴素，远远不具备现代人的狡猾和堕落。他们的生活方式节俭，与那种由财富导致的奢华截然不同。④

　　就体裁而论，这段话属于古典作家常用的"人种志"（ethnography）

---

① 斯特拉博：《地理学》，李铁匠译，上海三联书店，2014年，第164页（卷2章5节8）。

② 即阿姆河，《隋书》及两《唐书》作"乌浒水"，《史记》《汉书》作"妫水"。

③ 卡图卢斯：《卡图卢斯〈歌集〉拉中对照译注本》，李永毅译注，中国青年出版社，2008年，第38页；维吉尔：《牧歌》，载《奥德修纪（中国翻译名家自选集·杨宪益卷）》，工人出版社，1995年，第290页。另参见 Stanley Ireland, *Roman Britain*: *A Sourcebook*, nos. 45 & 47, p. 43。

④ Diodorus Siculus, V, 21, 3 - 6; Stanley Ireland, *Roman Britain*: *A Sourcebook*, no. 8, p. 13。

素描,其中交织着事实与传言、推测与说教。从很早时期起,野蛮与文明的对比就激起惊叹和沉思,"对野蛮的理想化,因了对城市生活的不满而滋生,为原始美德和原始幸福的幻景添加光彩和信心,从而不可避免地向奢侈、复杂和腐败或厉声谴责,或微妙指摘"①。在狄奥多罗斯眼中,不列颠农夫未受现代恶行的沾染,保留着荷马笔下英雄的风范,因而可以在罗马帝国的边境上幻化出某种质朴的高贵。这里透出的道德意味,将在一个世纪后被塔西佗在《日耳曼尼亚志》中发挥得登峰造极。不列颠遥远,但不列颠人淳朴,这是凯撒入侵在希腊罗马文人墨客那里的回响。

对不列颠人而言,凯撒入侵的影响是多重的。如前所述,凯撒第二次入侵动用了800多只船,这其中不全是战舰,还有一些是"私人为了自己方便而造的"。② 显然,掠夺不列颠的物产作为战利品,是此次入侵的目标之一,而罗马军队出征时往往有罗马商人随行,这也是众所周知的。有意思的是,西塞罗的兄弟当时随凯撒同行,而凯撒本人也常常在不列颠致信西塞罗,故西塞罗同年在致亲朋好友的信件中多次提到不列颠。不列颠人的战车给西塞罗留下了深刻印象,在致友人的信中他还说:"目前已清楚,这个岛上没有丝毫银子,除奴隶之外便没什么战利品了,就是奴隶,我想你也别指望他们懂文学或音乐!"③换言之,与有教养的希腊奴隶不同,不列颠的奴隶在罗马市场上卖不出好价钱。凯撒入侵的商业价值由此得以佐证。

事实上,凯撒在高卢和不列颠的军事行动,使这一地区传统的贸易模式发生了根本变化。罗马人占领下的高卢与不列颠只隔着英吉利海峡,随着罗马人开始修筑道路交通体系,地中海的商品无须再通过漫长而危险的沿大西洋的海路到达不列颠东南部,商人们这时可以利用横跨大陆和高卢北部的陆路。大西洋贸易从此急剧减少,而英吉利海峡沿岸

---

① Ronald Syme, *Tacitus*, Oxford: Clarendon Press, 1958, p. 126.
② 凯撒:《高卢战记》,卷5章8。
③ Cicero, *Ad Atticum*, 4. 16. 7; Stanley Ireland, *Roman Britain*: *A Sourcebook*, no. 31, p. 39.

的不列颠和高卢沿海地区的政治经济联系迅速升温。这也许还促使一些罗马商人开始定居不列颠。尤其值得注意的是，正是在公元前1世纪后半叶，不列颠各部落开始制造带有铭文的钱币，造币行为很快就在不列颠传播开来。许多这类区域性的钱币没有完全采用拉丁字母，而是采用了混合的高卢-拉丁字母，与公元前75到公元前25年高卢北部开始使用的钱币如出一辙。[①] 这可能意味着不列颠各部落的首领已经在效仿高卢地区实施的罗马市场体系。

还有一些钱币完全采用了拉丁字母，考古学家在发现它们的地区还发现了明显受罗马影响的钱币设计风格，表明其发行者是得到罗马官方承认的"友好的国王"，其中有名的是泰晤士河以南的廷克马努斯（Tincomarus）、艾皮鲁斯（Eppillus）、维瑞卡（Verica）——这三人都在钱币上称自己是康缪斯之子；还有英格兰东部卡图维劳尼人（Catuvellauni）的国王塔西奥瓦努斯（Tasciovanus）及其继任者昔偌贝里努斯（Cunobelius）。凯撒及其后继者曾把许多不列颠部落首领之子扣为人质，让他们接受罗马式教育，这些人很可能就成了后来的"友好的国王"，他们的政治倾向如同罗马人授予他们的头衔那样，是亲罗马的。2001年，汉普郡的温切斯特附近发现了一套公元前1世纪中晚期的金首饰，其形制和精湛的工艺表明它很可能出自东地中海的某个作坊。[②] 这或许就是罗马统治精英送给康缪斯之子的外交礼物。

从政治角度看，罗马入侵对不列颠最大的影响，正是把这里东南部的诸多部落分成亲罗马和反罗马的两大阵营，对此虽然没有明确的历史记载，但仍然可以结合零星的文献记录和钱币证据推知一二。德里诺旁得斯人显然通过请求罗马保护而提高了他们在不列颠的权力和声望，为了维持他们的忠诚，凯撒可能赋予他们跨海峡贸易的垄断权。卡图维劳尼人的国王塔西奥瓦努斯在大约公元前15年发行过一枚钱币，它可能

---

① Colin Haselgrove, *Society and Polity in Late Iron Age Britain*, p. 14.
② 图片见 Richard Hobbs and Ralph Jackson, *Roman Britain*, p. 27.

表明卡图维劳尼和德里诺旁得斯两个部落这时已经合并。由于垄断了跨海峡贸易,特别是来自罗马的奢侈品如葡萄酒、玻璃器皿和橄榄油等,当地精英变得非常富有。据斯特拉博报道,他们巴结奥古斯都,向罗马的朱庇特神庙献祭,并如此恭顺地缴纳罗马人对他们从高卢进口和向高卢出口的商品所征收的重税,以至于差不多把不列颠岛变成了罗马人的财产。① 凯撒入侵以后,罗马人先是忙着镇压高卢的叛乱,接着又卷入内战,无暇顾及不列颠,在克劳狄皇帝之前没有再度对不列颠采取军事行动。因此,这些对罗马"友好的国王"的存在,对于维持罗马在不列颠的影响力,无疑有着深远的战略意义。

塔西奥瓦努斯之子昔偌贝里努斯(即莎士比亚笔下的辛白林)是所有这些王中最著名的王,罗马史学家苏维托尼乌斯称他为"不列颠国王"(Britannorum rex)。② 他很可能在公元1世纪最初几年取得统治权,并定都科尔切斯特,当时只有20多或30岁出头。在他长达40年的统治生涯中,他一边向罗马驻高卢的庞大军队供应不列颠商品,一边向不列颠各地贵族提供他们借以维持其高贵地位的罗马奢侈品,由此其权力和财富稳步增长。英格兰的诺福克郡曾发现精美的奥古斯都时代的银质杯子,应该就是这样传过去的。昔偌贝里努斯显然延续了亲罗马的传统政策,但这一点直到其统治晚期才体现在他发行的一系列被钱币学家视为"古典"风格的钱币上。③ 这看起来是出于谨慎,因为反罗马的势力此时仍然强大。昔偌贝里努斯需要在统治中平衡各种因素,不能过于外露一己的情感偏好。

凯撒强迫那些战败的、位于泰晤士河北岸的部落每年向罗马交纳贡赋,它们对罗马的怨愤定然与日俱增。奥古斯都在记述其生平的功德碑

---

① 斯特拉博:《地理学》,第277—278页(卷4章5节3)。
② 苏维托尼乌斯:《罗马十二帝王传·卡里古拉传》,张竹明、王乃新、蒋平等译,商务印书馆,1995年,XLIV。
③ Graham Webster, *The Roman Invasion of Britain*, Revised edn., London: Routledge, 1993, p. 63.

中提到，两位来自不列颠的王杜姆诺贝劳努斯(Dubnobellaunus)和廷克马努斯(Tin[comarus])曾到他那里恳求避难。① 这可能就与当时不列颠东南部兴起的一支反罗马力量有关。

　　不列颠人反罗马的情绪，显然与督伊德教(Druid)僧侣有着千丝万缕的联系，他们是克尔特社会中地位尊贵的祭司阶层。"督伊德"的意思可能是"橡树识别者"，高大的橡树象征克尔特人的天神，被尊为圣树。在他们的宗教仪式上，督伊德僧侣身穿白袍，爬上橡树，用金制镰刀砍下长在树上的槲寄生，去治疗不孕不育症。② 据凯撒记载，督伊德僧侣在高卢主持公私祀典，解释教义，并裁判部落内部的一切纠纷。任何人如果不遵从他们的判决，会受到最严厉的惩罚，为整个社团所排斥。这套制度原来起源于不列颠，后来才从那里传入高卢。到凯撒时代，仍有人去不列颠深造。由于享有免除兵役和赋税的特权，督伊德僧侣能吸引到大量年轻人跟从他们学习，但他们的知识传承，不仰仗文字写本，而是依赖口传和背诵。今天关于督伊德僧侣的零星记载，自然都是古典作家保存下来的。

　　给古典作家留下最深印象的，是他们奉行的人祭：

　　　　他们认为，要赎取一个人的生命，只有献上另一个人的生命，不朽的神灵才能俯允所请。有关国家的公务，也用同一方法献祭。另有一些人制成硕大无朋的人像，四肢用柳条编就，其中装进一些活人，放到火中去，让那些人被火焰包身，活活烧死。他们认为如能够用在偷窃、抢劫或犯别的罪行时被捉住的人作为牺牲贡献，格外能讨好不朽之神，但如果无法提供这种人，便用无辜的人来充数。③

　　尽管不列颠是督伊德教的发源地，但从考古学角度看，并没有明确

---

① Augustus, *Res Gestae*, 32; C. E. A. Cheesman, "Tincomarus Commi filius", *Britannia*, 1998(29), pp. 309-315；张楠、张强：《〈奥古斯都功德碑〉译注》，载《古代文明》，2007 年第 1 卷第 3 期，第 23 页。

② Pliny the Elder, *Natural History*, XVI, 95.

③ 凯撒：《高卢战记》，卷 6 章 16。

证据可以证明督伊德教曾在不列颠流传。只是在 1984 年,英国柴郡的泥炭沼泽中发现了一具保存完好的 2 000 年前的裸体男尸,学界称之为"林道人"(Lindow Man)。此人 20 多岁,死前头部曾两次受重击,系谋杀致死。研究者在他胃里发现了槲寄生的花粉,故有学者推断他是督伊德教残忍的宗教仪式的牺牲品,但也有可能是遭遇了暴力抢劫。① 无论如何,以人献祭在希腊、罗马人看来非常野蛮,罗马早在公元前 97 年就明令禁止人祭,所以罗马对督伊德教进行了取缔和镇压。这其实是非常特别的,因为一般来讲,罗马传统宗教以混合主义为特征,对被征服人民的宗教相当宽容。公然的取缔和镇压,历史上只对督伊德教和后来的基督教采取过。

如此看来,罗马真正担心的,恐怕未必是人祭,而是它对罗马秩序构成的政治威胁。凯撒在高卢时就已发现,督伊德教起着政治煽动的作用,其影响不仅仅限于某一个部落,而是跨部落的,更像是一个跨部落的集团。督伊德僧侣明白,在罗马的统治下,他们不可能再维持自己对克尔特社会的控制。有些在高卢失势的督伊德僧侣很可能逃到不列颠避难,他们试图在不列颠通过联合各部落而强化当地反罗马的情绪。为此,他们采取的策略很可能是利用自己的文化优势,去影响王室中年轻的一代,帮助他们摆脱罗马化的影响,借此分化部落对罗马的忠诚,并通过发动宫廷政变来让他们支持的人上台。督伊德僧侣在不列颠的持续存在,很可能构成东南部的部落政治中的一个主导因素。上文提到的两位被迫逃到奥古斯都那里避难的不列颠王,应该就是出自这样一种背景。②

但是,督伊德僧侣显然未能操纵所有的部落,昔偌贝里努斯就不为所动,但他的兄弟艾帕提库斯(Epaticcus)敌视罗马,可能就是在督伊德僧侣的支持下统治了阿德来巴得斯人的部落,他发行的钱币流通于整个

---

① Jody Joy, *Lindow Man*, London：British Museum Press, 2009.
② Graham Webster, *The Roman Invasion of Britain*, p. 75.

不列颠东南部。后来，也许得到了昔偌贝里努斯的帮助，维瑞卡才重新夺回对阿德来巴得斯的统治权，他铸造的钱币上饰有葡萄藤图案，表明他与罗马世界有葡萄酒等贸易往来，而这些钱币的设计造型明显反映出罗马的影响。① 昔偌贝里努斯这位罗马人眼中伟大的"不列颠国王"死后，卡图维劳尼人中的反罗马势力重新抬头，他的两个儿子托哥杜姆努斯（Togodumnus）和卡拉塔库斯（Caratacus）逆转其父的政策，打击亲罗马的国王们，一时间，整个不列颠东南部为反罗马的势力所控制。维瑞卡在此期间遭废黜，不得不逃往罗马，向克劳狄皇帝求助，并鼓动他入侵不列颠。②

此时，克劳狄刚登基不久，他的性格和能力受到广泛怀疑，能够当上皇帝已经出乎众人意外；而且他仅指挥过一次战争，还是一次无关紧要的小战役。他正好需要一场军事胜利来证明自己，征服不列颠是凯撒的未竟之业，一旦成功，在民众心中会有极重的分量。

与凯撒不同，克劳狄并未率兵亲征，而是派自己的亲戚和亲信奥路斯·普劳提乌斯（Aulus Plautius）先行从事征讨。公元 43 年，普劳提乌斯率领以第二、第九、第十四、第二十这四个军团为核心的约 4 万人大军，分三路开赴不列颠。据狄奥·卡修斯记载，军队一开始不肯去"已知世界之外"进行冒险，拒绝离开高卢。克劳狄遂派自己的心腹纳西苏斯（Narcissus）前来，此人原先是奴隶，如今以平民身份对军队训话，这让士兵实在受不了。为了不让他说话，他们突然齐声高喊："Io，Saturnalia"——这是罗马人在农神节狂欢时惯常喊的话，而奴隶与主人会在这个节日中互换衣服、对调角色。经过此番羞辱，军队倒是立刻对普劳提乌斯言听计从了。

与这支训练有素、组织严密的军队相比，不列颠人的军队仍带有原

---

① 这些钱币的图版，参见 Stanley Ireland, *Roman Britain：A Sourcebook*, nos. 51, 52, pp. 44 – 45.

② Dio Cassius, LX, 19,1. 原文中的人名是"Berikos"，"维瑞卡"（Verica）这个名字是从钱币上得知的。Stanley Ireland, *Roman Britain：A Sourcebook*, no. 58, p. 47.

始特点。贵族仍是不列颠的常备武士,他们最喜欢的作战工具是战车,这让他们可以风驰电掣般地进攻或撤退。不列颠军队中的一般士兵主要从农民中招募来,所以无法从事持久战,否则就会陷入饥荒。此外,他们不像罗马士兵那样身穿盔甲,而是衣衫褴褛,没有任何防护,可依赖的只有速度、士气和锋利的长矛。在接近罗马军阵时,他们很容易在罗马人雨点般的标枪下丧生;在贴身作战时,他们的长矛在队形密集、手持短剑的罗马步兵前很难有施展的余地。他们要想打胜仗,一般靠以绝对优势的兵力突袭或伏击孤立无援的罗马军队,在阵地战中则完全不敌罗马军团。

罗马人登陆的地点今已无从知晓,一般认为可能位于肯特郡的里奇镇(Richborough)。[1] 登陆时并没有遇到敌军阻击。在泰晤士河会合前,罗马军队已击败了由托哥杜姆努斯和卡拉塔库斯领导的武装抵抗,随后原先臣服他们的一个部落向罗马人投降了。普劳提乌斯继续追击,来到一条河边,敌军漫不经心地把军营扎在河对面,因为他们相信没有桥,罗马人根本过不来。普劳提乌斯派善于重装之下涉水的克尔特人游到对岸,先把不列颠人的马致残,让它们拉不了令人畏惧的战车,再发动袭击。不列颠人逃至泰晤士河入海口,罗马军队在这里杀死了托哥杜姆努斯。但他的死亡反倒激发了不列颠人的顽强抵抗,促成了他们的联合。双方一时形成了对峙的僵局。普劳提乌斯这时派人恭请皇帝御驾亲征。

克劳狄便带着皇家卫队、大象和部分有声望的元老从罗马启程,赶赴不列颠。到达后便发动一场攻势,跨过泰晤士河,一举夺下昔偌贝里努斯的皇家住所科尔切斯特,同时兼用武力与外交,使许多不列颠部落纷纷归附。他此次离开罗马达半年之久,但在不列颠仅停留了短短 16 天,然后就把余下的战事又交给普劳提乌斯打理,自己匆匆返回罗马,走之前已派人将捷报先行送往元老院了。

---

[1] Malcolm Todd, "The Claudian Conquest and its Consequences", in Malcolm Todd ed., *A Companion to Roman Britain*, p. 47.

元老院随即授予克劳狄"Britannicus"的称号,意思是"不列颠的征服者",允许他举行凯旋式,并分别在高卢和罗马为他树立两座凯旋门。[①]其中罗马凯旋门上的铭文幸存至今,上面夸耀"他接受了 11 个不列颠王的投降,取得了无逆转的胜利,第一个把海外的蛮族部落置于罗马统治下"。[②] 与此同时,克劳狄还在罗马大肆庆功,极尽铺张炫耀之能事。他后来还发行钱币进行更广泛的宣传。[③] 征服不列颠是克劳狄当政初期的头等大事,他取得了他想要的巨大政治资本。苏维托尼乌斯直言不讳地指出,他其实只是"在没有发生战争或流血事件的情况下,接受了岛屿一部分地区的臣服"[④]。

普劳提乌斯仍留在不列颠,按克劳狄的吩咐继续征伐,直到公元 47 年。罗马军队这时已北达林肯、西至埃克塞特,两地之间修了一条路,这就是所谓的"福斯路"(Fosse Way)。"福斯"源于拉丁文"fossa",意为"壕沟",此路原来可能是罗马军队开挖的防御性壕沟,后来填平成了路,它是罗马不列颠的交通要道之一。作为胜利者追求的主要目标,对不列颠矿物资源的开采此时也已开始,譬如,对银和铅藏量丰富的门迪普(Mendip)的开采就已经处在罗马军队的监视下。[⑤] 从凯撒的两次入侵到克劳狄的大举征伐,历经近百年,罗马终于把不列颠纳入自己的版图,使其成为帝国的一个行省,科尔切斯特成了这个新行省的首府,而普劳提乌斯则是它的第一任总督。

不过,征伐不列颠的活动在克劳狄当政时期还远远没有结束,到他去世的公元 54 年,罗马有效控制的地盘仍限于不列颠的东南部。尽管如此,罗马占领初期最强劲的敌人已经肃清了。卡拉塔库斯在他哥哥死

---

① Dio Cassius, LX, 19 - 23. 另参见陈可风:《罗马对不列颠的征服——从恺撒到克劳狄乌斯》,载《世界历史》,2004 年第 3 期,第 117—119 页。

② Stanley Ireland, *Roman Britain*:*A Sourcebook*,no. 56,p. 47.

③ 这些钱币的图版,见 Stanley Ireland, *Roman Britain*:*A Sourcebook*,nos. 63,64,pp. 51 - 52.

④ 苏维托尼乌斯:《罗马十二帝王传·神圣的克劳狄传》,XVII.

⑤ Malcolm Todd, *The Claudian Conquest and Its Consequences*, p. 51.

后逃到岛屿的西部,负隅顽抗。一位东南部的领袖能够在西部领导不列颠人抵抗罗马,这本身就值得玩味,在一定程度上暴露出西部诸部落恐怕缺乏团结。打了一场无望的防御战之后,他逃到不列刚提斯人(Brigantes)那里寻求庇护,但战败者是难以找到托庇之所的,他遭到出卖,然后被押送到了罗马。由于他的名声,民众争相前来目睹这位传奇的蛮族领袖。来到皇帝面前后,他并没有像别人那样不光不彩地讨饶,而是不卑不亢地说道:

> 如果我的身世和我的地位能够同我在胜利时的不骄不躁配合起来,那么我就不会以俘虏的身份,而是以朋友的身份到这个城市来了。而且你们也不会不屑于同一位身世高贵并且统治着许多民族的国王缔结和平的联盟了。我当前的命运如果对我来说是屈辱,那么对你们来说是光荣。我有马匹、人员、武器和财富。我在失掉这些东西时感到难过,这有什么奇怪呢?如果我不作抵抗便投降你们,然后被带到你们跟前来,那么就不会有很多人知道我的失败或你们的胜利了。你们惩罚了我之后,这事就会被人们忘记了。但是如果你们是保留我的性命,我将永远会记住你们的宽大。①

克劳狄赦免了他。这段演讲保存在塔西佗的著作中,尽管难免落入"高贵野蛮人"的窠臼,尽管符合塔西佗共和主义的理想,且适合用来体现克劳狄的宽厚仁慈,但由于是在罗马公众场合讲的,它不太可能是塔西佗凭空编造的。无论如何,卡拉塔库斯由此成为第一位彪炳史册的不列颠人。这种比较可信的不列颠人的言论,在整个罗马不列颠时期也是屈指可数的。

到公元 1 世纪末,英格兰和威尔士已牢牢并入罗马帝国,并这样维持了 300 年。尽管有所反复,部分的苏格兰也处在罗马直接统治下。随着时间推移,像卡拉塔库斯那样反罗马的不列颠贵族越来越少见,这里

---

① 塔西佗:《编年史》,王以铸、崔妙因译,商务印书馆,1981 年,卷 12 章 37。

出现了另外一番景象。塔西佗曾为他的岳父阿古利可拉作传,后者曾在公元77—84年出任不列颠总督;他如此概括了当时不列颠的整体风貌:

> 为了使一群分散的、野蛮而好战的居民能够由于舒适而安于平静的生活,阿古利可拉对于修盖庙宇、公共场所和住宅都予以私人的鼓励和公家的协助。他奖励那些勤勤勉勉的,饬斥那些游手好闲的;因此,居民不再是被迫服役,而是以自动的竞争来响应他的鼓励了。他使酋长的儿子们都接受通达的教育。他不喜欢高卢人的勤勉,而对不列颠人的聪慧表示特别的嘉许,因此,这些从来不接受拉丁语的居民现在居然学习罗马人滔滔不绝的辞令来了。并且,他们也以穿着罗马人的衣裳为荣,穿拖袈之风大为流行。他们逐渐为一些使人堕落的器物设备如花厅、浴池和风雅的宴会等所迷惑。所有这些正是他们被奴役的一种方式,而他们却愚笨得把这些东西称为"文化"。①

虽然语涉讥讽,这段话却点出了罗马征服和罗马帝国的精要。

---

① 塔西佗:《阿古利可拉传》,章21。

第二章　罗马皇帝与行省

　　罗马征服给不列颠带来了罗马人的语言、服饰和生活方式,这从上述塔西佗的引文中已显而易见。此外,尚有另一种东西也随之进入了不列颠,它或许没那么引人瞩目,却对整个不列颠的运作起了决定性作用,这就是渗透在罗马社会各个阶层之中的庇护制。概括而言,庇护人与被庇护人之间的关系当时呈现出这样几个特点:一、互惠性,双方须礼尚往来、投桃报李;二、私人性,双方的关系是长久的,有别于短暂的商业交换关系;三、非对称性,双方的身份地位高低不同,有别于平等的友谊;四、自愿性,并非法律强迫。① 在罗马共和时期,个别豪门世家是大庇护人,他们通过层层庇护关系左右了共和时期的内政外交。进入帝制以后,皇帝垄断了政治决策、把持着所有重要职位的任命、控制着军队,他实际上成了最大的庇护人。不列颠一旦并入罗马帝国的版图,成为罗马人称为Britannia 的一个行省,它的运转首先就被笼罩在这套庇护制的阴影下。皇帝高居社会金字塔的顶端,他通过层层庇护关系作用于社会底层。

　　罗马帝国的行省分为两类,那些需要罗马军队驻守的叫"皇帝行省"

---

① R. P. Saller, *Personal Patronage under the Early Empire*, Cambridge: Cambridge University Press, 1982, p. 1; A. Wallace-Hadrill ed., *Patronage in Ancient Society*, London: Routledge, 1989, p. 3.

(provinciae Caesaris)，其余的叫"公共行省"(publicae provinciae)或"罗马人民的行省"(provinciae populi Romani)。① 顾名思义，皇帝行省由皇帝直接领导，而不像公共行省那样由一位通过抽签方式选举出来的罗马官员领导。事实上，在公元 3 世纪末元首制结束以前，皇帝做出的决议对两类行省都适用，他对公共行省的干预尤其频繁。从克劳狄当政（公元 41—54 年）开始，所有的行省总督都自视为为皇帝服务。不列颠属于皇帝行省。罗马不列颠的政治史，不妨先从皇帝在不列颠的所作所为说起。

皇帝虽然名义上是不列颠行省的头头，但平常不会亲自打理不列颠的政务，而是任命一位总督前往不列颠代他行使权力。尽管如此，皇帝仍有他自己的渠道实现与不列颠的直接沟通。亲自出巡行省便是其中一种。

一般而言，由于希腊文化在罗马帝国享有优势地位，皇帝对说希腊语的东部行省的兴趣要明显高于说拉丁语的西部行省。西班牙是西部地区罗马化程度最高的行省，但在奥古斯都之后三个世纪中，在任皇帝中只有哈德良一人访问过西班牙。② 与之对照，从克劳狄征服到元首制结束，文献记载有五位在任的皇帝出巡过不列颠，分别是哈德良(Hadrian)、阿尔比努斯(Albinus)、塞维鲁(Severus)、卡拉卡拉(Caracalla)和盖塔(Geta)。皇帝之所以对不列颠怀有如此明显的兴趣，主要出于军事需要。作为罗马行省，不列颠的最北部从未被完全征服，在克劳狄征服后将近一个世纪的时间内，这里素以"容易骚动"和"从来就没有得到过全面的平静"著称，因而需常年驻扎一支庞大的军队。③ 皇

---

① 参见 F. Millar, "The Emperors, the Senate and the Provinces", *Journal of Roman Studies*, 1966(56), pp. 156 - 166; F. Millar, "'Senatorial' Provinces: An Institutionalized Ghost", *Ancient World*, 1989(20), pp. 93 - 97.

② Fergus Millar, "The Roman Empire as a System", 载《中西古典文明研究——庆祝林志纯教授 90 华诞论文集》，吉林人民出版社，1999 年，第 334 页。

③ 塔西佗：《阿古利可拉传》，章 8；塔西佗：《历史》，王以铸、崔妙因译，商务印书馆，1981 年，卷 2章 97。

帝亲临往往意味着事态已严重到非要他亲自过问的地步了。

哈德良精力充沛,想象力丰富,充满了对未知和无限的好奇。他是第一个用超过一半在位时间呆在罗马城以外地区的皇帝,就此而论,巡行各地堪称他革新行省管理的重要措施。他于公元117年登基,可能由于罗马官员虐待苏格兰南部的居民而激发了当地的起义,不列颠当时有过一次军事行动,而且情况几近失控。但由于罗马帝国其他地方也出现了动乱,哈德良无法抽身,他只能让总督庞培乌斯·法尔科(Q. Pompeius Falco)代为平定。一俟政局平稳,他便亲自视察西北部行省,以杜绝类似情况再次发生。公元122年他抵达不列颠,带来了新总督普拉托里乌斯·奈波斯(A. Platorius Nepos)和新军团(VI Victrix),这支军团此前驻扎在下日耳曼。罗马曾发行钱币纪念和宣传此次出巡。在这枚钱币上,哈德良向化身为女性的不列颠摇手问候,上面另有一行铭文"ADVENTVI AVG BRITANNIAE"——"为了皇帝来到不列颠"。[①]

切斯特(Deva)附近的北泰恩河里曾发现一座祭坛,上面的铭文显示它是题献给"皇帝哈德良的军纪"的。[②] 一般说来,整饬军纪是皇帝视察行省最主要的内容之一,不列颠驻有重兵,视察军队无疑是哈德良最需要进行的一项活动,不列颠这方面的史料却空白一片。不过,六年后的128年7月,哈德良视察了驻扎在今天阿尔及利亚境内的龙柏斯(Lambaesis)的军队,所发表的演讲因保留在几块碑铭上而基本幸存至今,这为我们了解皇帝的有关活动提供了极为难得的第一手材料。[③] 他对一支军团(legion III Augusta)的资深百夫长(primipili)说:

---

① 钱币图版见 S. Ireland, *Roman Britain:A Sourcebook*, no. 120, p. 95.

② Anthony R. Birley, *The Roman Government of Britain*, Oxford:Oxford University Press, 2005, p. 122.

③ 这些碑铭的辑录,参见 P. J. Alexander, "Letters and Speeches of the Emperor Hadrian", *Harvard Studies in Classical Philology*, 1938(49), pp. 147 - 149;Robert K. Sherk ed. and trans., *The Roman Empire:Augustus to Hadrian*, Cambridge:Cambridge University Press, 1988, pp. 187 - 189, no. 148. 近期的背景研究,参见 A. R. Birley, *Hadrian:The Restless Emperor*, London:Routledge, 1997, pp. 210 - 213.

……[军团指挥官]本人已帮你们做了种种可能的辩解：有一个营不在，因为今年轮到它被送到总督那里去执行任务；两年前，你们抽调一个营，并从每个百人队抽出四人去增援第三军团的战友；许多前哨相隔很远，把你们分开；就我记忆所及，你们不但两次更换营垒，还新造了一些。因为这些原因，如果军团久未操练，我可以原谅，但你们却没有放弃……

铭文下面有缺失，但看得出来，哈德良对军队的状态相当满意。而军团的 120 名骑兵则得到热情赞美：

军事操练在一定程度上自有其原则：如果任意加减这些原则，操练变得要么没什么价值，要么太难。复杂程度越高，演习效果越不好。你们表演了所有操练中最难的——身穿胸甲（lorica）投掷标枪……我还要为你们的精神喝彩……

哈德良又视察了当地的三支辅助军。其中一支（cohors Ⅱ Hispanorum）向他演习了建造军营，给他留下深刻印象：

……别人要几天才能完成的，你们只一天就完成了：你们起的墙工事繁复，通常用于永久性的冬营，但你们费的时间不比起草皮土墙多多少，就后者而言，草皮被切成标准大小，便于运输和操作，铺起来也不费周折，因为草皮本来就柔软而平整。你们筑墙用的却是石头，既大又重，还不规则，要运输、搬抬和堆砌这些石头，必须留意它们的奇形怪状。你们从坚硬粗糙的沙砾中挖出一条直的壕沟，还把它弄平整了……

这支辅助军的其他表现也不错：

我的军团指挥官让你们进行这种仿佛实战的操练，为此我表扬他；你们练得非常好，我也要称赞。你们的营长科尔内尔亚努斯（Cornelianus praefectus）忠于职守，令我满意。

不过，对于这支骑兵营中的骑兵，哈德良挑出了毛病：

> 骑兵应当从有掩护的地方出来,追击时应小心翼翼:如果不注意自己处的位置,不能随心所欲地控制坐骑,将会落入圈套……

对于一支翼军(ala Ⅰ Pannoniorum)的表现,他赞叹有加:

> 你们一切做得井井有条:操练遍及整个练兵场;使用的标枪(hastae)虽说既短又硬,你们投起来却不失优雅,大多数人投起长矛(lanceae)来同样熟练;你们刚才和昨天的上马矫健而敏捷。如果有什么没有做到,我会注意到;如果有什么地方不够好,我会提出来。但整个操练始终让我满意。我最杰出的军团指挥官卡图利努斯(Catullinus)对他负责的一切关怀备至,而你们的长官……[姓名缺失]看来把你们照料得很仔细。接受赏赐吧……

另一支骑兵营中的骑兵(equitum Ⅵ cohors Commagenorum)的表现则让他满意:

> 骑兵营中的骑兵难以给人留下美好印象,看过翼军的操练后再看尤其如此:翼军的练兵场更大;投手人数更多;向右转时队形紧凑;坎塔布连式的对抗演习队列紧密(Cantabricus densus);他们的好马与优质装备和其薪水是相称的。然而,你们精力充沛地完成了应当完成的,这消除了我因天热感到的不适;不仅如此,你们用投石器抛掷石头,以投射物攻击,任何时候都上马迅捷。我最杰出的军团指挥官卡图利努斯对你们的照料显而易见,你们这些他手下的人就是很好的证明……

这些铭文显示出哈德良具备丰富的军事知识。他对使用不同的材料建造军营所需的平均时间、日常练兵的要求和原则、怎样使用各种武器、如何追击敌人、不同军种之间的区别何在,都了如指掌。文献记载倾向于把哈德良表现为喜欢舞文弄墨和夸夸其谈的希腊文化爱好者,后世亦对此津津乐道。这些铭文却有助于全面认识这位皇帝,让人意识到他首先是罗马帝国的行政首脑,需要处理各种政务和军务。不仅如此,他因为具有心理洞察力，其行事就显得很有艺术。他发表演讲前充分调查过军队的历史和现状，士兵操练时更细心留意每个细节——砌墙用的石头、壕沟从何种质地的土地中挖出来、乃至非洲炎热的天气对演习效果可能造成的影响都注意到了，演讲中更不忘时时褒奖军官与士兵。这样一来，即使是个别批评也反衬出皇帝的体贴和关怀，而军队势必对皇帝愈发爱戴和忠心了。哈德良很清楚，保持军队的能征善战是抵御外敌入侵、维持行省长治久安最重要的保障。我们完全可以认为，他也是这样要求不列颠军队的。

对不列颠而言，哈德良此次出巡最深远的影响是给这里带来了一个举世闻名的建筑——哈德良长城，它西起索尔威湾（Solway Firth），东至泰恩河口（Tyne），约 118 公里长、3.1 米厚、4.65 至 6.2 米高。长城全部坐落在今天英格兰境内，其西端离苏格兰南界 15 公里，东端离苏格兰南界 110 公里。作为罗马人留在不列颠最重要的纪念性建筑，哈德良长城由不列颠的三支罗马军团于 122 年开始修建，大约耗时 6 年完成其主体。它主要由石块垒就，因此很大一部分至今仍屹立不倒，并于 1987 年列入联合国教科文组织的世界文化遗产。

建造如此庞大的工程，可能源自哈德良想要建立一条永恒的人工边界的想法。他在上日耳曼、里提亚（Raetia）和阿非利加都建立过类似的边界，哈德良长城只是其中最知名、保存得最完好、被研究得最充分（因此争论也最多）的一个罢了。[①] 此类边界在帝国西部的出现，连同他在帝国东部对图拉真新近征服的地区（美索不达米亚和亚美尼亚）的放弃，是意味深长的。奥古斯都时代的诗人维吉尔曾借主神朱庇特之口道出一句被频频征引的名言："对他们［即罗马人］，我不施加任何空间或时间方面的限制，我已经给了他们无限的统治权。"[②]这是宣扬罗马帝国初生之际那种无形帝国意识形态的最强音。然而，随着哈德良长城及其他类似

---

① 参见 D. J. Breeze, B. Dobson, *Hadrian's Wall*, 3rd edn., London：Penguin Books, 1987.
② 维吉尔：《埃涅阿斯纪》，杨周翰译，译林出版社，1999 年，第 10 页。

建筑工事的出现,它似乎被一种看得见摸得着的有形帝国的概念取代了。哈德良经过广泛的实地调查和深思熟虑,显然放弃了帝国的扩张传统。

这种政策上的转变直接影响到不列颠的当地居民。据公元 4 世纪晚期的史料,哈德良修建长城的目的是为了"隔离罗马人和野蛮人"①,这其实是后见之明,因为把罗马公民权授予帝国全境之自由人的《安东尼谕令》(Constitutio Antoniniana)迟至 3 世纪初才颁布,所以当时隔离的只能是野蛮人和野蛮人,即隔离的是当地的塞尔各维人(Selgovae)和不列刚提斯人(Brigantes)。② 不列刚提斯人的人口之多居全省之冠③,其经济以畜牧业为基础,因而并不安分,哈德良登基时不列颠的骚乱就被认为是他们与北部地区的部落联手的结果。显然,在不列刚提斯人部落边界的北部建立长城,可以防止新的联合,这也是罗马一贯的"分而治之"(divide et impera)原则的体现。然而,新边界与原有的部落边界并不一致:长城的东半部与原有的部落边界基本吻合,但西半部为了和索尔威湾的南岸衔接起来,遂向南偏,从而把不列刚提斯人西部的一块土地排除在长城以外。这就暴露出分而治之政策的一个弊端,罗马统治者想要通过这条新边界来方便罗马对不列颠的管理,但它漠视并由此而侵犯了当地人的利益。这种理想与现实之间的脱节带来皇帝事先没有料到的问题,即长城破坏了畜牧群落从一个地区流向另一个地区的传统迁徙模式,必然招致相应的敌对和怨恨。这种不满很快反映在哈德良对原有计划的一个重要修正上:原来修建在长城之后的驻兵堡垒很快被改建到长城之上,此举可能是为了能对敌情做出更迅速的反应,它表明来自北方的压力越来越大。值得指出的是,这些建在长城之上的堡垒由辅助军

---

① *Scriptores Historiae Augustae*, *Hadrian*, 11. 2; Stanley Ireland, *Roman Britain*: *A Sourcebook*, no. 119, p. 95.

② Sheppard Frere, *Britannia*: *A History of Roman Britain*, 3rd edn., London: Routledge & Kegan Paul, 1987, pp. 114 – 122.

③ 塔西佗:《阿古利可拉传》,章 17。

驻守,驻兵堡垒的出现模糊了长城的职能,使学术界就长城究竟起边境控制的作用还是起军事防御的作用展开争论。现在一般认为,哈德良长城兼具这两种职能,但它并不是作战平台,不能用来防止和抵御大规模入侵,而是观察和控制人口流动的一种手段,就好比现代意义上"带刺的铁丝网"。[①] 这之后不久,长城的中段和西段也得到进一步加强。此外,正是在长城西端卡莱尔(Carlisle,罗马时期叫 Luguvalium)附近的斯塔尼克斯(Stanwix)驻扎着不列颠唯一的千人骑兵团(Ala Petriana),这是不列颠所有骑兵的精华所在。这些都有力反映了罗马分而治之的政策所造成的紧张态势。

尽管扰乱了当地居民的生活,从长远看,这条边界的选择还是显示了哈德良高瞻远瞩的战略眼光。公元 138 年,哈德良死后,新皇帝安东尼·庇护为了对付来自苏格兰的喀利多尼亚人(Caledones)而重新采取攻势,他在 142 年下令在哈德良长城以北约 160 公里处建造一条新的长城。安东尼长城大约 63 公里长、3 米高、5 米厚,历时 12 年建成,是建立在石基上的土墙,今天只能在部分地方依稀可见了。安东尼未能征服喀利多尼亚人,他死后新皇帝马可·奥里略很快放弃了安东尼长城,约在公元 163 年前后把那里的驻军全部撤回到哈德良长城,重新把这里作为抵御北方蛮族的主要防线。从此,哈德良长城成了帝国永久的边界,在罗马从不列颠撤退以前,这里一直有罗马军队驻守。

哈德良长城象征着罗马征服不列颠全岛的失败,但另一方面,长城及其驻军也代表了罗马维护行省北部边界安全的决心。有了它,来自北方的蛮族对这一地区虽时有骚扰,却很难长久滞留于附近,也无法长驱直入地骚扰内地的定居点。所以,对这些定居点内的居民而言,长城不是讨厌的障碍而是安全的防线,它给人们在和平安定的环境中发展经济创造了条件。坎布里亚平原(Cumbrian Plain)的农业定居区这一时期便

---

① D. J. Breeze, "Britain", in John Wacher ed., *The Roman World*, London: Routledge and Kegan Paul, 1987, pp. 205 - 208.

有了发展。① 此外,可以确信的是,许多军队的出现及由此产生的需求必然刺激经济进一步发展,有些学者甚至指出,哈德良认为只有在驻扎军队的边境地区发展经济,才能从根本上确保边境的和平。② 总之,维持和平与良好的秩序,对定居在哈德良长城以南的居民是有利的,不管他们是罗马人,还是当地人。而 4 世纪那位哈德良传记作者的"后见之明"恰恰说明,长城以南的罗马人和野蛮人之间的界限到那时已不复存在,罗马化步伐在此期间得以加速。大约公元 540 年时,拜占庭历史学家普洛科皮乌斯留下了古典作家对不列颠岛(他错写为"Brittia")的最后记述,其中提到"长长的一道城墙",城墙的两边截然不同,一边空气清新、水土丰沃,和其他有人居住的地方没什么两样,但另一边却被毒蛇和野兽占据,"而最奇怪的是,据居民们说,如果任何人越过这道墙到另一面去,他就会立刻送命,因为他根本无法忍受那一地区有毒的空气"③。这段话令人惊异之处在于,在罗马从不列颠撤退不到 150 年的时间内,不列颠对于东罗马帝国文化精英来说已经变得非常陌生和遥远了,他们剩下的唯一记忆就是横跨在岛上的哈德良长城。

　　"有毒的空气"形象地暗示出,来自北方的威胁始终存在。公元 180 年,不知名的一些部落闯过哈德良长城,重创了罗马军队。④ 长城附近科布里奇(Coria)一位辅助军军官曾立碑还愿,感谢一位强大的神灵帮助他歼灭了一些叫"考里奥诺托塔人"(Corionototae)的武装袭击,这些人应该就是在这一时期越过哈德良长城的。⑤ "考里奥诺托塔"之名不见于任何文献记载,有学者从语言学角度指出,这可能就是盖尔语"皮克特人"

① Peter Salway, *Roman Britain*, Oxford：Clarendon Press, 1981, p. 184.
② 转见 D. J. Breeze, "Britain", p. 208.
③ 普洛科皮乌斯:《普洛科皮乌斯战争史》,王以铸、崔妙因译,商务印书馆,2010 年,第 866 页。
④ Dio Cassius, 72. 8; Stanley Ireland, *Roman Britain*：*A Sourcebook*, no. 152, p. 103.
⑤ R. G. Collingwood, R. P. Wright, *The Roman Inscriptions of Britain*, Vol. I, *Inscriptions on Stone*, addenda and corrigenda by R. S. O. Tomlin, Stroud：Alan Sutton Publishing Limited, 1995, no. 1142.

(Picts)的最早的拉丁语转写形式。① 如果此说成立，这块碑铭就是皮克特人入侵英格兰的最早证据。

随着安东尼王朝的末帝康茂德于192年被弑，不列颠本地罗马人与北方蛮族的冲突开始和帝国范围内对最高权力的争夺纠缠在一起。

当时的不列颠总督阿尔比努斯和大陆上的潘诺尼亚总督塞普提米乌斯·塞维鲁、叙利亚总督尼格尔(Pescennius Niger)都有意问鼎最高权力。塞维鲁在这三人中最工心计，他出于权宜之计，授予阿尔比努斯"凯撒"的头衔(意味着有皇位继承权)，轻信的阿尔比努斯以为就此可以坐享皇权，直至尼格尔被除、自己又险遭塞维鲁手下人的暗杀之后才幡然醒悟。但此时双方军事力量悬殊，为了能和塞维鲁抗衡，阿尔比努斯在前往高卢决一死战前尽其所能，调走了不列颠可供调配的全体兵卒，特别是驻扎在哈德良长城附近的兵力。② 因此，塞维鲁虽然在197年成为内战的最后胜利者，但他派往不列颠进行平定工作的总督维里乌斯·卢普斯(Virius Lupus)发现，喀利多尼亚人破坏了与罗马订立的和约，正伙同住在安东尼长城以外的米阿塔人(Maeatae)入侵行省，而且其态势之严重已到了必须花钱购买和平的地步。③

随后的重建工作困难重重，直到公元205年或以后才在新任总督阿尔芬努斯·塞奈奇奥(L. Alfenus Senecio)的指导下进展到哈德良长城附近，但依然举步维艰。塞奈奇奥不得不写信告诉塞维鲁："野蛮人正在闹事，他们蹂躏乡野，掳掠成性，造成遍地疮痍。"④他建议派兵增援或皇帝亲临现场。而塞维鲁此时正为自己的两个儿子——卡拉卡拉和盖塔——沉湎于罗马的奢靡生活而忧心忡忡，且有心重振松弛的军纪。于是在公元208年，塞维鲁不顾年迈体衰和患有痛风，偕同两个儿子出现

---

① Anthony R. Birley, *The Roman Government of Britain*, p. 168.

② Sheppard Frere, *Britannia: A History of Roman Britain*, p. 154ff; Stanley Ireland, *Roman Britain: A Sourcebook*, pp. 107 - 110.

③ Dio Cassius, 76. 5. 4; Stanley Ireland, *Roman Britain: A Sourcebook*, no. 171, p. 112.

④ Herodian, Ⅲ. 14. 1.

在不列颠。

塞维鲁拒绝了不列颠人的和谈要求,他让盖塔留在罗马人控制的地区维持秩序,自己带着卡拉卡拉北上讨伐。他打算征服不列颠全境,可这绝非易事。喀利多尼亚人不正面迎战罗马军队,而是凭借他们对地形的熟稔采取游击战术,在这场拉锯战中,罗马军队的阵亡人数高达5万。但塞维鲁并未放弃,他最终迫使敌军前来和谈,还割让给罗马人大片土地。这个战果并不长久,到210年,喀利多尼亚人和米阿塔人再次联合起来发动新一轮进攻。塞维鲁让卡拉卡拉领兵予以惩罚性的还击,要求务必赶尽杀绝,不放过任何一个北方部落的人。但就在这时候,塞维鲁病倒了,他于211年2月4日在约克(Eburacum)逝世。带兵的卡拉卡拉无心恋战,很快与蛮族人重新签订和约,可能为此还付了一笔钱,然后从苏格兰撤军。[①]

在这次军事行动中,塞维鲁的一个决定产生了深远影响。早在197年罗马内战胜利时,塞维鲁就把不列颠一分为二。[②] 此举意图明显,旨在分散总督兵权,以防他们拥兵自重,重蹈阿尔比努斯争霸欧陆的覆辙。这种意图早在194年他对叙利亚的划分中已有流露,但这一决议似乎没有立即生效。[③] 直到卡拉卡拉时期,不列颠才被最后划分:上不列颠(Britannia Superior)位于南部,第二和第十军团驻扎在切斯特和卡利恩(Isca Silurum),由执政官(consul)级别的总督管辖,首府在伦敦(Londinium);下不列颠(Britannia Inferior)位于北部,以约克为中心,只有一个军团即第六军团驻扎,但有大量辅助军,由大法官(praetor)级别的总督管辖。

塞维鲁王朝在不列颠的逗留似有行色匆匆之感,但其对不列颠的安

---

① Stanley Ireland, *Roman Britain*: *A Sourcebook*, pp. 113 - 119.

② Herodian, Ⅲ, 8, 2.

③ 不列颠被一分为二的确切日期在学术界尚无定论。参见 J. C. Mann, M. G. Jarrett, "The Division of Britain", *Journal of Roman Studies*, 1967(57), pp. 61 - 64; Anthony R. Birley, *The Roman Government of Britain*, pp. 333 - 336.

排却极为成功。因为同一时期,大陆上正陷入所谓的"三世纪危机",中央政权分崩离析,皇帝之更换一如走马灯之旋转,在帝国外部,蛮族军队四处犯边,有些地方永久性失守了。与之对照,在不列颠,被分散兵权的总督即使有心也无力参与争权夺位的赌博,而北方蛮族信守和约,在296年以前没有再度入侵,边疆安全实现了。值得注意的是,拉丁文史料在谈到塞维鲁的出巡时,一致认为他在不列颠建造了一条长城。考虑到此前已有哈德良和安东尼建造的两条长城,所以有关史料可能是说塞维鲁对这两条长城——尤其是哈德良长城——进行了较为彻底的重建。一旦卡拉卡拉放弃了对苏格兰的征服,经过加固的哈德良长城就成了有效抵御蛮族入侵的屏障。这些都有助于不列颠在波及全帝国的危机中保持一种区域性的"漫长和平",使这里的经济与社会反而有所前进。①

上述可见,作为帝国的最高调控者和统治者,皇帝出巡不列颠的主要动力来自军事需要,维护治安是皇权在行省政治合法性中的重要体现。不过应当看到,自哈德良起,罗马皇帝有越来越多的时间逗留在罗马和意大利以外的行省,不仅料理当地的军务,还在那里负责帝国的日常管理。塞维鲁前往不列颠时就把整个宫廷带了过去。所以,动乱一旦由军队平定,秩序就要由法律来维持。

罗马征服给不列颠带来罗马法,罗马不列颠从此是一个由书面的法律条文主宰的社会了。罗马法基本遵循因"群"而异的原则;换言之,对罗马公民施行罗马法,对异邦人(peregrini)则按地方习俗管理,在不列颠就是继续奉行克尔特的习惯和风俗。但是,不列颠的罗马人和非罗马人交往,必然引起不同司法体系之间的碰撞与冲突,所以这条原则难以一成不变。事实上,正是为了适应不断变化的实际生活以提高行政效率,这条原则变得越来越灵活,在此基础上渐渐发生了广泛的混合。随着《安东尼谕令》于212年颁布,帝国境内的自由人都获得了罗马公民权,罗马法的适用范围就

---

① Malcolm Todd, *Roman Britain*, 3rd edn., Oxford: Blackwell Publishers, 1999, chapter 9.

被大大拓展了。① 在此过程中,皇帝发挥了一种日益重要的作用。

这种作用体现为在元首制时期,"皇帝谕令"(constitutiones principum)成为法的源头。在整个元首制期间,罗马法的多元渊源状况渐趋消失②;共和国时期,"平民会决议"(plebiscitum)和百人团民众会议(comitia centuriata)通过的"法律"(lex)是严格意义上的法的源头,"元老院决议"(senatus consultum)具有"法律"的约束力,而"长官法"(ius honorarium,一译"荣誉法")和"法学家的解答"(responsa prudentium)具有"法律"的效力。但进入元首制后,各民众会议的立法活动到公元1世纪末2世纪初便停止了;元老院虽然取得正式的立法权,但它只是简单地接受皇帝的建议,一般不会对其否决。长官法同样由于长官们对皇帝的依附而磨灭了。法学家之间的分歧最终也由皇帝定夺:哈德良就裁定,如果法学家意见一致,他们的意见就有法律效力;但如果相互分歧,审判员可遵循他所同意的意见。③ 然而,在这些法的渊源逐步消失的同时,表现为皇帝谕令的皇帝的直接立法权却逐步得以确立,到塞维鲁时期,法学家乌尔比安提出了一条著名原则:"皇帝喜欢的东西就具有法律效力(quod principi placuit legis habet vigorem)。"与此相对应的是乌尔比安的另一原则:"皇帝不受法律的约束(princeps legibus solutus est)。"目前仅存的一件关于皇帝权力的法律残本是公元69年的《关于韦伯芗治权的法律》(lex de imperio Vespasiani),这份以"元老院决议"形式做出的文本表明,从理论上以及皇帝所欲树立的形象上看,皇帝须受法律的约束,亦即"法律超越于皇帝之上(leges super principem)",这与乌尔比安确立的原则正好相反。④ 这说明乌尔比安确立的原则是渐进发展的

① 朱塞佩·格罗索:《罗马法史》,黄风译,中国政法大学出版社,1994年,第229—230、418页。

② 朱塞佩·格罗索:《罗马法史》,第340—349、377—379、393—395页;周枏:《罗马法原论》,上册,商务印书馆,1994年,第50—60、62—64页。

③ 盖尤斯:《法学阶梯》,黄风译,中国政法大学出版社,1996年,第一编第7条。

④ 中译文参见《韦斯巴息安"皇帝"的权力》,邢义田译,载《西洋史集刊》,1989(1),"国立"成功大学历史系,第181—184页。相关讨论,参见 P. A. Brunt, "Lex de Imperio Vespasiani", *Journal of Roman Studies*, 1977(67), pp. 95-116.

结果。到戴克里先实行专制统治，罗马人在法的渊源问题上的多元性终于消失了，因为"法律"（lex）已被用来指皇帝的谕令。

所谓"谕令"不是指一种特定的立法形式，不是皇帝意图创造法律的行为，而仅仅是由皇帝提出，并通过大量不同形式表现出来的规范。在谕令的诸种形式中，"批复"（rescriptum）最常见，数量也最多。批复是皇帝针对官吏或私人提出的法律问题所作的答复，它采取书信的形式（故批复又称"书信"［epistula］），皇帝往往在原来的呈书上直接批注（subscriptio）。在帝制初期，批复的数量十分有限，但到哈德良时，批复作为一种复杂而有组织的体系已然出现，大量咨询问题和请求——上至死刑判决下至遗产继承从行省涌向皇帝。此类问题往往来自疑难案件，意味着法律规范可能出现了漏洞，而皇帝提出的解决方法对于今后审理类似问题是一种具有权威性的先例。故皇帝往往不厌其烦地予以答复，哈德良便留下了上百份批复。[1] 批复由此成为联系皇帝和行省的又一重要纽带，使皇帝无须出巡行省亦可了解行省的要求，做出相应的调整。

现存的可以确定与不列颠有直接关联的批复共有三条，皆为皇帝对不列颠总督的答复，其中有两条属于元首制时期。[2] 第一条是哈德良写给法尔科的，内容与如何处置一位自杀的正规军士兵的财产有关。皇帝的批复如下：

> 如果他是因为意识到自己犯了军事罪而自杀，那么他的遗嘱应当是无效的；但如果是因为他厌倦了生活或处于痛苦之中，遗嘱应当是有效的；如果他死时没有留下遗嘱，他的［财产］应转给他的亲

---

[1] Elizabeth Green, "Law and the Legal System in the Principate", in John Wacher ed., *The Roman World*, pp. 444,446.

[2] Eric Birley, "Law in Roman Britain", in H. Temporini, W. Haase eds., *Aufstieg und Niedergang der römischen Welt*, II. 13, Berlin and New York: Walter de Gruyter, 1980, pp. 610-612. 另一条是君士坦丁大帝于 319 年 11 月 20 日写给不列颠民事总督（vicarius Britanniarum）L. Papius Pacatianus 的，见 *Codex Theodosianus* 11,7,2; Anthony R. Birley, *The Roman Government of Britain*, p. 413.

属;如果没有亲属的话,就转给他所服役的军团。①

第二条是塞维鲁写给卢普斯的,如前所述,此人是除掉阿尔比努斯之后被派到不列颠的第一个总督,内容也与遗产继承问题有关:

> 一个人必须先为自己指定继承人,再为他的儿子找个代替者,文件上的顺序不能颠倒;尤利安认为他应当先指定自己的继承人,再为儿子指定;但如果他在为自己指定好之前就为他的儿子指定好了,那么遗嘱无效。我们的皇帝在给不列颠总督维里乌斯·卢普斯的一份批复中就许可了这个观点。②

令人感到有点意外的是:无论是法尔科还是卢普斯,当时都肩负着繁重的平定叛乱任务,但即使在如此戎马倥偬的就任期间,他们居然仍就如此琐碎的民事问题向皇帝咨询,而皇帝也愿意就这类事务做出指示。

这几条批复之外,上世纪70年代以来,在哈德良长城附近的雯都兰达(Chesterholm),考古学家陆续发现了许多用墨水书写的木牍文书,它们是当地罗马驻军留下的。③ 其中有一封2世纪初的诉状,它为今人理解批复及其在行省中的运作提供了前所未有的帮助。保存在现有法律文献中的批复都是皇帝对诉状的批注,而没有保存原来的呈书,但这一份却是一个私人递交给哈德良的原呈的片段:

> ……[他打我打得?]更甚……货物……或倒进[排水沟?]。作为一个诚实的人,我恳请陛下(tuam maiestatem imploro)不要让我这个清白无辜者被棒打。大人(domine),我无法向长官控诉,因为他疾病缠身,有鉴于此,我已向长官的办事员(beneficiario)……他(指打人者——译注)所在单位的百夫长们控诉了,[但劳而无功。?]

---

① *Digest* 28,3,6,7; Anthony R. Birley, *The Roman Government of Britain*, p. 115.

② *Digest* 28,6,2,4; Anthony R. Birley, *The Roman Government of Britain*, p. 184.

③ 参见 A. K. Bowman, *Life and Letters on the Roman Frontier: Vindolanda and Its People*, London: British Museum Press, 1994;邢义田:《罗马帝国的居延与敦煌——简介英国雯都兰达出土的驻军木牍文书》,载中国社会科学院简帛研究中心编:《简帛研究译丛》,第一辑,湖南出版社,1996年,第306—328页。

> 我恳请你宽大仁慈，不要让我这个跨海而来之人（hominem
> trasmarinum）和清白无辜者——你可以调查我的诚信——被棍棒
> 打得见血，就好像我真的犯了罪一样。[1]

这封诉状写在一份供应军队小麦的单据的背面[2]，两者笔迹相同，系出自
一人之手，说明此状从未送出。木牍整理者鲍曼（Alan Bowman）和托马
斯（David Thomas）认为，全文语气说明作者是平民：他为了强调自己并
非当地人而自称"跨海而来之人"（homo trasmarinus），就有力支持了这
一点；而将文中提到的"货物"与诉状背面的小麦单据联系起来，说明作
者极可能是商人，他被军营中的人打得鲜血淋漓。此简行文踌躇萦回，
让人感受到作者满腔委屈、情难自禁。他投诉无门，遂向当时正在长城
附近的哈德良申诉，希望能讨回公道。[3] 尽管哈德良未曾收到，但它表
明，即使一个身居帝国边陲的普通平民也能向、并愿意向皇帝申诉。

哈德良在出巡日耳曼或不列颠时，还收到亚细亚行省总督的一封
信，内容是请示皇帝如何处置基督徒，哈德良批复的希腊文译文保存在
尤西比乌斯的《教会史》中。[4] 这条批复的有趣之处在于可以和约十年前
图拉真皇帝对小普林尼类似的批复进行对比[5]，图拉真的批复认可了小
普林尼的做法：对于那些以前是或被怀疑是基督徒的人，只要他能通过
膜拜皇帝的塑像或诅咒耶稣基督来证明自己不是基督徒，应宽宏大量；

---

[1] Vindolanda Tablets Online，http://vindolanda. csad. ox. ac. uk/，*Tab. Vindol*，344. 此简起
首处有残缺，所剩文字晦涩难解。另参见 A. R. Birley，"Vindolanda：New Writing Tablets
1986 - 1989"，in V. A. Maxfield，M. I. Dobson eds.，*Roman Frontier Studies*，1989，
Exeter：University of Exeter Press，1991，pp. 17 - 18.

[2] Vindolanda Tablets Online，http://vindolanda. csad. ox. ac. uk/，*Tab. Vindol*，180.

[3] 鲍曼和托马斯没有将此状与哈德良联系起来，但他们指出：作者使用了"maiestas"一词，表明
收信人的地位不可能低于行省总督，尤其是他已无法向军事长官申诉、而向长官的办事员和
百夫长申诉后可能又没有起作用；此外，递交康茂德的一份诉状中就曾用"陛下"（tuam
maiestatem）称呼皇帝。而"大人"（dominus）也可用来称呼皇帝。这方面的联系和讨论，另参
见 A. R. Birley，*Hadrian：The Restless Emperor*，pp. 123,135.

[4] Eusebius，*The History of the Church*，trans. G. A. Williamson. London：Penguin，1989，
p. 112(4. 9)；A. R. Birley，*Hadrian：The Restless Emperor*，pp. 125 - 127.

[5] Pliny the Younger，*Letters*，10. 96 - 97.

对于那些坚定的基督徒,应严加惩罚;此外,不接受匿名揭发。哈德良的批复基本上沿袭了这些原则,他坚持按照通常的方法起诉基督徒,并要求严惩恶意中伤。但哈德良的批复有一处新发展——他要求处罚之前对指控进行调查,以确定犯了什么罪。这意味着无法再像以前那样,只要背上"基督徒"之名,就可以当作有罪。不过,由于这条批复保留在基督教文献中,很难保证它没有被窜改过。其他证据表明图拉真定下的政策并未发生变化。与上引雯都兰达木牍文书相关的是,处置基督教的批复让我们清楚地看到,即使皇帝在出巡行省的时候,来自帝国各地的信件仍源源不断地递给他。

应该看到,皇帝针对来自不列颠的谕令屈指可数,其实整个帝国西部的情况皆是如此。这与无数针对帝国东部的谕令形成鲜明对比。但从所处理的问题看,针对东西两部的谕令并没有本质上的不同,这又一次反映了希腊语地区对拉丁语地区的文化优势。更重要的是,皇帝把亲自参与这些谕令的制定当作自己的天职,他在帝国司法体系中的主要意义恐怕既不在于清洗政敌,也不在于褫夺富人之财富,而正在于处理这些琐碎繁杂的例行公务,因为这些公务的微不足道恰恰反映出在臣民心中以及在皇帝的自我定位中,一位皇帝理应具备的素质和能力。究其实质而言,皇帝在他与臣民的关系中所担当的职责,就是倾听诸种要求、审理诸种纠纷,所以臣民与皇帝的关系可以用"诉状—反应"这一模式来概括。[1] 这种模式及其内涵无疑具有普遍意义,同样适用于罗马不列颠。

但它在何等程度上适用呢?罗马社会向来是等级分明的社会,在司法领域内,罗马法的因"群"而异原则确保了罗马公民比异邦人享有更多特权,譬如异邦人不受罗马民法的保护,所以上述皇帝关于遗产继承的批复都是针对不列颠的罗马公民的。但是,罗马公民与异邦人之间的区

---

[1] 参见 Fergus Millar, *The Emperor in the Roman World* (*31 BC–AD 337*), 2nd edn., Ithaca: Cornell University Press, 1992, esp. pp. 203–272, 465–549. 在此书中,与"诉状—反应" (petition-response) 对应的拉丁文是"libellus-subscriptio",意为皇帝在个人的诉状 (libellus) 上直接批注 (subscriptio),这种形式在针对个人的批复中最常见。

分变得越来越没有意义,因为获得罗马公民权的人越来越多,到212年,随着帝国全境的自由人都有了罗马公民权,征服者与被征服者之间的区别彻底消失了。因此,司法领域内的等级就不能靠是否拥有罗马公民权来维持了。在这种情况下,传统政治领域内的等级划分就会影响到司法领域内新的等级划分标准。

罗马国家从不掩饰其统治基础是富人,一如元老、骑士的财产资格限制所显示的那样。而新标准也是建立在出生、财富之上的。这个新标准早在2世纪初哈德良统治时期的法律文献中就已正式出现,它把帝国的居民分为"上等人"(honestiores)和"下等人"(humiliores),前者包括元老、骑士、市元老(decuriones)和退伍军人,其他的自由人都属于后者。在新标准下,法律天平明显向上等人倾斜,这在刑法领域内表现得尤其明显:譬如,同样为盗窃,上等人比下等人受到的惩罚要轻得多;再如,鞭刑以前是对小过失的非常普遍的惩罚,免受鞭刑一度是罗马公民才有的特权,但现在只有上等人才有此特权。在上等人中,市元老作为特权等级的出现尤其值得留意,因为与其他上等人不同,他们不一定拥有罗马公民权,这表明行省中的贵族和平民在中央统治者眼中有了泾渭分明的区分,换言之,非罗马公民也能凭借财富享有法律上的特权地位。哈德良就规定,除非犯有弑父罪和叛逆罪,不能判处市元老死刑,也不能罚他们去采矿(采矿的艰苦相当于间接判处死刑),一般情况下,对他们的最高量刑是流放。相形之下,罗马公民被判死刑后只保留向皇帝上诉的权利。到2世纪末,针对上等人和下等人的这种双重量刑标准已在法律中得到明文规定,地方精英的地位由此得到进一步巩固和上升,而普通罗马公民的地位则进一步下降。

212年以后,随着罗马公民权的普及,罗马公民与异邦人之间的区别完全被上等人和下等人之间的区别取代了。[1] 所以,像维护富人的政治

---

[1] 参见 P. Garnsey, "Legal Privilege in the Roman Empire", in M. I. Finley ed., *Studies in Ancient Society*, London: Rouledge and Kegan Paul, 1974, pp. 154 – 165; P. Garnsey, R. Saller, *The Roman Empire*: *Economy*, *Society and Culture*, Berkeley: University of California Press, 1987, chapter 6.

特权那样维护他们的法律特权，是罗马统治思想的真实写照。早在公元
100 年左右，小普林尼在写给西班牙总督的信上就告诫后者，在执法时要
偏袒地方贵族，"要维护等级和尊严的区分，一旦这种区分被混淆或破
坏，没有什么比因此产生的平等更加不平等的了"①。同样，"诉状—反
应"这一模式也是基于这种偏袒之上的，从而局限于皇帝与行省上层社
会的交往，它为行省中的上等人与中央政府进行沟通营造了一条重要的
渠道。但对下等人而言，这条渠道虽说并非不可能，却听起来是一种神
话，就如普通人也能当上美国总统那样。在罗马的政治文化中，这可能
有其重要之处，但在现实生活的层面上，皇帝权力在他们那里更多地体
现为帝王崇拜。

　　公元 2 世纪的希腊作家阿提米道鲁斯在其《释梦录》中认为，神和统
治者之间有某种契合，并引用了一句古老的谚语——"统治就意味着具
有神的权力。"②统治者具有的这种非凡品质被马克斯·韦伯称为"魅力"
（charisma），其拥有者被视为天分过人，"具有超自然的或者超人的，或者
特别非凡的、任何其他人无法企及的力量或素质"。③ 罗马的皇帝制度决
定了罗马皇帝特别需要有这种魅力。

　　在罗马，皇帝至少在名义上不是普天之下唯我独尊的"天子"，而是
公民。奥古斯都为了避免重蹈凯撒被人刺杀的覆辙，在内战结束后刻意
营造一种共和的假象，宣称自己已把国务交还给元老院和罗马人民了，
但事实上仍牢牢掌握着两种实权："大代行执政官的治权"（imperium
proconsulare maius）和终身"护民官的权力"（tribunicia potestas）。前者
使他无须担任执政官而终生享有执政官的治权，后者使他可以终身否决
一切立法。可见，罗马皇帝身兼二任：既是公民又是国王，虽实权独揽却
又要假装是国家负责任的公仆，这种两面性正是罗马帝制的本质，却又

---

① Pliny the Younger, *Letters*, 9. 5.
② Artemidorus, *The Interpretation of Dreams*, trans. R. J. White, 2nd edn., Torrance,
　California: Original Books, 1990(2), p. 36.
③ 马克斯·韦伯：《经济与社会（上卷）》，林荣远译，商务印书馆，1997 年，第 269 页。

是它的矛盾所在。为了掩盖这点，奥古斯都在其功德碑第 34 节中明确说，他只是在"威名"(auctoritas，亦可译成"权威""影响")上超过了所有人。① 这种非凡的威名，或者说魅力，既然构成皇帝权力合法性的正式表述，那么就不能光说说而已，必须化为能为寻常百姓感知的存在。对皇帝的崇拜正是这种魅力的具体体现。帝王崇拜不仅遍及各个行省，而且得到皇帝本人的鼓励，从这两个角度看，它是独一无二的，其兴起与发展是罗马宗教在帝制前期的主要特征。

帝王崇拜最初的动力一般认为来自帝国东部，这里自亚历山大大帝东征之后便形成了崇拜统治者的传统，西塞罗在东部行省任总督时就拒绝过这样的崇拜②，奥古斯都成为内战的最后胜利者后，这里的人为了尽快摆脱内战时错投安东尼的阴影而纷纷建造奥古斯都的神庙。由此可见，把臣民的效忠集中在皇帝身上从一开始就是帝王崇拜最重要的功能。

然而，在缺乏统治者崇拜的帝国西部，实现这个功能难以依靠臣民的自发，更要靠中央政权的鼓励。早在公元前 12 年，奥古斯都的继子德鲁苏斯（Drusus）就在高卢部落不服罗马人管理之际，在里昂（Lugdunum）建立供奉罗马女神和奥古斯都的祭坛，此举被视为皇帝在西部推行帝王崇拜之滥觞。类似的祭坛不久又在日耳曼境内的科隆（Oppidum Ubiorum）建立起来。

克劳狄征服不列颠后不久，也在科尔切斯特建立祭坛，供奉罗马女神和他自己的"numen"（神性），在他死后成"divus"（神）之后，又在此基础上建造了一座专门用来崇拜克劳狄的神庙。③ 今天，这座神庙的遗址

---

① 张楠、张强：《〈奥古斯都功德碑〉译注》，第 23 页。

② Arnaldo Momigliano, "Roman Religion: The Imperial Period", in Mircea Eliade ed., *The Encyclopedia of Religion*, Vol. 12, New York: Macmillan Publishing Company, 1987, p. 464.

③ 塔西佗《编年史》中译本译注（第 480 页之注释 1）认为神庙是在克劳狄生前建立的，这种观点一度较为流行，但已被晚近的考证推翻。参见 Duncan Fishwick, "The Development of Provincial Ruler Worship in the Western Roman Empire", in H. Temporini, W. Haase eds., *Aufstieg und Niedergang der römischen Welt*, Ⅱ. 16. 2, Berlin and New York: Walter de Gruyter, 1978, pp. 1217 – 1219.

上矗立着诺曼人建造的庞大城堡的主楼,诺曼人使用的一些罗马时期的瓦片至今可见,主楼内设有博物馆,展品中就包括克劳狄神庙的遗迹。需要看到"神性"与"神"之间的微妙差别,"神性"是题献给在位皇帝的,它与皇帝死后由元老院封的"神"不同。在罗马世界,"神"都具有"神性",但人们祭神时都把祭品献给神本身,而不是献给神的"神性"。因此,崇拜皇帝的"神性"表明在位的皇帝具有类似于神一样的权力,但并不意味着皇帝就是传统意义上的"神"。①由此可见,皇帝在生前已经取得了一种神与人之间的地位。

帝王崇拜与其说是一套信仰体系,倒不如说是一套仪式。这与罗马宗教重仪式的实用主义取向是一脉相承的。这种取向有时会发展到仪式流传下来而神本身被遗忘的程度,譬如,芙瑞纳(Furrina)是古老的女神,其特性与功能到西塞罗时已被遗忘,完全靠猜测,但她的节日(Furrinalia)每年 7 月 25 日照样举行。② 帝王崇拜更是一套由国家组织的、体现了皇帝权力的仪式,而这套仪式在不同的地点和时代往往有不同的特色。③

在不列颠,它由位于科尔切斯特的行省议会(concilium provinciae)负责操作,此议会的成员从各城市的贵族中选出,每年在克劳狄的神庙聚会一次,由一年一选的大祭司长(sacerdos)主持崇拜皇帝的仪式。此举显然是为了替代原有的督伊德僧侣所主持的部落代表大会,作为克尔特人的宗教领袖,督伊德僧侣每年在固定的日子集中开一次会,所有有争执的人从四处赶来,听候他们的裁决。④ 行省议会的召开,无疑是为了

---

① J. C. Mann, "Numinibus Augusti: the Divine Power of the Reigning Emperor", in J. C. Mann, *Britain and the Roman Empire*, Aldershot: Variorum, 1996, pp. 149-153; James Rives, "Religion in the Roman Empire", in J. Huskinson ed., *Experiencing Rome: Culture, Identity and Power in the Roman Empire*, London: Routledge, 2000, p. 267.

② Paul Harvey ed., *The Oxford Companion to Classical Literature*, Oxford: Clarendon Press, 1962, p. 181.

③ 沙义德:《罗马帝国的皇帝崇拜》,载马克、邓文宽、吕敏主编:《古罗马和秦汉中国——风马牛不相及乎》,吴旻译,中华书局,2011 年,第 43—58 页。

④ 凯撒:《高卢战记》,卷 6 章 13。

改变这些人对原有地方权威的认同,转而效忠皇帝。此外,尽管行省议会几乎没有政治权力,但议事代表有权在总督离任后向皇帝表达他们对总督的评价:一个富裕的克里特人便曾扬言"他有权力决定治理克里特的长官能不能得到这个行省人民的感谢"。① 在非正式场合,他们可以交流各地区的新闻与各自的利益;在正式场合,他们可以代表整个行省说话,甚至可以指定罗马的权要人物来充当行省保护人,以使行省利益可以及时反映到皇帝那里。已知的"不列颠行省的保护人"(patronus provinciae Britanniae)有两位:一位是哈德良时期的维提乌斯·瓦伦斯(M. Vettius Valens);另一位是塞维鲁时期的尤利乌斯·阿斯佩尔(Gaius Julius Asper)。不列颠的行省议会和一个不列颠人曾树碑向他们表示感谢。② 所以,这套仪式从行政角度看,是疏导行省感情的一道阀门。

　　除了科尔切斯特的行省议会之外,帝王崇拜在各殖民市和自治市由当地的奥古斯都六人祭司团(seviri Augustales)负责推行,奥勒利乌斯·卢纳里斯(M. Aurelius Lunaris)留下的一条铭文表明他曾同时担任约克和林肯(Lindum)的六人祭司团成员。③ 需要注意的是,此六人往往从富有的释奴中甄选,他们不像市元老那样具有自由而高贵的出身,这就使帝王崇拜具有一项特别的社会功能,它为富裕的释奴上升到地方上流社会提供了途径,并使他们的孩子有可能取得更高的社会地位。这种功能不仅能为地方上层社会补充新鲜血液,从而在一定程度上确保社会稳定所需要的社会流动性,也有利于扩大统治基础,使主持仪式的地方精英为其自身利益而自愿效忠皇帝,从而增进社会聚合力。

　　与科尔切斯特的大祭司一样,六人团的成员也要负担帝王崇拜仪式的所有费用,这不是一笔小数目,因为相关仪式除了奉献牺牲之外,一般还包括各种各样的公众娱乐活动,如角斗等。在罗马统治初期,有资格

---

① 塔西佗:《编年史》,卷 15 章 20。

② Anthony R. Birley, *The Roman Government of Britain*, pp. 181, 273.

③ Stanley Ireland, *Roman Britain: A Sourcebook*, no. 306, p. 170.

担任这类职务的人不会很多,所以"势必要在宗教的借口之下大量消耗他们的财产"①,但更多的人却因此感受到皇帝的"威名"。随着时间推移,不列颠的居民对罗马国家的福祉日益感同身受,单独题献给皇帝的"神性"或题献给皇帝和其他神祇的碑铭越来越多,有的碑铭还题献给皇室成员。例如,约克附近一座村庄的营造官(aedile)在 2 世纪 40 年代早期把新建的圆形剧场的舞台献给皇帝安东尼·庇护②;在科尔切斯特,一位释奴把一块碑铭题献给皇帝和墨丘利神。③ 奇切斯特(Noviomagus Regnorum)铁匠行会的成员为了皇室家庭的福祉,向海神和密涅瓦奉献了一座神庙。④ 不应忘记的是,在罗马征服前,不列颠处于铁器时代,当地人虽善于制作金属制品,但由于书写文化尚未发展出来,他们没有在石头上刻字的习惯,也没有在各类私人器物上刻写主人姓名的习惯,所以,铭文本身就是罗马化的产物。帝王崇拜鼓励了不列颠人用罗马的方式向罗马皇帝示以敬意。

不仅如此,不列颠居民还通过为皇帝树立塑像来表达他们的忠诚,在萨福克郡内的爱德(Alde)河中就发现了克劳狄的巨大青铜头像,流经伦敦的泰晤士河中还发现了比真人略大的哈德良青铜头像,而这些头像都不像是来自崇拜皇帝的神庙。⑤ 苏维托尼乌斯曾负责管理哈德良的公文信件(ab epistulis),很可能还跟随哈德良出巡不列颠,他报道不列颠有"大量提图斯的塑像和肖像以及刻写的铭文"。⑥

这许多塑像,连同钱币上皇帝的头像和名字,仿佛古代世界的"大众传媒",让人在日常生活中随时想起皇帝。研究表明,在行省中,皇帝的雕像往往是高度标准化的,也就是说,许多雕像几乎一模一样,没有什么

---

① 塔西佗:《编年史》,卷 14 章 31。
② R. G. Collingwood, R. P. Wright, *The Roman Inscriptions of Britain*, Vol. I. , no. 707.
③ Ibid. , no. 193.
④ Ibid. , no. 91.
⑤ Sheppard Frere, *Britannia*: *A History of Roman Britain*, p. 314. 泰晤士河中的哈德良头像参见 A. R. Birley, *Hadrian*: *The Restless Emperor*, p. 126.
⑥ 苏维托尼乌斯:《罗马十二帝王传·神圣的提图斯传》,IV:1。

区别①,这也是罗马宗教实用主义倾向的一种反映。高度仪式化的罗马宗教既不关心神的个性和特征,也不关心对深刻动人的宗教信仰的培养;相反,它高度注重仪式进行中形式与细节的正确无误——念错祷告辞、老鼠的吱吱尖叫、祭司帽子的意外落地都能让整个仪式无效,而不得不从头开始。其实皇帝本人也不是不知道人变成神的荒诞性,韦伯芗临终之际曾以其一贯的幽默说道:"呜呼! 我想我正在成神。"②从实质上说,帝王崇拜作为官方宗教在皇帝看来具有一种类似于做买卖的契约性质:皇帝承担保卫国家的职责,但这需要正当的仪式来交换;若臣民不参加这个仪式,或者仪式本身偏离了原定的规章程序,就会妨碍并威胁到整个神圣契约的完满实现。所以,行省中随处可见的雕像象征了皇帝的权力,传达了罗马国家的意识形态,是皇帝魅力无处不在的直接反映。大同小异的标准雕像则象征了皇权的连续性,皇权并不会因为不同的皇帝而有所不同。

魅力的形成是双向的,皇帝取得类似于神的权力,不仅有赖于皇帝本人,也有赖于臣民的期待,因为正是他们把这种非凡品质赋予了皇帝。在帝国西部,由官方发起的帝王崇拜若不得到行省臣民的支持,就难以为继。与韦伯芗一样,古代的臣民也不会自欺欺人地相信皇帝是一个不死的神,受过良好教育的人会耸耸肩膀,不屑一驳,而民众也不是轻易可以愚弄的。"证明这一点的关键论据,乃是没有一个还愿的祭品是献给皇帝的神位的:当百姓因为生孩子、冒险旅行或者疾病缠身而确实需要超自然的帮助之时,他们求助于一个真正的神。在私人信件中,开头语通常置于对某个神明的祈祷之下,但这个神明从来不是皇帝。"③也就是说,罗马帝国的帝王崇拜从来都不是一种私人祭祀,因此,神化皇帝与其说是一种宗教信仰,不如说是把各种荣誉赋予皇帝从而使他具有神的地

---

① 霍普金斯:《征服者与奴隶》,闫瑞生译,陕西人民教育出版社,1993 年,第 289 页。
② 苏维托尼乌斯:《罗马十二帝王传·神圣的韦伯芗传》,XXIII :4。
③ 保罗·韦纳:《何谓罗马皇帝? ——"帝者,神也"》,陆象淦译,载《第欧根尼》,2004 年第 2 期,第 17 页。

位。但这并不意味着民众一定是在虚情假意地崇拜皇帝,臣民之于帝王崇拜,就仿佛爱国者尊敬国旗,还有什么比爱国者对国旗的尊敬更真诚的呢?虽说爱国者对于国旗的热爱和臣民对于皇帝的崇拜都算不上是宗教情感,但这种情感本身是强烈的。它有助于对皇帝表示崇拜的异教徒把自己的命运解读成神之计划的一部分:如果遇到好皇帝,服从他的统治是天经地义的;如果遇到恣意妄为的坏皇帝,那只是不可揣测的神意罢了。因此,对于信奉多神教的异教徒而言,狂热地崇拜统治者乃是他们认识世界和感知自身存在的一种方式,诚如剑桥大学教授霍普金斯所言,地位低下的臣民"因为常常无力改变现状,而希望证明现存秩序的合理性,或者说,他们实际上希望赞扬现存秩序的合理,从而固定他们在其中的地位。人民依附的未必是某个特定的国王,而是一个象征着世界稳定秩序的理想国王。当国王死去或被罢黜的时候,人民的忠诚就自然地转移到新国王的身上"。[1]

罗马帝国的宗教多元化和政治一体化是相互矛盾的,但在基督教成为帝国国教之前,这对矛盾随着帝王崇拜的兴起被大大缓解了。帝王崇拜是整个帝国范围内多少得到普及的罗马宗教,它是皇帝鼓励和地方自发相结合的产物,皇帝通过它把臣民的效忠集中在自己身上,臣民通过它认可了皇帝权力的合法性。它不仅是整合地方文化的有力工具,还是维系行省与皇帝个人关系的忠贞之带,罗马帝国由此获得了宗教与政治的象征性统一。

罗马征服不列颠后,不列颠行省就处在一个以皇帝为核心的帝国政治体系中。面对幅员辽阔的帝国,如何协调中央和行省、国家与臣民、帝国意识形态和地方自我认同的关系,是皇帝所殚精竭虑的。为了使自己的权力在臣民眼中合法化,皇帝会在必要时出现在不列颠,一方面确保军队忠诚和督察地方官员之业绩,另一方面又通过兴修土木等形式满足臣民的要求。对不列颠人来讲,并入罗马帝国,意味着开始接受罗马法律的约束,尽管雯都兰达那份未能递出的诉状意味着这些法律实行起来

---

[1] 霍普金斯:《征服者与奴隶》,第 267 页。

也许效果不佳,但它的存在却表明,臣民开始依附于罗马的行政体系,他们需要皇帝给予裁决。在希腊、罗马文化中,人与神之间的区别仅仅在于后者是不死的、强大的,但强大的皇帝和人们需要皇帝就很容易突破这条含糊的界限,把皇帝的地位从人上升到人与神之间——既是人、又是神,像神话中的赫拉克勒斯那样。亚历山大大帝生前就被称为"新赫拉克勒斯"(neos Herakles)①,这直接影响到一些罗马皇帝的自我呈现。康茂德和马克西米安就喜欢把自己装扮成赫丘利(等同于希腊神话中的赫拉克勒斯),赫丘利原本是会死的英雄,但在死时成了神,故最适合表达皇帝神圣地位的暧昧性。② 帝王崇拜广泛流行,集中体现了人们对皇帝权力合法性的认可。

尽管如此,皇帝在罗马帝国政治体系中是被动的,他无意制定诸种政策,而主要是对来自下层的压力和要求作出反应。帝王崇拜在这一时期成为罗马唯一的普及宗教,这决非偶然:在一个社会动员的资源手段还很缺乏的时代,鼓励帝王崇拜无疑有助于弥补皇帝统治的被动性造成的负面影响。

不应忽视的是,罗马帝国幅员辽阔,使皇帝和行省间的沟通困难不小。犹地亚和不列颠之间约相隔 4 000 公里,据推算,信息从罗马传到帝国东西这两端各需大约两个月,遇到意外时,需要的时间更长。③ 卡里古拉皇帝因叙利亚总督不及时执行他的命令而以死亡进行威胁,但信使走海路(一般来说,这比走陆路快),却因风暴而延误了 3 个月,等到他把消息带到叙利亚时,卡里古拉被杀的消息已在 27 天前先行到达。④ 这个事件表明,皇帝在帝国政治体系中的中心地位固然重要,但罗马官员在行省实际生活中往往起更直接的作用。

---

① M. Le Glay, Jean-Louis Voisin, Y. Le Bohec, *A History of Rome* trans. , *Antonia Nevill*, Oxford:Blackwell Publishers, 1996, p. 223.

② 康茂德打扮成赫丘利的一尊雕像,参见 M. Beard, J. North, S. Price, *Religions of Rome*, Vol. 2, *A Sourcebook*, Cambridge:Cambridge University Press, 1998, pp. 52 – 53.

③ Fergus Millar, "The Roman Empire as a System", pp. 333 – 334。

④ Josephus, *The Jewish War*, 2. 10. 5.

第三章　地方政府

　　元首制时期罗马政府的行政结构相当简单:中央政府和地方社团之间仅靠各行省的罗马官员予以维系。虽说行省中确实存在一个由各社团代表组成的行省议会,但正如上文所说,它除了负责推行帝王崇拜,几乎不享有任何政治权力。作为政治上的一种点缀,不列颠议会的活动儿乎得不到史料的证实,在关于罗马不列颠的大量铭文中,只有两三条轻描淡写地提到或暗示了这个议会的存在。因此可以说,除了罗马官员,中央政府和地方社团之间几乎一片空白:行省中没有国家层面的平民武装;也没有任何罗马官员扮演现代意义上的"市长"角色,因为各城市拥有高度的自治权。① 行政结构越简单,往往意味着政府的政治目标越有限,与现代国家相比,罗马国家操心的事要少得多,政府几乎从不关心社会福利、教育或调控经济发展,而只关心两件事——治安和征税。因此,下文将围绕这两个目标考察罗马政府在不列颠的运作。

　　在论述罗马官员之前,有必要先来看藩属王在不列颠的作用,他们不仅充当了罗马官员的角色,而且与不列颠总督一样受到皇帝的直接

---

① A. K. Bowman, E. Champlin, A. Lintott eds. , *The Cambridge Ancient History*, Vol. X, *The Augustan Empire*, 43BC-AD69, 2nd edn. , Cambridge: Cambridge University Press, 1996, p. 356.

庇护。

罗马在地中海世界的扩张过程中邂逅许多国家和社团,其中不少是形形色色的君主国。对于其中的一些,罗马一开始没有把它们并入行省体系进行直接统治,而是采取让当地君主继续管理的间接统治方式。罗马人把这些地方君主称为"rex socius et amicus populi Romani",意即"作为罗马人民盟友和朋友的国王"。现代学者通常将他们称为"藩属王"(client king),此术语强调了他们对罗马政府的依赖,但这些依附性王国算不算帝国的一部分却不易回答。有学者认为它们只是与罗马国家的联盟,严格讲不能算罗马帝国的一部分。① 但是,也有充分的理由表明,用"藩属王"进行管理是罗马行省治理的有机组成部分。首先,罗马人提及藩属王时显然认为他们受制于罗马的治权(imperium),苏维托尼乌斯曾记载奥古斯都一贯重视藩属王,"把他们看作帝国不可缺少的部分"②;塔西佗明确表示,利用当地的国王作为罗马"奴役的工具"(instrumenta servitutis),乃是罗马人自古相承的办法。③ 其次,藩属王往往享有罗马公民权,因而可以按罗马法被罗马法庭审判和量刑。④ 复次,藩属王的废立生死全凭罗马定夺,而罗马会在它认为必要的时候干涉藩属国事务。最后,藩属王拥有自己的军队,它们通常由罗马官员训练并按罗马的模式组建,这些军队在罗马人打仗时作为罗马的辅助军参战。由此可见,藩属王实际上在罗马的行省体系中充当了罗马官员的角色,他们若想保住自己的地位,除了选择与罗马合作之外,别无他途。

不列颠对罗马友好的国王早在凯撒时代就已出现(见第一章),从奥古斯都时代起,经常有不列颠王逃到罗马寻求政治庇护。昔偌贝里努斯的儿子阿得米尼乌斯(Adminius)就逃到了皇帝卡里古拉那里⑤;昔偌贝

① D. C. Braund, *Rome and the Friendly King*: *The Character of the Client Kingship*, London: Croom Helm, 1984.
② 苏维托尼乌斯:《罗马十二帝王传·神圣的奥古斯都传》,XLVIII。
③ 塔西佗:《阿古利可拉传》,章14。引文据原文略有改动。
④ 这方面的例子参见塔西佗:《编年史》,卷2章67。
⑤ 苏维托尼乌斯:《罗马十二帝王传·卡里古拉传》,XLIV。

里努斯死后不久,阿德来巴得斯人的王维瑞卡遭驱逐,他逃到新皇帝克劳狄处,给克劳狄入侵不列颠找到借口。克劳狄宣称有 11 位不列颠王向他臣服,他是否全部允许这 11 人继续统治,则不得而知,至少维瑞卡有没有在克劳狄的帮助下重新取得王位这一点,并不见于任何史料记载。

目前可以确定的不列颠藩属王有三位,全部保存在塔西佗的著作中,其中柯基杜姆努斯(Cogidumnus 或 Cogidubnus)最为成功。罗马政府看来很信任他,曾把"某些国家"(quaedam civitates)委托给他管理,而"他一直到现在仍然矢忠如一"。[①] 这段记载得到了 1723 年发现的一块碑铭的印证:

> 献给海神和密涅瓦,本神殿为了神圣皇室的福祉,在不列颠伟大的国王提比利乌斯·克劳狄乌斯·柯基杜姆努斯的许可下,由铁匠行会及其成员自筹资源树立,普登提努斯之子[…]献址。[②]

这块碑铭表明,此人全名是 Tiberius Claudius Cogidubnus,拥有三个名字是罗马人的特征,所以这是他已被克劳狄或尼禄授予罗马公民权的标志。另外,铭文上录有他的头衔,但此处原文脱落严重。学界以往把头衔释读为"r(egis) le[gat(i) Au]g(usti) in Brit(annia)",意即"不列颠的国王和罗马皇帝的特使"。藩属王的头衔上同时出现国王和罗马官员这两种身份不合常规,但自从波吉尔斯发表文章对之重新释读以后,学界已逐渐将之释解为"re[g(is) ma]gn(i) in Brit(annia)",即"伟大的不列

---

① 塔西佗:《阿古利可拉传》,章 14。

② R. G. Collingwood, R. P. Wright, *The Roman Inscriptions of Britain*, Vol. I, no. 91. 并参照 R. S. O. Tomlin 在此书第 758 页做的补充修正和复原图。铭文显示"柯基杜姆努斯"的拼写是[Co]gidubnus,而塔西佗拼写成 Cogidumnus,这主要是在克尔特人名拉丁化转写的过程中造成的。使用这两种拼法目前占据主流,但有学者从塔西佗著作版本之流传的角度指出,拼写成 Togidubnus / Togidumnus 同样有道理,且更符合克尔特人名的惯例。参见 Peter Salway, *Roman Britain*, p. 748ff.

颠王"。① "伟大的"暗示其统治疆域里有不止一个王国,这就与塔西佗关
于罗马把"某些国家"委托给他管理的叙述相吻合。藩属国通常位于罗
马势力范围的边缘地带,但柯基杜姆努斯的藩属国却罕见地位于以奇切
斯特为中心的不列颠中南部,因而成了罗马行省中的一块飞地。从这点
来看,塔西佗所谓的"某些国家",显然与康缪斯及其继承者建立的王国
有关,它们在从凯撒到克劳狄时期以亲罗马的立场闻名。柯基杜姆努斯
的前任很可能就出自维瑞卡的家庭。柯基杜姆努斯何时开始执政并不
清楚,但应该不会早于克劳狄发兵征服不列颠之前,而塔西佗所说的"一
直到现在"表明他直到公元 70 年代可能依然在位。有学者认为,奇切斯
特附近豪华的费施伯恩(Fishbourne)乡间别墅可能就是他的住处。

　　不列颠另一位藩属王是普拉苏塔古斯(Prasutagus),他是今之诺福
克一带伊凯尼人(Iceni)的国王,可能是在第二任总督欧司托里乌斯·斯
卡普拉(P. Ostorius Scapula)镇压伊凯尼人起义之后才上台的。与柯基
杜姆努斯不同,他并不积极采取罗马化政策,虽然其王国也对罗马商人
开放,但始终没有留下神殿、碑铭等罗马化的见证。② 显然,他需顾忌臣
民的情绪。不过,这并不妨碍他对罗马的政治要求有敏锐的认识,他于
公元 59 或 60 年去世,按照他的遗嘱,其王国由皇帝尼禄和他自己的两
个女儿共同继承。普拉苏塔古斯本指望以此保住王国及其家族,然而,
根据罗马的惯例,藩属王死后应当把整个王国馈赠给罗马帝国。此外,
罗马法只认可男性有继承权,这样,普拉苏塔古斯的遗嘱没有被执行,他
的王国也没有受到善待,而仿佛是罗马通过征服取得的战利品。普拉苏
塔古斯的遗孀波迪卡(Boudicca)试图反抗,结果被当众鞭打,她的两个女
儿则惨遭强奸。雪上加霜的是,皇帝的代理官趁火打劫,宣称要索回克
劳狄皇帝赐予伊凯尼贵族的财产;与此同时,小塞涅卡等罗马的放债人

①　J. E. Bogaers, "King Cogidubnus in Chichester: another reading of R. I. B 91", *Britannia*,
　　1979(10), pp. 243 - 254.
②　塔西佗:《编年史》,卷 12 章 31;Sheppard Frere, *Britannia: A History of Roman Britain*,
　　p. 54.

也用高压手段连本带利地追回以前所放之债。于是,不堪忍受的伊凯尼人在波迪卡的领导下,联合南方的德里诺旁得斯人,发起了罗马不列颠历史上最著名的一次起义。[①]

当时,不列颠总督苏埃托尼乌斯·保里努斯(Suetonius Paulinus)正在征服威尔士的莫纳岛(Mona,今之安格尔西岛[Anglesey]),这里不仅是许多反罗马人士的避难所,还是督伊德僧侣活跃的据点。波迪卡就是乘着总督鞭长莫及的这个时机发动了起义,起义者首先攻克了行省首府科尔切斯特,一举毁灭了建在那里专门用来崇拜克劳狄的神庙,它在起义军眼里显然是罗马政治压迫和经济剥削的象征。紧接着,他们又击败了赶来解救的第九军团,罗马步兵甚至惨遭全军覆没的命运。苏埃托尼乌斯匆忙赶往波迪卡的下一个目标——伦敦(Londinium),到了那里,他发现自己手下士兵不多,无法把伦敦作为作战基地,于是不管当地以商业为生的居民的哭诉和哀求,毅然下令撤退,并且把那些能够随军出征的人全部带走。波迪卡不费吹灰之力就拿下了伦敦,然后又攻克了第三座城市圣奥尔本斯(Verulamium)。至此,起义军已经杀死了约 8 万人,据狄奥·卡修斯记载,波迪卡喜欢边用各种手段虐待罗马俘虏,边在不列颠人的各处圣所举行献祭、盛宴和狂欢。看来这次起义仍受到督伊德僧侣的精神鼓动,罗马虽然一再镇压督伊德教,但它在不列颠民众中的影响力始终存在。

处在胜利亢奋中的不列颠人不久犯了一个错误,苏埃托尼乌斯把他们引入了一片两边都是高地的空旷地带,道路通过的地方十分狭窄。不列颠人过于自信,甚至把妻子领来观战。这样,一旦罗马人杀过来,他们就如同被挤在一个漏斗之中,无法迅捷有效地撤退。战斗开始后,不列颠人不敌罗马军团,并在撤退之际被自己的辎重车队所阻挡,乱成一团,以致战士和妇女一同喋血战场。罗马人获得大胜,只伤亡了 400 人,却

[①] 塔西佗:《编年史》,卷 14 章 29—39;Dio Cassius, 62, 1—12; Stanley Ireland, *Roman Britain: A Sourcebook*, nos. 75—77, pp. 63—68;克里斯托弗·A. 斯奈德:《不列颠人:传说和历史》,第 40—45 页。

杀敌近 8 万。这次起义造成的严重态势一度让尼禄打算从不列颠全线撤兵,但苏埃托尼乌斯的最终胜利使罗马保住了不列颠行省。在日耳曼军队的增援下,他还横扫了不列颠东南部,烧光全部村庄和庄稼,人为地制造了一场饥荒,饿死的不列颠人不计其数。至于波迪卡的下场,则有两种不同的说法:一说她服毒自尽,以免落入罗马人之手;另一说她在战败后大病而亡,她的族人为她举办了盛大葬礼。

波迪卡是卡拉塔库斯之后最有名的不列颠人,但她并不像很多人认为的那样是不列颠女王,而只是一个藩属王的妻子。不过,不列颠确实有过一位女王,这就是公元 1 世纪五六十年代北部不列刚提斯人的女王卡尔提曼杜娅(Cartimandua),正是她把逃到她那里避难的卡拉塔库斯俘获,并交给了罗马人,此举恐怕既是出于对罗马的忠诚,又是出于部落之间的竞争。不管怎样,她因此从罗马人那里得到了财富,渐渐沉湎于放荡的生活。后来,她另结新欢,与丈夫维努提乌斯(Venutius)离婚。持反罗马立场又精通战术的维努提乌斯率军攻打卡尔提曼杜娅,后者向罗马人请求保护,罗马军队经过多次战斗才把她从危难中解救出来。藩属王对罗马应承担的义务和能从罗马那里享受到的权利在她身上得到了生动体现。[1]

普拉苏塔古斯和卡尔提曼杜娅的藩属国皆处于帝国势力范围的边缘地带,罗马在此设置藩属国,主要是想将其作为防御北方凶悍民族入侵的缓冲区域。将罗马政府难以控制的地区交给藩属王管理,正是罗马积极谋求的一种政策。利用藩属王进行统治固然于罗马有益,但这种统治形式有一个难以克服的内在弱点:每逢藩属王的政权发生更迭,罗马往往找不到既顺从又胜任的后继者,由此产生的困境加速了将藩属国纳入行省体系、以直接统治代替间接统治的趋势。[2] 这一趋势在公元 1 世纪的罗马帝国具有普遍性,到 1 世纪末,绝大多数藩属国都变成行省,改

---

[1] 塔西佗:《历史》,卷 3 章 45;塔西佗:《编年史》,卷 12 章 36、40。

[2] 犹地亚的情况可参见宋立宏:《犹太战争与巴勒斯坦罗马化之两难》,载《世界历史》,2002 年第 1 期,第 76 页。

由罗马官员统治,不列颠也不例外。柯基杜姆努斯死后,这里就没有藩属王了。

罗马人把由其官员直接管理的区域称为"行省"(provincia),这个词在罗马的意义和我们今天所理解的意义大不相同。"provincia"最初在某种程度上指一个官员的"任命"或"任务",因此,意大利境内的一位财务官(quaestor)曾把国库当作自己的"provincia"。在意大利境外,此词原指分配给某个官员的军事活动领域,有时含有地理概念的意味,但有时还可以用来指一场战争或一种司法职能。到了共和国末期,"provincia"一词的地理含义开始凸显出来,主要指官员于其中行使某种职能的地理范围,此时,"行省"已成为罗马国家的有机组成部分。不难看出,"provincia"在词意上的演变是与罗马从城邦国家向世界帝国的演变相协调一致的。① 到公元 2 世纪,罗马帝国约有 45 个行省,它们构成元首制时期罗马行政管理的基本单位。

既然行省是在"任命"官员的基础上建立起来的,考察不列颠总督的任命就成了题中应有之义。不列颠乃皇帝行省,这里驻扎着不止一支军团。在没有军团或只有一支军团的行省,总督由当过大法官(praetore)的元老担任;在有两支或两支以上军团的行省,总督由当过执行官的元老出任。从公元 43 年罗马征服到 3 世纪早期,不列颠的总督由卸任的执政官担任。② 3 世纪早期不列颠一分为二后,在南部的上不列颠,总督仍由执政官出任;在北部的下不列颠,由于只有一支军团,总督的级别也相应地降至大法官级别。

不列颠的总督由皇帝直接任命,头衔的全称叫"大法官级别的皇帝特使"(legatus Augusti pro praetore)。与之对照,按传统抽签方式选出的公共行省的总督叫"代行执政官"(proconsul),这也是执政官级别的官

---

① Andrew Lintott, *Imperium Romanum*: *Politics and Administration*, London: Routledge, 1993, p. 22ff; David C. Braund ed., *The Administration of the Roman Empire*, *241BC - AD193*, Exeter: University of Exeter Press, 1988, p. 4.
② 正因为如此,雯都兰达出土的木牍文书中常用"consularis"(缩写成"cos")指代总督。

员。但同为执政官级别，为什么皇帝行省的总督在名义上却是低一级的"大法官级别"？因为皇帝才是皇帝行省法律上的总督。事实上，进入元首制后皇帝高高在上，其他人在官职上既不能高于他，也不能与他平起平坐，所以对皇帝行省的总督而言，即使他们实际上属于执政官级别，但在名义上只能是大法官级别。而对公共行省的总督而言，尽管他们名义上是执政官级别的官员、拥有"代行执政官的治权"，但正如第二章所述，皇帝拥有终身"大代行执政官的治权"，在名义上仍然高出一筹。这种出于避讳而造成的名称差异，本身就是罗马庇护制度的生动反映：罗马帝国的所有高官归根结底都是皇帝的被庇护者。

在公元4世纪以前，总督的行政权和军事权尚未分离，行省中的日常工作和行军打仗，即文职和武职皆由总督一人肩负。这就对总督的能力提出较高的要求，而驻军越多，对总督的资历要求也就越高。罗马官员从执政官这个职位上一卸任，就可以担任皇帝行省的总督；但在那些驻有重兵的行省如塔拉戈纳西班牙（Tarraconensis）、叙利亚和不列颠，其总督职位通常只留给那些担任过其他执政官级别行省的总督。因此，要想出任不列颠总督这种高位，必须经过一个错综复杂的晋升过程。

对那些希望从政的元老家族的年轻人而言，第一步是在某个军团中担任宽带军政官（tribunus laticlavius）。在早期帝国，每个军团有6名军政官（tribunus militum），其中只有1名"宽带军政官"，一般由没有军事经验的年轻元老出任，他在所穿托加上佩以紫色宽带（这是元老身份的标志），以区别于另5位具有一定军事经验的、佩带紫色窄带（这是骑士身份的标志）的"窄带军政官"（tribunus angusticlavius）。军政官是军团指挥官的主要参谋官，能获得关于作战技巧和军事管理的一手经验，阿古利可拉任不列颠总督之前就曾在不列颠担任此职，开始他的初次军事见习。①

军政官之后往往是一系列不太重要的行政官职；接下来便是主要负

① 塔西伦：《阿古利可拉传》，章5—9。

责财政管理的财务官（quaestor），任财务官的最低年龄是 25 岁，一旦荣升财务官便可以顺理成章地进入元老院。公共行省和罗马城都设有这个职位，在公共行省，财务官协助总督工作；在罗马，他们协助皇帝或执政官。阿古利可拉曾在亚细亚行省担任此职，而维拉尼乌斯（Q. Veranius）和奈拉提乌斯・马凯路斯（Neratius Marcellus）都是皇帝的财务官。[1] 财务官是最低级别的高级官职，其后的晋升需要遵循按部就班的阶梯（cursus honorum）。对贵族（patricius）而言，任过财务官可以直接当选大法官，甚至跳过大法官，直接当执政官，所以有些贵族 30 出头就当上了执政官。但对平民（plebeius）而言，当大法官之前一般尚需出任平民保民官，阿古利可拉就当过平民保民官。在元首制下，共有 18 位大法官，大法官的最低年龄是 30 岁。[2]

统帅一支军团通常是大法官卸任后的工作。现有材料表明，大多数有希望任不列颠总督的人会到上潘诺尼亚统领一支军团，少数人也会得到下莫西亚或下日耳曼的军团，潘诺尼亚和莫西亚位于多瑙河边境，这里军队强悍，军事行动频繁。[3] 但至少有两位日后的不列颠总督被派往不列颠：佩提里乌斯・凯里亚里斯（Petillius Cerialis）在波迪卡起义时曾任被起义军重创的第九军团的指挥官（legatus Augusti 或 legatus legionis），但这似乎没有妨碍他继续高升。公元 71 年，他回到不列颠出任总督，阿古利可拉正是在他手下成为第二十军团的指挥官。凯里亚里斯曾出征岛上不列刚提斯人的国家，阿古利可拉当时肯定随行[4]，这使他

---

[1] John Wacher, *The Coming of Rome*, London: Routledge & Kegan Paul, 1979, p. 106ff.

[2] 必须指出，一些高级官职法定的最低年龄限制在现实政治中可以被忽略。比如，阿古利可拉生于公元 40 年，但他在公元 63 年任财务官，66 年任平民保民官，68 年任大法官，73 年获得贵族身份，公元 73—76 年任阿奎达尼亚行省的总督，公元 76（?）年被任命为执政官。参见 S. Hornblower, A. Spawforth eds., *The Oxford Classical Dictionary*, 3rd edn. revised, Oxford: Oxford University Press, 2003, p. 778, *s. v.* "Iulius Agricola, Gnaeus". 这些年代与中译本的译注有所出入。除了贵族身份可以降低法定最低年龄外，奥古斯都曾立法鼓励生育，每生一个孩子就可以在任职的最低年龄限制上减去一年。

[3] Sheppard Frere, *Britannia: A History of Roman Britain*, p. 182.

[4] 塔西佗：《阿古利可拉传》，对照章 17 和章 8。

有机会对北部山区土著的作战能力加以评估，从而为日后当总督时的进一步征战积累了经验。军团指挥官之后的官职是大法官级别的行省的总督，阿古利可拉就成了高卢西南部阿奎达尼亚行省（Aquitania）的总督。如果幸运的话，从这个官职卸任的人返回罗马后便可当选执政官。

一旦当上执政官，一系列显要职位即可垂手而得。执政官通常会被授予某种形式的祭司职位，这就把世俗职责和宗教职责合而为一。不列颠是执政官级别的行省，其总督理应担任过执政官，极个别不列颠总督是刚从执政官位置上卸任便被直接派往不列颠的，如阿古利可拉。但在绝大多数情况下，来不列颠之前还要去别的行省，一般是下莫西亚或下日耳曼，尤利乌斯·塞维鲁（S. Julius Severus）就去了下莫西亚。不过，虽然从执政官卸任可以立即出任皇帝行省的总督，但要想获得执政官级别的公共行省总督的职位，尚需再等十年。因此，等到这些人最终荣登亚细亚或阿非利加这两个公共行省总督的宝座时，他们早已名声赫赫，这两个职位是罗马政治家事业的顶峰。① 许多不列颠总督有幸晋升至此，如狄第乌斯·加鲁斯（A. Didius Gallus），维提乌斯·波拉努斯（M. Vettius Bolanus），尤利乌斯·福隆提努斯（S. Julius Frontinus）和罗里乌斯·乌尔比库斯（Q. Lollius Urbicus）。此后，罗马城内的一些职务便会等着他们了：或再任一届执政官，或当选罗马城的城市长官（praefectus urbi），或监督和维修城内最重要的公共工程，或担任某些宗教职务。但并非所有不列颠总督都如此幸运：欧司托里乌斯·斯卡普拉和维拉尼乌斯就死于任上，而对阿古利可拉等人来说，不列颠总督已是其政治生涯的最后一站。

铭文材料有时可帮助了解总督之任命，普拉托里乌斯·奈波斯曾在公元122年出任不列颠总督，负责修建哈德良长城。他还被选为意大利东北部阿奎利亚（Aquileia）的保护人，当地市议会为他树立雕像，其底座幸存至今，上面详尽刻写了他的生平。由于不列颠总督之任命自公元2

---

① M. Goodman, *The Roman World*, *44BC-AD180*, London: Routledge, 1997, p. 168.

世纪起逐渐定型,这块碑铭对于更清楚地认识这套错综复杂的晋升体系价值极高。全文如下:

> 献给奥鲁斯之子、塞尔吉亚选举部落的奥鲁斯·普拉托里乌斯·奈波斯·阿波罗尼乌斯·意大利库斯·马尼利阿努斯·盖尤斯·李奇尼乌斯·波里奥,执政官,占卜官,大法官级别的不列颠行省的皇帝特使,大法官级别的下日耳曼行省的特使,大法官级别的色雷斯行省的特使,"预备的"第一军团的指挥官,马其顿行省的财务官,卡西阿路、克劳迪阿路、奇米尼阿路和新图拉真路的保佐人,神圣的图拉真荐举的候选人,"尽职尽忠的初生的"第二十二军团的军政官,大法官,平民保民官,死刑裁决三人团成员,保护人。根据市元老们的决议。①

铭文胪列之官职一般依其重要性自大至小顺序排列。② 奈波斯的政治生涯始于在罗马监督死刑执行;接着在上日耳曼的第二十二军团中任军政官;然后被选为财务官,被派往马其顿这个公共行省;之后回罗马任平民保民官;接着任距罗马不远的南埃特鲁尼亚几条道路的保佐人。在罗马担任上述某个(或某几个)职位时,他被皇帝图拉真荐举为候选人,这表明皇帝青睐他,其日后的晋升从此有了保证。随后他在潘诺尼亚指挥一支军团;不久又成为邻近的大法官级别的色雷斯行省的总督;公元 119 年成为执政官;之后被派往驻扎着两支军团的下日耳曼行省任总督,最后出任当时拥有三支军团的不列颠的总督。皇帝行省总督的任期没有法律限制,但自 1 世纪末起,任期一般为三年。

  遍查传世文献和已知铭文,在公元 43 年到约 214 年间,总共有大约 54 位不列颠总督,其中有名有姓的最多有 41 位,这 41 位中有 4 位不是

---

① *Inscriptiones Latinae Selectae*,no. 1052. 参见 Lawrence Keppie,*Understanding Roman Inscriptions*,London:B. T. Batsford Ltd.,1991,p. 72.

② 但奈氏早期生涯中所任官职这里有点混乱,从大到小的正确顺序应为:1. 军团指挥官,2. 道路的保佐人,3. 大法官,4. 平民保民官,5. 马其顿行省的财务官,6. 军政官,7. 三人团成员。

很确定,另有 1 位是代理总督。从克劳狄到图拉真时期(41—117 年),绝
大多数不列颠总督是意大利人;但在 2 世纪和 3 世纪早期,多数不列颠
总督来自西西里、西班牙、达尔马提亚、阿非利加等行省。[①]

　　不列颠总督这种高官有很多机会充当庇护人,宽带军政官往往是总
督的儿子或女婿。总督还可以任命骑士级别的官员和军队中的百夫长,
不列颠的海军统领也直接听命于他。[②] 行省总督身边还有一群协助他工
作的为数不多的随从,他们可分为几类:一类是总督的亲友团(amici),总
督在前往行省任职前会召集自己的亲朋好友或被庇护人充当顾问团;一
类是侍从(apparitores),他们属于低等官员,往往由释奴或奴隶充任,负
责速记、誊抄、开道、传信、通报之类的工作;另有一类从服常规兵役的士
兵中抽调而出,主要充当总督的保镖,并执行总督的命令,如处决犯人、
缉拿逃犯等。

　　考察不列颠总督的任命过程,可以让人得到一个深刻的印象:罗马
元老的政治生涯具有高度流动性。元老们一生需要担任一系列职务,他
们离开罗马,又回到罗马,再离开罗马去担任更显赫的职务。文献记载
和阿奎利亚类似的碑铭表明,他们担任的职务非但性质迥异,在地理分
布上亦极为广阔,不少人因此踏遍了帝国的东西南北中,这在客观上决
定了:帝国的精英人物很难成为职业行政官。尽管他们通过不同岗位的
锻炼积累了不少经验,但这些经验是从不同地点获得的,它们与其说能
够行之有效地解决某个地区的某个具体问题,毋宁说具备一定的常识,
可以进行泛泛的指导。[③] 而从主观上看,一套相对稳定的晋升体系又使

---

① A. R. Birley, *The Roman Government of Britain*, pp. 9 - 11.

② 塔西佗:《阿古利可拉传》,章 38。

③ 此论断非以阿古利可拉为依据。需要强调:尽管阿古利可拉由于有女婿塔西佗为他立传而
　成为今天最著名、生平记载最详尽的不列颠总督,但难以将他作为不列颠总督的典型。因
　为,一、阿氏成为总督前曾在不列颠先后当过军政官和军团指挥官,两次在同一行省中任职
　在罗马元老中已属罕见,再加上总督一职,共三次,这在现有材料中是绝无仅有的。二、阿氏
　的任期为七年,较之通常的三年,也很特殊。三、阿氏比其他总督年轻得多。参见 A. R.
　Birley, *The Roman Government of Britain*, p. 71.

元老们习惯于把前后担任的每个职务仅仅当作所需肩负的更为广阔的社会政治任务的一部分,当作匆匆政治旅程上的一座驿站,当作加增自己在罗马之威望的一颗砝码。元老职务的业余特色由此更加彰显无遗,即使是不列颠总督这样的高位也不例外。与此同时,高度流动性也是高度竞争性的一种反映,不列颠总督属于元老贵族阶级的一员,他们出任总督职位,亦可把行省作为筹募其选举花费、培植其门客党羽的资源。

在早期帝国,总督集军权与行政权于一身,而领兵打仗对总督更有吸引力,不列颠这类边境骚动不安的行省能给他们带来更多的晋升机会。不列颠的首任总督普劳提乌斯离任时,只剩下威尔士和苏格兰有待征服,而整个英格兰几乎完全成为罗马人的势力范围——要么处在罗马人的直接统治下,要么由藩属王统治。不过,正如上文所述,他的继任者们发现,对伊凯尼人和不列刚提斯人的控制并不牢固。

罗马征服初期,南威尔士的西路里斯人(Silures)的抵抗运动一直让总督感到棘手。西路里斯人面色黧黑,头发卷曲,所居之处与西班牙隔海相望,所以塔西佗认为他们是从古代西班牙渡海而来的。这些人天生骁勇善战,他们曾在公元48年联手卡拉塔库斯抵抗罗马入侵。第二任总督欧司托里乌斯・斯卡普拉花费了几年时间讨伐他们,但西路里斯人凭借当地的自然屏障,采用了旁敲侧击的游击战,并不正面迎战。斯卡普拉情急之下多次申说:要把西路里斯人尽数消灭或者全部移居到不列颠之外。但这反而激起了他们更加顽强的抵抗,并多次歼灭罗马军队,逼迫总督不得不建立一座军团的营地来镇压他们。为了拉拢其他部落加入叛乱,西路里斯人还向它们赠送战利品和罗马战俘。斯卡普拉最终因为劳碌过度而死在不列颠。直到约公元77年,西路里斯人才被总督尤利乌斯・福隆提努斯用武力制服。不过,他们是否从此安心归顺罗马,这并不清楚。塔西佗谈到他们时就说:无论"是严厉还是宽大",都不能阻止他们继续斗争。①

----

① 塔西佗:《阿古利可拉传》,章11、17;塔西佗:《编年史》,卷12章31—33、38—40。

　　福隆提努斯的继任者阿古利可拉完成了对威尔士的征服。阿古利可拉于公元 77 年上任时,威尔士中北部的鄂多末色斯人(Ordovices)正在叛乱,当时适合打仗的夏季已经过去,但阿古利可拉还是毅然决定应对这个危局。他领兵乘着鄂多末色斯人尚未下山之际发动突袭,一举剿灭了几乎所有敌军。为了保持军威,他临时决定继续向莫纳岛进发。总督苏埃托尼乌斯·保里努斯曾占领过这个有督伊德僧侣出没的反罗马基地,后因波迪卡起义而不得不撤兵。尽管没有海军之助,他还是凭借足智多谋和坚定的决心让军队渡海到岛上,令岛上土著望而生畏,献岛投降。

　　来年夏季,阿古利可拉调集兵马,亲自选择安营扎寨的处所,并亲自巡视各个河口和森林。他经常出兵偷袭敌人,致使敌境荒芜,并让敌人疲于奔命。值敌人饱受惊惶之际,他又宽和地引诱他们,启以求和之路。因此,“许多直到此时仍未归附罗马的国家现在都纳质归降而不再与罗马为敌了”。大概就在这年,阿古利可拉已经转战苏格兰南部了,并在第三年抵达苏格兰泰河(Tay),但随后被罗马叫停。到了第四个夏季,阿古利可拉转向苏格兰西南部,把罗马帝国的防线筑到福斯(Bodotria)湾和克莱德(Clota)湾之间,这条防线以南的地方已被全部征服。

　　公元 81 年,在出兵的第五年,阿古利可拉越过克莱德湾,直面爱尔兰。在阿古利可拉看来,爱尔兰位于不列颠与西班牙之间,对于环绕着高卢的那片海面来说,其地理位置甚为有利,它可以作为帝国中各强有力的部分彼此联系的桥梁,因而造成互为声援之势。此外,占领爱尔兰也有利于罗马人控制不列颠,因为这样一来,不列颠人四面八方所见到的都是罗马军队了。不过出于不明的原因,阿古利可拉从未出兵爱尔兰。

　　到了第六年,他越过福斯湾,来到苏格兰东面。这次为了防止边远地区的部落发生大规模骚乱,同时方便军队行进,他出动了海军。不列颠人虽然战败,但他们认为主要原因是阿古利可拉调度及时,所以丝毫没有气馁,反而加强了内部各部落之间的团结,为次年夏天的战事积极备战。在阿古利可拉任总督的第七年，也是最后一年，他向不列颠抵抗部落占据的格劳庇乌山（Graupius）进发，学界对这座山的具体位置在哪里多有争论，不过应该在苏格兰北部沿海地区。不列颠人云集在卡尔加库士（Calgacus）周围，奋起反击。罗马人在格劳庇乌山战役中获得完胜，杀敌近万人，自己只损失了360人。这次战役使整个不列颠都处在罗马人的控制下，不过好景不长，大约在公元87年，多瑙河边境出现军事危机，驻扎在不列颠的第二军团和几支辅军被派去增援，阿古利可拉征服的大部分地区随之被放弃。[1]到大约公元105年时，苏格兰南部的罗马军事要塞几乎全部丢掉了，这可能与多瑙河边境发生第二次危机、不列颠军队再次被派去增援有关。

征服的地区越多，如何维持已征服地区的社会秩序就变得越突出，总督的司法权就显得越重要。作为行省中最高的司法权威，总督握有判处死刑的"生杀权"（ius gladii，字面意思为"剑权"），他通过主持巡回审判庭行使司法权。[2]

由于行省中没有常设法庭，总督每年需巡行各地，在几个指定的地点审讯刑事案件。民事纠纷按罗马法的因"群"而异原则交给地方政府的自治法庭处理，但它们无权审理涉及罗马公民的案件，此外，超过一定金额的民事案件也可由总督亲自裁决。不列颠的罗马公民一开始主要聚居在科尔切斯特，因此当时主要的、甚至可能是唯一的巡回审判庭就设立在这里。但由于不列颠行省辖区总部在公元1世纪末移至伦敦，伦敦的罗马公民人数很快就超过了科尔切斯特，因此这里可能又设立一个巡回审判庭。[3]

在巡回审判庭上，总督会酌情采取不同的诉讼程序。对于非罗马公

---

[1] 塔西佗：《阿古利可拉传》，章18—40；A. R. Birley, *The Roman Government of Britain*, pp. 71 - 95.

[2] G. P. Burton, "Proconsuls, Assizes and the Administration of Justice under the Empire", *Journal of Roman Studies*，1975(65)，pp. 92 - 106.

[3] J. Wacher, *Roman Britain*, 2nd edn., Stroud：Sutton Publishing, 1998, p. 165.

民或轻罪,往往采取无须正式审讯的简易诉讼;而对于罗马公民或重罪,则采取正式的诉讼程序,诉讼人需要由辩护人做代表,并出具相关的人证物证。总督通常在一个由其亲友和地方权贵组成的咨询机构(consilium)的帮助下审理案件,但这个机构不是陪审团,最终的决定权仍在总督那里。不过,总督的司法权威还是在两个方面受到了限制:一,罗马公民可以像使徒保罗那样直接向皇帝上诉,到 2 世纪,凡牵涉死刑的案件全部自动转交罗马,由皇帝亲自裁决。二,从哈德良时期起,市元老等当地政治特权等级的法律地位得到提高,一般不能对他们处以死刑,对他们的最高量刑是流放,但这也要提交罗马,由皇帝定夺。① 事实上,总督可能经常给皇帝写信,向他请示各种问题。这种情况虽然在不列颠难以得到证实,不过仍可以从小普林尼和图拉真的通信中看出来。小普林尼曾担任比提尼亚(Bithynia,今之小亚细亚西北部地区)的总督,他就职期间频频与皇帝图拉真通信,所请示的问题大到前述的如何处置基督徒,小至能否修建浴室,真可谓事无巨细。总督日常工作之繁忙,由此可见一斑。

有时候总督太忙,他会得到一位法律专家,即"委任法官"(legatus iuridicus)的帮助,这个官职是从韦伯芗时期开始出现的。委任法官属于大法官级别的官员,由皇帝任命,但隶属于总督。迄今为止,有 7 位不列颠委任法官可以被史料证实,其中有 5 位的姓名留存至今。②

最早的是萨尔维乌斯·利贝拉里斯(G. Salvius Liberalis Nonius Bassus),任职时间约在公元 78 至 81 年。此时正值阿古利可拉任总督,所以,他是阿古利可拉的法律助手。这并非巧合,阿古利可拉把罗马在不列颠的领土扩充了一倍,首次将北方更原始的民族置于罗马统治之下。版图的迅速扩张产生了许多需要及时解答的问题,例如,如何把北方半游牧的民族纳入罗马的税收体系? 南方原有的军事区随着军队不

---

① P. Garnsey, "Legal Privilege in the Roman Empire", pp. 154 - 165.
② A. R. Birley, *The Roman Government of Britain*, pp. 268 - 275.

断北上日益变成平民区,当土地再度回到当地人手中时,应赋予这些当地人何种程度的自治权? 总督忙于战事时,巡回审判庭的工作该如何维持? 这些都需用法律加以明确,需要精通法律的罗马官员全身心地投入。利贝拉里斯显然熟悉法律,并善于辞令,他为一位希腊百万富翁的辩护曾得到皇帝韦帕芗的称赞。[1]

第二位委任法官是雅沃勒努斯·普里斯库斯(L. Javolenus Priscus),他大约在公元 84 年来到不列颠,在这里待了两年。普里斯库斯是知名法学家,不但写了许多法学著作,后来还成为罗马一个著名法学流派的领袖。[2] 作为不列颠最早的委任法官,上述两人有一个共同特点:与后来那些刚刚卸任大法官就出任不列颠委任法官之职的官员不同,他们在来到不列颠任职之前就已经是相当资深的大法官,说明这个官职在设立之初很受重视,资深官员能为相关的工作树立榜样,奠定基础。

第三位委任法官维提乌斯·瓦伦斯也是"不列颠行省的保护人",他的任职期间大约在公元 2 世纪 20 年代末或 30 年代初,不列颠总督此时正忙于修建哈德良长城。盖尤斯·萨布修斯(Gaius Sabucius)约在 172 至 175 年担任此职;公元 3 世纪初的一条碑铭还表明委任法官安提乌斯·克来森斯(M. Antius Crescens Calpurnianus)在不列颠总督缺席时担任过临时总督。[3] 除不列颠外,委任法官一职在西班牙、卡帕多西亚等地也有发现,但这种官职并非在罗马帝国的各个行省都有。考虑到不列颠委任法官的人数少以及他们任职的时间,这个官职可能不是永久性的,而只是在总督难以抽出时间亲自处理法律事务时才会任命。此外,不列颠一分为二以后,这个职位似乎也从不列颠消失了。

据 3 世纪初法学家乌尔比安的评论,总督的任务在于:

---

[1] 苏维托尼乌斯:《罗马十二帝王传·神圣的韦伯芗传》,XIII。

[2] 其生平参见 Stanley Ireland, *Roman Britain*: *A Sourcebook*, no. 109, p. 91。

[3] *Inscriptiones Latinae Selectae*, no. 1151;参见 Peter Salway, *Roman Britain*, p. 227。

确保所辖行省平安无事,此一目标不难达到,只要他能采取细致的措施使行省不受罪犯的侵扰并把他们搜出来。他应当搜出渎神犯、土匪、绑匪和小偷,并对他们酌情量刑;他还应当镇压那些窝藏罪犯之人。①

显然,仅凭巡回审判庭上有限的人手不足以胜任所有这些繁重的工作,因此本地官员在其中发挥了重要作用。他们不仅负责缉拿、拘捕犯人等具体工作,通常还要预审犯人,然后或将犯人押送至总督那里,或将其留监以等候总督前来亲审。总督一般只受理性质严重的刑事案件,譬如谋杀、纵火和大宗盗窃。总督审理抢劫犯时,一般依据本地官员的预审而径直采取简易诉讼程序,当即作出判决。在民事诉讼方面,本地官员也承担了不少行政责任。如前所述,各地自治法庭负责审理所辖臣民的民事案件,直到他们获得罗马公民权为止。行省中的罗马公民按罗马民法组织自己的生活,民法是罗马法的菁华,在财产法、继承法等方面提供了一套包罗万象、近乎完美的规范,由于本地官员中不少人是罗马公民,罗马法便为他们调解日常民事纠纷提供了一套参照体系。正是由于这些本地官员的合作,罗马的法律条文才有效地渗透进不列颠社会。

综上所述,罗马政府通过总督行使的司法权维持不列颠行省内部的社会秩序,而这种司法体系离不开各地政府的合作,这点突出表现在对刑事案件的审理过程中。本地官员的合作减轻了罗马政府的行政负担,并提高了这些官员在不列颠的政治威望。自哈德良以后,他们法律地位的提高则表明,行省秩序的维持和地方精英阶层政治特权的巩固,是一个相辅相成的过程。

总督虽贵为行省中最高的行政官员,但他唯一不便插手的领域是财政管理。② 财政管理在公共行省由财务官监督,在不列颠这样的皇帝行

---

① *Digest*, 1. 18. 13. 引自 B. Levick, *The Government of the Roman Empire: A Sourcebook*, London & Sydney: Croom Helm, 1985, no. 36.

② 乌尔比安曾告诫总督不要干预行省的财政事务,参见 *Digest*, 1. 16. 9.

省,则由"皇帝的代理官"(procurator Augusti)负责。"procurator"在晚期共和国时还只是一个私法术语,意为私人代理或某人的管家①,但自克劳狄皇帝起被广泛作为骑士等级官员的头衔。骑士在罗马社会是仅次于元老的第二等级,共和国时期的官职几乎不对骑士开放,因此,大量任用骑士是帝国时期政治结构的一大变化。

骑士等级的财产资格是 40 万塞斯特斯,较之元老等级的 100 万塞斯特斯,门槛不算高,一些富裕的行省自由人和军团退伍的百夫长都有可能获得骑士身份。与元老一样,骑士也有自己的晋升体系,但骑士之晋升更富弹性,因为皇帝的意志于其中的作用更加明显。承担军事义务是骑士生涯的基础,也是他们进一步出任民政职位的前提。② 他们通常先要在军队中担任"三种军职"(tres militiae),依次为:500 人的辅助部队的营长(praefectus cohortis);军团的军政官(tribunus militium)或者 1 000 人的辅助部队的指挥官;500 人的骑兵团(ala)的长官(praefectus equitum)。个别有望高升之人接下来能当选为 1 000 人的骑兵团的长官,这种千人骑兵团在每个行省只有一支,不列颠的千人骑兵团(Ala Petriana)驻扎在哈德良长城西端。上述职位的任期一般为 2 到 3 年;担任完这些军职后,一些低等代理官的职位便向他们开放了。

代理官按年薪之多寡分为 6 万(sexagenarii)、10 万(centenarii)、20 万(decenarii)和 30 万(trecenarii)塞斯特斯四等。今天关于不列颠低等代理官(6 万和 10 万年薪的)的材料留存极少,大约有 8 人。从邻近的高卢等地的情况看,他们之间有分工:或照看皇家财产,或监督矿山,或负责征收某项税收等等。不列颠已知的低等代理官主要负责人口普查和招募角斗士。③

---

① A. H. M. Jones, *Studies in Roman Government and Law*, Oxford: Basil Blackwell, 1960, p. 117.

② P. Garnsey, R. Saller, *The Roman Empire: Economy, Society and Culture*, Berkeley and Los Angeles: University of California Press, 1987, p. 23.

③ A. R. Birley, *The Roman Government of Britain*, pp. 321 - 329.

再往上就是整个行省的代理官,其职责包括清点税收,发放军饷和俸禄,确保皇帝的财政利益。不列颠代理官的年薪与绝大多数行省代理官一样,为 20 万(30 万是保留给罗马官员而非行省官员的)。这个职位虽然很高,却不是为那些尚有晋升希望的人准备的,今天只知道 11 位不列颠代理官的名字,其中只有 3 位日后又见晋升。①

从任命方式看,与总督一样,代理官亦由皇帝任命并直接对皇帝负责,因而不受总督司法权的约束。如此一来,行省中便同时出现了两个拥有实权的人物,虽然代理官负责财政,但总督和代理官之间的职权范围往往难以划清。不列颠代理官卡图斯·德奇亚努斯(Catus Decianus)接管伊凯尼人的国王普拉苏塔古斯的财产时曾有百夫长相助,后来王后波迪卡发动起义,他曾应请求派出一小队人员增援罗马军队②,这说明皇帝在自己的行省内可能会让总督调拨少许军队协助代理官工作。代理官有时还会插手军事工程的修建,现有的两块碑铭记载了代理官奥克拉提尼乌斯·阿德凡图斯(Oclatinius Adventus)在 3 世纪初曾协助总督阿尔芬努斯·塞奈奇奥修复哈德良长城。③

权限的模糊使总督和代理官之间的关系暧昧不清,在一般情况下,双方的对立似乎多于合作。总督苏埃托尼乌斯·保里努斯在波迪卡起义后疯狂报复不列颠人,手段过于残暴,"好像报私仇一样"。新任代理官尤利乌斯·克拉西奇亚努斯(Julius Classicianus)以为此举致使民不聊生,于征税多有不利,遂向尼禄打报告,要求调走苏埃托尼乌斯,另外任命一位能采取休养生息政策的总督。尼禄派人前往不列颠调查此事,最后借口苏埃托尼乌斯丢失了一些船只和水手而把他召回罗马,代理官和总督不能和睦相处,其可能的后果由此可见。在塔西佗的相关记述

---

① A. R. Birley, *The Roman Government of Britain*, pp. 298 - 315; Sheppard Frere, *Britannia: A History of Roman Britain*, pp. 186 - 187.

② 塔西佗:《编年史》,卷 14 章 31—32。

③ R. G. Collingwood, R. P. Wright, *The Roman Inscriptions of Britain*, Vol. I, nos. 1234, 1462.

中,总督苏埃托尼乌斯被描绘成一个受到邪恶皇帝藐视和排挤的英雄,体现着罗马人勇武善战的传统美德;而克拉西奇亚努斯表面上爱好和平,实乃萎靡不振、无所事事的懦夫。[①] 但是,在伦敦发现了克拉西奇亚努斯的墓志铭,它表明塔西佗的叙述充满了愤懑和偏见。这块墓志铭显示这位代理官的全名是"Julius Alpinus Classicianus",中间的名字说明他来自克尔特地区,显然是高卢贵族成员。墓碑由他的妻子"Iulia, Indi filia, Pacata"所立,这个名字表明她父亲是高卢的特列维里人(Treveri)尤利乌斯·因度斯(Julius Indus),此人曾在公元 21 年帮助罗马人镇压了同族的佛洛路斯(Florus)的叛乱。Pacata(意为"平定了的")意味着她生于叛乱镇压之后不久。[②] 显然,克拉西奇亚努斯之所以能够同情不列颠人,是因为他骨子里流淌着克尔特人的血。克拉西奇亚努斯葬在伦敦,说明这里应该是代理官的常驻之地。

　　阿古利可拉目睹了克拉西奇亚努斯和苏埃托尼乌斯之间的不和,汲取了教训,日后在出任不列颠总督时就"避免和皇帝的代理官争权夺势"。[③] 代理官的社会地位虽然比总督低,但换个角度看,这反而使他更依赖皇帝的庇护,更忠心,因而也更能得到皇帝的青睐。皇帝乐于利用代理官充当自己的眼线,以监视总督的一举一动,尼禄曾想杀掉西班牙总督伽尔巴,遂把处死他的命令秘密下达给他在西班牙的代理官。[④] 此外,皇帝也乐于接受某种程度的职权重叠和权限不清,以保证行省官员相互监督和彼此牵制,这最终有利于巩固皇权。其实,这正是罗马人惯用的"分而治之"原则在内政中的贯彻和体现。省级官员之间的权限范围难以画出界限,这是古代世界的普遍现象,赫梯、马其顿和拜占廷皆不

----

① 塔西佗:《编年史》,卷 14 章 38—39,并对照《阿古利可拉传》章 16。
② R. G. Collingwood, R. P. Wright, *The Roman Inscriptions of Britain*, Vol. I, no. 12;塔西佗:《编年史》,卷 3 章 42。
③ 塔西佗:《阿古利可拉传》,章 9。(中译本作"皇室财务使")
④ 苏维托尼乌斯:《罗马十二帝王传·伽尔巴传》,IX:2。(中译本作"代理人")

乏此种情况。①

　　与总督一样,代理官的手下同样有许多助手,这些人往往是皇家的释奴和奴隶,故统称为"皇家办事员"(Caesariani),皇帝的庇护体系对行省的渗透在此又一次得到体现。小亚细亚发现的一块碑铭显示,一位高等释奴马库斯·奥里略·马奇奥(Marcus Aurelius Marcio)曾担任过"不列颠的代理官"(procurator provinciae Britanniae);皇家释奴阿奎利努斯(Aquilinus)曾在伦敦修复一座神庙,他无疑也是代理官的手下;雯都兰达出土的驻军木牍文书中有一封信提到了与一桩金融交易有关的"皇家办事员"。②

　　代理官最重要的日常任务是领导行省的财政部门。在财政管理中,征税最关紧要,源源不断的税收是罗马政府运转的基础,是维持常备军、维护道路、向官员支付俸禄、向罗马城的民众提供"面包与马戏"(panem et circenses)的保证。在行省中,它与罗马法一起构成罗马征服的象征。但是罗马却没有统一的征税办法,甚至在戴克里先和君士坦丁改革以后依然如此。③ 其主要原因是罗马在征服后尽可能保留以前的旧制,而关于这些旧制则鲜有文献记载。就不列颠而言,我们只知道凯撒的《高卢战记》曾证实克尔特人有自己的税收体系④,至于具体情况如何则无从知晓,所以这里只能对大概的情况加以勾勒。

　　从征收方式看,行省的税收包括直接税和间接税两种,直接税是帝国的经济支柱,它有两种:土地税(tributum soli)和人头税(tributum capitis),前者按土地的产量征收,后者按人口和财产征收。直接税的征收建立在人口普查的基础上,由奥古斯都制定的人口普查制度旨在清查帝国资源,通常在一个地区被征服后立即执行,此后,为了跟上不断变化

------

① 罗曼·赫尔佐克:《古代的国家——起源和统治形式》,赵蓉恒译,北京大学出版社,1998 年,第 192—193 页。

② A. R. Birley, *The Roman Government of Britain*, pp. 300 - 301.

③ P. A. Brunt, *Roman Imperial Themes*, Oxford: Clarendon Press, 1990, pp. 325 - 327.

④ 凯撒:《高卢战记》,卷 1 章 18,卷 3 章 1、8。

的形势,普查工作会定期进行。① 皇帝颇重视人口普查,高卢的一次人口普查曾由皇帝亲自监督,但一般由专员执行。从哈德良开始,6 万年薪级别的代理官常常协助此项工作,不列颠就知道 5 位此类官员的名字。② 雯都兰达木牍文书中有一块残简曾提到 2 世纪早期不列颠北部的一次人口普查。③ 从乌尔比安的记载看,普查人口属于异常细致的工作,譬如,被调查的土地持有者必须这样上报财产:

> 农庄的名字,位于哪个城市的哪个区域,以及最毗邻的居民的名字;耕地,在过去十年中有多少犹格播过种;葡萄园,有多少株葡萄藤;橄榄地,有多少犹格和多少树;草地,在过去十年中有多少犹格被割过牧草;牧场,大约有多少犹格;还有林地。上报者必须对一切做出评估。……在其他城市有地之人必须在土地所在的城市上报,因为土地税必须在这块土地所在的那个城市被征收。④

由此可见,仅仅靠代理官难以完成如此繁重的任务,所以直接税的征收同样需要通过熟悉本地区的木地官员协助完成,由他们负责具体工作,如收集相关信息、对当地居民加以登记等等。这样,本地官员在直接税、特别是在土地税的征收中起了中介的作用。行省中的个人只对各城市的地方政府负责,再由地方政府对罗马政府负责。在此过程中,总督和行省代理官的职责是确保每个城市交足份额,审讯那些谎报信息的人,并调解各城市——尤其是毗邻城市之间的纠纷。

间接税有三种重要类型:5％的继承税(vicesima hereditatum)、5％的奴隶释放税(vicesima libertatis)、港口税(portorium)。继承税只对罗马公民征收,它是奥古斯都为维持专门支付军饷的军费财库而设立的⑤;

---

① 这个问题学界有争论,参见 P. A. Brunt, *Roman Imperial Themes*, pp. 329－335.

② A. R. Birley, *The Roman Government of Britain*, p. 322ff.

③ Vindolanda Tablets Online http://vindolanda. csad. ox. ac. uk/, *Tab. Vindol*, p. 304.

④ *Digest*, 50. 15. 4. 引自 B. Levick, *The Government of the Roman Empire: A Sourcebook*, no. 63. 按,1 犹格＝5/8 英亩。

⑤ 苏维托尼乌斯:《罗马十二帝王传·神圣的奥古斯都传》,ⅩⅬⅨ:2。

奴隶释放税由被释奴隶按交纳给主人赎金的 5% 支付;港口税在间接税中最为重要,它对出入帝国边界和港口的货物进行征收,各地税率不等,一般为货价的 2% 到 2.5%,有的甚至高达 25%。间接税的征收和共和时期一样,由骑士阶层的包税人按事先订立的承包合同征收。代理官,无论是行省代理官还是特派代理官,负责总的监督和调解工作。但与直接税的情况不同,征收间接税无须通过地方政府这个中介,因此是罗马政府与广大臣民在日常生活中直接接触的少数形式之一。①

元首制时期的税收主要以货币支付,但也有实物税。不列颠的居民就要交纳用来维持军队的税粮(annona)。哈德良长城附近曾发现图密善统治时期(公元 81—96 年)的一个青铜谷物量器,注明的容量是 17.5 塞克斯塔里乌斯,这被认为是一个罗马士兵一周的谷物配给量,但实际容量达到 20 塞克斯塔里乌斯,足足多了 15%。② 类似的对不列颠居民的巧取豪夺在征税中屡见不鲜,塔西佗就提到:

> [不列颠的]居民要守候在谷仓旁边购买谷物,但那谷仓却是严封不动的,谷物的买卖也是买空卖空的,而谷价抬高到不能想象的程度,可是他们必须忍受这种滑稽的作法。因为当时规定交纳租赋的地点非常遥远,道路又崎岖不平,以致即使离冬营很近的部落也不得不把谷物运到偏僻的地方去;为了使每个人都方便,才有上面的办法,而那个办法却又变成少数人渔利的手段了。③

这段话的拉丁原文过于简洁,历来有不同的理解,其中比较常见的一种

---

① Graham Burton,"Government and the Provinces", in John Wacher ed., *The Roman World*, London and New York: Routledge and Kegan Paul, 1987, p. 428. 按:税吏(即包税人的属下)活动的猖獗是公元 1 世纪巴勒斯坦历史中黑暗的一章,新约时代的人们对税吏的巧取豪夺深恶痛绝,常常把他们和罪人、娼妓相提并论(相关言论可参见《马太福音》9:11,11:19,21:31;《马可福音》2:16;《路迦福音》5:30,7:34)。

② R.G. Collingwood, J. N. L. Myres, *Roman Britain and the English Settlements*, 2nd edn., Oxford: Clarendon Press, 1937, p. 163; J.C. Mann, *Britain and the Roman Empire*, pp. 146 - 147. 按,8 塞克斯塔里乌斯(sextarii)=7.68 品脱。

③ 塔西佗:《阿古利可拉传》,章 19。

解释是:一些贪婪的官员逼迫不列颠人把谷物运到偏僻的地方,即使军队就在不列颠人的附近,以此迫使不列颠人向这些官员行贿;有时不列颠人还不得不从罗马的谷仓中以高价买回自己交纳的税粮,来完成自己的定额,所以这种买卖是买空卖空的。①

应当看到,手段卑鄙不等于税收本身苛重,塔西佗认为只要不凌虐不列颠人,他们就心甘情愿地纳税。现代研究也表明,早期帝国的税收并不重。② 至于不列颠收入与支出的总体情况,则几乎无法推断。但考虑到不列颠驻有重兵,2世纪前半叶的历史学家阿庇安的判断应该是可靠的,他认为罗马人在不列颠占有土地实属得不偿失:他们在那里付出的多于所取得的。③

总起看来,只要政局稳定,这套税收体系对罗马政府来说裨益良多。由于大部分税赋是以货币形式征收的,罗马政府能便捷有效地在帝国全境进行资源配置。人口的定期普查有利于及时了解帝国的财富,以便更宏观、更合理、更有预见性地达成帝国收支的适度平衡。地方政府的参与既能提高罗马政府的工作效率,又能减少行政开支,不必额外维持一群庞大的收税官员。对本地官员而言,与罗马合作使他们有机会把税收往利己的方向操纵,从而谋求个人的经济利益。但是,进入3世纪后,随着内忧外患加剧,政府的财政状况吃紧,这套税收体系不足以大幅度提高税收,而皇帝及其官员对经济运作缺乏长远深刻的理解,他们指望通过贬值货币来渡过危机,结果造成物价飞涨,帝国经济在一个恶性循环的怪圈中越陷越深,等到3世纪末统一的中央政府再度出现时,罗马帝国的税收已变成以征收实物为主了。

通过考察4世纪以前罗马不列颠地方政府的运作,可以看出一些典

---

① Peter Salway, *Roman Britain*, p. 141.

② 塔西佗:《阿古利可拉传》,章13;Keith Hopkins, "Taxes and trade in the Roman Empire(200 BC – AD 400)", *Journal of Roman Studies*, 1980(70), pp. 116 – 120.

③ 阿庇安:《罗马史》,上卷,谢德风译,商务印书馆,1997年。对照"序言"之第5和第7章(第12—13页)。

型的特征：

首先，罗马官员是非职业性的，无论元老级别的总督还是骑士级别的代理官，都生活在各自相对固定的晋升体系中，他们从罗马来，又回到罗马去，始终在不同的职位上流动。前后担任的每个职位只构成其全部政治生涯的一部分，甚至是一小部分，他们并没有为出任某个职位而接受专门的训练，在短暂的任职过程中也不可能发展出多少专业知识。

其次，整个帝国虽然民多土广，但行省中罗马官员的数量极少，据估计，公元2世纪罗马帝国的人口约5 000万至6 000万之间，而行省中的元老和骑士级别的官员总数只有150人左右，平均下来，每个官员管辖34万——40万人，此时罗马帝国的行政特色堪称"没有官僚的政府"了。①由于官僚机构尚未增生，官员的互相牵制和监督就有必要，所以，官员之间职权重叠和权限不清的现象较为普遍。相应地，官员中的等级责任制也不具备发育条件：为数不多的元老和骑士级别的官员由皇帝直接任命，并直接对皇帝负责。

复次，官员的非职业性及数量之稀少为地方自治开辟了空间，有限的官员之所以能成功地维系庞大而异质的帝国的正常运转，其奥秘就在于尽可能将行政负担转嫁给不列颠人。从历史发展的角度看，在某些罗马势力不易渗透的地方，地方自治政府一开始是以藩属国的形式出现的，藩属王们显然比罗马官员能更有效地控制当地错综复杂的局面。但随着罗马在行省中不断建立和发展城市，一旦时机成熟，藩属国作为征服初期的一种权宜之计便渐渐被这些具有高度自治权的城市代替了。我们已看到，在维持地方秩序和征税这两大政治目标中，城市里的本地官员都扮演了重要角色，他们与罗马的合作不仅是巩固自身政治经济利益的一个契机，也是帝国和平稳定的不可或缺的保障。帝国可以把这些地方精英整合到帝国的政治体系中，从而在转嫁行政负担的同时减少地方上的不安定因素。

---

① Keith Hopkins，"Taxes and trade in the Roman Empire(200 BC－AD 400)"，p. 121. 即使到3世纪早期，罗马城、意大利和行省的高级罗马官员总共只有350人左右，见 P. Garnsey and R. Saller，*The Roman Empire：Economy，Society and Culture*，p. 26.

第四章 军 队

　　尽管罗马官员的数量少得可以忽略不计,但在公元头两个世纪,罗马军人的数量却有 30 万之多。如果把当时罗马帝国的总人口设定为 5 000多万人,那么军人和平民的比例高达 1∶170。[①] 换言之,军队是保障罗马国家正常运转的最强大的机器,军队就是国家。在不列颠,罗马军队驻扎在一些名义上由总督统辖的军事区,虽说罗马人在传统上高度看重辉煌的军功,但从奥古斯都时代开始,军事荣耀本身已很少成为一个目的;相反,它为行省的罗马化创造了条件,为行省实现它在帝国中的作用拉开了序幕。

　　帝国时代的军队由奥古斯都奠基,奥古斯都在公元前 31 年成为内战的最后胜利者,一下成了约 60 到 70 个军团的主人。他理应仿效共和国时期的将军,让军队解甲归田,但他着手改革,完成了由马略肇始的军队从征兵制向募兵制的转化[②],罗马军队从此迈上常备职业化的道路。到公元前 25 年,奥古斯都仍保留了 28 个军团,在随后两百多年内,整个

---

① Fergus Millar, "The Roman Empire as a System", p. 325.
② 不过,这只意味着在帝国时期募兵是主流,征兵是次流。征兵制在元首制时期依然频繁,不像许多学者认为的那样只行于危急之际,参见 P. A. Brunt, *Roman Imperial Themes*, pp. 188 - 214. 关于罗马军队由共和向帝制的演变,参见 L. Keppie, *The Making of the Roman Army*, 2nd edn, London: Routledge, 1998.

帝国的军团总数一直浮动在这个数字左右。① 对不列颠行省而言，这支常备职业化的驻军在一定程度上可以视为最大的外来移民群体，但这一群体的组织成分如何？ 具有哪些特点？ 对不列颠产生了什么影响？ 本章将围绕这三个问题展开。

在元首制时期，罗马军队主要分为军团（legiones）和辅助军（auxilia）两种，前者由罗马公民组成，后者往往从行省当地人员中招募以协助前者。军团与辅助军的区分在共和国时期即已出现，但直到奥古斯都改革后才得以统一和定型。到 3 世纪末 4 世纪初，戴克里先和君士坦丁对军队再次进行改革，军团和辅助军的建制才被取消。

在铭文材料的帮助下，不列颠军团在元首制时期的变动情况目前已基本清楚：公元 43 年克劳狄入侵时共带来四支军团，分别为"奥古斯都的"第二军团（II Augusta），"西班牙的"第九军团（IX Hispana），"双数的"第十四军团（XIV Gemina）和"英勇而胜利的"第二十军团（XX Valeria Victrix）。其中第九军团的番号"西班牙的"说明它曾在西班牙服役，时间约在公元前 30 年至公元前 19 年之间，它在来不列颠之前曾驻守在潘诺尼亚。其步兵在公元 61 年的波迪卡起义中几乎全军覆没，不过后来又得到增援，此后关于第九军团的各类记载都颇为稀见。约在公元 71 年，该军团曾在约克建造了一座新的军事要塞。公元 108 年约克一块献给图拉真的碑铭在已知不列颠铭文中最后一次提到此军团。到 120 年以后，这支军团便在所有史料中神秘消失了，有学者猜测它是在苏格兰全军覆没的，但也有人认为它因罗马战略调整而被调往东方，最终在那里被除去。无论如何，从公元 122 年起，"胜利的"第六军团（VI Victrix）来到不列颠，取代了第九军团。②

---

① 军团在公元 23 到 192 年间的分布区域及详细变更情况，参见 E. N. Luttwak, *The Grand Strategy of the Roman Empire*: *From the First Century A. D. to the Third*, Baltimore and London: Johns Hopkins University Press, 1976, p. 85.

② R. P. Wright, "Tile-Stamps of the Ninth Legion found in Britain", *Britannia*, 1978(9), pp. 379 - 382; R. G. Collingwood, R. P. Wright, *The Roman Inscriptions of Britain*, Vol. I, no. 665. 关于它的神秘消失，参见 Sheppard Frere, *Britannia*: *A History of Roman Britain*, pp. 122 - 124.

第十四军团的番号"双数的"表明它可能在阿克兴战役后由不同军团合并而成,来不列颠之前曾在莱茵河边境服役(公元 9 至 43 年)。它在镇压波迪卡起义中立下大功,获得"Martia Victrix(战神般胜利的)"的番号。第十四军团约在公元 67 年被尼禄调往东方,维提里乌斯在 69 年又把它调回不列颠,但次年它又被调回大陆去镇压奇维里斯领导的巴塔维亚人叛乱。第十四军团以后就留在莱茵河边境服役,再未回到不列颠。公元 71 年,佩提里乌斯·凯里亚里斯被任命为新的不列颠总督,据铭文显示,他带来"预备的"第二军团(II Adiutrix),以填补第十四军团撤退后的空缺。① "预备的"第二军团迟至公元 69 年内战时才由韦伯芗成立,因此到不列颠主要是为了磨炼经验、锻炼队伍。约在公元 87 年,"预备的"第二军团便被图密善调往莫西亚应付达西亚人的入侵。②

这样,总的来看,在公元 87 年以前,不列颠共有 4 支军团驻守;而在公元 122 年以后,则一直有 3 支固定的军团驻守:"奥古斯都的"第二军团、第六军团和第二十军团。其中"奥古斯都的"第二军团在 3 世纪末以前驻扎在威尔士南部的卡利恩;驻扎在约克的第六军团曾一度参与修建哈德良长城和安东尼长城;第二十军团也参与修建了哈德良长城和安东尼长城,不过,它在公元 4 世纪初以前常驻在切斯特附近。这样,在公元 3 世纪初不列颠被一分为二后,"奥古斯都的"第二军团和第二十军团便驻守在南部的上不列颠,而第六军团驻扎在北部的下不列颠。③

每个军团下分十个营(cohortes),其中第二到第十营的人数约为 500 人,每个营又分为六个百人队(centuriae),因此虽号称"百人",实则只有约 80 人。而第一营的人数在公元 1 世纪晚期扩大至 800 人,并由 5 个各 160 人左右的百人队组成。此外,每个军团尚有 120 人的骑兵,充当侦察

---

① 塔西佗:《历史》,对照卷 2 章 66 和卷 4 章 68;R. G. Collingwood, R. P. Wright, *The Roman Inscriptions of Britain*, Vol. I, no. 258。
② Sheppard Frere, *Britannia: A History of Roman Britain*, p. 101; Peter Salway, *Roman Britain*, pp. 150 - 152.
③ Dio Cassius, 55,23,2 - 6.

兵和通信员。这样，一个军团的人数在 5 500 人左右。[①] 值得注意的是，这个数目仍属纸上谈兵，现代研究表明，实际数目应该更少，平均在 4 600 至 4 800 人之间。[②]

军团内部等级分明。进入帝制后，每个军团由一名大法官级别的军团指挥官（legatus legionis）领导。克劳狄入侵不列颠时，未来的罗马皇帝韦帕芗就曾担任第二军团的军团指挥官，他有六位军政官（tribunus militium）做助手，其中 1 名宽带军政官是 20 岁出头的没有军事经验的年轻元老，他是军团中的二号人物；另 5 名窄带军政官是 30 多岁的骑士，他们正处于骑士晋升体系中的"三种军职"中的第二种。军政官主要负责行政工作；军团指挥官和军政官都是流水的官，他们各自处在元老与骑士的晋升体系中，不久便会转往他处另择高枝。而普通士兵是铁打的兵，在其服役的 20 余年中一般只能呆在一个军团内。[③] 这样，日常训练等具体工作须由职业官员，即 59 名百夫长（centurio）负责，他们基本上从经验丰富的老兵中擢升而来，奥古斯都曾规定，百夫长若擅离驻地，会像普通士兵那样被处以死刑。[④] 而考古发掘表明，罗马军队各级单位几乎都有保护神，但目前发现最多的是与百人队保护神（genii centuriae）有关的遗物，这说明士兵对百人队这一级单位有最强的认同感。[⑤] 百夫长亦有高低之分，其中首席百夫长（primus pilus）作为第一营的"第一百人队"队长享有崇高威望，他在退役前会担任营垒长官（praefectus

---

① L. Adkins, R. A. Adkins, *Handbook to Life in Ancient Rome*, New York: Oxford University Press, 1998, p. 53. 罗马军团的人数历来说法不一，这是由不同古典作家说法不同造成的，详参 G. R. Watson, *The Roman Soldier*, Ithaca: Cornell University Press, 1969, p. 159, note 7.

② S. P. Mattern, *Rome and the Enemy: Imperial Strategy in the Principate*, Berkeley: University of California Press, 1999, p. 82 notes 3,4.

③ 罗马士兵的服役期限随不同的时间、地点有不同的变化。一般说来，在 2 世纪，役期浮动在 23 到 26 年间，详见 Y. Le Bohec, *The Imperial Roman Army*, London: B. T. Batsford, 1994, pp. 63 – 64。

④ 苏维托尼乌斯：《罗马十二帝王传·神圣的奥古斯都传》，XXIV:2。

⑤ 邢义田：《罗马帝国军队常备职业化的特色》，载《台湾大学历史学系学报》，1990 年第 15 期，第 310 页。

castrorum），在军团指挥官和宽带军政官缺席时掌管整个军团，所以是军团中的第三号人物。[1]

塔西佗认为，辅助军的总人数和军团总人数大体相当，但现在一般认为这可能只是提比略在位之初的情况，事实上辅助军的人数不久就变得更多一些。[2] 辅助军被组织为三种：步兵营（cohortes peditatae）、骑兵营（cohortes equitatae）和翼军（alae）。在帝国初期，这三种部队各有 500 人。步兵营是百分之百的步兵；骑兵营系混合部队，380 名步兵之外尚有 120 人的骑兵；翼军则是百分之百的骑兵。自 1 世纪晚期（可能是韦伯芗统治时期）始，又渐渐出现了 1 000 人的辅助部队，就叫"千人队"（milliariae），以区别于以前的 500 人部队，后者从此就叫"五百人队"（quingenariae）。扩大后的千人骑兵营有 760 名步兵和 240 名骑兵。步兵营和骑兵营由营长（praefectus cohortis）领导，下分 6 个 80 人左右的百人队，其内部等级与军团的百人队类似；而千人营队则分为 10 个百人队。翼军由翼军长官（praefectus alae，或 praefectus equitum）领导，它在三种辅助军中地位最高，下分 16 个 32 人左右的连队（turmae），每个连队由连长（decurio）领导；千人翼军则有 24 个连队或更多，千人翼军的数量较之千人营队的要少得多，在 2 世纪，帝国全境不足 10 个。[3] 不列颠有一支千人翼军（Ala Petriana），驻扎在哈德良长城西端卡莱尔附近的斯塔尼克斯。

由于辅助军从行省各地就近招募，为便于统率士兵，辅助军军官在朱里亚-克劳狄王朝时期一般由当地部落贵族担任。但公元 70 年尤利

[1] B. Campbell, *The Roman Army*, *31BC-AD337*: *A Sourcebook*, London: Routledge, 1994, pp. 46-47.
[2] 塔西佗：《编年史》，卷 4 章 5。
[3] A. S. Anderson, "The Imperial Army", in John Wacher ed., *The Roman World*, p. 100; D. B. Saddington, "The Development of the Roman Auxiliary Forces from Augustus to Trajan", in H. Temporini, W. Haase eds., *Aufstieg und Niedergang der römischen Welt*, II. 3, Berlin and New York: Walter de Gruyter, 1975, pp. 176-201.

乌斯·奇维里斯领导巴塔维亚人作乱之后①，罗马断然割裂了军官与士兵之间的地域联系：辅助军军官从此由罗马官员出任，他们与军团的军官一样，也属于骑士等级，并同样按部就班地在"三种军职"上晋升。至于辅助军士兵，虽然奥古斯都没有明确规定他们的服役年限，但从克劳狄统治时期起至少为 25 年。上述可见，军团与辅助军在组织上严密而健全，这正是罗马军队往往能够战无不胜的制度保证。

辅助军与军团多有不同，就兵种而言，军团中除步兵外，尚有不少工于某门手艺的技术性士兵，如建筑师、测绘师、石匠、木匠、铁匠、吹号手、军械修护员、医生、马夫、兽医等等（此类职位就目前所知，不下 100 种），他们是些勤务兵，无须像普通士兵那样接受严格的训练（所以叫 immunes）②；而辅助军中除步兵、骑兵之外，尚有不少弓箭手、投石手，从事罗马人不擅长的兵种，不列颠就有来自叙利亚的弓箭手营：公元 136—138 年的一块献给皇帝的碑铭，显示献碑之人的官职是"praef(ectus) coh(ortis) I Hamiorum Sagittar(iorum)"，即"哈米亚弓箭手的第一营的营长"。③

就战斗力而言，辅助军应稍逊于军团，因为他们的装备与装束不够精良，日常训练不及军团严格，在作战策略上更多沿袭了原有部落的传统，纪律亦不若军团严明。

就薪饷而言，尽管各军种内部不同的等级意味着不同的薪水，譬如，最低级别的百夫长的薪水是普通军团士兵的近 17 倍，但从军种之间来看，辅助军步兵和骑兵的薪饷在早期帝国分别是军团士兵的三分之一和三分之二。④ 此外，在退役后，军团士兵能得到一笔额外的退役金，或一块土地；而辅助军士兵表现良好的话，也只能得到罗马公民权，而得不到实在的经济利益。概言之，军团与辅助军之间外在、客观的主次之别是显而易见的。

---

① 塔西佗：《历史》，卷 4 章 13。

② *Digest* 50,6,7；B. Campbell, *The Roman Army*, *31BC - AD337: A Sourcebook*, no. 35, p. 30.

③ R. G. Collingwood, R. P. Wright, *The Roman Inscriptions of Britain*, Vol. I, no. 1778.

④ 关于帝国军队的薪饷，学界一直歧说纷纭，其中辅助军的薪饷由于原始材料稀少而分歧尤甚，此处参见 L. Adkins, R. A. Adkins, *Handbook to Life in Ancient Rome*, p. 77.

更重要的是,两者在帝国统治者眼中的价值亦有轻重之别。公元84年,阿古利可拉在苏格兰的格劳庇乌山一役中完全使用辅助军,而军团站在营垒前作壁上观,因为阿氏奉行的作战方针是:"如果不用罗马人流血就可以战胜的话,这场胜利更为光荣。"①这显然是为了投合罗马人固有的高人一等的势力。军团与辅助军的主次轻重之别自然会引起两者之间的摩擦甚至斗殴,但一旦面对共同敌人,他们的行动就完全一致了②,因为胜利是把他们团聚起来的最佳黏合剂。③ 雯都兰达出土的木牍文书是由当地辅助军留下的,在已出版的文书中只有一处明确提到了不列颠土著,文书作者把这些既不佩剑又不骑在马上投标枪的不列颠骑兵蔑称为"不列颠小崽子"(Brittunculi)。④ 可见,在公元1世纪末,这里的辅助军自视罗马化程度高,所以看不起这个蛮荒岛屿上的居民。

罗马人与非罗马人之分是军团与辅助军之间的最重要区别,但如果从兵源募选的角度看,这种区别却日渐淡化。先看军团士兵:在公元1世纪,军团士兵主要为意大利人,入侵不列颠的四个军团的士兵约半数是意大利人,余者往往从西班牙、高卢和阿非利加的意大利人定居点中招募。⑤ 但即使在这一时期,军旅生涯在意大利人眼中已变得越来越没有吸引力,奥古斯都时的一名骑士为使两个儿子逃避兵役,不惜砍断他们的拇指。⑥ 而提比略注意到,自愿当兵者皆为生计所迫的穷人和流浪汉⑦,他还下令在意大利各处搜捕逃避兵役之人。⑧ 所以到1世纪末,兵源之募选不得不逐步行省化,譬如,从阿非利加招募的士兵便不会去西班牙服役,反之亦然。约从哈德良时期起,新的意大利募兵在军团中消

① 塔西佗:《阿古利可拉传》,章35。
② 塔西佗:《历史》,卷2章68、88。
③ 塔西佗:《阿古利可拉传》,章32。
④ Vindolanda Tablets Online, http://vindolanda. csad. ox. ac. uk/, *Tab. Vindol*, p. 164.
⑤ A. S. Anderson, "The Imperial Army", p. 94.
⑥ 苏维托尼乌斯:《罗马十二帝王传·神圣的奥古斯都传》,XXIV:1。
⑦ 塔西佗:《编年史》,卷4章4。
⑧ 苏维托尼乌斯:《罗马十二帝王传·提比略传》,VIII。

失殆尽,取而代之的是那些从退役老兵组成的殖民地来的人,尤其是老兵之子。截至 2 世纪末,每个军团主要从它所在的行省招兵。

再看辅助军士兵:在公元 69 年的内战以前,辅助军通常驻扎在兵源所在的行省,军内成分单一,部落认同盛行,于推行军令和调兵遣将多有不利。此一弊端在内战中暴露无遗,内战后,这些军队被调往他处,兵源遂不再从原来的行省而是从新行省中招募,同时辅助军军官亦不再由部落贵族而改由罗马人出任,从而彻底瓦解了基于地域观念之上的部落认同。就不列颠而言,番号可以显示辅助军部队组建时的征兵地,从不列颠辅助军的番号判断,这些部队最初来自帝国的各个角落,尤以莱茵河、多瑙河沿岸和西班牙等地居多。但在离开家乡进驻不列颠之后,在驻地就近征召的兵员越来越多,这在很大程度上是由于越来越多的辅助军退伍士兵获得了罗马公民权;他们的儿子也取得罗马公民权,但经常加入其父曾经服役的部队,而非加入军团。这样,随着时间推移,大部分辅助军的人员构成已经和番号所示的部落相去甚远,保留番号仅仅是他们珍视部队悠久的传统。辅助军兵源的复杂性,可以从 4 世纪驻守在雯都兰达的高卢第四大队的士兵留下的一段铭文中得到印证:"高卢公民在不列颠士兵的帮助下立此以献给高卢女神。"可见,这个大队中不仅有高卢出生的士兵,还有不列颠人。另一方面,征入辅助军的不列颠土著士兵一般被分散到各部队中,而成建制的不列颠人则会被派到外省,所以不列颠驻军中没有发现以"不列颠"为番号的部队。[①]

综上所述,在元首制时期,军团日益从意大利以外的社会地位低微的年轻人中征兵,而加入辅助军的罗马公民越来越多,这样,军团与辅助军的兵源日益趋同——主要来自罗马化了的行省居民,尽管两者依然维持着薪饷及地位方面的差异。据研究,不列颠辅助军的本土化始于 1 世

---

① 王晓鹏:《早期罗马帝国驻不列颠辅军研究》,南开大学历史学院 2010 年硕士学位论文,第 19—20 页。

纪 80 年代,而军团的本土化始于 2 世纪中叶。[1]

由于辅助军的原有特色逐渐消失,而罗马仍觉得有必要利用不同部落的战斗技能,于是出现了第三种军种,统称为"集群"(numeri,严格讲,其步兵单位叫 numeri,而骑兵单位叫 cunei)。它与原来的辅助军一样,在帝国边陲的蛮族部落中招募,随后被调往他处。约在安东尼·庇护时期,上日耳曼边境就有铭文证明那里有从不列颠招募的集群。[2] 但直到3 世纪初才在不列颠北部发现了主要来自日耳曼的集群。[3] 集群被认为是没有任何罗马化的军队,这点即使在 212 年《安东尼谕令》颁行之后仍未改观。从 3 世纪后半叶起,集群逐渐常见。[4]

不列颠罗马驻军最显著的特点在于它的分布,在展开这点之前,有必要先对军队在整个帝国的分布特点有所理解。除了皇帝的禁卫军,帝国时期的所有军队都驻扎在行省,不仅如此,军队还是按行省组织起来的,意即每个行省的驻军完全独立于其他行省的驻军,如果没有皇帝授权,行省总督不得把一支军团派到另一个行省去,否则以叛逆罪论处。因此,与其说罗马有一支帝国军队,毋宁说它有许多行省军队。但军队在行省中的分布并不平衡,只有那些有防御需要的行省才有军队,而不是每个行省都有。即使在有驻军的行省中,军队也不是散布于行省各处,而是驻扎在需要的地方。这种驻扎方式往往会产生一种后果——行省的一部分是军事区,另一部分是非军事区,两者之间界限分明,这个特点在不列颠就非常典型。

在公元 1 世纪,或因征服不彻底,或因不列颠人不安于罗马统治,或因时有军团调进调出,各军团常在不同地方扎营。但随着 122 年第六军

---

[1] B. Dobson, J. C. Mann, "The Roman Army in Britain and Britons in the Roman Army", *Britannia*, 1973(4), pp. 191 - 205; Y. Le Bohec, *The Imperial Roman Army*, pp. 75 - 99。

[2] Sheppard Frere, *Britannia: A History of Roman Britain*, p. 134.

[3] R. G. Collingwood, R. P. Wright, *The Roman Inscriptions of Britain*, Vol. I, nos. 1262, 1270, 1576(numeri), 1594(cunei).

[4] J. C. Mann, "A Note on the Numeri", in idem, *Britain and the Roman Empire*, pp. 11 - 16; M. P. Speidel, "The Rise of the Ethnic Units in the Roman Imperial Army", in H. Temporini, W. Haase eds., *Aufstieg und Niedergang der römischen Welt*, II. 3, Berlin and New York: Walter de Gruyter, 1975, pp. 202 - 203.

团的到来和哈德良长城的建成,军团的驻地就固定下来。不列颠的军事区大体形成了以军团为中心、以长城一线为重点的防御体系。军团不直接驻扎在边界上:驻扎在约克的第六军团和驻扎在切斯特的第二十军团组成的防线扼守奔宁山脉,它们还可随时开往北部边界;"奥古斯都的"第二军团驻扎在卡利恩,它与切斯特的第二十军团组成的防线密切监视从爱尔兰海到布里斯托尔海峡的西部海岸,以防止来自爱尔兰和苏格兰的海上入侵,同时又控制着威尔士山区。辅助军则驻扎在边界上,尤以哈德良长城上的兵力为多。

辅助军在前、军团在后的分布模式体现了两个军种的不同特点,因为军团系重装部队,移动起来不如辅助军便捷。古罗马的兵书上说:"辅助部队总是作为轻装兵配置于军团的战斗队列,在交战时与其说主要起配合作用,不如说是一支快速支援力量。"①另一方面,这种分布模式也体现了一种层次分明的战略部署,其整体布局大致如下:②

一、瞭望塔和前哨堡垒,其功能是监视边界人口流动,并对大规模入侵发出警报。瞭望塔一般直接建在边界上,哈德良长城上的大小塔楼就是这样的瞭望塔。其中大塔楼(milecastle)每隔 1 罗马里(等于 1 481米)有一座,两座大塔楼之间有两个小塔楼(turrets),即每隔三分之一罗马里有一个。③ 前哨堡垒则建在边界之外的交通要道上,目前可以确定的此类堡垒在哈德良时期有三座,分别位于伯伦斯(Birrens),奈特比(Netherby)和本卡斯尔(Bencastle)。④

二、视觉通讯体系,功用是燃放烽火,将前哨堡垒与瞭望塔探知的敌情传达给边界上的辅助军堡垒,再传达给后方的军团驻地。约克和切斯

---

① 韦格蒂乌斯·雷纳图斯:《兵法简述》,解放军出版社,1998 年,卷 2 章 2,第 68 页。
② 关于弗拉维王朝到塞维鲁王朝时期帝国边境的防御体系,参见 E. N. Luttwak, *The Grand Strategy of the Roman Empire: From the First Century A. D. to the Third*, pp. 66 – 67, 72 – 73.
③ D. J. Breeze, B. Dobson, *Hadrian's Wall*, 3rd edn. London: Penguin Books, 1987, pp. 33 – 39.
④ D. J. Breeze, B. Dobson, *Hadrian's Wall*, p. 30.

特距离哈德良长城各约 100 和 140 英里,现已确定有一些排列成纵轴线的烽火台把长城西端卡莱尔地区与约克的第六军团连接起来。

三、军队驻地,即前哨堡垒、辅助军堡垒和军团营垒组成的三层防线。从图密善时期起,两支军团就不能驻扎在同一个营垒中[1],辅助军也一样,这样,罗马军队中每支部队都有自己的营地。迄今为止,不列颠发现的由军团留下的营垒共有 27 个;由辅助军留下的堡垒有 254 个,其中英格兰 152 个、威尔士 38 个、苏格兰 64 个。[2] 军团营垒(castra)与辅助军堡垒(castella)的主要区别是前者大后者小,在不列颠,前者一般占地 50 至 60 英亩,而后者根据不同的兵种和人数占地 2—5 英亩不等。[3] 当然,例外总是存在的,比如弗拉维王朝时期苏格兰的芬多克(Fendoch)堡垒驻守了一个加强大队,十个百人队都有单独的营房,而威尔士北部的彭立斯丁(Pen Llystyn)堡垒和苏格兰南部的艾尔金豪(Elginhaugh)堡垒都是两个大队共用的冬营。与之形成对照的是,安东尼长城的许多堡垒显然连容纳一整个大队的空间都没有。

四、道路系统,这是整套部署中的关键因素。每个防御区都有纵横两种道路,在哈德良长城一带,纵向道路成为连接辅助军与军团的通道,方便了军队的战略移动与辎重的运输;横向道路因为与长城平行而利于辅助军的日常巡逻。纵横道路构成的网络越密集,说明这里的战略地位越重要。罗马军队在边境的这套体系被罗马人称为 limes,此词初指“道路”,约从哈德良时期起指边境地区——既指地区又指其中的控制体系。[4] 总体而言,作为军事区,不列颠北部和西北部的边境地区与英格兰

---

① 苏维托尼乌斯:《罗马十二帝王传·图密善传》,VII:3。

② http://www. roman-britain. org/military/military_menu. htm(Accessed March 1, 2012).

③ 详见 R. G. Collingwood, *The Archaeology of Roman Britain*, London: Bracken Books, 1996[1930], chapter III.

④ S. Hornblower, A. Spawforth eds., *The Oxford Classical Dictionary*, p. 862; Y. Le Bohec, *The Imperial Roman Army*, p. 153. 不同的重要见解参见 Benjamin Isaac, "The Meaning of the Terms *limes* and *limitanei*", *Journal of Roman Studies*, 1988(78), pp. 125 - 147, esp. p. 146. 此文认为 limes 从公元 1 世纪晚期到 3 世纪一直是“帝国的被划出的土地边界”,而不指军事结构和边疆组织。

中部和东南部的非军事区分界明显,非军事区在 3 世纪中叶以前找不到
永久的驻军。

这种格局之所以形成,最重要的原因是军事行动日见稀少,军队日
益定居化。奥古斯都在晚年遭受军事挫折,遂在遗嘱中规定"帝国的疆
土今后不许再加扩充"。① 其继任者提比略 55 岁才登基,他虽身经百战,
但年少的豪情与锐气,此时已消磨得只剩倦怠,故对奥氏遗训亦步亦趋。
帝国头两个统治者的谨小慎微成了一股惯性力量,贯穿在整个元首制时
期,其间只有图拉真对此有所偏离。不列颠自然也摆脱不了这股力量,
阿古利可拉把罗马在不列颠的领土扩大了一倍,他甚至认为只要一支军
团和很少一部分辅助军就可以征服爱尔兰。但图密善不等他实现这个
愿望便将他召回罗马,阿氏已经征服的领土随即被放弃了,塔西佗不由
慨叹:"不列颠被征服之后很快地又失掉了。"②其后,只有塞维鲁皇帝有
心征服不列颠全境,但最后又不了了之。帝国军事方面的这些理论与实
践使不列颠军队的性质从机动的野战军逐步过渡到卫戍部队:各军队固
守一方,其流动性越来越少。

不过,军队仍需要执行任务,因此自 1 世纪晚期起,从军团或辅助军
中抽调人马(罗马人称之为"分队"[vexillationes])去各地执行任务的做
法变得越来越常见。③ 雯都兰达出土的驻军木牍文书中有一件十分完整
的辅助军兵力清查报告,时间约在公元 92 至 97 年间,它显示当地某辅
助军军营中共 752 人,其中 46 人被抽调去充当总督的卫队,还有 337 人
被派到驻地以东约 20 余公里的另一要塞科布里奇去了。④ 但这种做法
不能从根本上改变驻军定居化的趋势。戴克里先和君士坦丁在 3 世纪
末 4 世纪初改革军队,目的之一就是要提高军队的流动性,他们取消了
军团和辅助军这两个军种,转而建立固定的边防军(limitanei)和流动的

---

① 苏维托尼乌斯:《罗马十二帝王传·神圣的奥古斯都传》,ⅩⅩⅢ;塔西佗:《编年史》,卷 1 章 11。
② 塔西佗:《阿古利可拉传》,章 24;塔西佗:《历史》,卷 1 章 2。
③ Y. Le Bohec, *The Imperial Roman Army*, p. 30.
④ Vindolanda Tablets Online,http://vindolanda.csad.ox.ac.uk/,*Tab. Vindol*, p. 154.

野战军（comitatus，再后来叫 comitatenses），但其实这是对既成事实的无奈妥协。

驻军定居化是军中无大事的反映，军人们无须担心自己会丧命于刀光剑影之中。据估计，如果忽略公元 68—69 年内战中的伤亡人数，从公元前 31 年到公元 180 年，一个士兵在战争中丧生的几率为千分之一[①]，但那次内战并没有波及不列颠的驻军。[②] 其实，在绝大多数时间里，士兵除了操练和执行日常公务以外，连敌人的影子都看不见。[③] 北部边境一位翼军军官曾立碑感谢罗马的林地守护神希尔瓦努斯（Silvanus），因为在他的保佑下他成功猎获了一只矫健强壮的野猪，它曾多次逃脱他前任的追捕。[④] 这位军官肯定动用了手下的骑兵，而北部边境的士兵显然经常围猎野猪、鹿、狼和狐狸。雯都兰达边境有个商人，负责向军队供应兽皮，在运输途中，他所担心的是路好不好走，而不是会不会遭人打劫。[⑤] 切斯特和卡利恩这两个军团驻地附近还建有圆形剧场，事实上，前者是英国已知的最大的圆形剧场，而后者是保持最完好的。[⑥] 军团附近的圆形剧场主要用来军事演习和操练，同时军人们也在这里举行各种宗教仪式，不过，切斯特的圆形剧场遗址中发现了一位百夫长献给复仇女神（Nemesis）的献辞，说明这里恐怕也举办过角斗比赛。[⑦] 作为强大的国家机器，罗马军队在元首制的和平环境中找不到用武之地，这正是罗马驻军在这一时期的第二个特点。

[①] M. Goodman, *The Roman World*, 44BC‐AD180, London and New York: Routledge, 1997, p. 117.

[②] 塔西佗:《历史》,卷1章9。

[③] R. W. Davies, "The Daily Life of the Roman Soldier under the Principate", in H. Temporini, W. Haase eds. , *Aufstieg und Niedergang der römischen Welt*, II. 1, Berlin and New York: Walter de Gruyter, 1974, pp. 299‐338.

[④] R. G. Collingwood, R. P. Wright, *The Roman Inscriptions of Britain*, Vol. I, no. 1041.

[⑤] Vindolanda Tablets Online, http://vindolanda. csad. ox. ac. uk/, *Tab. Vindol*, p. 343.

[⑥] Patricia Southern, *Roman Britain: A New History 55 BC‐AD 450*, Stroud: Amberley Publishing, 2011, Color Plates 35 & 36.

[⑦] Gue de la Bédoyère, *Roman Britain: A New History*, New York: Thames & Hudson, 2006, p. 127.

平静的军旅生涯并不意味着军人的生活同样平静,军队的非军事职能此时显得突出,军人为地方政府的运作提供了人力资源。由于行省没有专门的警察机关,边疆地区的治安一般由当地辅助军负责。军队还会派人协助代理官或皇家奴隶执行任务,护送钱粮。辅助军还会负责邮驿、人口普查和公务接待。而哈德良长城这类耗时耗力、却又发挥不了实质防御功能的工程的出现,正是士兵们把本应用在征服战争上的精力用在他处的产物。铭文已证实,当时在不列颠的三支军团(即"奥古斯都的"第二军团、"胜利的"第六军团、"英勇而胜利的"第二十军团)和不列颠海军的一支分队都参与了哈德良长城的修建。辅助军承担清除林地、抽干沼泽、开挖灌溉渠等农业生产任务,使边疆地区有较好的农牧业发展条件。通常,不列颠的矿山由军队负责管理,由奴隶开采,但有时士兵也会亲自开矿,例如铭文记载西班牙老兵第一大队的士兵就曾在附近矿山执行任务。[1]

此外,奥古斯都曾规定,普通士兵服役期间一律不准结婚,这项禁令直到公元 197 年才被塞维鲁解除。其制定的初衷在于使士兵免受家室之累,以保证强大的战斗力。但对于业已职业化、定居化的帝国军队而言,这显然是不切实际的。事实上,法律以外的婚姻普遍存在,只不过得不到法律保障,子女亦无合法继承权。[2] 尽管如此,士兵们的生活中多了一份牵挂却是不争的事实,尤利乌斯·马科西穆斯(Julius Maximus)是一名辅助军骑兵,他曾充当总督卫队成员(singularis consularis),可能正是在此期间,他的 3 位亲人——28 岁的妻子、6 岁的儿子和 50 岁的岳母——横遭不测,他将他们葬于一处,墓志铭的后半部分刻着:"立此碑以怀念举世无双之妻、最殷殷爱父之子和最坚贞不渝之岳母。"[3]无尽哀思跃然碑上,其中寄托着对家庭生活的向往与眷恋。相比之下,"奥古斯

---

① 王晓鹏:《早期罗马帝国驻不列颠辅军研究》,第 54 页。

② B. Campbell,"The Marriage of Soldiers under the Empire",*Journal of Roman Studies*,1978(68),pp. 153 - 166.

③ R. G. Collingwood,R. P. Wright,*The Roman Inscriptions of Britain*,Vol. I,no. 594.

都的"第二军团的士兵尤利乌斯·瓦伦斯(Julius Valens)要幸运得多,他退伍后以百岁高龄辞世,由其遗孀和儿子埋葬。①

关于婚姻的禁令对百夫长以上的官员并不适用,雯都兰达的木牍中有许多私人信件,其中80多封围绕一个叫凯里阿里斯(Flavius Cerialis)的人展开,此人约在公元97—103年间担任当地巴塔维亚人第九营的营长(属骑士等级),他与另一营的营长艾利乌斯·博库斯(Aelius Bocchus)是好朋友,这种友谊也延伸到两人妻子那里,艾利乌斯之妻就邀请凯里阿里斯之妻参加她的生日聚会:

> 克劳狄娅·塞维拉(Claudia Severa)向她的莱琵狄娜(Lepidina)问候。我的姐妹,我在9月11日庆祝我的生日,我向你发出热切邀请以确保你能来加入我们,这一天你的光临将使我更加快乐,[你能来吗?]替我问候你的凯里阿里斯。我的艾利乌斯和我的小儿子向[他?]问好。我会等着你,我的姐妹。再见,我的姐妹,我最亲爱的灵魂,恭祝幸福,并致问候。②

这是现今发现的最早的由妇女书写的拉丁文书简,如果说普通士兵的眷属只能住在军营附近的话,这封信是驻军长官与其妻儿子女同住一起的有力证明。此外,雯都兰达在发现士兵们的鞋子的同时,也发现了妇女儿童的鞋子。征服不列颠约60年后,驻军的生活可见一斑。

军人一旦成为丈夫和父亲,就要体验与平民同样的悲欢离合,从而具有平民化倾向。这种倾向又因其他一些因素而更加明显,军营附近除了有士兵们的妻子外,还有许多服侍士兵的奴隶(calones)和随营人员(lixae)。士兵的奴隶一般由战俘构成,他们在行军中替士兵背负行李,有时还帮助收集粮食。在雯都兰达,奴隶操持着长官家内的大小事务,他们留下的账单详细记录了从克尔特啤酒到苹果、从碗碟到铜灯的每一

---

① R. G. Collingwood, R. P. Wright, *The Roman Inscriptions of Britain*, Vol. I, no. 363.
② Vindolanda Tablets Online, http://vindolanda.csad.ox.ac.uk/, *Tab. Vindol*, p. 291.

笔花销。① 不列颠某位普通骑兵曾有一个"摩尔人"释奴,有可能是这位骑兵在不列颠奴隶市场上买的,也有可能是他在北非作战时买的,这个释奴死时只有 20 岁,他的主人为他立了一块异常精美的墓碑。这么年轻的释奴是很少见到的,因此有不少学者认为主奴之间可能是同性恋关系。② 随营人员则形形色色,从演员到巫师到妓女,数量最多的当然是供应各种日用品的商贩。这些人虽属寄生性质,但总人数往往比当地驻军还多。③

平民化的倾向连同上文提到的兵源招募本土化,都使驻军蜕变成一种民兵组织。但军队内部的制度化因素却抑制了这种倾向,行会(collegia)在罗马世界是司空见惯的,军队中的行会虽不对最低等的普通士兵开放,但到哈德良时期已遍及帝国全境④,其会员以"兄弟"(fratres)相称,会员在交纳会费后无论迁升、退役、去世,都可获得行会资助。因此,行会宛如大家庭,是士兵的互助组织,士兵退役前与退役后皆能从中得到温暖,军队的团队精神由此得到加强。对所有士兵而言,一旦得到资助的金钱,必须拿出一半存到所在部队中,这样,士兵知道军营中有自己的钱,就不会开小差,而会更关心自己的部队,更英勇地作战,人爱财的天性就被用来加强团队的凝聚力。⑤ 这些制度性因素和朝夕相处中培养出来的生死与共的伙伴关系,有助于形成意识上的共同体:士兵们服役期间以"contubernales"(队友)互相称谓,退役后会产生失落感,舍不得离开旧营地,情愿住在附近。一些被安置到其他行省的老兵甚至会偷

---

① Vindolanda Tablets Online, http://vindolanda. csad. ox. ac. uk/, *Tab. Vindol*, pp. 190,194, 302.

② R. G. Collingwood, R. P. Wright, *The Roman Inscriptions of Britain*, Vol. I, no. 1064; Lindsay Allason-Johns, *Daily Life in Roman Britain*, Oxford: Greenwood World Publishing, 2008, p. 14.

③ R. MacMullen, "The Legion as a Society", in idem, *Changes in the Roman Empire: Essays in the Ordinary*, Princeton: Princeton University Press, 1990, pp. 227ff, 370 note 27.

④ B. Campbell, *The Roman Army*, *31BC - AD337: A Sourcebook*, pp. 136 - 139.

⑤ 韦格蒂乌斯·雷纳图斯:《兵法简述》,卷 2 章 20,第 85 页。

偷溜回来①,士兵死后喜欢在墓志铭上表明自己曾属于某团某营某单位,以此为自豪。② 由此可见,罗马驻军俨然是一个自成一体的社会,这是他们的第三个特点。

第四个特点表现在皇帝与驻军的关系上,元首制时期的行省军队虽仍由总督负责,但皇帝才是真正的主人和直接庇护者。这可以从"imperator"(元帅)一词的演变看出来③,此词本意为最高统帅,共和时期凡军队统帅作战得胜、被士兵们自发地欢呼为"imperator"者,可在名字后面加上这一称号,但只能用到卸任或回罗马举行凯旋式时为止。凯撒第一个将其终身占有,奥古斯都则把这个原本放在名字后面的称号用作自己的第一个名字(即用作 praenomen),这样,它获得了最高权力的含义。皇帝后来又逐步垄断了这个词,从韦帕芗开始,"元帅"成了皇帝固定的名字。皇帝具有元帅的身份是罗马皇帝的特征之一:除了阿非利加的一支军团,其他军团皆分布在皇帝行省中,也就操纵在皇帝手中。皇帝登基时被欢呼为"imperator",这成为必要的程序;所有重大的战役皆以皇帝的名义进行,即使他没有御驾亲征,每次胜利的荣誉——即被士兵们欢呼为"imperator"——也归于皇帝本人。克劳狄征服不列颠后曾在罗马城建造凯旋门炫耀武功,门上碑铭刻有"IMP XXII"的字样④,意为"[克劳狄被欢呼为]元帅[共]22 次",言下之意是说他取得了 21 次重大战役的胜利(再加登基时的 1 次)。

皇帝的元帅身份使他在与士兵交往时非常注意自我形象的塑造,他喜欢用"commilitones"(战友们)称呼军队,此词听起来平等而亲切:

---

① 塔西佗:《编年史》,卷 14 章 27;《历史》,卷 2 章 80。

② 比如,R. G. Collingwood, R. P. Wright, *The Roman Inscriptions of Britain*, Vol. I, nos. 156,360,673,1172.

③ S. Hornblower, A. Spawforth eds., *The Oxford Classical Dictionary*, s. v. "imperator", p. 750; C. T. Lewis, C. Short, *A Latin Dictionary*, Oxford: Clarendon Press, 1980[1879], p. 899.

④ 这块碑铭残损严重,近期的研究和复原,参见 A. A. Barrett, "Claudius' British Victory Arch", *Britannia*, 1991(22), pp. 1 – 19, esp. p. 12.

"commilitones"（单数为"commilito"）由前缀"com"（"与……一起"）和"miles"（"最普通的士兵"，前文提到的"milites"是复数）构成。高高在上的皇帝用它称呼军人难免有巴结讨好之意味，奥古斯都就觉得这个称呼"过于逢迎"，故在内战胜利后弃用[1]；但别的皇帝还是使用。[2]　塞维鲁行军时与士兵同吃同住，丝毫不显露帝王的奢华[3]；卡拉卡拉在重大战役中也与士兵同甘共苦，既不洗澡又不换衣服。[4]　在承平时期，皇帝每到一地，通常会视察行省驻军，整饬军纪。哈德良于公元122年出巡不列颠，在一枚纪念钱币的背面，哈德良端坐马背之上，向一群手举军旗的士兵挥手致敬。

即使皇帝不在军中，他也有办法让驻军时刻想到他。士兵们的薪饷是从皇帝那里来的，他还推行一种实质上是皇帝个人崇拜的官方宗教：2世纪晚期的拉丁教父德尔图良禁止基督徒参军，因为罗马军营中的宗教在他看来不啻为军旗崇拜，而军旗上饰有皇帝的肖像。帝国时期的军人在入伍、每年的1月3日及新皇帝登基之际，须向皇帝宣誓效忠，有负誓言之举构成"nefas"，即破坏了神圣旨意，会招致人神共愤的惩罚。[5]

值得充分注意的是，皇帝对军队的领导权似乎是天经地义、自不待言的，其实却没有任何法律的依据，连奥古斯都的功德碑中都未提到这一点，故确切而言，皇帝领导军队是罗马帝国的一个公开的秘密。[6]　其中的奥妙可以从不列颠驻军与皇帝的一次接触中窥知：康茂德耽于逸乐，无心打理政务，遂托付禁卫军长官裴瑞尼斯（Perennis）代为管理；但裴瑞尼斯把原本属元老级别担任的军团指挥官替换为骑士级别的人，致使军

---

① 苏维托尼乌斯：《罗马十二帝王传·神圣的奥古斯都传》，XXV。

② 相关举证参见 R. MacMullen，"The Legion as a Society"，pp. 227，370，note 24。

③ Herodian，2. 11. 2.

④ Dio Cassius，78. 13. 1.

⑤ John Helgeland，"Roman Army Religion"，in H. Temporini，W. Haase eds.，*Aufstieg und Niedergang der römischen Welt*，II. 16. 2，Berlin and New York：Walter de Gruyter，1978，pp. 1473 - 1480. 韦格蒂乌斯·雷纳图斯：《兵法简述》，卷2章5，第71页。

⑥ B. Campbell，*The Roman Army*，*31BC - AD337：A Sourcebook*，pp. 181 - 192.

队不满。① 不列颠军队遂于185年派遣一个1 500人的代表团开赴罗马向皇帝请愿,这在狄奥·卡修斯看来无异于哗变。康茂德为平息事端,只得将裴瑞尼斯处死,"他没有勇气拒绝这1 500人,尽管他手中禁卫军的人数比这多出许多倍"②。康茂德深知,皇帝的权力最终有赖于各地军队的忠诚,虽然这句话不便明说。

了解了不列颠罗马驻军的组织成分和特点,就可以探讨军队对不列颠的影响了,但首先需要明确一点:由于史料有限,探讨这个问题有诸多局限,因为,不列颠驻军具有自成一体的特点,由于驻军最终定居,军事区之于非军事区,可谓"盈盈一水间,脉脉不得语"。这表现为军事区与非军事区之间的交往,在史料方面几近阙如,即使在军事区内部,铭文材料之分布亦有失平衡。一方面,有关平民的铭文屈指可数,据萨尔韦研究,边境地区的铭文中可以肯定与平民相关的,仅112条;哈索尔在此基础上又补充了约10条,其中能够确切反映与军人交往的几乎没有。③ 另一方面,军团留下的铭文远远多于辅助军留下的铭文,甚至在全由辅助军驻守的哈德良长城一带,多数铭文也是关于军团的④,这是不同军种之间的薪饷差异造成的,因为磨刻碑铭价格不菲,薪水多才负担得起。出于同样原因,辅助军留下的铭文中也以骑兵的铭文居多。考虑到这些局限,此处试图从军队与城市、军需之供应及罗马公民权的普及这三个角度来讨论军队的影响。

---

① *Scriptores Historiae Augustae*, *Commodus*, p. 6;S. Frere, *Britannia*:*A History of Roman Britain*, p. 150.

② Dio Cassius, 73. 9.

③ P. Salway, *The Frontier People of Roman Britain*, Cambridge:Cambridge University Press, 1965, pp. 207 - 260;M. Hassall, "Epigraphy and the Roman Army in Britain", in T. F. C. Blagg, A. C. King eds., *Military and Civilian in Roman Britain*:*Cultural Relationships in a Frontier Province*, Oxford, 1984, p. 274. 这方面近来的进展仍然不大,参见 S. James, "Soldiers and Civilians:Identity and Interaction in Roman Britain", in S. James, M. Millett eds., *Britons and Romans*:*Advancing an Archaeological Agenda*, York, 2001, pp. 77 - 89.

④ D. J. Breeze, B. Dobson, *Hadrian's Wall*, p. 174.

军队在城市化过程中所起的重要作用，突出反映为殖民市（colonia）的出现。不列颠首座殖民市科尔切斯特建立于公元49年，用以安置军团中的退役老兵；随后又建立格洛斯特（Glevum）和林肯（Lindum）两个殖民市，分别安置"奥古斯都的"第二军团和"西班牙的"第九军团老兵。这三个殖民市中至少有两个原为军团营垒所在地，1968年以来在格洛斯特的系列发掘表明，退役老兵们一开始居住的棚屋在设计与规划上亦步亦趋地仿照营垒中的营房，甚至连拥挤程度也尤有过之，营垒中的街区几乎被原封不动地继承下来。1972年在科尔切斯特的发掘也揭示出极为类似的情况。① 殖民市数量虽少，但作为罗马文化的中心，它们是城市生活的样板，有示范作用，这正是罗马军队作用于行省的首要而直接的方式。不过由于数量少，殖民市的辐射能力仍然有限。此外，这种方式作用的时间也不会很长，用退役老兵设置殖民市的做法在哈德良以后就基本消失了，越来越多的军团士兵退役后宁可住在军团驻地附近，约克、切斯特和卡利恩这三处军团驻地都有铭文表明：退役的老兵就住在附近。②

军队对城市的影响还以一种无意的方式表现出来。军队在征服初期流动性较强，常常从一个地方驻扎到另一个地方，军队撤离后军营转为民用，由此成为城市的原型。切姆斯福（Caesaromagus）、埃克塞特（Isca Dumnoniorum）、赛伦塞斯特（Corinium Dobunnorum）等城市就是这样发展起来的。罗马军营的选址甚为考究，均出自缜密的军事规划，一般扼守战略要地，尤其是新道路与河道交叉之处。③ 不列颠罗马时期的道路和征服前的道路体系关系不大，主要由罗马军人修建；道路的走向则视战略需要而定，而不是以正常的交通需要为依据。④ 这样，随着军

---

① Sheppard Frere, *Britannia*：*A History of Roman Britain*, p. 229ff；Simon Clarke, "The Pre-industrial City in Roman Britain", in E. Scott ed., *Theoretical Roman Archaeology*：*First Conference Proceedings*, Aldershot：Avebury, 1993, p. 62.

② R. G. Collingwood, R. P. Wright, *The Roman Inscriptions of Britain*, Vol. I, nos. 478, 495,500,517,526,534(切斯特)；358,359,361,363(卡利恩)；679,685(约克).

③ 韦格蒂乌斯·雷纳图斯：《兵法简述》，卷1章21—25，第57—60页。

④ R. G. Collingwood, *The Archaeology of Roman Britain*, p. 6.

队不断北上,南方原有的军事区逐步转变为平民区,那些建立在原有军营基础之上的城市无意中成了罗马军事部署的产物,这里的平民则大大受惠于连接这些城市的由军人们修建的道路和桥梁。可以这么说,罗马不列颠的城市之所以能保留下来,很大程度上得益于罗马人的战略远见,而非这些城市本身的经济活力,后者即使有也只是前者的副产品罢了。

长期以来,人们认为军队对民用建筑——尤其是城市中的公共建筑——的发展影响很大,军队中一些有专长的勤务兵(immunes)如建筑师、测绘师、石匠等,常被城市借调去提供有关的技术支持。但这一观点近来已受到有力的挑战,有学者认为支持这个论点的证据并未得到仔细检视。考古材料可以证明,民用与军用的砖石工艺截然不同,此外,在民用建筑中广泛使用军事技术人员的可能性也很小。①

军队在一定程度上是自给自足的,设置各类勤务兵的目的就是要"防止军营里出现部队所需要的任何东西发生短缺的现象"。② 而士兵虽然很难因私人原因获准休假③,却可以通过自己的奴隶从事商业活动。不过,罗马法律规定,士兵服役期间不可在所服役的行省中拥有土地,并明令禁止使用中介人来规避这一禁令。④ 因此,军队在粮食供应方面无法自给自足。由于长途运输在罗马世界不仅效率低下而且费用高昂,向军队供应粮食的问题一般在各行省内部予以解决,军队以较合理的价格从当地居民手中强行购买谷物,负担于是再次被转嫁到当地居民身上。不过在地理的分布上,不列颠居民所受的影响是不平衡的。英国考古学家注意到,近在咫尺的军队并没有刺激北部高地或威尔士的农业发展,

---

① T. F. C. Blagg, "An Examination of the Connections between Military and Civilian Architecture", in T. F. C. Blagg, A. C. King eds., *Military and Civilian in Roman Britain: Cultural Relationships in a Frontier Province*, pp. 249-263.

② 韦格蒂乌斯·雷纳图斯:《兵法简述》,卷2章11,第78页。

③ 韦格蒂乌斯·雷纳图斯:《兵法简述》,卷2章19,第85页。

④ *Digest*, 49. 16. 13. 参见 Peter Salway, *Roman Britain*, p. 511, note 4.

这里畜牧业仍占据主导地位,尽管谷物耕作已被引进。① 英格兰西南部则不同,格洛斯特方圆约 30 英里之内的区域显然对当地驻军的粮食供应起了重要作用。总的看来,南方地区负担了不列颠北方大部分军队的粮食供应,从而带动了这一带的农业发展。

军人的收入明显高于普通平民,扣除必须自行负担的衣食及装备开销以外,尚有足够余额,这显然是吸引众多随营人员(lixae)追踪军队的原因。这些人麇集于军营附近,构成一些定居点,其中军团附近的大定居点往往被称为"镇"(canabae),辅助军附近的小定居点叫"村"(vici)。位于切斯特的镇紧挨着第二十军团的营垒,营垒内的引水渠外接到镇上,可见镇上平民与驻军分享同一水源。到 1 世纪末,此镇的发展已初具规模;在 2 世纪前半叶,这里的生活条件又有进一步提高,木制建筑逐步被石制建筑淘汰,有些建筑中甚至有私人浴室。但即便如此,尚无证据表明切斯特的地位后来上升到自治市或殖民市。② 村镇上的随营人员主要为士兵提供商品,雯都兰达木牍文书中有一份供应军队小麦的单据③,它就写在前面提到的向皇帝递交的诉状的反面④,两者笔迹相同,显系出自一人之手。这份单据可能是作者写给其合伙人的;在反面那份诉状中,作者自称为"跨海而来的人",其身份应当是平民。木牍的整理者认为,这位不知名的作者是中介商,他既与小麦的生产者、又与军队中掌管粮食分发的官员(一般而言是百夫长的副手[optiones],他们负责各自单位的粮食供应)联系紧密,并很可能与两者都有契约关系。发现平民参与军队供应,尤其是小麦供应的证据非常重要,因为小麦是军队用品的大宗,在以前,人们只知道可能由军人自己或城市中的官员负责征收。⑤ 不应忽略的是,此类从事军队大宗生意的商人数量毕竟有限,随营

① P. Garnsey, R. Saller, *The Roman Empire*: *Economy*, *Society and Culture*, p. 91; Sheppard Frere, *Britannia*: *A History of Roman Britain*, p. 260.

② B. Campbell, *The Roman Army*, *31BC - AD337*: *A Sourcebook*, p. 142.

③ Vindolanda Tablets Online, http://vindolanda.csad.ox.ac.uk/, *Tab. Vindol*, p. 180.

④ Vindolanda Tablets Online, http://vindolanda.csad.ox.ac.uk/, *Tab. Vindol*, p. 344.

⑤ P. Garnsey, R. Saller, *The Roman Empire*: *Economy*, *Society and Culture*, pp. 92 - 93.

商人中的绝大多数为吸引军人的购买力,需要贩卖较高档的消费品,如优质餐具、上等酒、鱼子酱等军营不会供应的物品。① 此类贸易活动固然有利可图,但其特征仍然是区域性的,与谷物供应相比仍然是边缘性的。

雯都兰达军营遗址出土了大量罗马钱币,其中还有不少大额货币,这证明军营附近货币交易的规模不小。据估计,2 世纪中叶,驻不列颠的辅助军步兵约有 2.55 万人,骑兵 1.16 万人,即使把所有人员都算作最低等的士兵,他们每年的薪金总额也达到 784.48 万第纳里。如果将各级军官、资深士兵和技师等较高军饷收入者考虑进去,辅助军薪金总额要多出很多。军人和退伍老兵拥有诸多免税特权,这增加了他们可支配的财富数量,也促进了他们的消费热情。因此,军人消费对不列颠市场的拉动作用是相当可观的。②

军队还是扩大罗马公民权的重要渠道,这体现在两类人身上。一类是军团士兵的儿子,军团士兵本身虽然是罗马公民,但士兵不准结婚的禁令使他们不享有合法通婚权,所以他们在漫长服役期间与当地女子所生的儿女不具有罗马公民权,其身份只能随母亲。③ 不过,如果儿子愿意继承父业,加入军团,他们就可以在参军之日被授予罗马公民权。

另一类人是辅助军。辅助军从异邦人中招募,服役期间如果表现良好能够"光荣退役"(honesta missio),便可获得罗马公民权。其程序如下:行省总督先把退伍人员的名单上报皇帝,再由皇帝颁行法令加以确认。皇帝的法令刻在大幅青铜板上,在公元 89 年以前,这些青铜板贴在罗马卡庇托林山上各类公共建筑的墙壁上,89 年以后集中贴在帕拉丁山上奥古斯都神殿背后的墙上。铜板后来被重新熔炼,改用他途,所以今天只找到两小块残片。但法令副本由退伍士兵本人收留,故流布较多,

---

① Vindolanda Tablets Online, http://vindolanda. csad. ox. ac. uk/, *Tab. Vindol*, p. 190.
② 王晓鹏:《早期罗马帝国驻不列颠辅军研究》,第 58 页。
③ 盖尤斯:《法学阶梯》,对照第一编第 67 和 57 条。

至上世纪 80 年代中期已发现约 322 件。[1] 现代学者称副本为"退伍状"（diploma 或 diplomata），其形制为双折青铜片，每片的规格在 15×13 厘米左右。目前共发现 15 件与不列颠有关的退伍状，其中 2 件是在不列颠以外发现的，下面是一份在不列颠发现的公元 103 年的退伍状：[2]

> 皇帝凯撒·涅尔瓦·图拉真·奥古斯都这位日耳曼和达西亚的征服者、神圣的涅尔瓦之子、大祭司，四次被欢呼为元帅，祖国之父，五次担任执政官，在其享有保民官权力的第七年，将罗马公民权授予如下 4 个骑兵翼军和 11 个步兵营中的服役者：色雷斯第一翼军，来自塔姆皮亚纳的潘诺尼亚第一翼军，色伯西乌的高卢人，维托尼的罗马公民的西班牙人，西班牙第一营，范其诺第一千人营，阿尔卑斯第一营，莫瑞尼第一营，库各尼第一营，拜塔西第一营，图各里安第一千人营，色雷斯第二营，布拉卡里奥古斯都第三营，林格奈第四营，达尔马提亚第四营；它们都在不列颠，由卢奇乌斯·奈拉提乌斯·马凯路斯统辖。他们服役了 25 年或更久，其名字附后。授予他们及其子女和后代以公民权，并自授予公民权之日起授予他们与已有妻子的合法通婚权，或者，如果他们未婚，他们以后的婚姻是合法的，只要他们娶一个妻子的话。
>
> 1 月 19 日[3]，值马尼乌斯·拉布瑞乌斯·马克西穆斯和昆图斯·戈里提乌斯·阿提利乌斯·阿古利可拉二度担任执政官期间。
>
> 连长热布茹斯的副本，他是塞维鲁斯之子，来自西班牙，在盖尤斯·瓦勒琉斯·凯尔苏斯指挥的来自塔姆皮亚纳的潘诺尼亚第一翼军中服役。

---

① Mark Hassall, "Romans and Non-Romans", in John Wacher ed. , *The Roman World*, pp. 694 – 695.

② S. S. Frere, M. Roxan, R. S. O. Tomlin, *The Roman Inscriptions of Britain*, Vol. II. 1, Stroud: Alan Sutton Publishing Limited, 1990. nos. 2401. 1 – 13. 此件编号为 no. 2401. 1(= *CIL* 16. 48)。

③ 此句直译为"二月第 1 天之前的 14 天"。

此副本从位于罗马的青铜板上复制而来,并经过对照核实,原板贴在密涅瓦(雕像)附近的神圣奥古斯都神殿背后的墙壁上。

［证人］

昆图斯·庞培乌斯·赫美茹斯　盖尤斯·帕皮乌斯·尤瑟伯斯

提图斯·弗拉维乌斯·塞昆都斯　普布琉斯·考卢斯·维塔利斯

盖尤斯·维提努斯·莫德斯图斯　普布琉斯·阿提琉斯·荷多尼库斯

提比利乌斯·克劳狄乌斯·梅南德

退伍状的内容遵循固定程式,大同小异,一般依次列举皇帝的名字与头衔、相关的辅助军单位、所在的行省、统帅(即总督)的名字、退伍待遇、日期、收执者本人的名字、正本在罗马的所在地和见证人。

退伍状制度可能起源于克劳狄皇帝,现存最早的退伍状发布于公元52年。[1] 但在弗拉维王朝时期之前,所有辅助军的"退伍状"都是颁给现役士兵的,此后既颁给现役士兵又颁给退役士兵,直到110年以后才只颁给退役士兵。[2] 故严格说来,退伍状并非士兵的退役证书,而是他们具有罗马公民权与合法通婚权的证书。它不仅确认了辅助军具有罗马公民权,还确认了他们服役期间所生的子女在他们退役后也能获得罗马公民权。由此可见,辅助军士兵是普及罗马公民权的重要渠道。

这对不列颠来说意义尤为重大,因为不列颠偏居帝国边陲,居民中罗马公民的比例很低。但这里的辅助军人数最多,根据现存退伍状列举的单位、并在其他铭文材料的补充下推算,不列颠共有 65 支辅助军,其中 8 支是千人辅助军,这样,不列颠辅助军的数量能够占到帝国辅助军总数的七分之一。据估计,一支 500 人辅助军每年有 20 人退役[3],因此

---

[1] A. N. Sherwin-White, *The Roman Citizenship*, 2nd edn., Oxford: Clarendon Press, 1973, p. 247ff.

[2] J. C. Mann, M. M. Roxan, "Discharge Certificates of the Roman Army", *Britannia*, 1988 (19), p. 343; B. Campbell, *The Roman Army*, *31BC-AD337: A Sourcebook*, pp. 193-194.

[3] Mark Hassall, "Romans and Non-Romans", p. 696; Sheppard Frere, *Britannia: A History of Roman Britain*, pp. 143-144.

从理论上说,不列颠的辅助军每年能产生 1 460 名罗马公民,即使其中一半人活不到退役,其儿女的数量也能抵消这一半人。如此日积月累,辅助军退役士兵显然是最大的新增罗马公民群体。

辅助军士兵在 25 年的军事生涯中不仅要按罗马的方式练兵、住罗马式的军营、穿罗马人的军装、崇拜罗马的神祇、庆祝罗马的节日,还要用拉丁语听说读写乃至计数。拉丁语是罗马文化的核心,也是帝国软实力扩张的最有力武器。雯都兰达驻军木牍文书全部以拉丁语书写,即使写给故乡亲友的信也不例外。其中不少是职业抄写员的代笔之作,但书信的结尾祝语和签名往往与正文笔迹不同,因此是书信口授者的亲笔,以体现对收信者的尊重。这些祝语往往风格多样:有的平实朴素,如"兄弟再见(uale frater)",或"我愿你身体健康,再见主人(opto bene ualere te domine uale)";有的繁复热情,如"主人,我愿你交上最佳运程,因为你最配得上"(opto domine sis felicissimus quo es dignissimus);生气时会写"最没良心的人(homo inpientissime)"或"我愿你倒霉(opto tibi male eveniat)"。上述巴塔维亚人的领袖、罗马骑士凯里阿里斯留下了一份写给一位罗马元老的信件的草稿,从木牍的涂改之处看,他曾用心遣词造句,设计文字风格。在这些文书中甚至发现了一行维吉尔《埃涅阿斯纪》中的诗句,而维吉尔的诗作在罗马帝国被广泛用作启蒙教育的读本。这些无不让人想到塔西佗对不列颠贵族的愤怒评语——"这些从来不接受拉丁语的居民现在居然学习罗马人滔滔不绝的辞令来了"。[1] 它提醒我们,辅助军军营并非文字和知识的沙漠,罗马语言在当地军人的日常生活中扮演了重要角色。潜移默化的熏陶在军人退役后会自然地流露出来,如气急败坏地与自家兄弟吵架时会夹杂许多拉丁语。[2]

值得注意的是,公元 140 年以后颁发的退伍状多了一处限制,即罗马公民权不再授予士兵服役期间所生的子女,而只授予退役后所生的子

---

[1] Vindolanda Tablets Online, http://vindolanda.csad.ox.ac.uk/, *Tab. Vindol*, pp. 250,258, 225,118.

[2] 塔西佗:《编年史》,卷 2 章 10。

女。这种政策上反复的原因被一些学者解释为政府想使辅助军向军团看齐,一般认为,军团士兵服役期间所生的子女在他们退役后也得不到罗马公民权,这样就出现了一种反常现象:辅助军的待遇竟然超过了军团。与此同时,140年以后的退伍状在措辞上也有变化,即明确了罗马公民权只授予那些尚未获得它的人。这说明加入辅助军的罗马公民的数量越来越多,于是这种反常现象势必越发明显,以至于有必要加以匡正。但这种解释的基础——即军团士兵退役前所生子女得不到罗马公民权——并无有力的证据。[1] 而可以肯定的是,新限制鼓励更多军人的儿子参军,因为辅助军士兵退役之前所生的儿子若想获得罗马公民权,必须像军团士兵的儿子那样,步其父亲的后尘。所以,新限制极可能是想解决兵源不足的问题,随着兵源本土化趋势增强、驻军逐步定居化,这个问题在不列颠这个驻有重兵的行省变得日益突出,晚期罗马帝国强迫军人之子参军的做法此时已露端倪。

难以想象,将罗马公民权赐予退役辅助军士兵的目的,仅仅是为了报答他们20余年忠心的服役,如果是这样的话,为什么在他们退役后仍不把公民权授予他们的妻子?也难以想象此举仅仅是为了普及罗马公民权和提高行省的罗马化程度,否则为什么一开始授予、后来却取消了他们服役期间所生子女的公民权?所以就本质而言,这依然是转嫁行政负担的方法之一,通过它,罗马旨在确保充足的兵源,以便把帝国边境的防御任务成功地转嫁到边境地区居民身上。

战争是军队存在的最终目的,但进入帝国以后,罗马的扩张活动基本上停止。相应的,元首制时期的罗马军队经历了两个重要变化,一是兵源招募日益本土化,这使军团和辅助军之间的区别日渐淡化;二是行省驻军日益定居化,这使军队作为自成一体的社会具有隔离于非军事区的趋势。在这种情况下,军队不再是战争机器,而实际上处于失业状态,

---

[1] B. Campbell, *The Roman Army*, *31BC - AD337*: *A Sourcebook*, pp. 197 - 199, 209; D. J. Breeze, B. Dobson, *Hadrian's Wall*, p. 194; Mark Hassall, "Romans and Non-Romans", p. 696.

仿佛一台日渐锈死的庞大机器,和平的环境彰显了军队的非军事功能。

在罗马帝国边境上,军队是最突出的罗马制度与组织。随着罗马军队常备职业化特点的形成,军人堪称行省中最大的外来移民群体,他们对行省社会具有持久而深远的影响。军队促进了城市化进程,改变了行省的道路体系,带动了地方社会经济的发展。

军队是罗马帝国行省管理的有机组成部分。罗马帝国庞大而异质,要想在人力资源有限的情况下维系这样一个帝国,必须转嫁行政任务。随着兵源日趋本土化,越来越多的行省本地人加入罗马军队,这些人在军营中消磨掉一生中最年富力强、同时也是最骚动不安和最惹是生非的年华,等到他们退役后,其行为举止多少罗马化了,罗马由此不仅把帝国的防御任务转嫁到行省居民身上,同时又化解了可能存在的动乱因素,可谓一举两得。

军队在影响行省社会的同时也会受到行省社会的影响。随着驻军日益定居化及军队周围依附性人群的出现,军队与行省社会的整合程度日益提高,这必然激发军人对行省社会的认同,使军队产生维护并伸张地方利益的倾向。这一倾向到公元 3 世纪大规模爆发出来,当时帝国各地军队竞相把自己的领袖推向争夺最高权力的生死舞台,致使皇帝频繁更换,中央政权分崩离析。故确切而言,罗马帝国的军队并非铁板一块,而是分化为诸多具有离心倾向的、行省化了的罗马军队。简言之,军队是行省中的罗马军队。

军队还是中央权力的组成部分,各地军人的忠诚是皇帝政治地位的最终保证。元首制末期,在公元 211 年,塞维鲁于不列颠病逝前,向自己两个明争暗斗的儿子进言:"团结一致,让军人富裕起来,其他人都可以不屑一顾。"[①]皇帝很清楚,只有军人才敢对他不屑一顾。元首制时期的罗马皇帝很难界定其身份,他看上去像个万事通,既是"首席公民"(princeps),又集总司令、最高法官和立法者于一身;但 3 世纪危机结束后,帝国皇帝的身份远没有如此暧昧,他看上去首先是个职业军人,而此时罗马国家的军队、中央政府及行省管理已经面目全非了。

---

① Dio Cassius,77.15.2.

第五章　城　市

　　罗马政府在不列颠的运转离不开地方自治机构,而城市是比藩属国更成熟的自治形式,其发展具有鲜明的罗马特色。城市生活是古希腊、罗马文明的标志性特征,在希腊、罗马人看来,没有城市作为舞台,文明的生活不可想象。亚里士多德认为,生活在城市中,除了能够实现广泛的经济自给,更能让人向往优良的道德生活,获得善与幸福,摆脱野蛮状态,隔离于城市之外者,非野兽即神祇。[①]"城市"(polis, civitas)一词蕴涵的文化理想主义在希腊罗马社会根深蒂固,连奥古斯丁这位站在古典世界和基督教世界交界处的基督教福音的代言人,在发挥其恢弘玄奥的历史哲学时,亦不自觉地取"上帝之城"(*De Civitate Dei*)作为隐喻。

　　西方古代的城市(civitas)由两部分组成:"市区"(oppidum)和"周边地区"(territorium)。"市区"指一个城市的中心[②],围绕市区的是它的"周边地区",即大小不等的农村地区,其疆域往往和其他城市的周边地区相连,中间隔以"界石"(terminus)。因此,"civitas"意味着城市和农村

---

① 亚里士多德:《政治学》,吴寿彭译,商务印书馆,1965 年,卷 1 章 2;亚里士多德:《尼各马科伦理学》,苗力田译,中国社会科学出版社,1999 年修订版,卷 1 章 7。

② J. C. Mann, "The Cities of the Roman Empire", in idem, *Britain and the Roman Empire*, p. 104ff.

都统一在一个行政单位下。但需要强调的是,这很少意味着周边地区受市中心的直接管辖,材料的匮乏使人们对周边地区的治理情况知之甚少。[①] 应当指出,罗马帝国的土地只有两类:城市土地和帝国土地。后者包括皇家地产、皇家的矿山和采石场以及主要位于边境地带的军事土地。帝国土地远远少于城市占有的土地,所以,在某种程度上,罗马帝国仿佛是由众多城市拼合而成的一幅马赛克。

尽管不列颠土著在罗马征服前有社会聚合的趋势,但希腊罗马人意义上的城市生活对不列颠人来说是陌生的。凯撒入侵不列颠时注意到,不列颠所谓的"市区"(oppidum),不过是一些当地土著用来避难的、带有防御工事的森林地区。罗马扩张伴随着罗马价值观的推广,众所周知,在公元头两个世纪,外省中迅速掀起城市化运动,不列颠成为罗马行省后,自然也就要按罗马的方式城市化。在罗马不列颠时期,整个不列颠岛上建立了大约 25 座城市,它们主要集中在东南部,而非北部或西部的军事区。不列颠城市化步伐之快令人印象深刻:它基本上始于公元 69年,止于 2 世纪中叶,这以后就没有再建立新城市。[②] 不少城市至今仍然存在,但罗马时期的遗迹早已深埋地下,无法进行充分的考古发掘,因此也就无法系统而深入地了解每座城市的发展历史。

对罗马人而言,城市首先是一种行政体系,建立城市是在对外扩张过程中为治理新征服地区而采用的组织形式。这种组织形式是道道地地罗马式的,其鲜明的罗马印记被打在对城市地位的划分上。

罗马城市分为三类,在共和时期按法律地位的高下依次为"殖民市"(colonia,一译"屯市")、"自治市"(municipium)和"异邦城市"(civitas peregrina)。到帝国时期,殖民市和自治市在帝国西部仍很普遍,但这两

---

① A. K. Bowman, E. Champlin, A. Lintott eds., *The Cambridge Ancient History*: *Vol. X*, *The Augustan Empire*, *43BC–AD69*, 2nd edn., Cambridge: Cambridge University Press, 1996, p. 355.

② Michael J. Jones, "Cities and Urban Life", in Malcolm Todd ed., *A Companion to Roman Britain*, p. 162.

者,尤其是自治市,在帝国东部却不常见。[1]

殖民市本质上是罗马城的翻版,它是罗马公民的定居点,其体制与法律完全仿效罗马城。在意大利境外,殖民市主要用来安置退伍老兵。已知的不列颠殖民市共有四座:科尔切斯特、林肯、格洛斯特和约克,前三座最初都由退伍老兵组成。

科尔切斯特是不列颠的第一座罗马城市,在罗马征服前,这里是德里诺旁得斯人的中心,他们是第一个接受罗马人保护的不列颠部落。早在公元43年克劳狄征服不列颠之初,科尔切斯特就有一个罗马军团的营垒;后来,随着罗马边界北移以及第二十军团西迁,这里在公元49年变成了殖民市。"colonia"本意为"农夫(coloni)的团体",因此,在牺牲原有居民利益的基础上向这些老兵提供土地属于题中之意。在高卢南部的奥朗日(Orange,罗马时期叫Arausio),退伍军人在建立殖民市的同时就从当地部落手中强占了最好的耕地。[2] 同样,科尔切斯特的老兵也把当地人赶出家园,仿佛这里"是他们的可以任意处理的礼物一样"。塔西佗还谈到这样做的动机:"这些老兵的任务是准备应付叛乱,并且训练当地的友好居民,使他们习惯于奉公守法的生活"。[3] 因此,设立殖民市的首要目的,是确保国家安全,并利用可靠忠实的人控制不受信任的民族。与此同时,又可以解决退役老兵的安置问题,以免他们回意大利会引起日后的政治隐忧。科尔切斯特恐怕容纳了所有在公元60年之前退休的军团老兵,此外,这里也是罗马不列颠最早的省会城市。所以,毫不奇怪,波迪卡在公元61年发动起义时,立即得到德里诺旁得斯人的支持,而起义军首先攻击和摧毁的就是这座殖民市。

林肯和格洛斯特都在公元1世纪末以前成为殖民市:林肯在图密善

---

[1] 城市地位在帝国东西部的差异,参见 Fergus Millar, *The Emperor in the Roman World（31 BC - AD 337）*, p. 394ff.

[2] Mark Hassall, "Romans and Non-Romans", in John Wacher ed., *The Roman World*, p. 690.

[3] 塔西佗:《编年史》,卷14章31,卷12章32。

统治时期，约在公元 90 年，这里拥有罗马不列颠最好的地下排水系统；格洛斯特则在涅尔瓦时期，约在公元 97 年。这两处地方也为在废弃不用的军团基地安置退伍老兵提供了便利，可能容纳了几百名士兵及其家人。尽管殖民市居民中不乏当地土著和外来移民，但在最初的殖民者中，祖籍地中海的人可能占据了相当大的一个部分，据估计，意大利人在科尔切斯特占 50%、在林肯和格洛斯特占 20%—25%①，他们很可能成为一个特殊的、排外的社会群体。

随着时间推移，军队日益从当地人中招募，老兵殖民市相应减少，殖民市的头衔渐渐被授予行省中一些已发展到一定程度的城市，从哈德良统治时期起，这种情况就逐步盛行。在不列颠，约克极有可能是通过这一途径在 3 世纪初从自治市升为殖民市，它原来是不列刚提斯人的领地，公元 71 年被第九军团征服之后在这里建立了军营，经过修缮后，这里的军营占地 50 英亩，可容纳 6 000 士兵。军营东南部逐渐发展成永久的平民聚落，供大量随营人员和以士兵消费为生的商人居住。到 2 世纪晚期，这里迅速发展，街道和公共建筑都出现了。塞维鲁出巡不列颠时，把约克指定为北部下不列颠的首府，并在此坐镇指挥对苏格兰的军事行动，约克应该就是在这一时期晋升为殖民市的。总之，殖民市是罗马征服者的样板城市，它们仿佛是点点灯塔，星散在非罗马的汪洋大海中，供人们张望和仰慕。

自治市与殖民市不同，它不是在移入罗马公民的基础上建立起来，而是直接建立在原有的定居点上。此外，从克劳狄（也可能是从韦帕芗）起，自治市的大多数居民不享有完全的罗马公民权，而只有"拉丁权"（ius Latii 或 Latium）。② 拉丁权是罗马人赋予拉丁公民的特权，其中重要的，是与罗马人的贸易权（ius commercii）和通婚权（ius conubii）。在共和末年帝制前期，罗马人把拉丁权赐予行省中的某些城市，使这些外省城市

---

① Michael J. Jones，"Cities and Urban Life"，p. 172.
② 享有完全罗马公民权的自治市主要集中在意大利和西班牙南部的 Baetica 地区。

从异邦城市一跃成为"拥有拉丁权的自治市"（municipium Latini iuris）①，而自治市的行政长官卸任后即可获得罗马公民权。大约在2世纪哈德良统治时期，又出现了一种"大拉丁权"（Latium maius），在拥有大拉丁权的自治市中，只要成为市议会成员（decuriones），就能获得罗马公民权。② 拉丁权与罗马公民权的不同点主要在于：拉丁公民既不享有罗马城的选举权，又没有在罗马城的民众会议上表决立法的权利。但这两种权利对外省的罗马公民而言意义不大，因为他们离罗马太远，除了个别财力雄厚、又有政治野心的人以外，外省罗马公民的参政权实际上和罗马本身关系甚微。更何况这两种权利在进入帝制后连表面的意义也丧失了：选举行政官的权利在提比略皇帝当政时已被移交到元老院；而民众会议的立法权在皇帝"威名"（auctoritas）的笼罩下只是一块橡皮图章，到1世纪末2世纪初，民众会议就停止立法了。拉丁权就本质而言是介乎异邦人（peregrinus）和罗马公民（civis Romanus）之间的身份或地位，是上升到罗马公民权的过渡或中介。

　　罗马把拉丁权授予外省城市的意义，从"拉丁权"一词的词义变化即可看出，"Latium"原为意大利的地名（即"拉丁姆"），这里居住着罗马人最亲密的盟友。但它渐渐被罗马人运用到拉丁姆以外的地方，用来指那些具有拉丁公民地位的人。同盟战争（公元前91—前88年）以后，此词的社会、政治内涵（拉丁权）最终与原有的地理、部落概念（拉丁姆）彻底分离。③ 因此，罗马人将拉丁权授予某个行省城市，就等于承认这个在传统上与罗马缺乏联系的城市在地位上与拉丁姆地区同等重要。将拉丁权作为一种政治制度移植到意大利境外，既可以通过拉近罗马与外省城市之间的心理距离来消解由地理距离造成的离心倾向，又可以把外省精

---

① "拉丁权"的许多方面在学术界有激烈争论，这里参见 A. N. Sherwin-White, *The Roman Citizenship*, p. 337ff.

② 盖尤斯：《法学阶梯》，第一编第 96 条。并参见 A. N. Sherwin-White, *The Roman Citizenship*, p. 255.

③ A. N. Sherwin-White, *The Roman Citizenship*, pp. 97 – 116.

英逐步吸收进罗马的统治集团,以扩大统治基础。因此,拉丁权成为促进帝国西部地区罗马化的重要手段。

在不列颠,目前唯一能够确信为自治市的城市是圣奥尔本斯(St Albans),在罗马征服前,这里是卡图维劳尼人的中心。据塔西佗记载,它在1世纪中叶就获得自治市地位①;到公元61年显然已繁华到了让波迪卡发动进攻的程度,并最终被她付之一炬。但之后又渐渐恢复,到3世纪早期,它占地125英亩,在罗马时期是规模仅次于伦敦的第二大城市。

伦敦在所有罗马不列颠城市中比较特殊,它在克劳狄征服时期发展成外来商人和手工业者云集的贸易中心,是不列颠与欧洲大陆进行贸易的重要港口。波迪卡起义后,它取代科尔切斯特成为罗马不列颠行省的行政中心,到1世纪末,它已成为罗马不列颠最大的城市。不过,伦敦的鼎盛期出现在2世纪,尤其在公元122年哈德良皇帝出巡不列颠后,这里拥有了众多的公共建筑,但之后不久便被一场大火焚毁。考古学家发现了这一时期大量的烧焦的建筑碎片,尽管那个时代的作家们从未提到这场大火。大火毁掉了大部分城市,却烧不尽伦敦的优越地理位置,它很快恢复生机,到140年时,人口已达到4.5万—6万人,并拥有阿尔卑斯山以北最大的会堂(basilica)。然而,进入2世纪后半叶,伦敦无论在规模上还是在人口上似乎都开始萎缩,其原因不明,有学者认为是受到公元165—190年横扫西欧的瘟疫的影响,也有人认为与哈德良皇帝放弃帝国扩张的政策有关,因为它使许多伦敦商人失去了价值不菲的订单。尽管伦敦在随后的罗马时期依旧在整个行省中举足轻重,但它似乎一直没有从这次衰落中完全恢复。伦敦的政治经济地位虽然显赫,但它的法律地位却不见于任何史料记载,很多学者相信它可能在1、2世纪之交也成了自治市,有的甚至认为它最终被升格为殖民市,但这些观点得不到确切证据的支持。

① 塔西佗:《编年史》,卷14章33。

如果说殖民市是灯塔，自治市就好比被灯塔照亮的光区，而异邦城市则是落在光影之外的区域。异邦城市是行省中普通的地方行政中心，数量最多，在外观上未必逊色于前两类城市。在不列颠，它们一般是在原有部落中心或藩属国首府的基础上发展起来的，所以最大程度地保留了不列颠人的地方认同。不过由于相关史料过于缺乏，因此无法确切了解这些城市的发展历史。锡尔切斯特原为阿德来巴得斯人的中心，其北部多布尼人（Dobunni）的领地上先后出现了三座城市：一座就是殖民市格洛斯特，另一座是多布尼人原来的中心巴更顿（Bagendon），但由于附近驻有罗马军队的赛伦塞斯特兴起，它被逐渐放弃了。从规模和建筑来看，赛伦塞斯特在经济上显然比格洛斯特更加繁华。比尔盖人的领土位于阿德来巴得斯人领土的南部，其中心就是今天的温切斯特（Venta Belgarum）。莱斯特（Ratae Coritanorum）是原来土著部落科瑞艾尔陶维人（Corieltauvi）的中心，凯尔文特（Venta Silurum）则是西路里斯人的中心。上世纪 60 年代在卡马森发现的 Moridunum Demetarum，原来是铁器时代住在威尔士的德买提人（Demetae）的中心；奇切斯特曾是藩属王柯基杜姆努斯的首府。坎特伯雷（Durovernum Cantiacorum）是铁器时代住在肯几姆地区的人的中心，不过到公元 69 年以后，这里才出现城市发展的迹象。诺里奇附近的凯斯托（Venta Icenorum）原为伊凯尼人的领地，伊凯尼人在波迪卡起义失败后遭到罗马的密切监控；意味深长的是，与前面那些异邦城市不同，凯斯托并不是伊凯尼人原来的政治中心，虽说它在图拉真皇帝时期还是获得了城市地位。哈德良皇帝出巡不列颠时，很可能着手处理分布广泛的不列刚提斯人的自治问题，奥尔德伯勒（Isurium Brigantium）可能就在这一时期成为城市。当然，如前一章所述，也有些异邦城市，比如埃克塞特和罗克斯特（Viroconium Cornoviorum），与殖民市一样是在废弃的军团营垒的基础上建造而成的。[1]

---

[1] Michael J. Jones, "Cities and Urban Life", p. 174.

与殖民市、自治市这样的特权城市不同,异邦城市的居民既无罗马公民权,亦无拉丁权,所以他们无权向皇帝本人直接提起诉讼,而完全处在总督的司法权之下。另一项重要区别是,殖民市和自治市都与罗马签有"条约"(lex data,意为"给出的法律",即与城市体制及治理相关的条例),它由一位得到授权的执法官发布,并刻在青铜板上,现存的这类"条约"全都出土于西班牙南部。但异邦城市与罗马之间没有此类条约,这样,它们可以按照自己的法律生活。所以从法律角度看,异邦城市更少受到罗马法的约束,反而比殖民市和自治市更自由。但它们向往灯塔,而不是自由,如同自治市要求上升到殖民市,异邦城市也想得到自治市乃至殖民市的地位,从哈德良时期起就是这样。

然而,各类城市在法律地位上的差别,却随着3世纪初罗马公民权的普及而失去了意义。不仅如此,它们在其他方面也日益趋同,比如,考古发现表明,在1、2世纪,木质建筑在罗马不列颠城镇中是主流;但从2世纪晚期开始,砖石结构越来越多。此外,主要的城市普遍筑起城墙,这可能表明它们越来越需要进行防御。

各类城市都仿照共和时期罗马城的政治体制,这是罗马不列颠城市的又一个罗马印记。所有城市都由市元老(decuriones)组成的市元老院(ordo,一译"市议院")进行统治,在约克、林肯和凯尔文特发现的拉丁铭文已证实这个机构的存在。[1] 与罗马元老一样,市元老院成员也有一定的财产资格要求,也要像罗马元老那样,在相关城市拥有面积可观的房产。帝国东部的市元老院人数较多,比如小亚细亚以弗所的元老院有450人;但在帝国西部,一般是100人,有时更少,如西班牙南部的伊瑞尼(Irni)只有63人[2],这反映出帝国西部地区的城市化水平比东部地区低。像罗马执政官一样,地方城市的首席行政长官也有两人,名为"双执法

---

[1] R. G. Collingwood, R. P. Wright, *The Roman Inscriptions of Britain*, Vol. I, nos. 311 (ordo), 674 & 250a(decurio).

[2] Joyce Reynolds, "Cities", in David C. Braund ed., *The Administration of the Roman Empire 241BC - AD193*, Exeter: University of Exeter Press, 1988, p. 26.

官"(duoviri iuridicundo)①,任期也是一年,此二人不仅负责地方司法事宜,还主持市元老院的会议,并对公共演出和宗教庆典负总体责任。他们又有两位营造官(aedile)当助手,营造官的职责是维修公共建筑、街道和排水系统。在一般情况下还有两位财务官(quaestor)管理地方财政。在一些较早成立的自治市中,前两对行政长官被称为"四人团"(quattuorviri),但到帝国时期,这个头衔渐遭废止,韦帕芗颁行的西班牙自治市"条约"中就找不到"四人团"。每隔五年从地位尊贵的公民中选出首席行政长官,额外担任"duoviri quinquennales"(意为"每隔五年的两人")一职②,此职类似于罗马的监察官(censor),负责补足市元老院的人数(主要从尚未加入元老院的卸任行政长官中甄补)、监督公共财产的租赁、并登记对税收产生影响的产权关系之变更。殖民市和自治市中另有上文提到的维持帝王崇拜的"奥古斯都六人祭司团"(见第二章),他们虽然不承担行政任务,却肩负着维系帝国精神统一的重任。不列颠及帝国西部的异邦城市在体制上除了没有财务官和奥古斯都六人团以外,几乎与殖民市和自治市一样,不过,异邦城市的行政长官不享有罗马公民权,除非他所在的城市被授予拉丁权。③

　　行省在仿制罗马政治体制的同时,也克隆了它的政治理念。在罗马,王政时期塞尔维乌斯·图利乌斯的改革使富人操纵了国家的政治生活,从此确立起一条国家应该永远坚持的原则,即"不让大部分人获得大部分权力"。④ 虽然波利比乌眼中的罗马政体是完美的混合政体,但其实质却是少数富人控制大部分权力。富人统治在以西塞罗为代表的统治

---

① 格洛斯特关于"duoviri iuridicundo"的碑铭,参见 Stanley Ireland, *Roman Britain*:*A Sourcebook*, no. 465(=*RIB* II. 5, 2487. 1 - 3).

② 格洛斯特关于"duoviri quinquennales"的碑铭,参见 Stanley Ireland, *Roman Britain*:*A Sourcebook*, no. 465(=*RIB* II. 5, 2488. 1).

③ Sheppard Frere, *Britannia*:*A History of Roman Britain*, p. 194f; Peter Salway, *Roman Britain*, p. 575ff.

④ 西塞罗:《论共和国》,第2卷第39章。中译本参见《论共和国　论法律》,王焕生译,中国政法大学出版社,1997年,第82页。

阶级看来是天经地义的：公民义务之大小由他在城邦中的自身地位决定，富人因为能够对社会生活有更多的贡献，所以最有资格管理公共事务。① 这种寡头政治的理念被罗马人推广到被征服地区，实行起来也很容易，但要奉行两条原则：一是罗马的行政职位没有薪水，这使得只有那些拥有土地并能从中获益的人才有能力把持地方行政；二是市元老院须由卸任的行政长官组成，这样，土地所有者的利益就支配了地方事务。罗马征服不列颠后，当地诸多部落被整合进新的城市体系中，但寡头政治的理念并未使原有的克尔特部落贵族丧失政治地位。奇切斯特发现的一块拉丁文碑铭是由"阿米尼乌斯之子卢库鲁斯"（LVCVLLVS AMMINI FIL）树立的，不少学者认为此阿米尼乌斯就是卡图维劳尼人领袖昔偌贝里努斯的儿子阿得米尼乌斯（Adminius），他被其兄弟托哥杜姆努斯和卡拉塔库斯驱逐后，曾逃到皇帝卡里古拉处避难。② 他的儿子卢库鲁斯在罗马征服后又成为奇切斯特的地方领袖。然而，不少城市仍保留了带有民主气息的全体公民大会，它理论上可以选举城市的行政长官，但从 1 世纪末 2 世纪初开始，市元老院的决定权就越来越大，所有重要决议须以市元老院政令的形式予以颁布，违背市元老院政令或在重大事件的决策中不向元老院咨询的行政长官，将受到重罚。③

允许乡村和部落建立城市组织并赐予相应的罗马公民权或拉丁公民权，这些都不单单是为了赐予特权和培植亲罗马的地方上层势力，同时也是为了课以义务。上文已述，罗马官员在行省中的人数屈指可数，如果得不到地方官员的协助，便无法完成行政任务，因此无论在行省司法体系的正常运转、还是在征收直接税方面，城市中的地方官员都扮演了重要角色，特别在征税方面，如果罗马规定的税额没有完成，地方官员

① 皮埃尔·格里马尔：《西塞罗》，董茂永译，商务印书馆，1998 年，第 13 页。
② R. G. Collingwood, R. P. Wright, *The Roman Inscriptions of Britain*, Vol. I, no. 90.
③ Sheppard Frere, *Britannia：A History of Roman Britain*, p. 195；P. Veyne, *Bread and Circuses：Historical Sociology and Political Pluralism*, trans. Brian Pearce, London：The Penguin Press, 1990, pp. 42 - 44.

必须自掏腰包以补足欠缺的部分——这就是为什么富人比穷人更值得依赖。应当看到,随着地方政府行政开支逐步增加,特别是在3世纪晚期以后,罗马当局越来越难以找到愿意并有能力执行这些任务的当地官员,所以,地方官员的世袭化特征越来越突出。

除了协助执法和征税,城市承担的另一项重要义务也不容忽视,即所谓的"公共驰道"(cursus publicus)。它是奥古斯都创办的一套邮政系统,虽名为"公共",却不是为公众服务,而是公众(即各城市)为中央政府提供服务。设立这个系统,并不是为了发展地方经济,而是便于奥古斯都及时取得手下将军上报的军情。后来政府官员和士兵都使用它,用它运输官方的供应品,尤其是军需。这要求各城市在经过城市(及"周边地区")的主要道路两旁修建用于过夜的客栈(mansiones)和换马的驿站(mutationes),据4世纪初的史料,客栈之间的间距约为24—30英里,驿站间的间距约为8—12英里。罗马不列颠各城市周围都有不少公共驰道和客栈,各城市必须为旅行的官员和士兵提供食宿、牲畜和车辆。这显然不是一笔小开支,向皇帝抱怨负担过重的传闻不绝于耳。可见,作为治理行省的基础设施,"公共驰道"是罗马向城市转嫁行政负担的又一途径。[1]

综上而言,外省城市在组织形式和政治理念上都被打上罗马的烙印,在罗马人看来,他们的制度经过几个世纪的风吹浪打和摸索探讨,已发展得相当成熟,行省城市沿袭它,便有助于各项行政工作有条不紊地开展,总督不必过多地干预地方事务,从而保持罗马国家精简的行政结构。对于各外省城市而言,只要它们能够完成罗马交代的任务,它们的高度自治权是有保障的。这套制度到2世纪一直平稳地发展,以至有学者说:此时的罗马帝国成了"自治城市的联盟和驾凌于这个联盟之上的一个近乎绝对专制的君主政府二者奇妙的混合体"。[2]

---

[1] E. W. Black, *Cursus Publicus*: *The Infrastructure of Government in Roman Britain*, Oxford: Tempus Reparatum, 1995.

[2] M. 罗斯托夫采夫:《罗马帝国社会经济史》,马雍、厉以宁译,商务印书馆,1985年,第201页。

城市不光是行政组织，也是文明生活的舞台和支柱，古典作家对此可谓习焉不察：他们很少认真分析城市，甚至没有试着给城市下过正式的定义。但他们无疑对舞台上的道具——即城市的外在形象——有着具体而敏感的认识。希腊人鲍桑尼阿斯在公元 2 世纪晚期写过一本希腊旅行指南，其中认为希腊中部的一个小城市几乎不能算城市，因为那里"没有政府建筑、没有剧院、没有市政广场、没有从泉源疏导出的水，当地人住在峡谷边上的茅舍中，这些茅舍仿佛是山中小屋"。① 这几个"没有"反映出希腊、罗马人意念中的城市必须"有"什么：城市不但是人群的集居地，还必须有希腊罗马式的公共建筑。罗马帝国西部地区的城市虽然在起源、地位、重要性和美观程度上差别甚大，但在城市棋盘式街道格局和希腊罗马风格的公共建筑物上却表现出高度的相似性。②

以今天的眼光看，罗马不列颠的城市都很小。伦敦最大，但城墙内的区域只有 133.5 公顷；赛伦塞斯特 97 公顷，圣奥尔本斯和罗克斯特各占 81 公顷。余下的主要城市只有这几座城市的一半大：温切斯特 55.8 公顷，坎特伯雷 52.6 公顷，科尔切斯特、奇切斯特、莱斯特、锡尔切斯特和埃克塞特都在 40.5 公顷左右。林肯起先只有 16.6 公顷，后来才发展到 39.25 公顷，格洛斯特 18.6 公顷，凯尔文特 17.8 公顷，诺里奇附近的凯斯托 14.2 公顷。其实，与大陆上的城市比，不列颠的城市不算小：米兰(Mediolanum)不过 133 公顷，里昂 127 公顷，科隆 97 公顷，都灵(Augusta Taurinorum)51.4 公顷，而巴黎(Lutetia Parisiorum)在鼎盛期也只有 55 公顷。③ 面积小正是古典城市的特色所在，亚里士多德把小当

---

① Pausanias, 10. 4. 1; M. I. Finley, "The Ancient City: from Fustel de Coulanges to Max Weber and Beyond", in Finley, *Economy and Society in Ancient Greece*, eds. , B. D. Shaw & R. Saller, London: Chatto & Windus, 1981, pp. 3 - 4.

② J. F. Drinkwater, "Urbanization in Italy and the Western Empire", in John Wacher ed. , *The Roman World*, pp. 345 - 387.

③ Sheppard Frere, *Britannia: A History of Roman Britain*, p. 249; R. G. Collingwood, *The Archaeology of Roman Britain*, London: Bracken Books, 1996[1930], p. 92.

作美,甚至当作维持城邦秩序的必要前提。[①] 而鲍桑尼阿斯的评价标准也不是面积的大小。

　　城市虽说小,在规划上却如出一辙。与克尔特世界不同的是,希腊罗马世界有一套独特而严格的城市规划方案,它可能是希腊人从东方(比如巴比伦)借鉴来的,并在马其顿时期得到发展,然后被罗马人所继承。[②] 罗马城市最显著的特征之一是街道与街道成直角交叉,形成棋盘式的街道布局。[③] 呈矩形的街区(insulae)中分布着形形色色的希腊罗马风格的公共建筑:既有市政广场(forum)、大会堂(basilica)、引水渠这样的市政建筑,也有神庙等宗教性公共建筑,还有剧院、圆形剧场、澡堂等娱乐休闲场所。

　　顾名思义,公共建筑是向公众开放的场所,从社会功能角度看,公共空间是公共领域的表现,具有最广泛的公共性。因此,公共建筑不仅是罗马文化的标志,也塑造着城市的生活。

　　罗马不列颠的每个城市都有市政广场,那是一块面积可观的四方形空地,是城市规划的中心。[④] 在所有不列颠城市中,伦敦市政广场的面积最大,有 27 772 平方米,其中大会堂高达 28 米,无疑是整个罗马不列颠给人印象最深刻的纪念性建筑物。[⑤] 一般而言,广场位于城市两条笔直的交通要道(其专业术语分别叫 cardo maximus 和 decumanus maximus)

---

① 亚里士多德:《政治学》,卷 7 章 4。

② F. Haverfield, *The Roman Occupation of Britain*, revised edn., Oxford: Clarendon Press, 1924, pp. 201 - 202.

③ 罗马不列颠城市的平面规划图,参见 John Wacher, *A Portrait of Roman Britain*, London: Routledge, 2000, pp. 62 - 63(科尔切斯特),69(坎特伯雷),70(林肯);J. F. Drinkwater, "Urbanization in Italy and the Western Empire", pp. 346(锡尔切斯特),370(格洛斯特);F. Haverfield, *The Roman Occupation of Britain*, p. 199(凯尔文特);W. S. Hanson, "Administration, Urbanization and Acculturation in the Roman West", in David C. Braund ed., *The Administration of the Roman Empire 241BC - AD193*, p. 60(凯斯托);Martin Millett, *The Romanization of Britain: An Essay in Archaeological Interpretation*, pp. 76(埃克塞特),90(伦敦),108(圣奥尔本斯),109(罗克斯特)。

④ 希腊罗马公共建筑的基本形制,参见维特鲁威:《建筑十书》,高履泰译,知识产权出版社,2001 年,第 69—155 页。

⑤ Gue de la Bédoyère, *Roman Britain: A New History*, p. 140.

的交会处附近,这种格局既使市政广场位于整个道路系统的空间中心,对城市的使用者或游客而言,也成了他们视觉的中心,他们可以不费周折、通行无碍地找到市政广场。于是,这里理所当然地成为经济生活的中心——市政广场有三面环绕着可以挡风遮雨的柱廊,这里店铺林立,人们从四处而来从事买卖。不列颠大多数精细的陶器和玻璃依赖进口,但本地产的日用器皿供应稳定,从 2 世纪开始,凯斯托开始大量生产高品质的杯子和碗,其销路遍及不列颠,有些甚至出口到欧洲大陆。比较典型的商铺是狭长的房屋,店面紧靠街道一侧,店主本人就是工匠,而商铺同时也是作坊。房屋的业主也住在这里,一般住在楼上,有时也住在里屋。

市政广场不仅是经济生活的公共空间,还是政治生活的公共空间。广场的另一面是大会堂,大会堂往往是城市中最抢眼的建筑,好比中世纪城市中的大教堂。它是一座长方形的大厅,内设一座主厅、两个侧厅,主厅两边有两列柱子,柱子上方构筑一层顶阁,开两列侧窗取光,使大厅内部显得宽敞明亮。在柱子之外设置了一座半圆形的元老院(curia)。整个大厅供人们举行政治聚会,讨论和交流关于城市事务的信息,其两端还有供人发表意见的论坛,而元老院是市元老们商议本城公务及审理法律诉讼之所在。正因为如此,带有大会堂的市政广场被当作一个标志,表示这个社团有自治权。若知道广场在什么时候建立,往往就能推断出一座城市在什么时候开始拥有地方自治权,譬如,奇切斯特、温切斯特和锡尔切斯特原来都在藩属王柯基杜姆努斯统辖的范围内,而三座城市的市政广场都建于弗拉维王朝后期,这在时间上与柯基杜姆努斯之死相吻合,因此,可以肯定,三座城市在柯基杜姆努斯死后都取得了自治权。①

大会堂附近往往有神庙,这里是宗教崇拜的圣地。不列颠神庙在建筑形式上分为古典式和罗马—不列颠式两种,前者为数极少,以科尔切斯特的克劳狄神庙为代表;后者为绝大多数,顾名思义,罗马—不列颠式

---

① Sheppard Frere, *Britannia: A History of Roman Britain*, p. 193.

在风格上受希腊罗马建筑风格的影响,同时又融入了当地的特色。这类神庙很多建于3—4世纪,且很少带有铭文,其供奉的神灵只能根据残存的浮雕和还愿品来推测。此外,许多神庙是通过铭文记载才被人们知道的:奇切斯特有海神尼普顿和密涅瓦的神庙,约克有赫拉克勒斯和埃及冥神塞拉皮斯的神庙,伦敦有埃及女神伊西斯的神庙——显然,这是由外来的商人或水手建造的。不过,无论风格如何,所有神庙都应该是石制(或至少有石制墩座),都带有圆柱、壁柱和三角墙等装饰部分,一如整个地中海世界的那样。①

罗马的宗教政策是宽容,但宽容的目标不是宗教自由,而是实用主义。② 罗马人修建神庙供奉神祇,他们相信这些神祇能保卫罗马国家,个人和群体必须先遵循祭拜的仪式,然后才有信奉各种宗教的自由。与这种理念相冲突的宗教就容易遭到镇压或迫害,譬如犹太教和基督教。在罗马看来,只信仰一个神并否认其他神存在,无异于否认罗马国家的立国之本即多神教信仰③,因此就破坏了众神与罗马之间的契约,威胁到国家安全。按照这种理念,大大小小的神庙首先是现实政治的投影,它们表达了臣民与国家之间的关系。罗马神庙常常是元老们聚会的场所,也是存放国家档案的地方,在帝国时期,神庙也是皇帝们收藏从各地掠夺来的战利品的地方。④

① Eric Birley, "The Deities of Roman Britain", in H. Temporini, W. Haase eds., *Aufstieg und Niedergang der römischen Welt*, II. 18. 1, Berlin and New York: Walter de Gruyter, 1986, pp. 86ff; Martin Henig, "Religion in Roman Britain", in S. Gilley, W. J. Sheils eds., *A History of Religion in Britain: Practice and Belief from Pre-Roman Times to the Present*, Oxford: Basil Blackwell, 1994, p. 15.

② P. Garnsey, "Religious Toleration in Classical Antiquity", in W. Sheils ed., *Persecution and Toleration*, *Studies in Church History* 21, Oxford, 1984, pp. 1 – 27.

③ 李维曾揭示了王政时期的努玛王是怎样把对众神的恐惧当作最有效的统治手段控制罗马民众的,见 T. 李维:《建城以来史(前言·卷一)》,穆启乐等译,上海人民出版社,2005 年,卷 1章 19—21。

④ J. E. Stambaugh, "The Functions of Roman Temples", in H. Temporini, W. Haase eds., *Aufstieg und Niedergang der römischen Welt*, II. 16. 1, Berlin and New York: Walter de Gruyter, 1978, pp. 580 – 585.

行省中的神庙是对罗马神庙的模仿,因此其政治功能也就被沿袭。虽然迄今为止,尚未在不列颠发现供奉罗马三主神(朱庇特、朱诺、密涅瓦)的卡庇托林神庙(capitolium),但根据帝国其他地方的通例,每个殖民市和自治市都应该有。卡庇托林神庙以及供奉皇帝的神庙都位于市政广场和大会堂附近,这反映了宗教中心和行政中心之间的关系。这样,就不难理解为什么波迪卡及其手下的起义军会把科尔切斯特的克劳狄神庙当作"永久的残暴统治的堡垒"(arx aeternae dominationis),必须焚之而后快。① 尽管铁器时代的不列颠不将统治者作为神(divus)来崇拜,但这里表现出的敌意显然是政治的,而非宗教的;是对罗马占领者的反感,而非对外来崇拜的抵制。波迪卡起义发生在罗马征服之初,也是罗马不列颠历史上唯一一次对罗马统治的大规模反抗。随着人们对罗马统治带来的和平安宁有了切身体会,他们对作为罗马统治之象征的神庙便习以为常了。约 20 年后,阿古利可拉总督把修建神庙和市政广场当作行省发展的必要举措,予以私人的鼓励和公家的协助。② 值得注意的是,塔西佗的原文把神庙排在市政广场之前,神庙对于统治的重要性可见一斑。

另一方面,维持神庙和举行官方祀典是由城市中的祭司负责的,但这些祭司与罗马征服后被取缔的克尔特人的宗教领袖督伊德僧侣们有着本质的不同。督伊德教僧侣像古代西亚和埃及等地的神职人员一样,是掌握专门知识并拥有特权的祭司阶层,垄断了教义和法律的解释权。而罗马祭司既不扮演循循善诱、助人克服精神危机的道德领袖的角色,也不参加指点迷津、提供忠告的聚会③,他们没有与神沟通的专门知识,而只是各城市任命的官员,其中负责帝王崇拜的"奥古斯都六人祭司团"

---

① 塔西佗:《编年史》,卷 14 章 31。
② 塔西佗:《阿古利可拉传》,章 21。原文为"ut templa fora domos extruerent",中译本此处将神庙(templum)译为"庙宇",将市政广场(forum)译为"公共场所"。
③ M. Beard, J. North eds., *Pagan Priests*: *Religion and Power in the Ancient World*, Ithaca: Cornell University Press, 1990, pp. 1 - 2.

甚至由释奴组成。由于站在权力的金字塔之内,所以罗马祭司不具备独立于国家之外的权力,类似于中世纪教会与国家之间的那种对抗关系也就不可能存在。

城市中用于公共娱乐的建筑有三种:剧院、竞技场和圆形剧场。无论是作为建筑形式的剧院,还是剧院中上演的作为文学体裁的戏剧,都由罗马人引自希腊,但无论剧院还是戏剧都抓不住罗马人的心。《婆母》是罗马戏剧家泰伦提乌斯(公元前2世纪)的名作,但首演之时就无人理会,因为观众赶去看一种流行的集体舞蹈了;再演时仍未成功,因为看到一半,观众听说角斗将开始,就再也坐不住了。① 此外,剧院常常用于举办希腊罗马的宗教仪式,鉴于纯希腊罗马的宗教建筑在不列颠也极少见,不列颠城市中鲜有罗马剧院就不奇怪了。目前只在坎特伯雷、圣奥尔本斯、科尔切斯特和亨伯河上的布劳(Brough-on-Humber)发现了剧院的遗迹。② 在圣奥尔本斯,当地剧院的遗址在4世纪时被经常用来倾倒垃圾。③

相形之下,竞技场和圆形剧场更受欢迎,那里是举办赛车和斗兽、角斗的场所。但考古学家直到2004年才在科尔切斯特发现了一座竞技场的遗迹,这是迄今为止在不列颠发现的唯一的竞技场。④ 赛车是非常昂贵的娱乐活动,不列颠恐怕没有一座城市能养得起职业赛车队。不过,在林肯郡一所乡村别墅中发现过一幅栩栩如生的赛车场面的马赛克,而林肯市内则发现了一座驾车男孩的雕塑残片,说明这里可能有过业余的赛车手。科尔切斯特发现了一个绘有赛车场景的杯子,上面的一行字表明克莱斯凯斯(Cresces)获得了胜利("向克莱斯凯斯欢呼!"),而他的三

---

① 普劳图斯等:《古罗马戏剧选》,杨宪益等译,人民文学出版社,2000年,第366、370页。

② John Wacher, *A Portrait of Roman Britain*, p. 64.

③ Anthony Birley, *Life in Roman Britain*, London: B. T. Batsford Ltd, 1972, p. 69.

④ David Mattingly, *An Imperial Possession: Britain in the Roman Empire*, London: Penguin Books, 2007, pp. 269–70; Maev Kennedy, "Ben Hur in Colchester? Race is on to save UK's only Roman chariot racetrack", *Guardian*, 7 February 2010, http://www.theguardian.com/science/2010/feb/07/roman-circus-track-colchester.

个对手赫尔拉克斯（Hierax）、奥林帕斯（Olympas）和安提娄库斯（Antilochus）被击败了。如果这四个人是真实的历史人物，那么从姓名上判断，克莱斯凯斯来自罗马帝国西部，另外三位职业赛车手则来自帝国东部。[①] 因此，有理由相信不列颠人也曾为赛车兴奋过，就像今天没有承办过世界杯的城市也为足球兴奋一样。

圆形剧场到处可见，伦敦、奇切斯特、赛伦塞斯特、多切斯特（Durnovaria）、卡马森、凯尔文特、锡尔切斯特等地皆有发现。意大利和高卢南部的剧场是石制的，而不列颠的圆形剧场多系造价低廉的土制或木制剧场，极易日久匿迹。以伦敦为例，这里的圆形剧场可容纳 5 000 余人，初建于公元 70 年，完全是木制结构，到 2 世纪早期进行了一次翻修，竞技场内圈围墙和剧场入口被改为砖石构造，但剧场其余部分不变，依然为木制结构。1988 年，由于发现了一小段砖石围墙，才发现了这座圆形剧场。因此可以预见，不列颠圆形剧场的实际数目应当更多，那些地位更高的殖民市和自治市就不可能没有。与大陆上富裕的城市相比，不列颠圆形剧场的规模较小，所举办项目之耗资也可能更低，不列颠居民恐怕不能像罗马人那样看到犀牛、狮子或大象，而只能欣赏牛或熊之间的打斗。更多更确切的证据表明，在圆形剧场中，角斗仍然最富有吸引力，手拿三叉戟和网的角斗士与全副武装、手持盾和剑的角斗士之间的打斗是其中最传统的一种。约在公元 204 年，年薪 6 万等级的代理官狄迪乌斯·马里努斯（L. Didius Marinus）负责在高卢、不列颠、西班牙、日耳曼和里提亚招募并训练角斗士。[②] 1965 年，萨福克郡发现了角斗士用的青铜头盔，伦敦等地还出土了角斗士的小雕像。角斗士佩戴的折叠腰布也有发现[③]，一位名叫马提亚里斯（Martialis）的角斗士被其妻葬于伦敦，他或者他的妻子来自东方，因为墓志铭是用希腊文镌刻的。科尔切

① Anthony Birley, *Life in Roman Britain*, pp. 72 - 73.
② A. R. Birley, *The Roman Government of Britain*, p. 327.
③ Sheppard Frere, *Britannia: A History of Roman Britain*, pp. 188, 299; John Peter Wild, "Textiles and Dress", in Malcolm Todd ed., *A Companion to Roman Britain*, p. 302.

斯特发现的一个玻璃杯上绘有四对角斗士，并附有他们的名字[1]，毫无疑问，他们就是当时的明星。

不列颠的圆形剧场可容纳几千人，占地面积颇大，一般位于城市郊区，而不少剧场的面积和城市人口颇不相称。这些因素加起来使人相信，演出不仅吸引了市区观众，也让周边的人一起参加。值得注意的是，这些娱乐场等级森严，奥古斯都为了制止观看比赛时的混乱无序，曾规定不论何时何地举行公演，第一排座位应留给元老。非但如此，军人和平民、平民中的已婚男人和未成年男孩都被划定在专用座区。[2] 社会等级的差异以及统治阶级对社会的控制由此反映在剧场的空间布置中，使人们对自身所属的位置、等级和社会群体有所意识。但是，这种等级意识却难以转化为等级冲突，由角斗、赛车激发的热情在古罗马并无等级之分，西塞罗喜欢夸耀自己用公演的时间写书，但他其实却挤在人群中观看了公演，并把看到的东西写信告诉他的朋友。[3] 皇帝康茂德对角斗的迷恋，在电影《角斗士》中表露无遗。人们无论贵贱，聚合一处，观看同样的演出、发出同样的呐喊、体验同样的激动，散场后又谈论同样的话题，回味同样的场景。如此相同的经历滋生一种集体意识，使整个城市拥有一种共同的情感，形成一种区别于其他剧场、其他城市的整体意识。更重要的是，这种整体意识与等级意识并不矛盾，前者的强化不意味着后者的弱化，两者更像是相辅相成、并行不悖的两股水流，它们的交融一方面模糊了精英文化和大众文化的差别，缩小了等级的鸿沟，另一方面又巩固了人们对现存秩序合理性的认同。

罗马的澡堂是举世闻名的，洗澡是罗马人生活中不可或缺的组成部

---

[1] A. Birley, *Life in Roman Britain*, p. 74.

[2] 苏维托尼乌斯：《罗马十二帝王传·神圣的奥古斯都传》，ⅩLIV：1—2。

[3] P. Veyne, "The Roman Empire", in P. Veyne ed., *A History of Private Life*, I, *From Pagan Rome to Byzantium*, trans. Arthur Goldhammer, Cambridge, Mass: The Belknap Press, 1987, p. 200.

分,在1世纪中叶,若每天不洗一次澡,就被人认为很奇怪。① 罗马人在各处都留下澡堂,不列颠也不例外,澡堂在不列颠是一种普遍的罗马建筑,一般位于市政广场和大会堂附近,任何够得上文明的城市应至少拥有一座公共澡堂。但迄今为止,不列颠罗马城市中尚未发现提及澡堂的铭文,所以这方面的研究只能依靠考古发掘。一般而言,在不列颠,澡堂似乎不及市政广场和大会堂重要,埃克塞特和罗克斯特都是在军团营垒的基础上建造起来的,但军队一离开,这里的澡堂就被改建成市政广场、大会堂了。在圣奥尔本斯,澡堂是由接受罗马文化的部落领袖引进的,但在2世纪中叶被焚毁,以后至少有半个世纪无人问津②,原因可能是兴建澡堂耗资极大。

澡堂由巨大的建筑群构成,往往是砖石结构,其厚厚的墙壁能够防止热气外泄。男女混浴有违罗马风俗,不过帝国三番五次颁布敕令禁止男女混浴,说明这种风俗在某些地方得到认可。公共浴场几乎没有男女浴室之分,这意味着在禁令有效的时候,每天有不同的时段分别供男女洗浴。澡堂内不仅有水温各异的浴池,还有健身房、会议厅、甚至图书馆,因此它不仅是净身洁体之处,更是社交中心,澡堂之所以受欢迎,主要是因为有后一项功能。与剧院、圆形剧场等娱乐场所不同,任何人,包括奴隶甚至外邦人,都可以花很少的钱进入澡堂,尽情享受里面的各种设施,因此,澡堂是百分之百的公共空间。

但正是在这里,人的身份与地位变得更加敏感。与"中产阶级"这样的现代术语不同,罗马社会中的身份与地位并非抽象模糊的概念,而是由法律所明确界定,并在现实生活中以物化的形式呈现出来。剧场中的座位区分是一种形式,服饰则是另一种形式,罗马法对各等级的正式服饰都有规定,奥古斯都认为罗马公民应在公共场合穿托加③,阿提米道鲁

① 塞涅卡:《幸福而短促的人生——塞涅卡道德书简》,赵又春、张建军译,上海三联书店,1989年,第175页。
② Gue de la Bédoyère, *Roman Britain: A New History*, p. 144.
③ 苏维托尼乌斯:《罗马十二帝王传·神圣的奥古斯都传》,ⅩL:5。

斯则在《释梦录》中细致区分了各种服饰对不同阶级的人所具有的不同含义。① 由于在社会结构中,占据特定地位的人被规定了相应的行为模式,因此他们在公共场合,就会通过服饰等手段竭力表现自己的地位和威望。② 但在澡堂中,服饰所承载的身份表现功能却因为人们脱去衣服而无法呈现,于是,人们对服饰的留意就转移到对身体本身的关注上来。1 世纪诗人马提亚尔曾经说,"如果你听到澡堂那边传来阵阵喝彩,肯定是马龙巨大的阳具引起的",相反,身体缺陷则会遭致奚落。奥古斯都的母亲在怀孕时身上长出蛇形彩纹,她不敢去公共澡堂洗澡。③ 赤裸状态对人的社会地位有强大的解构作用,塞涅卡对此有一针见血的评论:"你若想深入了解一个人的真实价值,了解他是哪种人,在他赤裸的时候去看他;将他的地产、他的头衔和命运赐予他的其他骗人的把戏统统抛置一边。"④因此,在等级森严的罗马社会,人在赤裸时仿佛又变成一块白板,有了被重新塑造的可能,也就有了平等的基础。富人对此无疑很敏感,为了抵制这种平等,他们喜欢在众多仆从的前呼后拥下进入澡堂,由此又找到了表达自己身份与地位的新方式。然而,赤裸状态的解构作用却是无法根除的。

澡堂往往和另一种市政建筑连在一起,这就是引水渠。罗马帝国的引水渠主要有两个功能,一是为城市居民提供饮用水,一是为澡堂供水。林肯、伦敦、莱斯特、多切斯特、罗克斯特等许多城市发现了罗马时代的引水渠,但现代研究发现,这些水渠比较简单,有些修建得并不成功。林肯引水渠在不列颠是规模最大、工艺最复杂的,但考古学家不能确定它曾经被使用过,甚至怀疑水流是否可以按照正常的方向流动。莱斯特附近没有泉水,在这里修建引水渠,是为了把水引入城里的澡堂,但土地测

---

① Artemidorus, *The Interpretation of Dreams*, 2.3-5.

② R. MacMullen, *Roman Social Relations*, 50 *B.C. to A.D.* 284, New Haven: Yale University Press, 1974, pp. 88-120.

③ 苏维托尼乌斯:《罗马十二帝王传·神圣的奥古斯都传》,ⅩⅭⅣ:4。

④ J. P. Toner, *Leisure and Ancient Rome*, Cambridge: Polity Press, 1995, pp. 53-64.

量员显然犯了一个错误,因为水源比澡堂地面低了将近 7 米,事后虽然采取过一次补救措施,但显然不成功,最后不得不在那里建了一座水塔,从另外一个水源取水引入。值得注意的是,罗马不列颠并不缺水,伦敦发现了 100 口罗马时期的井,此外还有多处天然泉水,足够供应城市的日常用水。在锡尔切斯特和凯尔文特分别发现了 76 口和 16 口井,因此,不列颠的引水渠可能主要用于澡堂或喷泉供水以及冲刷厕所和下水道。① 并且,在帝国时期,引水渠被视为一座文明城市的不可或缺的基础设施,行省城市热衷于修建引水渠,与其说是考虑它的实际用途,不如说是为了让城市更加罗马化。

除了公共建筑,所有主要城市从 2 世纪后半叶起都建了城墙,它们一开始是些土墙,自 3 世纪中叶起被改造成石墙,因此,城墙可谓罗马不列颠城市发展中最晚出现的公共建筑。这些城墙很少能与城市的实际居住区吻合,在诺里奇附近的凯斯托和锡尔切斯特,城墙圈定的范围小于实际居住区,而赛伦塞斯特城墙内显然有大片土地无人居住。一般认为,修建城墙是用来防御的,但这得不到现有史料的印证。它们在日常生活中更重要的功能恐怕是便于城市当局对过往的人流和货物加以检查和征税。林肯北部一座 3 世纪的石拱门至今仍屹立不倒,成为英国唯一一道仍可穿梭通行的罗马时期城门。②

不列颠城市的公共建筑虽然与罗马帝国其他地方有相似性,却仍有自己的特点,这突出表现为与地中海城市相比,不列颠城市的公共建筑不仅数量少,而且规模也比较小。绝大多数不列颠城市在 2 世纪末已有了整套公共建筑,然而每种建筑的数量远不及某些大陆城市,比如欧陆不少城市拥有好几个澡堂,但在不列颠,每个城市一般只有一个。罗马帝国的公共建筑不是由中央政府拨款修建的,而是由各城市的地方贵族出资兴建,因此,公共建筑的多少可以反映地方贵族的攀比心理,在其他

---

① Nicholas Summerton, *Medicine and Health Care in Roman Britain*, Princes Risborough: Shire Publications, 2007, pp. 45 – 47; A. Birley, *Life in Roman Britain*, p. 64.
② Gue de la Bédoyère, *Roman Britain: A New History*, pp. 132,154.

行省的城市中,会导致公共建筑过多,超出一个城市的实际需要。在某些行省,庞大的建筑项目迟迟不能竣工,以至行省总督从 1 世纪晚期开始加大了对地方贵族在这方面花费的干预和控制。然而,这种情况在绝大多数不列颠城市里看不到,除伦敦之外,不列颠城市似乎满足于数量适中的公共设施。这一点也能通过铭文得到印证——许多不列颠建筑的献词表明其捐赠者是集体而不是个人,这可能意味着不列颠社会相对而言不那么具有竞争性。①

尽管如此,城市格局与公共建筑的相似性仍体现蓬勃自信的帝国文化,井然有序的棋盘式街道布局与中世纪城市的杂乱无章形成对比,那是没有统一的中央权威的真实写照。中世纪城市游离于封建结构之外,主要是商业中心,而非行政中心,贵族们虽然在城市中拥有房产,却处于城市生活的边缘。城市的权力实际上由不同的行会分散掌握,而不同行业的从业人员倾向于生活在自己行会所在地附近,因此,与罗马城市只有市政广场这一个中心不同,中世纪城市出现了多个中心。由于缺乏强有力的中央权威,也就没有城市规划可言:各种建筑密密匝匝地挤在一起,间以狭窄而不规则的街道,同时占用道路的情况也相当普遍。② 相形之下,罗马不列颠城市执行了统一而严格的城市规划,这显然出自罗马当局的精心规划,罗马法律就规定:行省总督"理应造访神庙和公共建筑,视察和查看它们是否被恰当地维持,有无破损,或需不需要维修"③。能否遵循城市规划,是皇帝衡量一个城市发展程度的标准,事实上,帝制区别于共和时期的一个最显著标志,就是行省中各种公共建筑如雨后春笋般拔地而起,这与共和时期罗马城靠从被征服者那里掠夺战利品来装点自己形成鲜明的对比。

---

① Martin Millett, *The Romanization of Britain*: *An Essay in Archaeological Interpretation*, p. 104.
② Simon Clarke, "The Pre-industrial City in Roman Britain", in E. Scott ed., *Theoretical Roman Archaeology*: *First Conference Proceedings*, Aldershot: Avebury, 1993, p. 52.
③ B. Campbell, *The Roman Army*, *31BC－AD337*: *A Sourcebook*, no. 192, p. 121. (＝*Digest* 1, 16, 7, 1)

最后，这套城市规划体现了持有土地的地方精英的利益。罗马帝国时期，富人的财富源于土地，而非商业。[①]　城市在本质上要满足土地精英的需求，经济活动是次要的，反映在城市布局上，就表现为商业活动的证据匮乏。对赛伦塞斯特的现有发掘表明，这里在罗马时期只有极其有限的商业活动场所，它们集中在两处：一为市政广场，一为城市西门之外。前者虽然位于市中心，却被周围两座高耸的行政和宗教机构——即大会堂和神庙盖住了。从总体上看，不列颠的商业活动集中在乡村；在各行政中心，商业活动可能主要在城市边缘进行。[②]　芬利在其影响深远的《古代经济》中认为，在古代城市中，"要不是有这种要求，即不得不以某种方式获取那些对于文明设施必不可少的物质财产，经济根本不被考虑"[③]。商业因素在城市规划中的弱势地位正是土地持有者切身利益的反映，也是这些地方精英对城市公共空间加以控制的结果。

在历史上，罗马人第一次、也是最后一次把整个地中海世界统一在一个政权之下，并将这个大帝国维持了几百年之久。完成这耀眼的功绩，仅靠征服和奴役是不够的，而人力缺乏在帝国最鼎盛时期——元首制时期也很突出。除在埃及，这一时期没有发育出庞大的官僚行政机构，所以，如果没有行省的忠诚，完成这一功绩是不可能的。罗马不列颠的城市表明，罗马人正是通过城市这个载体找到了他们需要的忠诚。

与希腊人一样，罗马人也把城市作为传播罗马文化的堡垒，他们用统一的模式规划城市，用罗马文化的标志性建筑装点城市。这样做，一方面可以尽可能改善城市生活，使帝国境内的城市在舒适、美观和卫生方面"比之于现代欧洲和美洲的许多城镇也毫无逊色"。[④]　另一方面，城市设施虽由各地的土地精英出资建造，却是为全体城市人口而建，享用这些设施并不是地方精英们的专利。这就使穿梭游走于公共建筑中的

---

① R. MacMullen, *Roman Social Relations*, *50B. C. to A. D. 284*, pp. 48-56.

② Simon Clarke, "The Pre-industrial City in Roman Britain", pp. 54-56, 61-63.

③ M. I. Finley, *The Ancient Economy*, 2nd edn., London: The Hogarth Press, 1983, p. 124.

④ M. 罗斯托夫采夫：《罗马帝国社会经济史》，第 208 页。

人们生发出共同的记忆,从而催生一种共同的意识。法兰西学院院士保尔·维纳指出,当罗马帝国的臣民提及他的"patria"(祖国)时,这个词总是指他的城市,而不是罗马帝国。① 事实上,在希腊和罗马人那里,"patria"不是抽象的概念,而是能够被生活经验所感知的具体物象。从这个意义上说,行省中的各城市不仅拥有自治权,也拥有自给自足的精神生活。

精神上的自给自足,在希腊和罗马结出了不同的果实:它给希腊世界带来无政府主义,使每个城市都顽强地捍卫自身的独立;在罗马帝国却促成双重的公民意识,4 世纪的高卢诗人奥苏尼乌斯唱道:"我热爱波尔多,又崇敬罗马。我是前一城市的公民(civis),同时又担任两个城市的执政官。波尔多是我的摇篮,罗马放着我的执政官席位"(*Ordo urbium nobilium* 167 - 168)。② 显然,诗人既热爱自己的家乡,又醉心于罗马的伟大;双重公民意识使 patria(城市)可以隶属于一个更高的政治实体,而不致因此产生矛盾。

造成这种差异的根源,在于希腊和罗马人对公民权的理解不同,对希腊人而言,城市的独立意识根深蒂固,因此,提洛同盟建立后,雅典公民从同盟中获利越多,就越舍不得把象征特权的雅典公民权分给非雅典人,他们只让非雅典人承担义务,却不让他们享受权利,从而导致雅典帝国的最终解体。与之对照,罗马人在共和国时期虽然对罗马公民权也很吝啬,认为罗马公民权与其他社团的公民权互不相容;但进入帝制后却逐渐放弃了这一想法,而把两者有机地结合起来。③ 罗马通过在行省中建立罗马式的城市组织——先通过授予城市拉丁权——而有选择地把罗马公民权授予地方精英,这既是对他们的犒赏,又是要求他们尽义务的理由。权利与义务由此得到很好的平衡,反过来就激发了地方精英的

---

① P. Veyne, *Bread and Circuses : Historical Sociology and Political Pluralism*, p. 39.

② G. W. Bowersock, P. Brown, O. Grabar eds. , *Late Antiquity : A Guide to the Postclassical World*, Cambridge Mass: Harvard University Press, 1999, p. 325.

③ A. N. Sherwin-White, *The Roman Citizenship*, pp. 245, 271, 295.

主动性和积极性。在公元 1 世纪,将罗马公民权或拉丁权授予城市的动力来自皇帝本人;到了 2 世纪,各城市已越来越把主动权掌握在自己手中。[①] 让被征服者争先恐后地转化为罗马公民,这是罗马帝国最伟大的政治成就,其中介,就是罗马化的城市。

[①] A. N. Sherwin-White, *The Roman Citizenship*, pp. 257,258,418.

第六章 农 村

　　尽管城市化进程在罗马时期引人瞩目,但罗马不列颠仍然是一个农业社会,据粗略推算,不列颠的城市人口在罗马时期可能只有 25 万,另有约 12.5 万的军人,相比之下,住在农村的人口则多达 360 万。[①] 如果此说可靠,那么城市人口和军人加起来约占总人口的 10%,但正是这 1/10 的人口,尤其是军人,几乎占据了所有传世文献和碑铭的相关内容。换言之,占不列颠人口多数的农民是沉默的大多数,他们在现有的文字史料中得不到反映。因此,要理解这一时期的农村,只能依靠无文字的考古成果,这就使得历史的复原工作困难重重。

　　不仅如此,这一时期的考古证据常常包括三类:军事考古、城市考古、土著聚落考古,前两类因可以反映土著居民的罗马化程度而长期受到考古学家的重视。土著聚落似乎是延续了从铁器时代以来的地方传统,它很少具备"罗马"特征,因此不被视为罗马考古的对象。[②] 不过,这方面的工作现在已经展开了,已有的考古材料还是可以让我们

[①] Charlotte Roberts, Margaret Cox, "The Human Population: Health and Disease", in Malcolm Todd ed., *A Companion to Roman Britain*, p. 246.

[②] Richard Hingley, "Rural Settlement in Northern Britain", in Malcolm Todd ed., *A Companion to Roman Britain*, p. 327.

对不列颠农村的某些方面——特别是乡间别墅、小镇和宗教——加以描绘。

在所有考古材料中,那些带有罗马特征的材料最容易辨识和判定年代,因此最受考古学者的重视。在这方面,乡间别墅地位特殊,在任何有关罗马不列颠农村的叙述中都可谓重中之重。

考古学家使用的"乡间别墅"一词源于拉丁语 villa,在古典文献中,这个词是指富庶的城市精英的农村住所。在考古学中,它指农村中砖石结构的长方形房子,通常带有古典风格的建筑装饰、地下供暖系统、镶嵌式地面、彩绘墙壁和浴室。这些标准的罗马特征的建筑物,与那些简易、以椭圆形或圆形为主的土著建筑相比,形成鲜明对照,是罗马文化在不列颠农村的集中体现。

从空间分布上看,北方高地和南方低地之间的区别,就在于乡间别墅有多少。在亨伯河以北很少见到乡间别墅,尽管约克城附近及北至达勒姆的地区仍然有一些;在西部,特别是英格兰中部地区以北,乡间别墅几乎不存在。因此可以说,英格兰东北部就是乡间别墅的极北地区。

英格兰中南部和西南部、东英吉利、林肯郡和英格兰中部地区以东是乡间别墅的密集地带,在这些地区,它可能是农村聚落的主要形式。科茨沃尔德丘陵地带和萨默塞特郡都拥有众多富裕的大规模的乡间别墅,它们通常始建于 2 世纪中叶,3 世纪晚期和 4 世纪初得到发展,足以与 4 世纪罗马帝国在欧洲大陆的乡间别墅相媲美。格洛斯特附近大威特康布(Great Witcombe)的乡间别墅堪称其典型,与一般的乡间别墅不同,它坐落在遍布小溪和泉水的山坡上,由于地形复杂,兴建于 3 世纪早期的主体建筑屹立在四块嵌入山体的平台上。这座别墅起初在 19 世纪被发掘,当时保存得颇为完好,不仅有 1.8 米高的围墙,某些墙体上还包着灰浆,但因为当时的文物维护技术落后再加上雨水冲刷,今天已经难以看见了。别墅中有一座大型浴室,有带厕所的更衣室(apodyterium)和铺有马赛克地面的冷水室(frigidarium),马赛克上面的鱼和各种海兽图形拷贝于罗马时期工匠们所用的标准图册。① 通过一条狭窄的通道,更衣室还与温水室(tepidarium)相连,温水室下的供暖系统至今犹存。温水室又通向热水室(caldarium),它是通过地下供暖系统由位于热水室北边的火炉加热的。大约在公元380年别墅被改作他用,罗马统治结束后不久就遭到废弃。②

在英格兰西南部,乡间别墅一般出现在2世纪至4世纪中叶,个别的甚至更早,比如多塞特郡的哈尔斯托克(Halstock),它位于多塞特郡和萨默塞特郡接壤处的伊尔切斯特镇附近,其旧址是公元1世纪中叶遭废弃的铁器时代晚期的聚落。2世纪中叶开始建立简易的乡间别墅,到3世纪被大规模改建,甚至出现了双层建筑的庞大入口和戴戏剧面具的马赛克美杜莎头像。在希腊罗马神话中,美杜莎与海神在智慧女神密涅瓦的神庙中私会,因此遭到密涅瓦的惩罚,她美丽的头发变成了毒蛇,任何直视美杜莎眼睛的人还会变成石像。由于这个特征,美杜莎头像被看成是强有力的护身符,许多罗马不列颠的马赛克作品都有这个主题。③这一地区的乡间别墅一般位于城市附近;而在当时不利于农业耕种的高地、林地和陡坡,比如索尔兹伯里平原等地,乡间别墅就明显不多。

在萨塞克斯郡,可能是因为有藩属国存在,这里的乡间别墅出现得很早,其中最著名的,是位于奇切斯特附近的费施伯恩,可能与藩属王柯基杜姆努斯有关。这座乡间别墅到上世纪60年代才被发现,其规模远远超过普通的乡间别墅,以致有时被称作费施伯恩宫。最早的砖石结构出现在公元60年,由一组浴室套间和有柱廊环绕的庭院组成,庭院两侧各有一排房子,房子地面铺着马赛克,墙上饰有彩绘,其中一幅著名的马赛克描绘爱神丘比特,他骑在一只海豚身上。海豚也是罗马不列颠马赛

① Patricia Witts, *Mosaics in Roman Britain: Stories in Stone*, Stroud, Gloucestershire: Tempus Publishing Limited, 2005, p. 98(plate 43).

② E. M. Clifford, "The Roman Villa, Witcombe, Gloucestershire", *Transactions of the Bristol and Gloucestershire Archaeological Society*, 1954(73), pp. 5 - 69.

③ Patricia Witts, *Mosaics in Roman Britain: Stories in Stone*, pp. 94 - 96.

克图形中最受欢迎的形象之一,这里存世的 50 多幅马赛克上共绘有 200 多只海豚。[①] 在希腊罗马的民间传说中,海豚是意大利半岛西面第勒尼安海的海盗变成的,他们曾打劫伪装成普通乘客的酒神,酒神先施神力吓跑他们,再把他们变为海豚,让他们去帮助那些遇到海难的乘客。这样,海豚自古以来就被视为人类的帮手:精通音乐的阿里翁(Arion)遇到水手抢劫,被迫跳海,一只海豚为他的歌声所打动,救他上岸;还有一只海豚曾背着一个男童去上学。所以,海豚象征好运,一名男子或男童骑在海豚上的形象,广泛出现在希腊罗马的钱币、印章、陶瓶和马赛克图形上。

费施伯恩柱廊的柱子也采用古典的科林斯柱式,这在当时的不列颠人眼中一定很新奇。这样一种装饰风格表明,它们出自高卢南部熟悉地中海风格的工匠之手。到公元 1 世纪 70 年代中期,费施伯恩又兴建了在不列颠说起来是无与伦比的大型宫殿建筑群,建筑群东侧两座宏伟大厅的顶部跨度分别达到 21 米和 25 米,因此,建造者必须精通纪念性建筑的技术要求,尤其是与地基和承重材料相关的专业知识。建筑群西侧的会客厅虽然略小,但设计精巧,有着高耸的、涂成天蓝和紫色的拱顶,在风格上与罗马城中图密善皇宫的会客厅十分接近,显然,这种设计是为了突出主人的庄重和威严——他像神一般坐在天上。

事实上,费施伯恩的主人一定是身份尊贵且极其富裕的,除了藩属王柯基杜姆努斯,近来也有人主张他可能是不列颠的总督撒路斯提乌斯·鲁库路斯(Sallustius Lucullus)。无论如何,如此庞大的项目必然会耗时多年才能竣工,而且不可能不对当地民众产生影响。这一地区的帕尔镇(Pulborough)、昂姆林(Angmering)、索斯威克(Southwick)、伊斯特本(Eastbourne)和埃克尔斯(Eccles)在同一时期也出现一批乡间别墅,其规划和设计都沿袭费施伯恩的风格,因此,费施伯恩的建造者后来很可能又受雇于其他人。但是,这些沿海的乡间别墅未能维持很久,从 3

---

① Patricia Witts, *Mosaics in Roman Britain*: *Stories in Stone*, p. 97.

世纪中晚期开始它们就渐渐遭到废弃，很可能在这个时候，附近的海岸防线变得越来越脆弱了。[①]

在西肯特郡的河谷地带，分布着不列颠东南部最富庶和最密集的乡间别墅，譬如，在泰晤士河支流达伦特河（Darent）流域，每隔几公里就有一座乡间别墅，其中以 1939 年发现的卢林斯顿（Lullingstone）别墅最知名，这也是迄今发掘最充分的乡间别墅。[②] 卢林斯顿初建于公元 80 至 90 年间，位于罗马时期伦敦东南约 27 公里处。考古发现表明，其前身有可能是克尔特人的小屋，但地主后来有财力采用罗马式的生活方式。在早期阶段，建筑主体由一排房子组成，房子前后各有一条走廊，走廊可以保护隐私，因为房间与房间之间可以不必打通，住在分开的房间里，有利于家庭内部相互隔离，从而催生等级分化。这种格局很可能是从高卢北部和日耳曼地区引入的。另外，与高卢北部的乡间别墅一样，这里的东北角也有一个半地下的房间（考古学家称之为"深屋"），很可能用来储存谷物。大约过了一个世纪，别墅得到大举扩建，原有建筑主体的南端出现了罗马风格的浴室套间，冷水室、温水室和热水室一字排开，后两者由附近一座火炉通过地暖供热。而北端深屋旁又增加了一个房间，由此组成的套间使深屋部分自成一体。更引人注意的是，深屋内又修建了方形蓄水池，到 2 世纪晚期，屋内墙壁上饰有红、黄、绿的壁龛，其中一个以纯希腊罗马风格描绘了三位水仙，显然，此屋已变成崇拜当地水神的圣所了。

进入 3 世纪，卢林斯顿别墅似乎一度衰落，只是到了 3 世纪晚期才再度获得新生，这可能与别墅转手、更换主人有关。浴室被修缮，北端的房间包括深屋被彻底改建，绘有水仙的壁龛为白色石膏所覆盖，深屋中

---

① Barry Cunliffe, "Architecture", in Boris Ford ed. , *The Cambridge Guide to the Arts in Britain*, Vol. 1, *Prehistoric, Roman and Early Medieval*, pp. 54 - 57; Dominic Perring, *The Roman House in Britain*, London: Routledge, 2002, pp. 32ff.

② Roger Ling, "Lullingstone Villa", in Boris Ford ed. , *The Cambridge Guide to the Arts in Britain*, Vol. 1, *Prehistoric, Roman and Early Medieval*, pp. 91 - 96.

放了两座男性的半身大理石像,这可能表明原来的水仙崇拜被放弃,而以祖先或家族保护神崇拜取而代之。在 4 世纪,别墅的中心区也被改建,增加了一座带有半圆形拱顶的餐厅,地面上铺着两幅巨大的马赛克绘画,主题都是希腊罗马世界脍炙人口的神话故事。① 其中一幅画着天神朱庇特化身为公牛,抢劫腓尼基国王的女儿欧罗巴。在罗马诗人奥维德笔下,朱庇特为了引诱欧罗巴,化为健美的白色公牛来到海边,当时欧罗巴正和同伴在那儿嬉戏,看见如此完美的公牛不禁又惊又喜。但她开始时还有点害怕,于是朱庇特就和她嬉戏,力图打消她的胆怯:

> (他)凸出自己的胸膛让姑娘的手拍打,随她把鲜花编的花环套在自己的犄角上。公主这时胆子大了,居然骑到了牛背上,也不知道自己骑的是什么。朱庇特就一点一点地溜开,离开了陆地,把四只牛蹄只管往浅水里涉,愈走愈远,过不多久就背着这抢到的宝物向大海里飞奔而去。她这时十分害怕,向后一看,陆地愈来愈远,她一手握紧住一只角,一手扶着牛背。她的衣裙在风中飘舞着。②

在卢林斯顿乡间别墅的马赛克画上,公牛飞奔于水面上,一双前蹄已凌空而起,两只后蹄仍没在海水中。骑在牛背上的欧罗巴身穿着近乎透明的衣服,手中的面纱因为疾驰之故而在风中鼓起。公牛的前后两侧各有一个背插双翅的丘比特,其中后面的那个双手拉着公牛的尾;前面那个则引颈向后,一手高举,另一手抱着有红色火苗的火炬,似乎在为公牛引路。这幅画的构思与 3 世纪诗人塔提乌斯(Achilles Tatius)的描绘很接近,他笔下的公牛由化身为小男孩的爱神引领,而爱神手中握着火炬,含笑回望公牛,仿佛因朱庇特为了爱情不惜化身为公牛而忍俊不禁。马赛克画的上方有两行拉丁铭文:

> 如果嫉妒的朱诺看见公牛在游泳

① Patricia Witts, *Mosaics in Roman Britain*:*Stories in Stone*, pp. 28 - 31, 50 - 51, colour plate 3.
② 奥维德:《变形记》,杨周翰译,人民文学出版社,1984 年,第 34 页。

她更应当去埃俄路斯那里了。

此处影射维吉尔的史诗《埃涅阿斯纪》：在特洛伊战争中，朱庇特之妻朱诺坚定地支持希腊人，所以当她得知特洛伊人的后裔命中注定要成为她所钟爱的迦太基城的毁灭者的祖先时，她便动身前往风神埃俄路斯处，恳请他放出狂飙，吹翻特洛伊人的船只，让他们葬身大海。[1] 卢林斯顿这两行铭文表明，在别墅主人看来，朱诺既然去请风神了，那么让她来阻止花心丈夫的偷情，要比消灭罗马人的祖先更恰当。这种俏皮话对于不熟悉维吉尔诗的人来说，根本无法领会。因此可以设想，别墅主人及他的宾客们是受过良好古典教育的，他们在觥筹交错时的闲谈很可能也运用此类典故，以此作为身份的象征。

另一幅马赛克画表现希腊英雄柏勒洛丰（Bellerophon）与怪兽喀迈拉（Chimaera）决斗。喀迈拉前半身是狮子，背上有一个会喷火的山羊头，尾巴末端是蛇头。有这三种动物的力量，它常常毁坏农田、残害牲畜。在这幅马赛克上，柏勒洛丰骑在飞马珀伽索斯（Pegasus）背上，披着红色披风、脚蹬红色靴子，奋力把手中的长矛刺向飞马下方喀迈拉背上喷火的山羊头。飞马的上下左右各有一只海豚，另有一对张开的贝壳。这些背景可能和珀伽索斯有关，这个名字的词根（pegai）在希腊文中是泉水之意，据说飞马用蹄子击打岩石，水便会流出。马赛克的四周还有象征春夏秋冬的半身人像，合起来可能暗含风调雨顺、五谷丰登之意。不列颠这些带有人物形象的马赛克完全采用古典神话为题材，而没有其他行省所发现的一些表现农村生活的题材，这很可能意味着，铺设这些马赛克，是想展现主人对古典文化的熟稔度。

大约在公元380—385年间，别墅北端的一些房间被改造成小型家庭教堂，供这里的住家及邻近社区使用。这是基督教传入不列颠的最早证据之一。教堂内壁上绘有基督教的壁画，一队基督徒向上伸出双臂，这个姿势今天仍被面向会众的牧师们所采用，而绚丽、非写实的色彩与

---

[1] 维吉尔：《埃涅阿斯纪》，杨周翰译，译林出版社，1999年，第1—5页。

生硬的线条,则反映古代晚期典型的艺术风格。①

　　这座别墅在 5 世纪仍有人住,但不再有新的建筑,而且渐渐显露出荒废的迹象;它最终毁于大火。在所有罗马不列颠的乡间别墅中,卢林斯顿别墅可谓既典型又不典型。说它典型,是因为它代表不列颠行省东南部众多中等别墅的风格:以砂浆涂抹砖石砌就,基本上按长方形规划设计,在鼎盛时包含约 12 间房屋,取代 1 世纪晚期的土著农场,并在 2 世纪晚期和 4 世纪进入相对繁荣的阶段。但另一方面,它所反映的东南地区农村居民的文化和宗教信仰又是非典型的,两尊大理石半身像在不列颠农村的全部文物中绝无仅有,不仅如此,人们还看见别墅的主人们在宗教信仰方面的变化,经历了从异教崇拜到祖先崇拜再到基督教信仰的转变,而且至少有一位主人熟悉拉丁文学经典。这些文化因素在不列颠是否具有普遍性,是得不到其他乡间别墅的佐证的。当然,必须看到,得不到印证并不意味着其他地方就没有,毕竟,它们能够存世,靠的是运气,绝大多数罗马不列颠的农村地区在随后的千年岁月里,因为农耕和建筑工事的发展而面目全非了。

　　泰晤士河流域的乡间别墅一般并不滨河而建,在北部地势较高的地方反而常见,它们的特点与科茨沃尔德丘陵地带的别墅类似:规模庞大,而且延续的时间长久。② 其中最重要的是北利(North Leigh)别墅,它在 4 世纪前半叶鼎盛时拥有 60 间房子,包括一座罗马浴室和铺有马赛克的餐厅。

　　罗马不列颠的乡间别墅最早就出现在南部和东部,这里也是铁器时代晚期社会发展最明显的地区。这些早期的别墅往往围绕城市,通常始于弗拉维王朝,即罗马征服后的 30 年内,规模也比后来的大。一般认

① 部分经过复原的壁画保存在大英博物馆,参见 http://www. britishmuseum. org/explore/ highlights/highlight_objects/pe_prb/p/a_roman_villa_wall_painting. aspx(Accessed 2012 - 4 - 8).

② Anthony King, "Rural Settlement in Southern Britain: A Regional Survey", in Malcolm Todd ed. , *A Companion to Roman Britain*, p. 359.

为,这些别墅起源于罗马征服后来自欧陆的商人和移民,很多是在以前的贵族住所的基础上建立起来的,有些别墅就是在某些重要的"奥皮达"(见第一章)的原址上兴建的。乡间别墅和以前的土著贵族在房产方面的密切联系,以及靠近城市的地理位置,有力地支持了这种推论:不列颠本土精英之所以建造乡间别墅,是为了在新的社会秩序下维持自己的身份。这些乡间别墅的主人是谁? 是退役军人、商业移民、罗马官员还是不列颠本地的贵族? 这个问题是现有的考古资料无法回答的,但不应忘记,在罗马帝国的政治体系中,行省的治安、税赋的征收,依靠大量地方贵族,这个阶级是因为拥有土地而获得地位的,当时,那是维持财富的唯一方法。考虑到别墅多靠近城市,人们更有理由相信,那些在城市中掌握权力的地方贵族才是绝大多数乡间别墅的拥有人。兴建罗马风格的别墅是他们加入罗马庇护体系的一种方式,也是他们维系权力和社会威望的一个办法。因此,乡间别墅在罗马征服后大量出现,与罗马征服后公共建筑在各城市出现本质一致,说到底,两者都是不列颠地方精英为保持自己的政治地位而做的努力。

可以通过其他考古证据印证这一点。已有的研究指出,不列颠的农业新发展主要发生在铁器时代晚期和罗马时代后期,换言之,罗马征服没有给农业生产带来显著的变化。但另一方面,罗马征服又确实给不列颠带来了罗马人的器物,许多土著聚落在弗拉维王朝以前就得到萨摩斯细陶器、罗马式的胸针和餐具,在前罗马时代,那是颇为罕见的。使用这些以前奇缺的物品可以带来声望,是社会地位的体现,敏锐的商人一下抓住了这个商机,进口了大量这类物品,使它们在征服后迅速传播。但数量过多也很快使其社会价值贬值,进入弗拉维王朝以后,这些东西在东南部的农村便不再那么流行了。[1] 综合这两点,我们不妨认为,罗马式乡间别墅的功能并不是提高或推动农村的生产力,而是供其主人展示财

---

① Martin Millett, *The Romanization of Britain: An Essay in Archaeological Interpretation*, pp. 91 - 99; Malcolm Todd, "Villas and Romano-British Society", in idem ed. , *Studies in the Romano-British Villa*, Leicester: University of Leicester Press, 1978, pp. 197 - 208.

富和社会地位之用。乡间别墅实质上代表了城市和农村之间的整合,而这种整合是通过那些需要在城市里掌权的地方贵族在农村拥有土地、并利用它来炫耀财富而实现的。

罗马化的城市和农村之间的这种相互依赖关系,在 2 世纪和 3 世纪初得到进一步加强,乡间别墅的数量有了稳步的增长,不过它们的分布渐渐远离城市,规模也不再有早期的那么大。很可能,这表明越来越多的经济社会地位略逊一筹的人,开始接纳罗马风格,他们放弃了传统的木质住所,转而兴建乡间别墅,当然,这些别墅相对来说也就略逊一筹了。

规模小的乡间别墅虽然在罗马统治后期占据主流,但这不意味着大型乡间别墅就此绝迹;相反,不少宫殿式的乡间别墅恰恰是在罗马不列颠晚期兴建的。伍德切斯特(Woodchester)等地的别墅是单一结构的设计,而比格诺(Bignor)、切德沃斯(Chedworth)和洛克伯恩(Rockbourne)的别墅则在早期帝国时代的基础上渐渐扩建而成。这些大型别墅往往带有精美的马赛克画、内部的装饰和柱廊,其中,伍德切斯特拥有欧洲第二大的有关俄耳甫斯的马赛克画。俄耳甫斯是希腊神话中的音乐家,传说他的琴声能让木石生悲、猛兽驯服,所以他抱琴而为飞禽走兽环绕的形象常常出现在罗马不列颠的马赛克画上。[1] 多塞特郡辛顿圣母(Hinton St Mary)的一栋 4 世纪的别墅里有一幅巨大的马赛克铺地,它有两个主题,一个是头上饰有希腊字母 XP(此为基督标记)的男性,此人可能是耶稣基督本人,也可能是已信奉基督教的罗马皇帝;另一个是柏勒洛丰和怪兽喀迈拉,将这样一个希腊神话放在基督教的背景下,很可能意味着善对恶的胜利。[2]

大型别墅给来访者留下深刻印象,说明在 4 世纪,有大量财富投入了私人的农村建筑中。是什么原因促成了财富的投入?学界对此争论

---

[1] Patricia Witts, *Mosaics in Roman Britain*: *Stories in Stone*, pp. 64 – 75.

[2] Martin Millett, *Roman Britain*, London: B. T. Batsford, 1995, Color Plate 3.

很多。有人认为，高卢北部正遭遇蛮族入侵，那里的富庶之家逃到了不列颠；有人认为这种现象与罗马政治有关，戴克里先改革后，罗马帝国的行政体系日益分化，城市贵族不愿在城市担任职务，宁可长居农村，由此促进乡间别墅的出现。还有人认为，4 世纪是罗马不列颠经济发展的高峰，某些地方家族获得了前所未有的财富，别墅就是这些财富的反映。这些假说和理论各有其支持者，也许，把它们合起来才更有说服力。①

大大小小的乡间别墅还代表对铁器时代木制建筑的摒弃，长方形的建筑物通常要使用砂浆和石墙，这与铁器时代的圆形建筑及通常使用的木材、抹灰篱笆和茅草形成鲜明的对比。后者一般只能持续一代人之久，然后就需要彻底翻新或重建；前者有不少至今尚存。在罗马统治下，土地是可以买卖的，将财富转化成不可搬动的砖石、砂浆、马赛克和浴室，而不是逃生时便于携带的其他物品，本身就是社会心态的一个重要变化，表达出对政权的控制者前所未有的信任。即使只有两、三间小屋，其内部装饰也谈不上古典风格，这些小型的乡间别墅也反映了其主人的认同和志向。

尽管在罗马不列颠的农村视野中，最受关注的是乡间别墅，但铁器时代的圆形建筑物并没有消失，相反，越来越多的考古证据显示，这两种建筑形式一直并存。引人瞩目的是，圆形建筑未必意味着社会地位低下或贫穷，它们通常由易耗损的材料建造，但其中较大的，内部直径能超过 5 米，最大的甚至可以达到 16 米，建造起来难度不小。其宽敞的内部空间定然塑造了传统不列颠的许多仪式，因此，圆形建筑意味着复杂的社会。乡间别墅的周围也会有圆形建筑，但它们主要分布在不列颠的农村大地上，尽管带有地域的特征。② 据估计，在乡间别墅发展的鼎盛时期 4 世纪，500 座乡间别墅只占农村聚落的不到 1%；在铁器时代晚期和罗马

---

① David Mattingly, *An Imperial Possession：Britain in the Roman Empire*，54 BC－AD 409，
  p. 374.

② Ibid.，pp. 375－378.

时期英格兰的大约 10 万个农村遗址中，乡间别墅只占 2%，即使在不列颠南部，即乡间别墅最密集的地区，它们也只占 15% 左右。[①] 这些数据有力地挑战了一个曾经颇为流行的观点，即罗马征服后，不列颠居民逐步放弃了传统的生活方式，并最终罗马化。现在更明确的是，即使那些不起眼的小型乡间别墅，很可能也是由小贵族拥有，这就让考古学家开始关注农村中其他形式的聚落遗址。

"小镇"（small towns）是目前受关注较多的一种。"小镇"是个模糊的术语，如何为"小镇"分类，学界从来就不一致。"小镇"所指的聚落在形态上差别悬殊，与城市相比，这些聚落不具备行政功能。个别"小镇"，如剑桥郡的沃特牛顿（Water Newton），确实带有行政中心的部分特征，有潜力被提升为罗马式的城市；有些"小镇"紧邻罗马军营，如北约克郡的卡特里克（Catterick），因此实际上是驻军聚落的一个部分。有的"小镇"，尤其是那些分布在交通要道上的"小镇"，显然具有经济功能，应该是采矿工或制陶工的聚落，但它们缺乏希腊罗马式的公共建筑和设施，因而从大陆上来的人不会把它们当做城市。还有的"小镇"是罗马或不列颠宗教崇拜的圣所，如巴思（Aquae Sulis）；但大多数"小镇"与乡村没有区别，所以，"小镇"基本上属于农村地貌。

如何评价小镇，这不是一件容易的事。因为迄今为止，小镇没有得到充分的发掘，其遗迹仍沉睡在现代的居住区之下，这意味着在大多数情况下，连它有多大也不得而知。比较流行的说法是，它们占地 5 公顷左右，最大的能够超过 10 公顷。

与作为行政中心的城市相比，小镇在两个方面有重大区别。首先，尽管它们都是人口相对集中的聚落，但绝大多数小镇缺乏有组织的城市规划，没有棋盘式的街道布局，也没有城墙之类的防御工事，一般只会有不规则的小巷，显然是自然发展的结果。

[①] Martin Millett, *The Romanization of Britain: An Essay in Archaeological Interpretation*, p. 186; David Mattingly, *An Imperial Possession: Britain in the Roman Empire*, *54 BC - AD 409*, p. 370; Dominic Perring, *The Roman House in Britain*, p. 15.

　　小镇的发展,大致可以有五种模式。一是在道路交叉口发展起来的,附带着发展出一些小巷和过道(如 Brampton,Braintree)。二是沿着一条道路的两侧发展成聚落,聚落只集中在道路两旁,不深入到道路之外(如 Wall,Hibaldstow)。第三种是围绕交叉路口或线形聚落发展出来的不规则的街道体系(如 Water Newton,Kenchester,Richborough);有一些不规则的街道体系不是在交叉路口发展的,可能是受罗马军营或其他结构的影响(如 Irchester,Kirmington)。最后一种模式,则体现一定的道路规划(如 Alchester,Ilchester,Catterick,Corbridge)。当然,缺乏规划是否就等于缺乏组织,这一点仍然无法定论,比如对位于汉普郡的尼坦姆(Neatham)的发掘表明,当地的布局应该经过了精心的规划。小镇中有没有地方长官的治理,这一点也无法确定,也许只会为应急而临时组建地方委员会,其存在和运作是间歇性的。在一些小镇上确实发现了公共建筑,考古学家认为它们是皇家邮政系统即所谓的“公共驰道”上的客栈,故通常不表示当地社团对罗马统治的认可。除此以外,便没有什么大的房屋了,甚至连神庙都很罕见;形制简陋、密度稀疏的房舍显然是用来满足当地农业人口的日常生计的。

　　关于小镇的起源,学界一向争论很多,但一些基本模式已经比较清楚。约三分之一小镇的建立很可能与军事活动有关,另有三分之一是从铁器时代晚期的聚落发展而来,剩下的小镇中约有一半毗邻道路系统。当然,小镇的地域特征也不能忽视,不列颠南部和东部在罗马征服之前就已经开始罗马化进程了,这里的小镇大多数与铁器时代的聚落有关,但它们在罗马时期能否继续发展,就看它们能否纳入新的行省框架,尤其是能否与罗马的道路体系实行接轨。靠近罗马道路的小镇可以为“公共驰道”提供支持,因而得以持续繁荣;偏离这些道路的小镇,则最终衰落了。相比之下,北部和西部的铁器时代聚落本来就少,小镇的发展受行省框架的影响就更大了,有些是作为罗马军营附近的平民聚落出现的,军队开往新的边疆后,这里就成了独立的聚落。驻军对这些小镇的影响,主要体现在地理位置的选择上,一般来说,兵营占据战略地形,有罗马道路将它们彼此连接，由此形成的地貌特征，一直到今天也没有太大改变。

绝大多数小镇起源于罗马统治早期，但目前有限的考古发掘似乎表明，它们的鼎盛期到罗马帝国晚期才出现。到 4 世纪时，它们成了繁荣的经济中心，有些还出现了围墙，其中最突出者无疑是沃特牛顿，其围墙内的区域达 18 公顷之多，而高空拍摄的照片显示，实际居住区可能更大。这些小镇虽然是农业生产和日常贸易的区域中心，但小镇内的建筑显示，其繁荣可能也与手工业制作有关系。有些小镇生产陶器，比如沃特牛顿；门迪普的查特豪斯（Charterhouse）长期以来便以生产铅和银的制品闻名。格洛斯特郡迪恩森林区（Forest of Dean）的 Weston-under-Penyard 以生产铁制品见长；伍斯特郡北部的德罗威奇（Droitwich）与制盐业相关，这里的矿泉盐含量在世界上仅次于死海。开矿与制盐通常由罗马政府监视或垄断，早在 1 世纪老普林尼就提到，不列颠的铅矿丰富，以至罗马颁布法令，对其开采量加以限制。[①] 不列颠出土的带有铭文的铅块显示，铅的开采在哈德良和塞普提米乌斯·塞维鲁在位时期受到皇室的监控[②]，因此，上述产铅和产盐两个小镇的经济活动，应当受到罗马国家的控制。控制的方法也许是向当地派驻低级官员，也许是对承包商进行监视。

市场的需要是生产的动力，在某些时候和某些地区，市场需求很可能来自军队，比如在西部柴郡的平原上，一些小镇从事多种物品生产，如制盐、陶器、瓦片、玻璃、铁、铜、铅、皮革和纺织品，品种如此之多，只能理解为与驻扎在附近的军队有关。还有些小镇位于较大的乡间别墅附近（比如 Great Casterton，Ancaster，Kingscote，Gatcombe），因此可能与这些大的地产有经济联系，小镇上的人，可能就是为乡间别墅的主人工作。不过，客观而论，仅凭已有的考古资料来评估小镇的经济依附情

---

① S. Ireland，*Roman Britain：A Sourcebook*，no. 478，p. 210.
② S. Ireland，*Roman Britain：A Sourcebook*，nos. 489–491，p. 212.

况——无论是对军队还是对乡间别墅的依附,都不足以下结论,目前只能将从事手工制作的小镇和主要务农的小镇区分开,并且,大部分小镇是农业性质的。考古证据说明,小镇的经济活动要比城市活跃得多,这可能表明小镇是罗马不列颠经济生活的晴雨表,公共城市则是政治生活的中心。

小镇和乡村往往也是本地的宗教圣所,有的小镇以其圣所而闻名遐迩(比如 Buxton, Frilford, Harlow, Nettleton, Springhead, Wycomb),其中有一些在罗马征服前就已存在。罗马征服对不列颠本地宗教的影响无疑很深远,从罗马对督伊德教的镇压中,已经可以看出来。不过正如上文所述,取缔督伊德僧侣乃是出于政治考虑,并不能说明罗马在宗教方面不宽容。事实上,祭司阶层在后来的神庙中似乎仍然存在,在格洛斯特郡迪恩森林区利德尼(Lydney)的一座神庙里,有一些4世纪的马赛克(现已被毁),其铭文中提到两位监管人,一个是提图斯·弗拉维乌斯·塞尼利斯(Titus Flavius Senilis),他的头衔是"宗教仪式的监管人(pr[aepositus] rel[igionum])";另一个是维克托里努斯(Victorinus),他的身份是"解释者"(interpres),即释梦或解说神谕者。① 前者的名字分三节,他应该是这里的罗马长官;后者的名字只有一个,应该是本地人,这两人应该都是专职的祭司。

人们一般认为,罗马人到来后,不列颠的本地宗教就开始与罗马宗教发生混合。在远离军事区的英格兰南部、中部与东部地区,农村中的神庙兼具罗马和克尔特建筑风格,中央内殿通常呈正方形或长方形,周围环以带屋顶的长廊。这些神庙地处专门划出的神圣区,不是供崇拜之用,而是用于容纳神明;神明既可以由神像体现,也可以用其他方式比如神圣的树林来表达。宗教庆典通常在区内举行,这些地区往往可以发掘出被埋葬的还愿品。这种模式与地中海的古典世界极为相似,如果说有什么不同,那就是地中海的神庙在入口处设有祭坛,但随着时间的推移,

---

① Martin Henig, *Religion in Roman Britain*, London: B. T. Batsford, 1984, pp. 122-123.

这个特点也被不列颠神庙采纳了,比如埃塞克斯郡哈洛(Harlow)的一座约公元2世纪的神庙,就有这样一个祭坛。需要注意的是,埋葬还愿品是铁器时代晚期不列颠的典型做法,诺福克郡的斯奈提沙姆(Snettisham)曾发现铁器时代晚期埋葬的大量金银项圈等物件,表明以这种方式储藏财富在不列颠土著社会中非常重要:财宝不仅可以得到神明的保佑,更可以充当还愿贡品。①

宗教混合的趋势不仅表现在神庙里,还表现在神的名字上。将本地神明和地中海神明的名字配对互用,在罗马帝国是通例,在不列颠也不例外。比如,军队驻扎区的不少铭文里提到马斯-科奇丢斯(Mars-Cocidius)和马斯-贝拉图卡督斯(Mars-Belatucadrus),马斯是罗马人的战神,很明显,不列颠本地神祇科奇丢斯和贝拉图卡督斯因其好战本性而分享了马斯的声誉,故能为军中的罗马人和不列颠人共同接受。但实际的情况要比这复杂,在与军队相关的铭文中,共提到246个不列颠神祇,其中有169个是单独出现的,另有12个同时提到本土神明和地中海神明,但没有把它们并置;只有剩下的65个(占总数的26%)把两种神明并置。② 这意味着,即使在高度罗马化的军队中,宗教混合也不占主流。

从屈指可数的农村铭文中可以看出,宗教混合更不常见。威尔特郡的奈托屯灌木林(Nettleton Shrub)有一个八角形神庙,庙里发现一块祭坛碑铭,是尤图斯之子克罗提卡(Corotica)献给阿波罗-库诺马格鲁斯(Apollo Cunomaglus)的;同一地区还发现一块还愿铜板,但上面只有阿波罗的名字,没有库诺马格鲁斯。③ 林肯近郊的乡村,有一位罗马公民向马斯-里格内末忒斯(Mars-Rigonemetes)的神庙献了一座拱门,但由于此人是罗马公民,他很可能住在林肯那个殖民市里,而非乡村。在不列

---

① Martin Millett, *Roman Britain*, pp. 106, color plate 9.
② Jane Webster, "'Interpretatio': Roman Word Power and the Celtic Gods", *Britannia*, 1995(26), pp. 154 – 155; David Mattingly, *An Imperial Possession: Britain in the Roman Empire, 54 BC – AD 409*, p. 215.
③ R. G. Collingwood, R. P. Wright, *The Roman Inscriptions of Britain*, Vol. I, no. 99.

颠发现的其他与马斯神并置的神祇包括:位于西库克(West Coker)的马斯-里基萨姆斯(Mars-Rigisamus),位于切德沃斯的马斯-勒路斯(Mars-Lenus),位于里德内的马斯-诺登斯(Mars-Nodens),位于比斯雷(Bisley)的马斯-奥卢迪乌斯(Mars-Olludius),位于马托沙姆(Martlesham)的马斯-克罗提阿库斯(Mars-Corotiacus),以及位于巴克维(Barkway)的马斯-阿拉托尔(Mars-Alator)和马斯-托塔提斯(Mars-Toutatis)。与马斯神相提并论的第二位神明不见得都是不列颠神,有些来自高卢,因此这些碑铭的出资人不一定是不列颠人,其中有高卢移民,他们的社会地位并不低,应当属于精英阶层。

与铭文相比,图像的材料比较多。考古发掘找到不少神像和浮雕,学者们根据它们的特征,确定其为古典神祇,例如,带有双蛇杖、公羊和公鸡的是墨丘利。通过这种方法可以知道,不列颠南部最常见的地中海神是朱庇特、马斯、密涅瓦、墨丘利、阿波罗、赫丘利和维纳斯。但此类雕像绝大多数不带铭文,所以悬而未决的是,当地人崇拜的究竟是一个混合了不列颠或高卢特征的罗马神祇,还是一个具有罗马神祇的外形但仍然保留不列颠名字的本土神? 现在有考古发现能够证明:不列颠神明可以采用罗马形式,但不使用罗马名字。赫特福德郡的巴尔多克(Baldock)出土了一堆秘藏器物,其中包括19件还愿板和1个小银像,银像很像密涅瓦,但提到这个神的名字的6块还愿板上把她叫做塞努娜(Senuna),一个前所未知的不列颠女神。[1]

农村的神庙有时容纳多种崇拜,在格洛斯特郡的尤里(Uley),墨丘利是无可争议的主要崇拜对象,但这里也发现大神朱庇特、酒神巴克斯、太阳神索尔(Sol)和丘比特的雕像。牛津东北的伍迪屯(Woodeaton)主要崇拜马斯,但也崇拜维纳斯、赫丘利、密涅瓦和丘比特。在奈托屯,阿

---

[1] David Mattingly, *An Imperial Possession*: *Britain in the Roman Empire*, *54 BC - AD 409*, p. 484.

波罗之外尚有月神狄安娜、林神希尔瓦努斯(Silvanus)和墨丘利。① 当然,如上文所说,地中海的神名也可能指不列颠的神明。此外,农村的铭文和图像还有一个特点,即很少见到东方的宗教和密教,这与移民较多的军事区铭文不相同。

上述这些现象对农村地区受罗马文化多大的影响构成挑战,有的学者不再满足于传统的解释,认为这种解释过于关注行省的上层显贵而不是下层平民,过于强调文化的模仿而非文化的协商。他们主张行省文化是一个抵制与适应的动态过程,以罗马-克尔特宗教中的女马神(Epona)为例,其雕像就是抵制与适应的产物。女马神雕像多见于高卢东部和中部,不列颠也有发现。一方面,女马神雕像被赋予人形,却总是与马和马驹同时出现,从未单独以人的形态出现。在克尔特文化里,神通常以动物的形态来表现,所以人形的女马神应该说是罗马征服后的产物。但另一方面,与其他重要的克尔特神祇不同,女马神从未和任何一位罗马男神配对。当克尔特神祇和希腊-罗马神明并置时,常见的表现方式是一位本土女神和一位希腊罗马男神配对,比如克尔特的丰产女神(Rosmerta)和墨丘利配对,因此,女马神独自存在,似乎是对罗马文化的抵制。女马神的雕像很少带有铭文,而罗马神祇的雕像则通常有铭文,这似乎也是对罗马文化抵制的表现。由此看来,可以将克尔特文化和罗马文化的关系总结为协商、抵制和调适,最终目的是满足地方上的需要。②

尽管如此,不列颠农村在宗教方面的重要史料仍然带有鲜明的罗马文化印记,这就是所谓的咒符(拉丁文叫 defixiones,希腊文叫 κατάδεσμοι)。咒符在古代地中海世界由来已久,分布广泛,其用途是祈求神灵伤害敌人。咒语通常刻在很薄的铅板上,再折叠或卷起来,有时

---

① David Mattingly, *An Imperial Possession*: *Britain in the Roman Empire*, *54 BC - AD 409*, p. 483.

② Jane Webster, "Creolizing the Roman Provinces", *American Journal of Archaeology* 105, 2001(2), pp. 219 - 223.

还会用针钉住,然后被埋进坟墓、棺材,或投入井水、河水。迄今为止,已出土 1700 多件这类咒符,其中约 2/3 用希腊文书写。①

自上世纪 70 年代以来,在英国出土的咒符有 300 多件,占拉丁文书写的咒符的一大半,它们集中在格洛斯特郡塞文河入海口地区,尤其在巴思和尤里两地。巴思共发现 130 件咒符,当时它是一个小镇,以供奉苏里斯-密涅瓦(Sulis-Minerva)的神庙和温泉闻名。神庙建于公元 65—75 年之间,采用了纯正的古典风格。温泉东北不远处发现了早期罗马军队存在的证据,因此,这座神庙的建造应该和入侵不列颠的罗马军队有关系。尤里是典型的农村地区,有一座献给墨丘利的神庙,现发现 80 多件咒符。需要说明,这个地区只有一小部分已经被考古发掘了,巴思的温泉就只被发掘了 1/6,因此,在这一地区还会找到更多的咒符。咒符在伦敦、肯特郡、汉普郡南部、英格兰中部以东和东英吉利等地也有发现。对字体的研究表明,咒符的使用贯穿于整个罗马不列颠,但公元 2 世纪和 3 世纪使用得最多。②

英国出土的咒符虽与地中海其他地区的咒符有相似性,却也有一些独到的特征。就材质而言,咒符与护身符虽然本质类似,但前者意在伤害别人,后者用来保护自己,故不难理解,咒符不大会像护身符那样用金银等贵金属或宝石制成,而一般为铅质。铅的沉重、寒冷和灰暗好像与咒语特别般配,仿佛这些属性也能转化到被诅咒者的身上。古代曾有人要求制作咒符的铅皮须从高架引水渠的管道上截取,显然,使用经冷水

---

① Derek Collins, *Magic in the Ancient Greek World*, Oxford: Blackwell Publishing, 2008, p. 65.

② R. S. O. Tomlin, *Tabellae Sulis: Roman Inscribed Tablets of Tin and Lead from the Sacred Spring at Bath*, Oxford: Oxford University Committee for Archaeology, 1988; "Curse Tablets of Roman Britain", http://curses. csad. ox. ac. uk/; R. S. O. Tomlin, "Writing to the Gods in Britain", in Alison E. Cooley ed., *Becoming Roman, Writing Latin？: Literacy and Epigraphy in the Roman West*, Portsmouth, Rhode Island: Journal of Roman Archaeology Supplementary Series, 2002(48), pp. 165 - 179.

流过的铅皮在此人看来更有效果。① 然而,与地中海世界经常使用纯铅板不同,巴思咒符中只有不到 2/3 用铅板,其余的主要用锡铅合金,而且不同咒符的锡铅比例也不同,这一方面说明咒符的用材并非批量生产,另一方面也可能反映了当地冶金的特色——不列颠在古代是以产铅产锡闻名的。

就祈求对象而言,巴思的神庙是献给苏里斯-密涅瓦的,但绝大多数咒符却呈交给不列颠的本地神苏里斯,只有少数呈交给苏里斯-密涅瓦、马斯、或墨丘利。这个情况与不列颠农村地区不流行宗教混合主义是完全吻合的,从另一方面说明本土宗教的传统势力依然很强大。

在咒语的内容方面,其他地区有多样种类,有的希望在诉讼案件中击败对手或者阻止证人作证,有的祈求在竞技比赛或者商业竞争中获胜,也有人希望心上人回心转意或者求得情爱的满足。不列颠的咒符却相当单一,几乎全在诅咒盗窃财产的小偷,放在目前所知的全部咒符中看,就显得非常特别,因为,在所有其他地区的咒符中,与盗窃有关的咒语总共只有约 20 件。② 在尤里,被窃物品以农用居多,如牲口、马勒、车具、奶牛、羊毛、亚麻布等。③ 在巴思,盗窃案几乎都发生在澡堂里,被盗物品包括戒指、手镯、拖鞋、钱币,还有大量的衣服。在一块 7.5 厘米×5.8 厘米的铅合金板上刻着:

> 【正面】偷走我青铜容器的人受到彻底的谴责。我将(此人)献给苏里斯神庙,无论是女还是男、是奴隶还是自由人、是男童还是女童,只要做了此事,就让他自己的鲜血流入这只容器。
>
> 【反面】我要求神找到此人,无论窃取此物之人是女还是男、是

---

① "Creating the Curse: materials and manufacture", in Curse Tablets of Roman Britain: http://curses.csad.ox.ac.uk/beginners/creating-materials.shtml.

② R. S. O. Tomlin, *Tabellae Sulis: Roman Inscribed Tablets of Tin and Lead from the Sacred Spring at Bath*, p. 60.

③ R. S. O. Tomlin, "Writing to the Gods in Britain", p. 174.

奴隶还是自由人、是男童还是女童。①

这份咒符很典型，其拉丁文字不是按正常顺序从左写到右，而是逆向从右写到左，做成之后又把铅板折叠起来，然后投入温泉。如此处理，可能因为咒语是写给神看的，一旦为外人窥知便失去效力。另有两份巴思咒符，其咒语看上去是拉丁文，但不知其何意，也许是用拉丁文拼写的克尔特语，显然也不想让人看懂它的意思。② 在尤里还发现一份用希腊文字母拼写的拉丁文咒符，让人感到匪夷所思。③

由于丢失财物的人不知道小偷是谁，为了让符咒生效，写咒语时就使用"无论是……还是……"这种语式，目的是不让任何人漏网。这种语式是典型的罗马法律用语，并非来自本地传统。令人瞩目的是，一般咒符会把失物献给神明，但这里却祈求把小偷本人献给神，属于人祭。罗马征服之后就在不列颠取缔了施行人祭的督伊德教，在公共场合，人祭是为人不齿的，而这个咒符却透露了前罗马时期残存下来的宗教习俗。

在另一块 7 厘米×10 厘米的铅合金板上人们读到：

> 布鲁克茹斯（Brucerus）[之子]多奇里亚努斯（Docilianus）致最神圣的苏里斯女神。我诅咒任何偷走我带风帽的斗篷的人，无论是男还是女、是奴隶还是自由人……请苏里斯女神将死亡施加给……让他不得入睡或让他现在或今后断子绝孙，除非他把这件斗篷还到她的神庙来。④

斗篷相当于现在的雨伞，是巴思澡堂乃至全罗马帝国最经常被窃之物。马提亚尔有首诗描写一个参加晚宴的人，其中说他常常穿两件斗篷回

---

① R. S. O. Tomlin, *Tabellae Sulis*：*Roman Inscribed Tablets of Tin and Lead from the Sacred Spring at Bath*, no. 44, pp. 164 - 165.

② R. S. O. Tomlin, *Tabellae Sulis*：*Roman Inscribed Tablets of Tin and Lead from the Sacred Spring at Bath*, nos. 14,18, pp. 128 - 129,133.

③ R. S. O. Tomlin, "Writing to the Gods in Britain", p. 175.

④ R. S. O. Tomlin, *Tabellae Sulis*：*Roman Inscribed Tablets of Tin and Lead from the Sacred Spring at Bath*, no. 10, pp. 122 - 123.

家。不过,在澡堂盗窃和破门盗窃在古代人眼中是性质不同的,在希腊,后者是民事犯罪,而前者可被处死。罗马法没有这么严,但澡堂行窃仍可判做矿场苦力。尽管迄今在不列颠还没有发现证据说明有人因为在澡堂盗窃而受罚到门迪普开采银矿和铅矿,但严厉的惩罚仍然是理解这份咒语的重要背景。由于同样的原因,多奇米狄斯(Docimedis)在丢失两只手套后,便恳请女神让小偷"失去健全的心智和双眼"。①

澡堂里丢失的物品往往是不太值钱的小东西,此种盗窃,和古代澡堂没有带锁的衣帽柜有关。流传至今的文书表明,去澡堂的人往往会让自己的奴隶脱衣脱鞋并留下来照看衣物;如果没有随从,则可付小费给澡堂里的奴隶,让他代管,戴克里先的《物价敕令》甚至为此规定了代管费。② 因此,在澡堂里丢东西,可能不仅是因为运气不佳,也可能是因为没有奴隶,或者不能派发小费。换言之,这些人恐怕并不富裕。不过,我们不能认为,不列颠的咒符基本与盗窃有关,便表明这里的人相对而言比较贫穷;咒符能流存至今,完全是靠运气。不过仍可以肯定:这些人不像罗马士兵那样富裕,在不列颠北部的军事区,几乎没有这样的咒符出土,应该不是偶然的事。

再看尤里的一块咒符:

> 比库斯(Biccus)把他丢失的一切献给墨丘利(条件是让这个窃贼),无论是男还是男性[原文如此],不能小便或大便或说话或入睡或醒来,也得不到安乐或健康,除非他把东西带到墨丘利的这座神庙来,他也想不起这些东西,除非通过我代祷。③

把失窃的财物献给神灵,这样一来,小偷所盗窃的东西就不再是人的财富、而是神的财富了。在古希腊罗马世界,在神庙抢劫或偷窃是最严重

---

① R. S. O. Tomlin, *Tabellae Sulis*:*Roman Inscribed Tablets of Tin and Lead from the Sacred Spring at Bath*, no. 5, pp. 114 - 115.

② R. S. O. Tomlin, *Tabellae Sulis*:*Roman Inscribed Tablets of Tin and Lead from the Sacred Spring at Bath*, pp. 80 - 81.

③ S. Ireland, *Roman Britain*:*A Sourcebook*, no. 382, p. 187.

的罪行之一,小偷小摸由此就转化成滔天大罪,对窃贼使用种种诅咒和惩罚,再怎么严厉都不过分。当然,绝大多数咒语并没有把话说得太死,其目的,看来是引诱窃贼把赃物归还到神庙,而失主可以通过付给神庙一点钱赎回物品。从不列颠的咒符看,失主打算付给神庙的赎金,一般不相当于失物的全额,而是像比库斯承诺的那样,为总额之 1/10 或一半不等。① 由此看来,神在这里充当一种超自然的"警察",这可能意味着治安问题在农村始终不容乐观。在罗马官员起不了作用的地方,只有请神来帮忙了。

咒符在祈求公正时频频使用程式化套语,表现出显著的相似性:先请求神明,表达祈求者的愿望,再要求神明施以公正或报复。这种情况说明,抄手在刻写咒语时有蓝本可以参照。巴思一块 9.4 厘米×5.2 厘米的铅合金板上刻着:

【正面】我已把我丢失的六枚银币献给苏里斯女神。让女神从下面所写的名字那里去索取:塞尼奇阿努斯(Senicianus)和萨图尼努斯(Saturninus)和阿尼奥拉(Anniola)。已从写本中抄写。

【反面】阿尼奥拉

塞尼奇阿努斯

萨图尼努斯②

这是不列颠唯一一块提到咒语蓝本的咒符。在原件上,抄手最初刻错了好几处,后来又在刻错的字母上重新刻写,看来是与蓝本进行了核对。在巴思温泉发现的 130 件咒符中,只有 2 件笔迹相同,因此都不像由职业抄手所作。但这并不能排除巴思有职业抄手的可能性,因为存世的咒符应当只占实际存在过的咒符的一小部分。另外,多数咒符刻写粗糙,

---

① John G. Gager ed., *Curse Tablets and Binding Spells from the Ancient World*, nos. 97 – 99.

② R. S. O. Tomlin, *Tabellae Sulis: Roman Inscribed Tablets of Tin and Lead from the Sacred Spring at Bath*, no. 8, pp. 118 – 119.

而且还有不少咒符上完全没有刻字，或者刻了一些看似铭文实为无意义的假铭文，可见，咒符应该不仅仅流行于有读写能力的群体之中，文盲也可用这种形式发泄自己的愤怒。

咒符有没有用？能不能帮助失主找回失物？在今天看起来，这样的问题一定很荒谬。自詹姆斯·弗雷泽以来的西方学者把咒符视为巫术，与宗教相对立，而事实上，咒符虽然在古代地中海世界分布广泛，但在很长时间内不为学者们所重视，其中一个重要原因是，研究这些灰暗的小铅板就触及西方文明源头中黑暗的、非理性的一面，与人们根深蒂固的"光荣属于希腊、伟大属于罗马"的信条格格不入。不过，在古代，那些使用咒符的人显然不认为这种做法不可理喻，不列颠的咒符从公元2世纪延续到公元4世纪，也就是持续了三个世纪，如果它没有一点用处，恐怕难以维持如此之久。古人至少"心里有鬼"，他们害怕被咒语控制；古人也不会真的认为给神的祈求就会得到神的回应，否则那就不是祝祷而是通信了。因此，与其谈论咒符施之于人的效力，不如关注它作用于己的功用，诚如这些咒符的整理者所指出的："宗教信仰和巫术信仰都是自我开脱的，有相信的愿望和需要对于信仰来说便已经足够了；难道不是这样吗？催生它们的种种神秘是任何理性的解释无法企及的。世间的生命如同麻雀飞过灯火通明的厅堂，从黑暗中来，往黑暗中去。一旦萌发出此种愿望，不信仰巫术、占星术或诸如此类，就很困难；即使某个咒语或套话没起作用，这种信仰体系也能灵活地容纳失败，将之解释为漏掉了某处细节、说错了什么话或者被对方用来反驳的咒语推翻了。"[1]不仅如此，订制、刻写这些咒符的过程本身，就如同焚烧模拟像或亲吻相片一样，能转移难以容忍的紧张情绪；把咒符抛进巴思的温泉，也就象征性地把这种情绪抛出身外了。

用拉丁文刻写咒语来自罗马世界，虽然咒符是罗马不列颠最引人瞩

---

[1] R. S. O. Tomlin, *Tabellae Sulis*: *Roman Inscribed Tablets of Tin and Lead from the Sacred Spring at Bath*, p. 101.

目的宗教史料,但考虑到此类史料在不列颠的分布异常集中,很难用它们来概括不列颠农村宗教的全貌。农村铁器时代宗教崇拜的延续性远不如宗教表达形式的新变化来得明显,而这种延续性的性质如今也难以得到充分的理解。把动物小心翼翼地埋葬起来,以及在湿地存放物品,这些仪式依然被奉行,但物品中已包括罗马的武器和雕像。在约克郡东部的希布顿索普(Shiptonthorpe)进行考古发掘,结果显示,路边一个乡村曾有一处供动物饮水的公共水池,水池后来遭废弃,被泥土填平,泥土中同时埋入了精心放置的整套壶罐、一只公牛的头和一对狗的头骨。再后来这里又被用作埋葬幼小动物和人类婴儿的墓地。这些行为尽管应该和某位水神的宗教崇拜有关,但其意义已无从索解。与此类似,在汉普郡的几口井里发现包括小公鸡在内的动物遗迹和整套壶罐。一些罗马晚期的锡铅合金容器也被埋藏在井中,可能充当了某种还愿品。[1] 这些例子表明,在使用罗马器物的同时又延续了本地习俗;其分布之广则说明,罗马宗教并未彻底取代本地的宗教,后者仍被本地百姓长期奉行。至于这种奉行究竟反映了罗马文化的影响,还是体现了本地文化的对抗,这就取决于学者们见仁见智的解释了。

---

[1] Martin Millett, *Roman Britain*, pp. 113 - 114.

第七章　晚期罗马不列颠

进入 3 世纪以后，有关罗马不列颠的铭文和文献显著减少了。就碑铭而言，罗马帝国的铭文绝大多数集中在元首制时期，即公元头两个世纪，帝国各行省的铭文数量在 3 世纪之后普遍减少，不列颠的情况也不例外。在罗马征服前，铁器时代的不列颠人虽然善于制作金属制品，但由于文字尚未出现，他们还不能在石头或私人器物上刻字，现有铭文除个别是希腊文之外，其他都是拉丁文铭文。至于铭文数量为什么减少，目前流行的解释是所谓"观感"（sense of audience）变化：行省居民采用罗马的碑铭习惯，表明他们想成为罗马人，并以此为骄傲；但由于罗马公民权在 3 世纪得到普及，而罗马帝国又日趋衰落，成为罗马人已不是可炫耀的本钱，碑铭的习惯遂遭放弃。[①] 换言之，铭文反映着罗马的荣光，荣光不再，铭文也就无光彩。

另一方面，3 世纪以后，帝国西部的莱茵河与多瑙河沿线，蛮族对罗马造成越来越大的压力；在帝国东方，萨珊波斯取代了安息王国，对罗马

---

① R. MacMullen, "The Epigraphic Habit in the Roman Empire", *American Journal of Philology*, 1982(103), pp. 233 – 246, esp. 246; E. A. Meyer, "Explaining the Epigraphic Habit in the Roman Empire: the Evidence of Epitaphs", *Journal of Roman Studies*, 1990(80), pp. 74 – 96.

的关系日渐紧张。新的发展趋势吸引了古代的历史学家,不列颠的重要性相对下降了。此时,与不列颠有关的文字只是历史学家顺便写出的,充其量也不过是只言片语。不列颠没有连贯的编年史,连历任的总督是谁,也无法连贯地重构,所以把这些海岛上发生的事精确地重现出来,几乎没有可能。

根据 3 世纪以后的铭文和考古材料人们可以知道,奔宁山脉和北部边境的许多军营被修复了,某些还得到部分的重建。这些工作在卡拉卡拉皇帝离开不列颠及不列颠被分成两个行省后,依然在持续。被修复和重建的大多数建筑,并不是非有不可的防御工事,也没有证据说明重建工作是由军事行动带来的破坏引起的。因此,不列颠北部这时可能是平静的,虽说那只是暴风雨来临之前的平静。

5 世纪早期,远在伯利恒修行的基督教圣徒哲罗姆曾说不列颠"盛产篡位者",这是一句常常被后世引用的名言,而它所指的现象,其源流发生在 3 世纪中叶。当时,罗马帝国受到内战和外忧的打击,元首制趋于崩解,帝国的政治中心上演着一系列篡位的大戏,在公元 235—284 年之间,有 20 多位皇帝登基,此外还有一批共治者和谋位者。虽然整个帝国在这所谓的"三世纪危机"中仍能保持相对稳定,但它造成的影响却是深远的,皇帝和篡位者终日惶恐,为了自保,他们忙于集结军队和打击对手,并抵御蛮族和波斯的入侵。在 255—260 年间,日耳曼尼亚和潘诺尼亚出现了从不列颠调来的驻军分队,其人数可能相当之多,他们长期留驻欧陆,有些可能再也没有返回。[1]

253 年,瓦勒良(Valerian)及其儿子伽列努斯(Gallienus)登基共治,混乱的状态有所缓解,瓦勒良治理帝国东部,伽列努斯治理帝国西部。但好景不长,日耳曼的阿拉曼人(Alamanni)大举入侵,到 258 年兵临米兰。东方边境的情况更糟糕,瓦勒良在 260 年战败,成了萨珊国王沙普

---

[1] David Mattingly, *An Imperial Possession：Britain in the Roman Empire，54 BC - AD 409*, p. 226.

尔的阶下囚。伽列努斯自顾不暇，无法尽孝，终使其父客死他乡。就在260 年，伽列努斯的一个将军、下日耳曼行省总督珀斯图姆斯（Marcus Cassianus Latinius Postumus）被驻扎在莱茵河的罗马军队拥立为王，建立所谓的"高卢帝国"（Imperium Galliarum），成了该国的第一个皇帝。

　　新帝国名为"高卢"，却没有恢复罗马征服以前的部落组织，而只是复制罗马的行政体系：政治结构的顶端是一个元老院，两位选举出来的执政官年度轮换，一支皇帝左右的禁卫军。军队拥戴珀斯图姆斯，与其说是信任这个人，不如说对罗马的皇帝失去了信心。除高卢之外，这个帝国还赢得上下日耳曼、西班牙和上下不列颠五个行省的支持。铭文显示，珀斯图姆斯也控制了里提亚的大部分，这让他可以轻易越过阿尔卑斯山，进入意大利，与伽列努斯一争高下。不过，珀斯图姆斯并无此野心，他似乎只满足于分裂状态，割据一方。伽列努斯虽然从未承认高卢帝国，却也对它束手无策。268 年伽列努斯遭刺杀，这在罗马帝国西部引发了一系列的叛乱和暗杀，珀斯图姆斯也在自己军队的哗变中丧生。直到公元 274 年，罗马皇帝奥勒良（Aurelian）才最终镇压了高卢帝国，恢复了帝国的统一。①

　　不列颠被高卢帝国统治了十几年，但后者对不列颠的影响却没有反映在史料中。珀斯图姆斯称帝后，不列颠原有的总督和官员命运如何？珀斯图姆斯有没有进行大规模杀戮？不列颠官员有没有反抗？这些都不得而知。珀斯图姆斯是作为皇帝统治不列颠的，理应会任命行政和军事官员，兰开斯特发现的一块碑铭表明，他曾任命奥克塔维乌斯·萨比努斯（Octavius Sabinus）为总督（Praeses）。② 萨比努斯属于元老阶层，在当时，任命一位元老当总督已经不是常态。3 世纪中叶开始的政治动荡给行省带来许多变化，罗马皇帝对潜在的篡位者戒心日增，他们开始从骑士阶层中任命总督和军事官员，伽列努斯在位时就规定只有骑士才能

① Patricia Southern, *Roman Britain*：*A New History 55 BC－AD 450*，pp. 267－272.
② R. G. Collingwood, R. P. Wright, *The Roman Inscriptions of Britain*，Vol. I，no. 605.

当军官,这实际上为职业军人在罗马社会的兴起创造了条件。3 世纪以后的诸多皇帝往往出身低下,通常具有军事背景,并不遵循传统的元老晋升模式(见第三章);此外,大多数 3 世纪皇帝的祖籍在巴尔干,而此前的皇帝主要来自地中海的核心行省。由此看来,珀斯图姆斯此举很可能说明,高卢帝国缺乏足够的骑士阶层成员,因此只能任用可以得到的任何人治理行省。

高卢帝国覆灭后,帝国的政治动荡并没有结束。奥勒良在 275 年成了宫廷政变的牺牲品,当时他正带兵驻扎在色雷斯,为进攻波斯做准备,结果,他成了第一个死后没有葬在罗马城的罗马皇帝。由元老院推举的皇帝塔西佗(Tacitus)统治了大约 6 个月就死了,死因不明;随后,叙利亚-腓尼基-埃及行省的总督普罗布斯(Probus)被他的军队推上帝位,他于 276 年击败塔西佗的兄弟弗洛里安(Florianus),成了罗马帝国的皇帝。

在普罗布斯统治时期,有两起叛乱涉及不列颠。一起是由普罗库鲁斯(Proculus)和伯诺苏斯(Bonosus)在高卢发动的,除高卢外,他们还宣称不列颠和西班牙行省也归他们管辖,普罗布斯在蛮族人的帮助下把这起叛乱镇压下去。[1] 另一起是由一个不知名的不列颠总督在不列颠发动,很快也被镇压了。据佐西莫斯说,普罗布斯曾御驾亲征勃艮第人和汪达尔人,并且把活捉的俘虏送到不列颠,帮助他对付叛乱分子。[2]

282 年,禁卫军长官卡鲁斯(Carus)取代普罗布斯,成了罗马帝国皇帝。他仿效之前的瓦勒良和伽列努斯,也把帝国一分为二,东部由他和他的小儿子努梅里安(Numerianus)治理,西部则由大儿子卡里努斯(Carinus)管理。在这三位皇帝统治期间,与不列颠唯一相关的史料是卡里努斯曾获得"不列塔尼库斯·马克西穆斯"(Britannicus Maximus)的名号,这说明他曾在针对不列颠的军事行动中获胜。然而,此次军事行

---

[1] Scriptores Historiae Augustae, *Probus*, 18.5; S. Ireland, *Roman Britain: A Sourcebook*, no. 207, p. 124.

[2] Zosimus, I. 66.2; S. Ireland, *Roman Britain: A Sourcebook*, no. 208, p. 125.

动起因为何？与谁作战？卡里努斯是御驾亲征还是派遣手下将军前往不列颠？这些都不得而知。从不列颠日后的发展来看，罗马的军事行动也许与法兰克人和撒克逊人的海盗活动有关，后者差不多在同一时期控制了北海、高卢及不列颠沿海地区；罗马不久就派了一位名叫卡劳修斯（Carausius）的将军专门来肃清这些海盗。

留在东部的卡鲁斯和努梅里安承继普罗布斯的未竟之业，打败了波斯，但还没有来得及享受胜利之果，两个人就神秘死去了。284 年，戴克里先被军队拥戴为皇帝；不久卡里努斯被杀，他的军队转而听命于戴克里先。戴克里先发现罗马帝国太大，靠一个人统治不了，他于是着手进行行政改革，任命马克西米安（Maximianus）为"奥古斯都"，即名义上与他平起平坐的统治者，负责帝国西部的防御，但事实上戴克里先是两人之中的主导者。

马克西米安的第一个任务是在高卢剿匪，在此过程中，比尔盖人卡劳修斯脱颖而出。286 年，马克西米安委其以重任，让他集合一支舰队，肃清横行在英吉利海峡两岸的日耳曼海盗。卡劳修斯年轻时是水手，承担这个任务应该是驾轻就熟，他以布洛涅港（Bononia）为据点，取得了节节胜利。但不久就流言四起，说他没有把从海盗那里剿来的财物统统上交，而是中饱私囊，甚至不惜与海盗勾结。结果马克西米安下令处死卡劳修斯；但后者索性夺取了不列颠，自立为帝。①

卡劳修斯去不列颠时带去了他创办的那支舰队；马克西米安手上没有海军，因此只能听之任之。不仅如此，卡劳修斯甚至控制了高卢北部的部分地区以及英吉利海峡的一些港口，钱币证据表明他麾下还有来自日耳曼、莫西亚甚至意大利的"分队"（vexillationes），其人数之多足以让他防御自己的一方领地，虽说不足以让他与马克西米安和戴克里先一争高下。②

---

① S. Ireland, *Roman Britain*: *A Sourcebook*, nos. 210 - 211, pp. 125 - 126.

② David Mattingly, *An Imperial Possession*: *Britain in the Roman Empire*, 54 BC - AD 409, p. 232.

现有的罗马文献对卡劳修斯的记载都是负面的,毕竟,历史是胜利者写出来的,成者为王,败者为寇。卡劳修斯只是"海盗",其军队也以海盗为主。但这类记载也还是勉为其难地承认,他"获取了众多的蛮族武装力量"。① 卡劳修斯占领不列颠,不仅没有引起当地居民和军队的反抗,反而赢得了他们的好感。原因可能是,卡劳修斯在肃清海盗时已经得到不列颠人的拥护,而不久之前随高卢帝国陷落不列颠重新被置于罗马统治之下,因此再次脱离罗马帝国,对当地军队极有吸引力,激发了他们对独立的记忆和向往。

卡劳修斯发行的钱币更可靠地反映出他的统治,他在钱币上的全名是"Marcus Aurelius Mausaeus Carausius",前两个词表明他自视为公元2世纪安东尼王朝诸帝的直系,因此比马克西米安或戴克里先的出身更好,当然,这个谱系是编造的。他还自称为"不列颠的复兴者"(Restitutor Britanniae),在他发行的一种银币的反面,不列颠的化身与他握手,并配有铭文"Expectate Veni",意思是"来吧,众所期待者",此语出自维吉尔的史诗《埃涅阿斯纪》。许多钱币的铭文上还有"RSR"三个字母的缩写,近来人们解释为"农神时代的回归"(Redeunt Saturnia Regna),即"黄金时代的回归",是对维吉尔第四首《牧歌》的引用;在古代,人们认为这首牧歌预言了救世主的来临,因此,卡劳修斯向不列颠居民转达自己是救世者的意图便昭然若揭。值得注意的是,卡劳修斯在传达这些信息时,利用了罗马的古典传统,而不带有激发和唤起不列颠本土部落传统的企图,这与230年前波迪卡在不列颠起义时的情况相比,已成天壤之别。

卡劳修斯的钱币不仅发行于不列颠,而且在高卢广泛流通,这似乎转达了这样一个信息:不列颠比以前治理得更好。不仅如此,卡劳修斯还以他和马克西米安及戴克里先三人的名义发行钱币,铜币的正面有三人的头像,戴克里先居于正中,铭文则是"卡劳修斯及其兄弟们"

---

① S. Ireland, *Roman Britain: A Sourcebook*, no. 213, p. 127.

(Carausius et Fratres Sui);反面的铭文是"Pax Auggg",意思是"三位奥古斯都的和平",每个"g"代表一位"奥古斯都"(即"皇帝")。[①] 显然,他认为自己与合法的皇帝平起平坐。与 2 世纪末的不列颠总督阿尔比努斯一样(见第二章),卡劳修斯明白自己是无法分享罗马帝国的政治权力的,但他需要头衔,否则就没有权威来统御军队、治理不列颠。篡权者未必都想问鼎皇位,很多人只想维持自己的割据,卡劳修斯从未表现出进占大陆的更大野心,可是没有某种权威,他就不能让下属听命于己。

293 年 3 月 1 日,戴克里先开始实行四帝共治,他和马克西米安保留奥古斯都的头衔,再通过收养各选定一名副手,封以凯撒头衔,这相当于皇位继承人。戴克里先选中伽莱里乌斯(Galerius),马克西米安则选择君士坦提乌斯(Constantius),此后,除掉卡劳修斯的任务就落在君士坦提乌斯肩上。他没有像马克西米安那样由海路进攻,而是发挥强大的陆军的优势,先着手打击卡劳修斯在高卢的势力,并一举夺下布洛涅港,从而断绝了卡劳修斯与他在欧陆势力的联系。这对不列颠政权是一记重创,卡劳修斯开始失势。他的一位名为阿莱克图斯(Allectus)的手下——可能是他的禁卫军长——将他刺杀,夺取了他的政权,在此继续统治了三年。

要夺取不列颠本土,必须要有一支舰队,君士坦提乌斯为此准备了三年,其间还平定了西部边境的其他几起威胁。296 年不列颠战事重新开启,君士坦提乌斯兵分两路,他自己带领一支船队从布洛涅港出发,另一支船队则由他的禁卫军长阿斯克勒皮奥多图斯(Asclepiodotus)率领从塞纳河口出发,通过怀特岛开往不列颠南部海岸,他在浓雾掩护下登陆,然后向北进发。突袭战略让阿莱克图斯措手不及,他来不及组织反抗便仓促逃往内地。阿斯克勒皮奥多图斯尾随其后,最终将他杀死。与此同时,君士坦提乌斯沿泰晤士河直奔伦敦,他成了那里"永恒之光的恢

[①] S. Ireland, *Roman Britain：A Sourcebook*, nos. 217 - 220, pp. 128 - 129; Guy de la Bédoyère, *Roman Britain：A New History*, pp. 70 - 71.

复者"（Redditor Lucis Aeternae），一如他在后来发行的钱币上宣称的那样。①

击败阿莱克图斯后，君士坦提乌斯在不列颠的统治很快得以巩固，他在 297 年返回大陆。在随后十年中，除了一些碑铭提到不列颠北部边境的房舍被修缮和重建，这里便没有什么文字史料了。不过，正如前一章所述，乡间别墅的数量在 3 世纪以后稳定增长，似乎意味着财富在这一次政治动荡时向农村转移。

305 年 5 月戴克里先退位，他逼迫马克西米安与他同时退位，这样，伽莱里乌斯和君士坦提乌斯升为奥古斯都，他们两人又要选择副手作为凯撒。戴克里先一手缔造的四帝共治制度，是想通过收养方式建立四位皇帝的紧密合作，共同对付帝国内日渐增多的各种问题。但这套制度有一个致命的弱点，就是它忽略了人的本性：对权力的迷恋让人更倾向于选择血缘继承制而非收养制。最终，君士坦提乌斯的儿子君士坦丁在不列颠军队的拥护下继位，为四帝共治画上了句号。

君士坦提乌斯升为奥古斯都后，便召集远在帝国东部的君士坦丁和他一起去不列颠征讨。305—306 年这次战役的动机和过程，今已无从知晓，但应该发生在北部边境，当时，那里不仅有喀利多尼亚人，还有皮克特人，而皮克特人就是在这个时候首次出现在历史记载中的。②"皮克特"（Picti）的意思是"在身上涂颜色的人"，可能指克尔特人一种普遍的风俗，即战斗之前在身上彩绘或文身。有学者认为，那不大可能指某一个部落，而是指一个与罗马为敌的北方部落联盟，其领袖也许正在不断搅扰罗马的边境。③ 君士坦提乌斯可能把约克作为军事行动的基地，就像 100 年前塞普提米乌斯·塞维鲁所做的那样。与塞维鲁一样，他似乎也曾涉足不列颠岛极北之地，因为文献提到他前往那里凝望大海和极

---

① S. Ireland, *Roman Britain: A Sourcebook*, no. 227, p. 133.
② Panegyric on Constantine, 7. 1 - 2; S. Ireland, *Roman Britain: A Sourcebook*, no. 229, p. 134.
③ 克里斯托弗·A. 斯奈德:《不列颠人:传说和历史》,第 72 页。

昼,但似乎没有取得值得炫耀的伟大胜利。306 年 7 月他在约克去世,与塞维鲁之死又一次雷同,其军队转而拥立君士坦丁。到 312 年,君士坦丁在罗马帝国西部的统治已完全确立了,317 年,他成了两位奥古斯都中的主导者。324 年,罗马帝国再度统一在他一个人的统治下,因此,不列颠是君士坦丁的发迹之地。

君士坦丁堪称是戴克里先改革的完成者,戴克里先具有革新精神,但他的许多政策没有被完整记录下来,其后果只有到君士坦丁时代才能看清楚。这方面最显著的例子就是对不列颠的重新划分。

戴克里先对行省的重组也许是这些改革中影响最深远的,他把许多行省划分为比原来小得多的单位,使行省的数量翻了一倍还不止,而行省官员和行政费用也跟着攀升。重新划分后的行省又组成 12 个大区(diocese),显然,皇帝认为现有的机构不够用,他需要更严厉地监督和更好地执行命令。当不列颠仍处在卡劳修斯统治之下时,戴克里先已在帝国其他地方着手进行此项改革;不列颠何时被划分,迄今并无定论,也许从君士坦提乌斯收复不列颠之后就已开始。划分行省牵涉到土地测量、情报收集,不可能一蹴而就。大约 303 到 314 年间编成的《维罗纳目录》(*Laterculus Veronensis*)开列了所有行省的名单,不列颠原来的上下两个行省现在变成了四个,其具体方位及各自的首府已无法确认。一般认为,"凯撒马克西米安"(Maxima Caesariensis)在英格兰东南部,首府是伦敦,从名字上看,它在四个行省中应该面积最大。"第一不列颠"(Britannia Prima)看来以英格兰西部为中心,首府位于赛伦塞斯特或格洛斯特。"凯撒弗拉维"(Flavia Caesariensis)可能囊括英格兰中部地区以东,以林肯为首府。"第二不列颠"(Britannia Secunda)则在北部,以约克为中心,与以前的下不列颠差不多等同。[①] 只有"凯撒马克西米安"行省的总督是执政官级别的(叫 consulares),其他行省的总督都叫 praeses或 rector。这四个行省共同构成所谓的"不列颠大区"(dioecensis

---

① Anthony R. Birley, *The Roman Government of Britain*, pp. 397 - 398.

Brittaniarum），各省总督要向不列颠大区的代理官（vicarius）负责，这个代理官又要向位于高卢的禁卫军长负责（故他在名义上是这位禁卫军长的大区"代理"）。不列颠大区的代理官最初集民事权和军事权于一身，但在君士坦丁统治期间民事权和军事权开始分离，随着"将军"（duces 和 comites）一职的出现，这种分离便完成了，如此，代理官不再过问军事权。将军一职何时出现，已不可考，关于不列颠将军（dux）的记载迟至 367 年才出现。① 这套行政制度一直维持到罗马统治结束。在 4 世纪晚期，不列颠可能还出现了第五个行省"瓦伦提亚"（Valentia），但也许只是"凯撒马克西米安"的另一个名字。②

在剥夺代理官和行省总督军权的同时，君士坦丁还废除了禁卫军，他们之前在皇位继承中扮演的角色，使他们成了所有在位皇帝的心腹大患。不过禁卫军长一职还是保留的，但只是徒有虚名，完全丧失了兵权。军权这时掌握在两位大将军手中，他们分别统领步兵（头衔为 magister militum）和骑兵（头衔为 magister equitum）。骑兵中另有一类叫 scholae，充当皇帝的贴身卫队，由皇帝直接统领，这一制度可能也源自戴克里先。

3 世纪以来的一系列事件强化了军队的地位，戴克里先和君士坦丁顺应形势，改组了军队，军团和辅助军这两种传统的军种尽管名称有时仍在，但其性质已转化为固定的边防军（limitanei 和 ripenses）和流动的、可供皇帝随时调遣的野战军（comitatenses），这在总体上提高了军队的流动性。根据 4 世纪末、5 世纪初的《百官志》（Notitia Dignitatum），4 世纪不列颠的野战军大概有 5 000 到 6 000 名，边防军不超过 12 500 名。换言之，不列颠驻军的总量已经大大减少，大约只是 2 世纪时的 1/3。不过，考古材料表明，《百官志》提供的信息可能并不全面③，但足以解释为

① Anthony R. Birley, *The Roman Government of Britain*, p. 401.

② Guy de la Bédoyère, *Roman Britain: A New History*, p. 77.

③ David Mattingly, *An Imperial Possession: Britain in the Roman Empire*, *54 BC – AD 409*, p. 239.

什么不列颠铭文的数量在进入 4 世纪以后急剧减少——毕竟,罗马不列颠时期的铭文绝大多数是军人出资刻写的。

铭文减少的另一个原因与军队的蛮族化有关。在 4 世纪,西部帝国的蛮族化已日益明显,越来越多的日耳曼部落迁居罗马帝国境内,并在军队中越来越占据数量优势。上文已提到,普罗布斯曾在蛮族人的帮助下镇压过不列颠的叛乱,并把勃艮第和汪达尔俘虏送到不列颠去对付叛乱分子。卡劳修斯军队中的蛮族人也不会少,否则阿莱克图斯的最后战败就不会被罗马作家描绘成是罗马人对法兰克人的胜利。[1] 阿拉曼王克罗库斯(Crocus)曾向君士坦提乌提供军事援助,君士坦丁在不列颠称帝,他看来是幕后推手;当然,罗马人的史料对此应该是讳莫如深的。[2] 蛮族化趋势越到罗马帝国的晚期,就越加重;相应的,来自日耳曼、多瑙河流域和巴尔干地区的职业士兵开始取代来自地中海核心地带的人,成为军队中的高级军官。他们与以前的军官不同,不会再例行公事般地用拉丁文记录他们的建筑项目,也不会为家庭成员树立墓碑以寄托相思之情。约克郡沿海某处有一座信号台,是为数不多的可以肯定为军队在 4 世纪晚期修建的建筑,其题铭几乎不是拉丁文。[3] 此外,军饷在 4 世纪日益以实物的形式发放,军人的平均收入大不如从前,这些也促成了碑铭的习惯不再持续。

君士坦丁时代另一个重大发展是基督教的兴起。在 4 世纪以前,基督教是罗马帝国境内为数众多的东方密教之一种。与其他东方密教,如军人中盛行的密色拉教相比,基督教对所有人开放,因而具有包容性;但它要求信徒只接受基督教的上帝而拒绝其他任何神祇,因而又有排他性。基督教的密教特点在罗马统治者看来表现为可疑的秘密结社,而它的排他性又与罗马的传统宗教相冲突,与象征帝国政治统一的帝王崇拜

---

① S. Ireland, *Roman Britain*: *A Sourcebook*, no. 226, p. 132.

② Anthony R. Birley, *The Roman Government of Britain*, pp. 409 – 410.

③ David Mattingly, *An Imperial Possession*: *Britain in the Roman Empire*, 54 BC – AD 409, p. 248.

尤其不协调。基督徒在戴克里先的四帝共治时期遭到严厉迫害,君士坦提乌斯曾接到命令,应消灭高卢和帝国西部的基督教,但他只摧毁了一些教堂,而没有主动、积极地迫害其信徒。君士坦丁在公元313年颁布敕令,宽容一切宗教,事实上承认了基督教的合法地位。君士坦丁本人是否信仰基督教,向来被历史学家争论不休,他在生命即将结束时才皈依了基督教,因而在基督教传统中成了"君士坦丁大帝"。他死后,尽管出现了一些恢复原有的罗马宗教的企图,但到4世纪末成为泡影,因为狄奥多西皇帝把基督教奉为国教,并禁止了一切异教崇拜。

314年,即基督教取得合法地位后的第1年,在高卢境内的阿尔勒召开了教会会议,来自伦敦、约克和林肯的三位不列颠主教出席了这次会议,因此,早在4世纪前半叶,基督教的教阶制度已经在不列颠确立起来。在360年意大利里米尼(Rimini)召开的教会会议上也有三位不列颠主教出席,由于没有私人捐助,他们的旅行费用须由国家承担,他们也不愿接受别人的捐助,理由是欠国家的钱比欠个人的钱更神圣。[1] 这或许反映出:不列颠教会相对而言规模较小,也比较贫穷。尽管有这些文献记载,考古的发现却很难确证在不列颠城市中有教会存在。伦敦塔附近发掘出一座长方形廊柱大厅,被当做4世纪晚期伦敦的大教堂,但它用作世俗用途的可能性也不能排除。林肯发现的一座小型木质建筑也被视为教堂。必须指出,由于没有文字佐证,对这些考古发现的断代和性质,都有很大的商榷余地。相比之下,与基督教有关的考古发现在农村地区显得更丰富、更可靠,例如前一章所述乡间别墅中基督教主题的壁画和马赛克画。此外,剑桥郡的沃特牛顿小镇发现了4世纪晚期基督徒使用的一些金银器,属于专门献给一座教堂的供物,上面带有铭文,其中一条提到"主啊,我匍匐在此,敬畏你的圣所"。在另一块异教风格的还愿板上,除了刻有代表基督的XP的醒目字样,还刻有"主的女仆实现了她的誓愿"(Amcilla votum quod promisit conplevit)。这种铭文在异教

<hr>

[1] S. Ireland, *Roman Britain*: *A Sourcebook*, no. 443, p. 197.

的还愿板上是经常出现的,现在却用来表达基督教的信念。① 有限的考古发现似乎表明,在 4 世纪,城市的基督教化程度不高,在乡村地区反而比较活跃,这可能与这一时期城市的萎缩有关。

君士坦丁在不列颠称帝,且一开始以特里尔为其统治中心,但在宣布基督教合法以后,他的兴趣和注意力开始从帝国西部转往东部,并在 324 年建造了以他的名字命名的罗马帝国的新首都——君士坦丁堡,这对欧洲的古代晚期产生了深远影响。尽管如此,君士坦丁似乎没有忘却不列颠,他至少回来过一次,罗马帝国在伦敦的造币厂发行过纪念他回来的钱币。他在 315—318 年间还接受过"Britannicus Maximus"的名号,这意味着他在这里取得了一次军事胜利,但究竟是镇压了一次叛乱,还是击退了北方的皮克特人或其他外来入侵者,已无法知晓了。

337 年君士坦丁去世,罗马帝国再次分裂。他的长子君士坦丁二世分到了不列颠、西班牙和高卢,但后来与其弟君士坦斯(Constans)发生争执,于 340 年入侵意大利,很快被杀。两年后,不列颠的政情显然恶化,君士坦斯不得不在 343 年仲冬时节出巡不列颠,具体原因并不清楚。皇帝巡视后不久,后来成为皇帝的瓦伦提尼安(Valentinian)的父亲曾以将军(comes)的身份来到不列颠,目的同样不明。350 年,君士坦斯死于宫廷政变,他在高卢的一位野战军将领马格嫩提乌斯(Magnentius)篡得王位,统治了西部。据说此人的父亲是不列颠人,母亲是法兰克人。他建立的分裂王国以拥护基督教的正统派自居,公然挑战君士坦丁的另一个儿子、统治帝国东部的君士坦提乌斯二世所支持的阿里乌教派(Arianism)。君士坦提乌斯二世 3 年后击败了马格嫩提乌斯,他派了一名素以奸诈闻名的宫廷官员保路斯(Paulus)前往不列颠,此人陷害对手的手段如同链条般周密,故得诨名"链条"(Catena)。他对那里曾经支持篡位者的人疯狂报复,许多无辜者受株连。不列颠大区的代理官马提努

---

① David Mattingly, *An Imperial Possession: Britain in the Roman Empire*, 54 BC - AD 409, pp. 348 - 349.

斯(Martinus)在绝望之中试图刺杀保路斯,但一刺未中,只得当场自杀。① 马格嫩提乌斯看来在不列颠有不少追随者。

　　保路斯的迫害虽然血腥,但涉及面恐怕不会越出社会上层。放眼整个罗马帝国,蛮族的大规模入侵已经开始,对帝国的经济生活造成了广泛破坏。相对而言,偏安一隅的不列颠此时还没有受这股浪潮的波及,正因为如此,这个岛上的原料和谷物等资源日益为帝国所看重。355 年,君士坦提乌斯二世任命朱利安为凯撒,派他去高卢管理帝国西北事务。朱利安很快发现那里的官员中饱私囊;更要紧的是,蛮族人阻碍了海路交通,使不列颠无法向驻守莱茵河的军队直接运输粮草,而只能把谷物先运到高卢,再通过陆路运往日耳曼。为了打开沿莱茵河的供应路线,朱利安打了几次大仗,终于在 359 年将这个难题基本解决。然而,不列颠本地的问题却刚刚开始。

　　北部边境自哈德良长城建好以来享有的和平正在消逝,据阿米亚努斯记载,360 年冬,苏格兰人和皮克特人撕毁了与罗马帝国签订的和约,而入侵不列颠大区。在阿米亚努斯著作的传世手抄本中,"苏格兰人"一词只剩下后半部,人们一般认为它是"苏格兰人",但也有人认为是"阿塔科特人",后者来自爱尔兰②,古代作家说他们是食人生番。朱利安派了他的骑兵大将军卢皮奇努斯(Lupicinus)去对付,至于这位将军在不列颠战果如何,史料无记载,但肯定没有获得长久效果。朱利安后来去和波斯人打仗,于 363 年死在东方。次年,瓦伦提尼安成了帝国西部的皇帝,此时,"战争的号角几乎响彻整个罗马世界,最野蛮的部落纷纷起来肇事,袭击他们附近的边境。在同一时间内,阿拉曼人抢劫了高卢和里提亚……皮克特人、撒克逊人、苏格兰人和阿塔科特人用不间断的灾难骚

---

① Ammianus Marcellinus, 14. 5. 6 – 8; S. Ireland, *Roman Britain：A Sourcebook*, no. 250, p. 143.

② 即不是〈Sco〉ttorum,而是〈Attaco〉ttorum,见 Anthony R. Birley, *The Roman Government of Britain*, p. 424, note 43.

扰不列颠人"①。但从考古材料来看,这些灾难似乎并没有让不列颠那些乡间别墅受到影响,它们仍然发展。

"不间断的灾难"在 367 年阿米亚努斯所谓的"蛮族人的合谋"(conspiratio barbarica)中达到顶点,当时,众多蛮族共同对罗马帝国发动了进攻。皮克特人和苏格兰人蹂躏了不列颠,法兰克人和撒克逊人劫掠了高卢。罗马设在边境地区的侦察兵(areani)看来串通了蛮族,让他们轻易越过了边境,并伏击俘获了不列颠的将军弗洛夫奥德斯(Fullofaudes)、杀死了"滨海统帅"(comes maritimi tractus)尼克塔里杜斯(Nectaridus)。"滨海统帅"也许就是《百官志》中提到的"撒克逊海滨统帅"(comes litoris Saxonici),"撒克逊海滨"是不列颠东南部从 3 世纪初开始建造的一批海岸防御要塞,它们最终合并在一个体系下,由一位统帅管理。不过,其命名为"撒克逊海滨",究竟是因为这里的海岸线受到了撒克逊人的袭击,还是因为这里居住着撒克逊人,相关争论在学术界仍然悬而未决。

这次入侵,蛮族可能是在一位首领的协调下发动的,但不大可能结成长久的联盟作战。入侵的动机今天已不可考,只能依靠猜测,大概是为了抢夺财富或通过战事巩固自己在族人中的地位。他们深入到哈德良长城以南地区,杀人、放火、抢劫。瓦伦提尼安先后派了他的宫廷大臣和骑兵大将军前往平定,但都没有效果。最后,他派出"军事统帅"(comes rei militaris)狄奥多西(Theodosius),从头衔上看,"军事统帅"不是常设职位,应该是针对特别行动临时授予的。狄奥多西带了野战军的四支部队约 2000 人从布洛涅港出发,一抵达伦敦附近就遇到被大量战利品拖累的流寇。在扣留了部分战利品后,他进入伦敦,并在那里过冬。他利用冬季的休整时间扩充军队,对以前的逃兵既往不咎,重新召集回来。次年,他通过海陆两路向蛮族发兵,最终恢复了秩序,并解散了被蛮

---

① Ammianus Marcellinus,26. 4. 5;S. Ireland,*Roman Britain*:*A Sourcebook*,no. 257,p. 146.

族买通的侦察兵。阿米亚努斯异常详细地记载了狄奥多西的功绩，在他写作的时候，罗马皇帝叫狄奥多西一世，正是狄奥多西将军的儿子，所以，关于这次"蛮族人的合谋"的记载，就有可能是言过其实。

在罗马帝国晚期，不列颠仍被用来流放政治犯。潘诺尼亚人瓦伦廷（Valentinus）因今人不知的罪名被流放到不列颠，他立即利用这个机会联络不列颠的其他流放者甚至军队，起来反对瓦伦提尼安；这次叛乱也被狄奥多西平定。372 年，瓦伦提尼安又把美因茨附近一位阿拉曼人的王派到不列颠当司令，因为当时不列颠军队中已有了一支强大的阿拉曼人组成的分队。

375 年瓦伦提尼安死后，其子格拉提安（Gratian）取得对帝国西部的统治权，格拉提安遂任命狄奥多西将军之子狄奥多西一世为帝国东部皇帝。然而，不列颠驻军认为他们的一个统帅比格拉提安更胜任皇帝之位，383 年，他们拥戴西班牙人马格努斯·马克西穆斯（Magnus Maximus）为他们的皇帝。马克西穆斯立即动身前往欧陆与格拉提安一争高下；格拉提安是被自己手下人杀死的，但到 388 年，狄奥多西一世击败并杀掉了马克西穆斯。

马克西穆斯离开不列颠时带走了那里能带走的一切驻军，他死后，这些军队再也没有返回不列颠，这样，不列颠就暴露给西北方的苏格兰人和北方的皮克特人，他们得以放肆地袭击和抢劫。[1] 到 394 年，狄奥多西一世基本解决了这个问题，但他次年就去世了，罗马帝国由他的两个儿子继承：阿卡迪乌（Arcadius）统治东部，霍诺里乌（Honorius）治理西部。霍诺里乌成了统治不列颠的最后一个合法的罗马皇帝。

此时，整个帝国的真正领导人其实是步兵大将军斯提利科（Stilicho），将军的父亲是汪达尔人，他自己是狄奥多西一世的女婿，又是霍诺里乌的岳父。他大约在 388—389 年间采取军事行动，取得了对撒克逊人、皮克特人和苏格兰人的胜利，但这件事保存在恭维他的诗歌中，

---

① Gildas, 14 - 15; S. Ireland, *Roman Britain: A Sourcebook*, no. 276, p. 154.

从诗歌文本看不出胜利是出自斯提利科的亲征，还是他派遣手下人在不列颠获得的。[1] 大约在 398 年，也许是斯提利科为不列颠设置了一个新军职——"不列颠统帅"（comes Britanniarum），《百官志》上说此统帅管辖一支野战军，其中一半以上是骑兵，这支军队似乎是专门为不列颠的军事行动征募的。进入 5 世纪，罗马帝国疲于应付愈演愈烈的蛮族入侵，形势竟致急转直下，不列颠一下成了可以抽调人马去捍卫帝国心脏的根据地了。401 年，斯提利科从不列颠调走一些驻军，去对付西哥特人。从 379 年开始，不列颠发行的罗马钱币已锐减，在不列颠大量发现的、最晚的罗马钱币铸于 402 年左右，钱币主要用来支付军饷，所以，这可以视为是斯提利科从不列颠撤军的佐证。如果还剩下任何军队，那么也在 407 年追随篡位者君士坦丁三世，前往高卢争夺帝位去了。

西罗马帝国已经风雨飘摇，帝国首府从米兰迁到意大利东北的拉韦纳，这里的偏僻沼泽或许能让霍诺里乌感到一丝安全；他再也无心过问不列颠了。由于君士坦丁三世抽走了军队，不列颠人只能自己组织武装，对抗蛮族的入侵。罗马法禁止行省人民自立武装，但此时不仅不列颠居民这么做，大陆上的一些克尔特人也这样做。在 408 至 409 年，不列颠人发动了一次起义，赶走了罗马官员。410 年，霍诺里乌写信给不列颠人，授意他们保护自己。[2] 至此，那套互惠互利的庇护体系在不列颠停止运转了，不列颠人再也无需纳税供养罗马驻军了，罗马在不列颠的统治彻底落幕。

但罗马对不列颠的影响并未戛然而止，如同公元 43 年以前罗马的影响已经逐渐增强，410 年以后罗马影响也是逐渐消失的。要等到两三代人以后，人们对罗马行省的记忆才会终结。生活在 6 世纪中叶的不列颠北部编年史家吉尔达斯，对罗马以后不列颠的发展做了最直接和最翔实的报道，不过，这位基督徒所写的，与其说是历史，倒更像是宗教说

---

[1] Anthony R. Birley, *The Roman Government of Britain*, p. 452.

[2] Zosimus, 6.10.2; S. Ireland, *Roman Britain：A Sourcebook*, no. 289, p. 160.

教——他想证明为什么在不列颠发生的事是神对人的惩罚。除了这份文献,只有屈指可数的考古材料来说明这个时期的情况了,故对于罗马之后的不列颠,只能模拟一个模糊的轮廓。

罗马人走后,苏格兰人和皮克特人再次入侵,最终造成杀戮遍野、城市荒芜。不列颠人无奈之下,于446年最后一次向正在高卢的一位罗马将军写信求援:

> 野蛮人把我们赶进大海;大海又把我们赶回野蛮人那里。在这两种死法中,我们不是被杀死,就是被淹死。①

此信石沉大海,没有得到回应。一些不列颠人继续抵抗,他们藏进山林洞穴之中,最终击败蛮族人,享有了一段时间的和平与繁荣。但好景不长,一场瘟疫后,蛮族人再度入侵;不列颠人召开会议,商讨御敌之道,这说明,当时仍有某种形式的政府存在,仍可能按照罗马的行事方式运行。一位领袖采用了前人的先例,把撒克逊人请来对付不列颠的敌人,条件是划出一些土地给撒克逊人定居。撒克逊人获胜后,却反过来攻打不列颠人,并把自己的族人大量引入不列颠。他们似乎逐步控制了不列颠东部;但这些事件的顺序如何,学界有很多争论,恐怕永远也不会有定论。

最后,不列颠人开始重组,听命于安布罗修斯(Ambrosius Aurelianus),他大约于493年在巴顿山(Mount Badonicus)击败了撒克逊人。安布罗修斯很可能是罗马化的不列颠贵族后代,可以说是英国历史上最后一个罗马人。他的胜利将不列颠人和撒克逊人的均势维持了半个多世纪:不列颠人控制西部和北部,撒克逊人则在南部和东部建立起新的优势。值得一提的是,英国民间传说中的亚瑟王,恰恰在巴顿山打败了入侵者,但亚瑟王的历史真实性却得不到信史的确认。亚瑟王传说是一个克尔特传统,在中世纪流传;中世纪的亚瑟王是一个颠倒众生的偶像,他被赋予许多中世纪骑士的特征,反倒失去了原来应该具有的

---

① Gildas,20;S. Ireland,*Roman Britain:A Sourcebook*,no. 290,p. 161.

罗马-不列颠背景。无论如何,在吉尔达斯看来,安布罗修斯象征着罗马不列颠的终结,他是对的。577 年,撒克逊人在今天格洛斯特郡的德哈姆(Dyrham)取得了决定性的胜利,一举夺下格洛斯特、赛伦塞斯特和巴思三座城市。至此,延续某种程度的罗马不列颠的企图,也就彻底破灭了。

罗马不列颠的终结也是整个罗马帝国断裂、沉沦和衰亡的一部分。但任何终点也都是起点,经过一系列的传承、更新和转型,基督教世界出现在历史舞台上,不列颠也是这个进程的一部分。

罗马官员离开后,不列颠与罗马世界的联系主要是通过基督教会来实行的。基督教不再是戴克里先四帝共治时期的受害者,相反,随着君士坦丁将其合法化,它迅速积累起大量的财富和政治权力,影响一下遍及整个帝国,而它完善的组织结构又使它成了罗马帝国的国中之国。罗马行政体系中的很多术语被基督教采纳了,比如,diocese 从"大区"变为"主教区",vicarius 从大区"代理官"转化为"主教代理",decuriones 从"市元老"演变成"助祭",诸如此类。但统一的组织结构不能保证信徒的信仰一致,从一开始,这个宗教就被教义分歧拉扯得四分五裂,有时甚至达到流血的程度。

不列颠出生的贝拉基(Pelagius)曾在这方面大出风头。他在 380 年离开动乱的故土前往罗马学习,企图有所建树。他的思想比较自由,对原罪的教义持有异见;他否认奥古斯丁的观点,奥古斯丁认为,人在亚当夏娃偷吃禁果后丧失了自由意志,必须通过上帝的恩典才能获救,而上帝的恩典是预定的,取决于上帝的抉择。贝拉基却肯定人的自由意志,主张人可以选择行善,由此决定自己的命运,干预上帝的判决。这个异端见解在教会内引起了极大争议,奥古斯丁神学体系中最有影响的部分就是在与贝拉基的辩论中形成的。贝拉基能被奥古斯丁当做对手,其修养自然不俗;不过,他的论敌常常用针对蛮族人的羞辱性语言对他的不列颠出身大加嘲弄,称他为"大家伙""山区鄙人""细脖子的巨人""灌满了爱尔兰稀粥的愚人"。这些称谓让人想起凯撒当年对不列颠人的叙述,可见,即使到罗马帝国晚期,不列颠仍然受到明显的歧视。离散在外的不列颠人,哪怕拥有贝拉基这样的教养,仍无法逃脱被歧视的命运。①

贝拉基虽然不在不列颠生活,但他的学说在故土有极大影响,那里的教会没有能力反驳这种异端,就向高卢主教求助,请他们派人来肃清流毒。429 年,即不列颠脱离罗马世界近 20 年后,高卢主教会议委派欧塞尔(Auxerre)主教圣日耳曼努斯(St Germanus)率领一个主教团访问不列颠,与当地的贝拉基分子进行辩论,辩论地点应当在圣奥尔本斯。

按照圣日耳曼努斯传记作者的说法,贝拉基的拥护者首先陈述自己的观点,他们言辞空洞、漫无目的,而高卢主教一开口便是"滔滔雄辩和来自使徒和福音传道者的隆隆雷鸣",于是贝拉基分子败下阵去。日耳曼努斯接着治愈了一位盲女,她是当地显贵的女儿,其父有平民官头衔。之后,日耳曼努斯不慎摔跤受伤,"正当他在一间屋里休息时,周围房屋着了火。不过,烈焰虽然吞噬了周围一切,他所在的屋子却完好无损。此后,日耳曼努斯又治愈了许多病人,他自己最终也神奇痊愈了"。这时,苏格兰人和皮克特人来袭,以前当过兵的日耳曼努斯又率领不列颠人与之作战,此次战役看来发生在北威尔士。这位圣徒打仗之前为军队集体施洗,并教导士兵打仗时跟着他高呼"哈利路亚"(意即"赞美上帝")。这一招真把蛮族人吓得掉头逃窜,日耳曼努斯由此教导了不列颠人:以正确的信仰崇拜上帝,收效可以立竿见影。最后,他向民众布道,要他们忏悔自己的罪孽。② 这个故事不仅表明教会组织此时已在不列颠建立起来,更生动地透露出,基督教世界虽说衍生于罗马世界,但它的气质和风格已与旧的世界迥然不同了。

---

① 克里斯托弗·A. 斯奈德:《不列颠人:传说和历史》,第 74 页。
② Constantius, *De vita Germani*, 12 - 27; S. Ireland, *Roman Britain*: *A Sourcebook*, no. 455, pp. 202 - 204.

第二篇

盎格鲁-撒克逊英格兰

第一章　七国争霸

　　自公元 5 世纪中叶起,盎格鲁-撒克逊人大规模入居不列颠,这一过程大约持续了 150 年之久。盎格鲁-撒克逊人包括古代日耳曼人的三个分支,即朱特人(Jutes)、盎格鲁人(Angles)和撒克逊人(Saxons)。朱特人最初居住在莱茵河(the Rhine)下游地区,他们与罗马文明有一定接触,有着不同于英格兰其他地区的独特文化,其古代的法典制度和耕作制度与法兰克人(Franks)比较接近。5 世纪中叶,朱特人入居不列颠,初到不列颠的朱特人主要分布于肯特(Kent)、怀特岛(Isle of Wight)及西撒克逊(West Saxon)地区,他们建立了肯特王国(Kent)。盎格鲁人来自朱特人和撒克逊人祖居地之间的盎格尔恩(Angeln),即今天的石勒苏益格地区(Schleswig),他们迁徙至不列颠岛上后逐渐形成了东盎格鲁人(East Angles)、中盎格鲁人(Middle Angles)、麦西亚人(Mercians)、诺森伯里亚人(Northumbrians)以及其他的盎格鲁人部落,盎格鲁人建立的国家主要有东盎格利亚(East Anglia)、麦西亚(Mercia)和诺森伯里亚(Northumbria)。撒克逊人来自古撒克逊地区,即今天的荷尔斯泰因(Holstein)地区,他们迁徙至不列颠后逐渐分成三支:南撒克逊人(South Saxons)、西撒克逊人(West Saxons)和东撒克逊人(East Saxons),他们建立的王国主要有苏塞克斯(Sussex)、威塞克斯(Wessex)和埃塞克斯

(Essex)。盎格鲁人和撒克逊人是日耳曼部落中两个有较强联系的分支，他们远离罗马文明，野蛮好斗。5世纪之前英国被称为不列颠，盎格鲁-撒克逊人到来之后才称为英格兰，意为盎格鲁人的土地。①

5至6世纪迁居到不列颠的盎格鲁-撒克逊人正处于军事民主制时代，他们在英格兰建立了众多的部落小国，最初似乎有三十多个，其中很多由军事首领控制。② 这些小国在持续的纷争中或壮大崛起、或衰落毁灭，至6世纪末，亨伯河（the Humber）以南至少存在十几个国家，其中最主要的国家为：肯特、苏塞克斯、埃塞克斯、威塞克斯、麦西亚、诺森伯里亚和东盎格利亚等七国。除以上七国外，还有林赛（Lindesy）、赫威塞（Hwicce）、麦肯赛特（Magonsaete）、中盎格利亚（Middle Anglia）、米德尔塞克斯（Middlesex）和萨里（Surrey）等小国，这些小国的轮廓和历史并不太为人所知，它们最初都是独立的部落王国，有些还曾在混战中崭露头角，如米德尔塞克斯。多数小国成了大国争霸的牺牲品，它们沦为大国的附属国或被大国兼并，原来的统治者也逐渐变成大国统治者的附属王（subking）或方伯（ealdorman）。③ 自6世纪末至9世纪后期，这些国家时战时和，轮转起落，谱写了盎格鲁-撒克逊英格兰七国争霸的历史。

肯特是盎格鲁-撒克逊诸国中最早建立的国家。据英格兰史学之父比德（Bede）的记载，5世纪中叶，肯特的不列颠王为了防御皮克特人（Picts）和苏格兰人的入侵，邀请朱特人帮忙，朱特人首领亨吉斯特（Hengist）和霍萨（Horsa）两兄弟率众部落民乘船前往肯特。在肯特登陆后，这些朱特人先打败了皮克特人，接着又推翻了不列颠王，建立了肯特王国。有人认为肯特这一地名就是朱特人这一族名的变音。④ 有关朱特人入居的历史过于久远，多流于传说，在英国的古诗里，亨吉斯特被描

---

① 钱乘旦、徐洁明：《英国通史》，上海社会科学院出版社，2002年，第19页。
② Barbara Yorke, *Kings and Kingdom of Early Anglo-Saxon England*, London and New York: Routledge, 2003, p. 156.
③ Peter Hunter Blair, *An Introduction to Anglo-Saxon England*, Cambridge: Cambridge University Press, 2003, pp. 27－28.
④ 比德：《英吉利教会史》，陈维振、周清民译，商务印书馆，1996年，第49页。

写成朱特人的军事首领。①

6世纪后期肯特开始称霸,埃塞尔伯特(Ethelberht,560—616年在位)是《盎格鲁-撒克逊编年史》(Anglo-Saxon Chronicles)中第三个被称为"布雷特瓦尔达"(Bretwalda)即"不列颠统治者"的王。② 在他统治时期,其霸权范围一直扩展至亨伯河以南地域,亨伯河以南诸王国均承认其霸主地位。埃塞尔伯特统治肯特56年,"霸权长达30年之久"。③ 埃塞尔伯特也是早期英国教会史上的著名人物,公元597年,埃塞尔伯特在其首都坎特伯雷(Canterbury)接待了罗马教皇格雷戈里一世(Gregory I)派出的传教使节奥古斯丁(Augustine),后来他在奥古斯丁的影响下接受了基督教洗礼。埃塞尔伯特是盎格鲁-撒克逊诸王国中第一位接受基督教的王,肯特也是第一个接受基督教的盎格鲁-撒克逊王国。埃塞尔伯特的霸主地位还表现在对其他王国的影响上,埃塞尔伯特的妹妹嫁给了埃塞克斯国王塞勒德(Sledd),塞勒德家族能够获得东撒克逊的统治权,与埃塞尔伯特的影响分不开。在埃塞尔伯特的影响下,埃塞克斯在塞勒德的儿子萨博特(Sabert,604—？年在位)统治时期皈依了基督教。埃塞尔伯特也能对东盎格利亚施加影响,该国国王雷德沃尔德(Rædwald,？—627年在位)是他的另一个外甥,埃塞尔伯特也说服雷德沃尔德放弃异教信仰,皈依基督教。埃塞尔伯特还制定了盎格鲁-撒克逊英格兰的第一部成文法典——《埃塞尔伯特法典》(The Laws of Ethelberht),这是一部按照罗马方式制定的成文法,西方学者认为该法典的制定具有重要意义,"标志着肯特王国已经进入了欧洲较先进的日耳曼王国的行列"④。

埃塞尔伯特之后,肯特王国的势力逐渐衰退,不断受到其他盎格鲁-撒克逊王国的干涉和入侵。最初的威胁来自诺森伯里亚,诺森伯里亚王

① Barbara Yorke, *Kings and Kingdom of Early Anglo-Saxon England*, p. 26.

②《盎格鲁-撒克逊编年史》,寿纪瑜译,商务印书馆,2004年,第70页。

③ D. P. Kirby, *The Earliest English Kings*, New York: Routledge, 2000, p. 24.

④ D. P. Kirby, *The Earliest English Kings*, p. 29.

埃德温(Edwin,616—632 年在位)、奥斯瓦尔德(Oswald,634—642 年在位)、奥斯维(Oswiu,642—670 年在位)相继称霸不列颠达 50 多年。664年,奥斯维曾试图干涉坎特伯雷大主教的任命。

自 7 世纪后半期始,肯特王国经常遭受麦西亚和威塞克斯的入侵,直至其被瓜分和征服。676 年,为了加强自身霸权以及消除肯特在萨里和伦敦的势力,麦西亚王埃塞尔雷德(Ethelred,675—704 年在位)入侵肯特,劫掠蹂躏了罗切斯特(Rochester)主教区,致使该主教区废弃了很长一段时间。7 世纪 80 年代,来自威塞克斯的入侵致使肯特近乎灭国。686 年,威塞克斯王卡德瓦拉(Cædwalla,685—688 年在位)和其弟穆尔(Mul)入侵肯特,推翻了肯特王埃德里克(Eadric,685—687 年在位)的统治,穆尔成为东肯特王(686—687 年在位),肯特王国沦为威塞克斯的附属国。687 年,肯特人起来反抗,烧死了穆尔及其十二位随从。[1] 卡德瓦拉再次入侵,征服肯特;694 年肯特与威塞克斯达成妥协,肯特人为烧死穆尔事件向威塞克斯偿付三万便士。[2] 8 世纪,肯特的主要威胁来自麦西亚。埃塞尔伯特二世(Ethelberht Ⅱ,725—767 年在位)和埃德伯特(Eadberht,725—762 年在位)统治时期,肯特受控于麦西亚王埃塞尔鲍德(Ethelbald,716—757 年在位)。埃塞尔鲍德曾干预坎特伯雷大主教的任命,他让一位麦西亚人做了坎特伯雷大主教。[3] 此外,原属肯特的伦敦也为麦西亚所控制。麦西亚王奥法(Offa,757—796 年在位)统治时期,东、西肯特王皆向奥法臣服,遵从其权威,当时肯特王封授土地,需要征得奥法的同意。[4] 奥法最初并未直接统治肯特,他让东、西肯特王埃格伯特二世(Egbert Ⅱ,764—785 年在位)和希尔伯特(Heahbert,764—765年在位)做他的附属王共治肯特;至 772 年,奥法开始直接统治。776 年,埃格伯特二世领导肯特人反抗奥法的统治,肯特军在奥特福德(Otford)

---

[1] Barbara Yorke, *Kings and Kingdom of Early Anglo-Saxon England*, p. 30.
[2]《盎格鲁-撒克逊编年史》,第 45 页。
[3] Barbara Yorke, *Kings and Kingdom of Early Anglo-Saxon England*, p. 31.
[4] Ibid. , p. 30.

打败麦西亚军队,778 年肯特甚至赢得独立。785 年,肯特再次被麦西亚征服。奥法去世后,肯特人爆发了反抗麦西亚的起义,也曾赢得短暂独立,但很快被麦西亚军队镇压。798 年,麦西亚王琴伍尔夫(Cenwulf)蹂躏肯特,俘获了肯特王埃德伯特·普兰(Eadberht Praen,796—798 年在位),砍其双手,弄瞎其双眼,并带回麦西亚。琴伍尔夫让自己的弟弟卡斯雷德(Cuthret,798—807 年在位)作为附属王统治肯特。① 此后,麦西亚王大都以王族成员充附属王的形式来统治肯特,直至 825 年。肯特人也曾多次起来反抗麦西亚的统治,823—825 年间就发生过较大规模的起义。

825 年,威塞克斯王埃格伯特(Egbert,802—839 年在位)驱逐了统治肯特的麦西亚附属王贝尔德雷德(Baldred,823—835 年在位),肯特被威塞克斯王国征服。接着,肯特与苏塞克斯、萨里、埃塞克斯等皆成为威塞克斯的附属国。858 年,肯特最终并入威塞克斯。

东盎格利亚是盎格鲁人于 5 世纪末建立的一个王国,其领土范围大体相当于现在英国的诺福克郡(Norfolkshire)和萨福克郡(Suffolkshire),该王国大片土地都被沼泽地包围,处于比较有利的防御位置,这可能是东盎格利亚王国在 6 世纪末成为盎格鲁-撒克逊强国之一的重要因素。

有关该王国的早期历史很模糊,第一位出现在教会史上的东盎格利亚著名君主是雷德沃尔德(Rædwald,? —627 年在位),他的父亲是泰提(Tytil),祖父是伍法(Wuffa),因为伍法的原因,东盎格利亚诸王也被称为伍芬斯(Wuffingas)。② 雷德沃尔德是肯特王埃塞尔伯特的外甥,早期他一直在埃塞尔伯特的荫蔽下实施统治,在其舅父的影响下,雷德沃尔德皈依了基督教。埃塞尔伯特去世后,雷德沃尔德成为南英格兰的霸主。雷德沃尔德曾插手诺森伯里亚内政,当时诺森伯里亚的两个小王国

① 《盎格鲁-撒克逊编年史》,第 64—65 页。
② 比德:《英吉利教会史》,第 139 页。

贝尼西亚(Bernicia)与德伊勒(Deira)发生战争,贝尼西亚王埃塞尔弗里斯(Ethelfrith)追捕德伊勒王埃德温(Edwin),雷德沃尔德给埃德温保护和支持。雷德沃尔德先是在德伊勒和麦西亚边境的一场战役中打败了埃塞尔弗里斯,接着他又帮助埃德温登上诺森伯里亚王位。7世纪40年代,东盎格利亚与麦西亚因为争夺对东米德兰(East Midlands)的控制权爆发战争①,麦西亚王彭达(Penda,626—655年在位)率军入侵东盎格利亚,国难当头之时,因笃信基督教早已逊位并隐居修道院的东盎格利亚王西格伯特(Sigeberht,630—? 年在位)从修道院还俗,他与当时的埃格里克王(Ecgric)共率东盎格利亚士兵对抗麦西亚人,最后双双殒命沙场。7世纪50年代以后,来自麦西亚的威胁进一步加剧。麦西亚王彭达再次入侵东盎格利亚,当时正值安纳王(Anna,653—654年在位)统治时期,麦西亚军队蹂躏了东盎格利亚,毁坏了位于诺福克郡伯格堡(Burgh Castle)的修道院。安纳王被驱逐,后返回复位,但麦西亚再次入侵,安纳王被杀。彭达让自己的儿子皮达(Peada)统治东米德兰;安纳的弟弟埃塞尔赫(Ethelhere,653—655年在位)继承东盎格利亚王位,他向彭达称臣。两年后,埃塞尔赫起兵反抗麦西亚,兵败而死。

　　8世纪90年代,麦西亚王奥法征服东盎格利亚。东盎格利亚王埃塞尔伯特(Ethelberht,779—794年在位)曾领导反抗奥法的起义,结果兵败,埃塞尔伯特被奥法处死。奥法去世后,东盎格利亚曾获得短暂独立,但最终还是被麦西亚征服,东盎格利亚再次沦为麦西亚的附属国。

　　825年,在威塞克斯的支持下,东盎格利亚人发动了反抗麦西亚的起义,这次起义虽然使东盎格利亚摆脱了被麦西亚人统治的命运,但又沦为威塞克斯的附属国。东盎格利亚王国的最终命运与维京人(Vikings)入侵密切相关,865—866年冬季,维京人曾入境东盎格利亚过冬,当时正值埃德蒙王(Edmund,855—869年在位)统治时期。869年,维京人再度入侵,他们在东盎格利亚王国大肆蹂躏,摧毁所经之地的修道院,杀死埃

---

① Barbara Yorke, *Kings and Kingdom of Early Anglo-Saxon England*, p. 62.

德蒙王,征服了整个东盎格利亚。9世纪70年代,根据阿尔弗雷德与丹麦首领古思伦(Guthrum)签订的《韦德莫尔条约》(Wedmore Truce),东盎格利亚成为丹法区(Danelaw)的一部分。917年,"长者"爱德华(Edward the Elder,899—924年在位)收复东盎格利亚,此后东盎格利亚成为英格兰的一个伯爵领。

埃塞克斯(Essex)意为东撒克逊人(East Saxons)居住的地方,是盎格鲁-撒克逊人最早的入居地之一,5世纪早期,东撒克逊人就日渐迁居于这里。埃塞克斯王国建立于6世纪,其主要疆域包括埃塞克斯郡(Essexshire)、米德尔塞克斯郡(Middlesexshire)、赫特福德郡(Hertfordshire)东南部地区、萨里(Surrey)地区及伦敦。东撒克逊王族的历史可以追溯至塞勒德王(587—604年在位),他是东撒克逊王室谱系表上的第一代王,肯特王埃塞尔伯特的妹妹芮克拉(Ricula)是他的王后。

早期的埃塞克斯王国受制于肯特王埃塞尔伯特,第二代埃塞克斯王萨博特(Sabert,604—?年在位)是肯特王埃塞尔伯特的外甥,当时的伦敦虽属萨博特统辖,却被埃塞尔伯特控制,埃塞尔伯特还在那里建立了第一个圣保罗教堂。萨博特一直在其舅父的庇护下实施统治,直至埃塞尔伯特去世。616年,埃塞克斯人起来反对萨博特,主要是因为不满肯特的干涉并且反对基督教信仰,早期的埃塞克斯王国为多神异教信仰,在肯特王埃塞尔伯特影响下皈依了基督教。此后,埃塞克斯王国曾一度恢复异教信仰,至653年,在诺森伯里亚王奥斯维(Oswiu)的影响下,埃塞克斯才再度回归基督教。

自第三代王即萨博特的儿子们开始至第八代王,埃塞克斯大多实施多王共治。第三代是三王共治,第四代、第五代是一王统治,第六代、第七代和第八代皆为两王共治。这些共治王的地位并非完全一样,力量强大的王居于相对的主导地位,如第七代王赛比(Sæbbi)是一位强势国王,他与西格希尔(Sigehere)共治埃塞克斯。赛比在位时间约30年,他使自己的两个儿子西格赫尔德(Sigeheard)和斯韦弗里德(Swaefred)承袭王位,成为第八代共治王,还让另一个儿子斯韦夫赫德(Swaefheard)成为肯特王。

多王共治是埃塞克斯政治制度的一个特色,这种制度不仅意味着埃塞克斯的多重王权,同时也意味着持续的冲突和动荡。在赛比与西格希尔共治时期,这两个王在各自势力范围内实施不同的政策,如664年赛比统治下的人信奉基督教,而西格希尔统治下的人则坚持异教信仰。内部冲突也为外来干涉提供了机会,因为他们可以利用东撒克逊共治王之间的矛盾寻求各自的支持力量。7世纪后半期,共治王赛比和西格希尔就曾深陷麦西亚与威塞克斯争夺肯特的漩涡之中,西格希尔站在威塞克斯王卡德瓦拉(Cædwalla,685—688年在位)一边,在卡德瓦拉的支持下,西格希尔曾征服肯特,做了西肯特王,与卡德瓦拉的弟弟穆尔共治肯特;赛比则站在麦西亚王一边,这是他的一贯立场。687年,穆尔被杀,肯特人造反。688年,在麦西亚王的支持下,赛比的儿子斯韦夫赫德取代西格希尔成为西肯特王。

总体来看,埃塞克斯王国没有像其他盎格鲁-撒克逊王国那样出现过强大的霸主,尽管在某一时期,埃塞克斯曾经扩张至中撒克逊地区(Middle-Saxons),甚至在短期内还曾占领过肯特王国的部分地区。

7世纪后半期至8世纪早期,埃塞克斯屈从于麦西亚霸权,埃塞克斯诸王在赫特福德郡和米德尔塞克斯郡封授土地的时候要承认麦西亚王的领主权,这种状况一直持续到716年。在麦西亚王埃塞尔鲍德(Ethelbald,716—757年在位)统治时期,中撒克逊地区已经完全为麦西亚所控制,埃塞尔鲍德及其后的奥法王都能在赫特福德郡和米德尔塞克斯郡地区自由封授土地。埃塞克斯发行的货币也能反映出麦西亚对埃塞克斯的影响:埃塞克斯货币的正面是一只站立的凤凰,这是埃塞克斯自身的特征;货币反面是一个狼头,这个图案来自麦西亚王埃塞尔鲍德。货币虽为埃塞克斯发行,但要经麦西亚王埃塞尔鲍德许可才行。[1]

8世纪时,尽管经常处于麦西亚的霸权之下,埃塞克斯仍能作为一个

---

[1] Barbara Yorke, *Kings and Kingdom of Early Anglo-Saxon England*, pp. 49 - 54.

独立王国幸存下来。至奥法去世时,麦西亚周边的几个小国都没有王了,但东撒克逊王却一直存在,当然,有些时候他们已经被削弱到军事首领(dux)的地位。对于埃塞克斯的长期独立,有西方学者认为"可能与东撒克逊诸王及教会人士能够掌控复杂局势的能力有关"①。

埃塞克斯王国最终由威塞克斯吞并,825 年,埃塞克斯、苏塞克斯、肯特以及萨里皆归附于威塞克斯王埃格伯特,埃塞克斯成为威塞克斯的属国,由埃格伯特的儿子埃塞尔伍尔夫(Ethelwulf,839—855 年在位)统治。后根据《韦德莫尔条约》,埃塞克斯沦为丹法区的一部分,至 917 年由"长者"爱德华收复。

苏塞克斯王国是盎格鲁-撒克逊七国中版图最小的一个,其领土范围约为今天英国东南威尔德地区(Weald)南部。苏塞克斯王国也是盎格鲁-撒克逊诸国中历史记载最少的一个,与该国有关的记叙很贫乏,只能根据其他国家的历史记载来追溯其大致的脉络。

苏塞克斯的立国者是撒克逊人的首领埃尔(Alle,477—514 年在位),立国时间为 5 世纪后半期。据《盎格鲁-撒克逊编年史》记载:477年,埃尔和他的三个儿子率领三条船来到不列颠,到达今天苏塞克斯南部的一个地方,在那里杀死了许多不列颠人。485 年,埃尔在米尔克雷兹伯纳溪流岸边附近同不列颠人作战。491 年,埃尔与另一位首领包围了今苏塞克斯东南沿海佩文西(Pevensey)附近罗马安德里达堡垒所在地的不列颠人,将他们全部杀死。② 埃尔数次打败不列颠人,曾一度确立起短暂的军事霸权,他是《盎格鲁-撒克逊编年史》中记载的第一位霸主。埃尔去世后,传位于其子斯萨(Sisa,514—589/590 年在位),斯萨为王76 年。

至 7 世纪后半叶,苏塞克斯王国还是异教多神信仰,直至约克主教威尔弗里德(Wilfrid)来该国传教,苏塞克斯民众才接受了基督教。

---

① Barbara Yorke, *Kings and Kingdom of Early Anglo-Saxon England*, p. 51.
②《盎格鲁-撒克逊编年史》,第 13 页。

685—688 年,威塞克斯国王卡德瓦拉征服苏塞克斯,苏塞克斯王阿德尔瓦茨战死沙场,苏塞克斯的两个王子被征服者俘虏后杀害,他们是在临刑前接受了基督教洗礼。① 在卡德瓦拉之后的伊尼王(Ine)统治期间,苏塞克斯继续臣服于威塞克斯。

771 年,麦西亚王奥法将包括苏塞克斯王国在内的邻国征服,苏塞克斯的末代国王成了奥法的附属王。自 771—825 年,苏塞克斯一直处于麦西亚的统治下。825 年,苏塞克斯与其他几个盎格鲁-撒克逊王国皆被威塞克斯王埃格伯特征服。

麦西亚是盎格鲁-撒克逊七国中实力最雄厚,版图最大的王国,它的疆域囊括了今天英格兰中部各郡,国境绵长,与其余六国及威尔士都有交界。麦西亚是盎格鲁人建立的王国,立国时间为 585 年,立国者是塞奥达(Creoda),他是彭达王(Penda,626—655 年在位)的祖父。麦西亚人最初聚居于特伦特河(the Trent)南岸,后不断扩张,655 年,彭达曾以特伦特河为界将麦西亚分成北麦西亚和南麦西亚。自 669 年起,麦西亚的主教坐堂就设在特伦特河南岸的利奇菲尔德(Lichfield),麦西亚王的活动中心即王家庄园和雷普顿(Repton)修道院亦在附近。"麦西亚人"(Mercians)意为"边民"或者"居住在边界的人",自入居不列颠至 7 世纪早期,麦西亚人一直生活在盎格鲁-撒克逊人与不列颠人之间的区域,因为临近不列颠人的边界,所以才有了"麦西亚人"的称谓。②

麦西亚的扩张始于塞奥达的孙子彭达(Penda,626—655 年在位),彭达极具军事天赋,在他统治时期,麦西亚不断与北面、南面及东面的诺森伯里亚、威塞克斯以及东盎格利亚发生战争。除此之外,麦西亚还不断蚕食它西面的不列颠人王国。7 世纪后半期,麦西亚的土地扩张很快,此时的麦西亚边界已不再限于特伦特河南岸,该河流域的广大土地要么为麦西亚所有,要么成为麦西亚的势力范围。如在麦西亚与诺森伯里亚之

---

① 大卫·休谟:《英国史》,第一卷,刘仲敬译,吉林出版集团有限责任公司,2012 年,第 38 页。
② Barbara Yorke, *Kings and Kingdom of Early Anglo-Saxon England*, pp. 100‑102.

间至少有皮克赛特(Pecsate)、林赛等 20 个地方政权属于麦西亚的势力
范围,这些政权占地面积较小,约在 300—1 200 海德(hide)①之间,统称
中盎格利亚(Middle Anglia);麦西亚与威塞克斯之间的赫威塞
(Hwicce)、汉德里克(Hendrica)等小国也依附于麦西亚。对于这些地
区,彭达大多派其儿子或其他王室成员实施统治,他的儿子皮达就是其
中之一。彭达的影响力可通过他对这些附属国军队的号令权反映出来,
如在温沃伊德(Winwaed)战役中就有 30 位首领(duces)随其作战,此外
还有东盎格利亚、诺森伯里亚的德伊勒王国,以及一些不列颠人王国的
军队。② 彭达时期,麦西亚的扩张进展甚大,但诺森伯里亚随后崛起,使
彭达无法在扩张的道路上走得更远;诺森伯里亚王奥斯瓦尔德(Oswald,
634—642 年在位)及东盎格利亚王安纳(Anna,653—654 年在位)遏制了
他的称霸野心。655 年,诺森伯里亚的奥斯维王抵抗麦西亚的入侵,彭达
死于战场。彭达统治麦西亚达 30 年之久,他去世时,麦西亚还没有接受
基督教,所以彭达是一位"异教"霸主。

　　彭达的儿子伍尔夫希尔(Wulfhere,658—675 年在位)统治时期,麦
西亚已经开始基督教化。和其父彭达一样,伍尔夫希尔也为争夺亨伯河
以南的霸权经常与周边的盎格鲁-撒克逊诸国发生战争。674 年,伍尔夫
希尔率兵入侵诺森伯里亚,结果失败,被迫向诺森伯里亚臣服纳贡。

　　麦西亚在埃塞尔鲍德(Ethelbald,716—757 年在位)和奥法(Offa,
757—796 年在位)统治时期,疆域得到很大的扩展,几乎亨伯河以南的所
有王国都向其臣服。741 年,从前独立的麦肯赛特(Magonsaete)、米尔德
弗里特(Mildfrith)等皆归附于麦西亚,埃塞尔鲍德委派麦西亚贵族进行
统治。埃塞克斯将伦敦、米德尔塞克斯(Middlesex)以及赫特福德郡的
控制权转给麦西亚。埃塞尔鲍德和奥法经常在赫威塞封授土地和授予
爵位,赫威塞统治者向麦西亚王承认其附属地位,中盎格利亚地区成为

---

① 海德,中世纪英国土地单位,约 120 英亩,见杰拉尔德·豪厄特主编:《世界历史词典》,简本,
　　商务印书馆,1988 年版,第 171 页。
② Barbara Yorke, *Kings and Kingdom of Early Anglo-Saxon England*, p. 106.

麦西亚王国的一部分,奥法称赫威塞王为"我的附属王,我的方伯"①。

8世纪,麦西亚的扩张遭遇了强劲的对手威塞克斯,双方为争夺伯克郡地区(Berkshire)的库克汉姆修道院(Cookham)曾多次发生冲突。7世纪晚期,伯克郡地区原为威塞克斯所有,8世纪时,该地被埃塞尔鲍德夺得,他将库克汉姆修道院赠与坎特伯雷教会。埃塞尔鲍德去世时,威塞克斯王基内伍尔夫(Cynewulf)又将其夺回。至779年,库克汉姆修道院又回到奥法手中。此时期的麦西亚与威塞克斯旗鼓相当,谁也占不到更多的便宜,所以才有库克汉姆修道院的多次易手。

奥法统治时期,麦西亚霸权达至鼎盛,他被尊为"盎格鲁人之王",英格兰南部诸王国皆向其臣服。② 奥法最主要的功绩是征服肯特王国和苏塞克斯王国。764年,奥法征服肯特,肯特王成为他的附属王,"奥法以仆从之礼待之"。③ 此后,除776—778年外,肯特一直处于奥法控制下;785年后,奥法开始直接统治肯特。770—771年间,奥法征服了苏塞克斯。奥法还将麦西亚的势力扩张至东盎格利亚,790年,奥法入侵东盎格利亚,794年,他下令处死东盎格利亚王埃塞尔伯特(Ethelberht,779—794年在位)。790年,奥法在东盎格利亚的铸币厂铸造货币,至其统治结束时,奥法在坎特伯雷、罗切斯特(Rochchester)、伦敦以及东盎格利亚、伊普斯威奇(Ipswich)等地都铸造了货币,他还是第一个将名字铸在麦西亚货币上的国王。④ 以上史实不仅彰显了奥法的霸权,也能反映出该时期麦西亚贸易繁盛的事实,因为控制伦敦和肯特使得麦西亚与法兰克王国的贸易联系更加便利了。

8世纪后半叶,奥法在麦西亚王国的西部修建了著名的奥法大堤(Offa's Dyke),这是一项庞大的土石方工程,主要是为了抵御威尔士人的侵扰。该大堤从切普斯托(Chepstow)附近的塞文河(the Severn)起,

---

① Barbara Yorke, *Kings and Kingdom of Early Anglo-Saxon England*, p. 113.

② F. M. Stenton, *Anglo-Saxon England*, Oxford: Clarendon Press, 1971, p. 211.

③ 肯尼斯·O.摩根:《牛津英国通史》,王觉非等译,商务印书馆,1993年,第83页。

④ Barbara Yorke, *Kings and Kingdom of Early Anglo-Saxon England*, pp. 114-115.

一直延伸至迪河(the Dee)河口湾,全长270公里,从一侧海洋到另一侧海洋,在英格兰和威尔士之间构成一条连绵不断的壁障。奥法大堤的修建完全表明了"奥法所掌握的巨大资源"。①

为确保麦西亚的霸权地位,麦西亚王以新的方式提升麦西亚王权的尊严。埃塞尔鲍德和奥法意识到他们在南英格兰的主导地位,除了让那些附属王遵从他们的权威外,他们还使用了新称谓,如埃塞尔鲍德和奥法都在法律文件中称自己为"不列颠王"(*Decus Britanniae*)。② 从法兰克国王查理曼写给奥法的信件中也可表明奥法的独特地位,查理曼称奥法为"最亲的兄弟",以表明他们处于同等地位。③ 787年,奥法以隆重的基督教仪式册封他的儿子埃格弗里斯(Egfrith,796年在位)为麦西亚王。至奥法统治结束时,麦西亚已经囊括了从泰晤士河至亨伯河之间的绝大部分土地。奥法直接控制了东盎格利亚、肯特、苏塞克斯,而且他还迫使威塞克斯和诺森伯里亚对其保持臣服关系。

埃格弗里斯统治时间很短,他死后麦西亚王族因争夺王位而发生内战,当时竞争王位的有三个家族,最终琴伍尔夫(Cenwulf,796—821年在位)胜出。琴伍尔夫不失为一位有作为的国王,他基本上保住了奥法时期的扩张成果,比如肯特和苏塞克斯。至琴伍尔夫统治末期,因为教俗关系恶化,麦西亚发生政治动荡。琴伍尔夫与坎特伯雷大主教伍尔弗雷德(Wulfred)因为麦西亚修道院的所属权问题发生了争执,像奥法一样,琴伍尔夫也声称自己是肯特王国的继承者,并以此为据控制了里卡尔佛(Reculver)和萨尼特(Thanet)的教堂和修道院。而坎特伯雷大主教伍尔弗雷德正急于按照加洛林王朝的方式实施教区改革,他坚决反对世俗国王对教会的所有权,声称所有教区都应该置于他的管辖之下。琴伍尔夫于是停止伍尔弗雷德的教职,伍尔弗雷德大主教转而支持琴伍尔夫的弟弟切奥尔伍尔夫(Ceolwulf I,822—823年在位),切奥尔伍尔夫在修道

① 肯尼斯·O.摩根:《牛津英国通史》,第85页。
② Barbara Yorke, *Kings and Kingdom of Early Anglo-Saxon England*, p. 114.
③ 肯尼斯·O.摩根:《牛津英国通史》,第83页。

院所属权问题上与大主教达成和解,然后在大主教的支持下登上王位。切奥尔伍尔夫统治不久,也与坎特伯雷大主教因为麦西亚修道院的所属权问题发生争执,823 年,麦西亚再次上演王位争夺战,在坎特伯雷大主教的支持下,伯恩伍尔夫(Beornwulf,823—826 年在位)发动政变,夺得王位。

9 世纪,麦西亚由盛转衰,其霸权地位最终为威塞克斯取代。麦西亚的政治动荡给了威塞克斯王国崛起的机会。802 年,威塞克斯摆脱了麦西亚的控制。825 年,威塞克斯王埃格伯特在威尔特郡(Wiltshire)的埃伦登(Ellendun,现名劳顿)附近赢得了一场决定性的胜利,大败麦西亚王伯恩伍尔夫。接着,威塞克斯军入侵肯特,驱逐了统治肯特的麦西亚附属王贝尔德雷德(Baldred,823—825 年在位),埃格伯特吞并肯特、萨里、苏塞克斯以及埃塞克斯等地区。826 年,东盎格利亚也趁机摆脱了麦西亚的控制权。

威格拉夫(Wiglaf,827—840 年在位)统治时期,麦西亚分裂为两部分。829 年,威塞克斯王埃格伯特再次入侵麦西亚,麦西亚被迫承认威塞克斯的宗主地位。此后,威塞克斯控制了麦西亚南部地区,威格拉夫及其继承人以附属王的身份统治麦西亚的腹地以及伯克郡泰晤士河以南的地区。伯格雷德时期(Burgred,852—874 年在位),麦西亚与威塞克斯的埃塞尔伍尔夫缔结协定,伯克郡(Berkshire)并入威塞克斯,由麦西亚人担任郡长,两个王国发行通用货币,共同对抗威尔士人。[①]

维京入侵是摧垮麦西亚的最后一根稻草。868 年,维京大军进入诺丁汉(Nottingham);872 年,维京人进入伦敦;873 年,维京人进入林赛;874 年,维京大军侵入雷普顿(Repton),雷普顿位于麦西亚的中心,是埋葬麦西亚王以及王储们(Athelings)的地方。是年,伯格雷德(Burgred,852—874 年在位)被驱逐,避难于罗马,麦西亚臣服于维京人。后根据威塞克斯和维京人的和约,麦西亚东部地区成为丹法区的一个组成部分,

---

① Barbara Yorke, *Kings and Kingdom of Early Anglo-Saxon England*, pp. 122-123.

西部地区则为威塞克斯的阿尔弗雷德大王（Alfred the Great）控制，成为威塞克斯王国的一个伯爵领地，至此，麦西亚王国的历史宣告结束。

诺森伯里亚是盎格鲁人建立起来的盎格鲁-撒克逊王国，主要由贝尼西亚（Bernicia）和德伊勒（Deira）两个王国组成，又兼并和吸收了周边的克尔特小王国。这两个王国以蒂斯河（the Tees）为界，贝尼西亚的疆域范围包括今天的东苏格兰、英格兰的伯维克（Berwick）、罗克斯堡（Roxburgh）、东诺森伯里亚以及达勒姆（Durham）地区，其核心大致为泰恩河（the Tyne）流域。德伊勒的疆域范围包括今天英格兰约克郡的北部和东部地区，其核心在约克郡东部。

诺森伯里亚的王族可以溯源至 5 世纪，据记载，贝尼西亚王族中最先来到不列颠的人叫欧萨（Oessa），他是埃达王（Ida，547—559 年在位）的祖父。他的孙子埃达率众征服了当地的不列颠人，在同其他盎格鲁-撒克逊军事首领的竞争中获胜后，于 547 年自立为贝尼西亚王。比较准确的贝尼西亚历史开始于埃达的孙子埃塞尔弗里斯（Ethelfrith，592—616 年在位），他也是其统治时间能够确切考证的第一位贝尼西亚王。通常认为德伊勒王国建立的时间要早于贝尼西亚，大约在 5 世纪上半叶，一位叫塞米尔（Sæmil）的盎格鲁-撒克逊首领率众征服了德伊勒的不列颠人，他是德伊勒埃尔王（Alle）的先祖。埃尔是第一位确切知道其名字的德伊勒王，597 年，奥古斯丁使团到达不列颠的时候，正值他统治德伊勒。埃尔是埃德温王（Edwin，616—633 年在位）的父亲，埃德温是第一位其统治时间能够确切考证的德伊勒王。①

7 世纪，贝尼西亚与德伊勒曾有过短暂联合，贝尼西亚王埃塞尔弗里斯（Ethelfrith，592—616 年在位）是第一位将贝尼西亚和德伊勒联合在一起的王。604 年，埃塞尔弗里斯入侵德伊勒，驱逐了埃尔的儿子埃德温，他将两个王国合并为诺森伯里亚王国，并开始向苏格兰扩张。不过，被他驱逐的埃德温来到当时的霸主——东盎格利亚王雷德沃尔德

① Barbara Yorke, *Kings and Kingdom of Early Anglo-Saxon England*, pp. 74 - 77.

(Rædwald)的王廷避难,这次避难成了埃德温的命运转折点,雷德沃尔德王不仅为埃德温提供保护,而且还帮助他夺回王位。616年,雷德沃尔德在战场上杀死了埃塞尔弗里斯,在雷德沃尔德的支持下,埃德温成为贝尼西亚和德伊勒共同的王。这次流亡经历不仅使埃德温和雷德沃尔德建立起良好的关系,而且还使他在雷德沃尔德的影响下皈依了基督教。

　　埃德温是当时盎格鲁-撒克逊诸王中的佼佼者,以公义治国。据传,埃德温在位期间,王国境内偃然有序,妇孺可以在路上携带黄金,不会有抢劫的危险。① 雷德沃尔德去世后,埃德温继其后成为霸主。633年,埃德温对抗由威尔士的格温尼德(Gwynedd)王国的卡德瓦隆王(Cadwallon)和麦西亚的彭达王联合组成的大军,被卡德瓦隆杀死在战场上。埃德温死后,贝尼西亚和德伊勒的联合也宣告结束,埃塞尔弗里斯的儿子恩弗里斯(Eanfrith,633—634年在位)统治贝尼西亚,埃德温的堂弟奥斯里克(Osric,633—633年在位)统治德伊勒。这两位国王掌国后,都抛弃了基督教信仰,后来也都被不列颠王卡德瓦隆所杀。

　　重新将两个王国联合起来的是奥斯瓦尔德王(Oswald,634—642年在位),他是比德笔下的第六位霸主。奥斯瓦尔德是埃塞尔弗里斯的另一个儿子,他被比德称为"最虔诚的基督教徒"。② 奥斯瓦尔德早期曾被流放到苏格兰西南的达里亚达王国(Dalriada),他在那里接受了基督教,在收复贝尼西亚王国和德伊勒王国之后,他把基督教引入诺森伯里亚。奥斯瓦尔德与彭达争夺霸权,还曾入侵威尔士。642年8月5日,奥斯瓦尔德被彭达所杀,他死后被尊为圣徒,一方面是因为他对教会的贡献,另一方面是因为杀死他的彭达是异教徒,他便被看作是殉道者。奥斯瓦尔德在比德眼里是最理想的君主,比德称他为"虔诚笃信的奥斯瓦尔德王"。③

---

① 大卫·休谟:《英国史》,第一卷,第30页。
② 比德:《英吉利教会史》,第150页。
③ 同上书,第161页。

奥斯瓦尔德死后,其弟奥斯维(Oswiu,642—670 年在位)即诺森伯里亚王位,他是比德笔下的第七位霸主。德伊勒王国拒不承认奥斯维的统治,由原德伊勒王族的奥斯温(Oswine,644—651 年在位)进行统治,诺森伯里亚于是再度分裂。分离出去的德伊勒很快就失去独立地位,屈服于麦西亚的彭达王。贝尼西亚征服德伊勒的道路很曲折,长久以来一直没能取得决定性的胜利。为了赢得德伊勒贵族的承认,贝尼西亚王做出很大努力,奥斯维娶原德伊勒王埃德温的女儿为妻,从而使两个王族的血脉结合在一起,这才使贝尼西亚的王族后裔最终赢得了德伊勒的统治权。679 年,奥斯维的儿子埃格弗里斯(Egfrith,670—685 年在位)将贝尼西亚和德伊勒两个王国统一起来,通常认为这一年是诺森伯里亚王国真正的开始。[①] 两个王国的最终联合还与 664 年召开的惠特比(Whitby)宗教会议有关,该会议决定整个诺森伯里亚承认坎特伯雷主教的权威,由此结束了贝尼西亚和德伊勒在宗教方面的分裂,这对统一的诺森伯里亚王国的形成极为重要。

7 世纪,诺森伯里亚一直与麦西亚争夺亨伯河以南的霸权,达一个世纪之久,那些位于双方边界间的小王国如林赛王国等成了它们争霸的主战场。麦西亚一直想把德伊勒从贝尼西亚分离出来,将其置于自己的控制之下。在德伊勒的赛特沃尔德王(Cethelwald,651—655 年在位)统治时期,德伊勒就一度成为麦西亚的附属国。655 年,赛特沃尔德与麦西亚的彭达一起在温沃伊德(Winwaed)战役中对阵贝尼西亚的奥斯维,奥斯维打败了彭达和赛特沃尔德,杀死了彭达,清除了诺森伯里亚霸权的最大竞争者,此后三年,奥斯维作为霸主直接统治麦西亚。

8 世纪,诺森伯里亚进入多事之秋,蓬勃扩张的势头一去不返。主要有两方面原因,一是王位竞争。7 世纪,诺森伯里亚就存在王位竞争问题,但贝尼西亚王埃塞尔弗里斯(Ethelfrith,592—616 年在位)的后代经常处于主导地位,因此王位保持相对的稳定。8 世纪,该王族衰落,其他

---

① Barbara Yorke, *Kings and Kingdom of Early Anglo-Saxon England*, p. 79.

王族纷起竞争,但没有哪一个王族能够确立起绝对优势。自 716 年奥斯雷德王(Osred I,705—716 年在位)去世至 808 年厄德伍尔夫(Eardwulf,796—808 年在位)统治结束,诺森伯里亚一共有十四位王,除了琴雷德(Cenred)和奥斯里克(Osric)两位王因为统治时期太短,其历史模糊不清外,有六位王遭到废黜或驱逐,四位王被谋杀,还有两位王退位进了修道院。[①] 8 世纪的诺森伯里亚王位如篮球一样在不同王族间争来夺去,从而引发了长期的政治动荡。

第二个原因是财政困顿,685 年埃格弗里斯在耐克坦摩尔(Nechtansmere)的失败是造成这一结果的重要原因。埃格弗里斯和他的大部分军队被消灭在战场上,结果使诺森伯里亚丧失了在北方的一些土地以及从克尔特和其他盎格鲁-撒克逊小国收取贡赋的能力,而这些贡赋的丧失对诺森伯里亚来说是一个巨大的损失。财政困窘还起源于对教会的馈赠,奥斯维时期,诺森伯里亚赠与教会的土地并不多;惠特比宗教会议引入了一种新的土地法概念——书田(bookland),自此教会获得了更多的馈赠。在主教威尔弗里德(Wilfrid)的敦促下,诺森伯里亚国王赐了几百海德的土地给教会,不过当时他们有大片新征服的土地予以补偿,所以并不觉得有所谓。但自从耐克坦摩尔失败后,土地变得匮乏,而教皇又禁止将教会土地转为世俗所有,因此诺森伯里亚诸王日益感受到财政的困难。

尽管 8 世纪不再是诺森伯里亚积极向外扩张的时代,但诺森伯里亚王还是征服了一些土地。如埃德伯特(Eadberht,737—758 年在位)就被认为是诺森伯里亚的一位强大统治者,在他统治时期,诺森伯里亚不断向北方扩张。这一时期,诺森伯里亚与法兰克之间的交往也非常频繁,而法兰克的影响直接促成了诺森伯里亚后来的文艺复兴。

8 世纪末,诺森伯里亚开始面对维京人的入侵。793 年,维京人第一次入侵诺森伯里亚,蹂躏了林第斯法恩(Lindisfarne),诺森伯里亚举国

---

① 参见 Barbara Yorke, *Kings and Kingdom of Early Anglo-Saxon England*, p. 89.

惊恐。9 世纪,维京人入侵的规模越来越大,844 年,在一次抵抗维京人的重要战役中,诺森伯里亚拉德沃夫王(Rædwulf,844—844 年在位)和很多大贵族被杀。865 年,诺森伯里亚再度成为维京大军入侵的目标;866 年的万圣节,维京大军袭击约克,并攻占了这座城市。867 年的棕枝主日(Palm Sunday)①,在对抗蛮族大军的一次战役中,奥斯伯特王(Osberht,848—867 年在位)和他的对手埃尔(Alle)联合抗击维京人,双双殒命沙场,另有八名郡长战死。此役之后,维京人占领了诺森伯里亚南部地区,德伊勒屈从于维京人的统治,直至 954 年。维京人让诺森伯里亚人继续统治贝尼西亚,诺森伯里亚人虽然仍称他们的统治者为王,但诺森伯里亚王的地位实际上相当于居于附属地位的军事首领。奥德雷德(Aldred)是最后一位被称为诺森伯里亚国王的人,927 年,他向威塞克斯的埃塞尔斯坦(Athelstan,924—940 年在位)臣服。克努特(Cnut)征服整个英格兰后,在诺森伯里亚设置了丹人伯爵,诺森伯里亚成为克努特帝国的一部分,成为统一的英格兰的一部分,直至"长者"爱德华时代。②

最终统一六国,肇造新邦的是威塞克斯王国。威塞克斯王国的创立者是彻迪克(Cerdic,538—554 年在位)。彻迪克与他的儿子金里克(Cynric,554—581 年在位)先征服了汉普郡(Hampshire)以南地区,接着又征服了怀特岛(Isle of Wight),538 年,彻迪克始建威塞克斯王国。③威塞克斯王国最初的腹地在泰晤士河谷上游,从 5 世纪早期开始,泰晤士河谷上游就是撒克逊人定居的中心,这里曾发现一些国王墓地遗址,据测定时间约为 6 世纪末。此外,635 年基内吉尔斯王(Cynegils,611—642 年在位)皈依基督教后,他选择多切斯特(Dorchester)作为西撒克逊

---

① 亦称"圣枝主日"或"主进圣城节",是复活节前一周的星期日。
② Barbara Yorke, *Kings and Kingdom of Early Anglo-Saxon England*, pp. 91 - 97.
③ 根据《盎格鲁-撒克逊编年史》记载,彻迪克于 519 年成为威塞克斯王。以戴维·邓维尔为代表的西方学者提出彻迪克即位威塞克斯王位的时间是 538 年,因此《盎格鲁-撒克逊编年史》所记载的威塞克斯立国时间被提前了。此处以戴维·邓维尔的西撒克逊王谱系表中彻迪克的在位时间为准。

教区第一个驻扎地。自彻迪克统治时起至7世纪80年代,生活在这一地区的人被称为"格维莎斯人"(Geuissae)。[1]

6世纪后半期,金里克治下的威塞克斯开始以泰晤士河谷为基地向四周扩张,其扩张目标主要是不列颠人的土地。571年,金里克打败了不列颠王古特沃夫(Cuthwulf),夺取了林伯里(Limbury)、艾尔斯伯里(Aylesbury)、本辛顿(Bensington)、埃文沙姆(Eynsham)等地。577年,金里克杀死不列颠王康梅尔(Conmail)、康迪丹(Condidan)和法林梅尔(Fairnmail),占领了格洛斯特(Gloucester)、赛伦塞斯特(Cirencester)以及巴思(Bath)等地。

查乌林(Ceawlin,581—588年在位)统治时期,威塞克斯迎来了对外扩张的第一个高潮。查乌林是比德笔下的第二位霸主,他与苏塞克斯的埃尔(Alle)以及肯特王国的埃塞尔伯特是同一时代的人。[2] 查乌林时期,威塞克斯兼并的主要对象仍然是不列颠人的地盘,据《盎格鲁-撒克逊编年史》记载:584年,查乌林"攻占许多(不列颠人的)村庄,虏获无数战利品"。[3]

7世纪,麦西亚成为威塞克斯争霸的主要对手,两个王国为控制威尔特郡(Wiltshire)北部、萨默塞特郡(Somersetshire)北部、以及格洛斯特郡南部等地区经常发生冲突。628年,威塞克斯王基内吉尔斯(Cynegils,611—642年在位)曾与麦西亚王彭达为争夺赛伦塞斯特发生战争。此后,格洛斯特郡东南部的撒克逊人居住地被并入麦西亚属国赫威塞。诺森伯里亚也成为麦西亚扩张的受害者,为了共同反对彭达霸权,威塞克斯与诺森伯里亚结成联盟。635年,在奥斯瓦尔德的倡议下,基内吉尔斯皈依了基督教,奥斯瓦尔德娶基内吉尔斯的女儿。基内吉尔斯的儿子森瓦尔(Cenwaih,642—673年在位)统治时期,来自麦西亚的威胁更为严重,森瓦尔曾被麦西亚的彭达驱逐出威塞克斯,他被迫向彭

[1] 比德:《英吉利教会史》,第163页。
[2] Barbara Yorke, *Kings and Kingdom of Early Anglo-Saxon England*, p. 132.
[3] 《盎格鲁-撒克逊编年史》,第18页。

达的对手东盎格利亚王安纳（Anna）寻求避难，至648年，森瓦尔才再次夺回王位。661年，彭达的儿子伍尔夫希尔（Wulfhere，658—675年在位）劫掠了西撒克逊腹地阿什当（Ashdown）地区。经过浴血征战，森瓦尔把查乌林统治时期的领土又重新聚拢起来，至7世纪60年代，森瓦尔已经控制了威尔特郡（Wiltshire），他还将伯克郡（Berkshire）的3 000海德的土地赐给其族人库特雷德（Cuthred），表明他当时是一个拥有广大疆域的统治者。①

卡德瓦拉（Cædwalla，685—688年在位）统治时期是威塞克斯扩张的另一个高潮。卡德瓦拉是威塞克斯王族的后裔，7世纪80年代，因王朝政治斗争他曾被流放海外。685年，他废黜西撒克逊王赛特汶（Centwine，676—685年在位），问鼎王位。在短短几年内，卡德瓦拉就几乎控制了泰晤士河以南所有地区，使自己成为南撒克逊、萨里、汉普郡朱特人地区以及怀特岛的统治者。685年，威塞克斯王卡德瓦拉征服苏塞克斯，将其降为自己的藩属。686年，卡德瓦拉和他的弟弟穆尔长驱直入肯特，肯特被征服，穆尔成为肯特王。卡德瓦拉的征服极为残酷，据说怀特岛王族的男子全部被处死，被征服的地区全都遭受蹂躏。但颇具戏剧性的是，这位残酷的征服者仅统治了三年就放弃王位，前往罗马受洗，于689年4月20日逝于罗马。卡德瓦拉的统治虽很短暂，但对威塞克斯的发展却非常重要，在他之前威塞克斯主要向西南部扩张，征服的主要目标是不列颠人的土地；卡德瓦拉推行向东扩张的政策，取得很大成效，让威塞克斯赢得了对苏塞克斯、肯特、萨里等地的控制权。卡德瓦拉的征服让西撒克逊人声威远扬，从卡德瓦拉时代起，这些人被称为"西撒克逊人"（West Saxons），而不是早期的"格维莎斯人"（Geuissae）。称谓的变化，可能反映西撒克逊统治者现在能够控制其他的盎格鲁-撒克逊人，而不仅是"格维莎斯人"。②

① D. P. Kirby, *The Earliest English Kings*, p. 47.
② Barbara Yorke, *Kings and Kingdom of Early Anglo-Saxon England*, pp. 137 - 138.

　　早期威塞克斯也实行多王统治,被称为附属王制度(subking),威塞克斯国王与数位地方附属王共同统治,其中威塞克斯王居主导地位。这些附属王大多是王的近亲属,如王的儿子、兄弟,也有与王关系较远的亲属,如堂兄弟、表兄弟。他们大多因继承而控制某一地区,附属王的地位实际上等同于盎格鲁-撒克逊后期的郡长。从 588 年查乌林被废黜至 673 年森瓦尔(Cenwaih,642—673 年在位)去世,近一个世纪的时间里,威塞克斯国王都能居主导地位,王国统治稳定。7 世纪 70 年代后,附属王势力膨胀,割据地方,用温切斯特主教丹尼尔(Daniel)的话说:"附属王开始自己统治这个王国,将其分裂并以此方式统治了十年之久。"①673—683 年这十年中,三位威塞克斯王塞克斯伯赫(Seaxburh)、埃斯温(Aescwine)、塞特汶(Centwine)都不能对附属王实行有效的控制,王国分裂,政局动荡;至 685 年,卡德瓦拉即位,附属王才被征服。

　　卡德瓦拉的继承者伊尼(Ine,688—726 年在位)是威塞克斯历史上一位非常有作为的王,与其前任相比,伊尼的成就不是扩张,而是维护威塞克斯早期的扩张成果。伊尼成功地维持了对苏塞克斯的统治,他在该地区设立了附属王。伊尼还数次与麦西亚的赛尔雷德(Ceolred,709—716 年在位)、都摩尼亚(Dumnonia)的不列颠王杰伦特(Geraint)以及埃塞克斯作战。伊尼统治时期,威塞克斯失去了对肯特的控制,但是却因为穆尔被杀而从肯特获得了丰厚的补偿。伊尼对于威塞克斯王权的发展发挥了重要作用,他制定了盎格鲁-撒克逊历史上另一部著名的成文法典——《伊尼法典》(*The Laws of Ine*)。此外,伊尼还可能启动了郡守制度以代替附属王的统治,在《伊尼法典》中,第一次提到郡和郡长;自伊尼之后,郡长开始在国王的法律文件或特许状(charter)上签名联署。其后,威塞克斯的附属王制度就消失了。

　　伊尼之后,威塞克斯王国开始了一段衰落史,主要是因为威塞克斯碰到了麦西亚王埃塞尔鲍德(Ethelbald)和奥法这两个强大的对手。埃

---

① Barbara Yorke, *Kings and Kingdom of Early Anglo-Saxon England*, p. 145.

塞尔赫德(Ethelheard,726—740 年在位)统治时期,威塞克斯失去了对苏塞克斯的控制权,麦西亚夺取了萨默塞特郡和威尔特郡的部分地区。752 年,威塞克斯王库特雷德(Cuthred,740—756 年在位)打败麦西亚王埃塞尔鲍德,重新夺回了上述地区。威塞克斯王基内伍尔夫(Cynewulf,757—786 年在位)也经常与麦西亚的奥法就威塞克斯与麦西亚的边界地区发生激烈的争夺。最初,基内伍尔夫似乎还能占上风;779 年,他被奥法打败,威塞克斯失去了对伯克郡、威尔特郡北部以及巴思等地的统治权。786 年,奥法再次攻入威塞克斯王国,基内伍尔夫被杀,布里特里克(Beorhtric,786—802 年在位)在奥法的帮助下登上威塞克斯王位,他向奥法臣服纳贡。威塞克斯的衰落还与该王国内部的政治斗争有关,8 世纪,威塞克斯各王族因王位争夺经常发生激烈的争斗,威塞克斯诸王虽然都出自金里克世系,但王位继承并无定制,再加上会发生断嗣绝脉、强暴夺位等情况,所以任何一个王都很难把王位严格限制在自己的血缘内,王室宗亲、远近旁支常因王位继承发生内讧。伊尼王设立的郡制虽然是王权强化的一个表现,但很多郡长自身就是王室成员,所以并不能消除王族对王位的争夺,某一个旁支因继承权而控制了一个地区,那它就有了在未来挑战王权的力量基础。在 8 世纪的威塞克斯王国,为王者都希望长久地确立起其自家对王位的主导权,但总会面临其他宗亲、支系的威胁,所以对任何一个王族来说,要长期保持王位的主导权是非常困难的。为此,8 世纪的西撒克逊国王经常被说成是在与王储们(athelings)作战。[1]

　　总体来看,8 世纪威塞克斯王的统治重点是巩固 7 世纪威塞克斯在汉普郡、怀特岛以及西南部所获得的土地,另一方面就是抵御麦西亚的霸权。尽管 8 世纪的威塞克斯不得不臣服麦西亚,但它大部分时间仍然是一个独立的王国,786 年的坎特伯雷宗教会议就是在基内伍尔夫和奥法共同主办下召开的。

---

[1] Barbara Yorke, *Kings and Kingdom of Early Anglo-Saxon England*, p. 146.

9 世纪初,埃格伯特(Egbert,802—839 年在位)开启了威塞克斯历史的新阶段。埃格伯特是伊尼王的侄子,威塞克斯王位的合法继承人,但当时威塞克斯的王位被宗室远亲布里特里克(Beorhtric,786—802 年在位)夺得,布里特里克深恐埃格伯特会夺其王位,于是将他驱逐出境,埃格伯特流亡麦西亚。789 年,布里特里克娶麦西亚王奥法之女为妻,埃格伯特只好到查理曼的法兰克王廷避难。"查理大帝厚待埃格伯特,让他位列公卿,出入行伍。几年之内,埃格伯特就以才略气度闻名于欧洲各国。"①威塞克斯王国和法兰克王国的友好关系,就是在他数年避难时期建立起来的。公元 802 年,布里特里克去世,西撒克逊王国的贤人会议(witenagemot)一致推举埃格伯特为王。

埃格伯特继位时,麦西亚几乎已经成就了英格兰霸业:东盎格利亚被其吞并,肯特和埃塞克斯也沦为其藩属;北方的诺森伯里亚因为君统断绝,正处于内乱动荡之中。所以埃格伯特王的劲敌,就是麦西亚王。823 年,麦西亚的伯恩伍尔夫(Beornwulf,823—826 年在位)在坎特伯雷大主教的支持下发动政变,推翻了切奥尔伍尔夫王的统治,这次内乱给威塞克斯提供了再度称霸的机会。825 年,埃格伯特在埃伦登大败麦西亚王伯恩伍尔夫,取得了绝对胜利。这次战役成为盎格鲁-撒克逊历史的转折点,麦西亚的霸主地位被摧毁,威塞克斯成为盎格鲁-撒克逊最强大的王国。紧接着,埃格伯特又派大军进入肯特,驱逐了肯特的麦西亚附属王贝尔德雷德(Baldred,823—825 年在位)。是年底,埃格伯特征服肯特、萨里、苏塞克斯以及埃塞克斯地区。同一年,东盎格利亚也摆脱了麦西亚的控制,随后向埃格伯特称臣,成为威塞克斯的藩属。829 年,埃格伯特全面征服麦西亚,为了更有效地进行统治,他让麦西亚人威格拉夫作为附属王为他统治麦西亚。同年,埃格伯特乘胜进攻诺森伯里亚王国,当时,诺森伯里亚王国内部为争夺王位萁豆相煎,无力御敌,只好束手称臣,成为威塞克斯的藩属。与对待麦西亚一样,埃格伯特也通过附

---

① 大卫·休谟:《英国史》,第一卷,第 40 页。

属王来统治诺森伯里亚。830 年,埃格伯特着手征伐威尔士,并取得胜利。埃格伯特成为《盎格鲁—撒克逊编年史》中的第八位"不列颠统治者"。①

　　综上所述,自 6 世纪末至 9 世纪后期近三百年时间里,盎格鲁-撒克逊英格兰历经了干戈,征杀不断。在此期间,先是盎格鲁-撒克逊七国中较小的四国肯特、苏塞克斯、埃塞克斯和东盎格利亚被三个大国诺森伯里亚、麦西亚、威塞克斯兼并管治,以前的部落国家的疆域初步被打破。9 世纪 30 年代开始,再度崛起的威塞克斯征服了霸业垂成的麦西亚以及处于动荡之中的诺森伯里亚,将全部盎格鲁-撒克逊人的地盘归于其域内,埃格伯特统治的疆域已接近今天的英格兰,基本上完成了地域的统一。在七国争霸的过程中,数位盎格鲁-撒克逊王称雄英格兰,成为"不列颠统治者",如雷德沃尔德、奥斯瓦尔德、奥法、埃格伯特等。为了维持庞大的疆域,这些"不列颠统治者"不仅要靠军事力量兼并异己、镇压反叛,还要掌握和管理巨大的资源。他们开始征税、制定法律、创设行政体系,以多重方式实施统治,盎格鲁-撒克逊的王权也因此发生了深刻的变化,即由原来军事首领性质的部落王转变为执行军事、行政、财税、法律统治职能的国王,为未来统一的国家奠定了王权基础。七国争霸的结果,不仅使英格兰完成了地域的统一、君统的归一,而且使英格兰各地的盎格鲁-撒克逊人突破部落的疆域而交往日益频繁。盎格鲁-撒克逊诸族在语言、习俗、法律、民政等方面日趋融合,为统一的国家奠定了民族基础。

①《盎格鲁-撒克逊编年史》,第 70 页。

第二章　基督教的传播

　　早在罗马时期,基督教就已经传播到不列颠,约公元 200 年左右,就有基督徒来到不列颠。在戴克里先对基督徒实施迫害的时候,不列颠曾出现过著名的殉道者圣·奥尔本(St. Alban)。313 年,罗马皇帝颁布米兰敕令,基督教获得合法地位,不列颠的基督教也因此获得了较大的发展。314 年,来自约克、伦敦和林肯的三名不列颠主教参加了在法国南部阿尔勒举行的宗教会议。但在罗马时期的不列颠,基督教仍然是少数人的宗教,大量本土居民拒不信教,基督教徒的数量不多,多神教崇拜的遗迹到处可见,基督教的时代还远未到来。5 世纪,罗马势力撤出不列颠,日耳曼人的分支盎格鲁人、撒克逊人、朱特人相继入侵,英格兰再次进入原始状态。这些人入侵不列颠之前,"在宗教上都是原始异教徒"①,他们焚毁城镇,拆毁基督徒的祭坛,杀戮当地居民,教会人士也不得幸免。为免受日耳曼人的蹂躏和屠戮,不列颠人纷纷逃离,他们或逃往威尔士、苏格兰,或逃到法国的布列塔尼地区。原来不列颠人的基督教会也随着盎格鲁-撒克逊人的军事打击而瓦解了,基督教传统在这块土地上被中断。

①佩里·安德森:《从古代到封建社会的过渡》,郭芳、刘健译,上海人民出版社,2001 年,第112 页。

同其他入侵的日耳曼人一样,盎格鲁-撒克逊人也属于原始多神信仰,他们崇拜各种自然的东西,如河流、山川、森林和石头等。在盎格鲁-撒克逊人所信奉的众多神祇中,有天神提乌(Tiw)、战神沃登(Woden)、雷神索尔(Thor)及丰收女神福瑞格(Frig)。在某些现代英语的词汇中可找到早期盎格鲁-撒克逊人多神崇拜的痕迹,如星期二(Tuesday)、星期三(Wednesday)、星期四(Thursday)、星期五(Friday)的词源,直接来自天神提乌、战神沃登、雷神索尔和丰收女神福瑞格,是盎格鲁-撒克逊人对他们的崇拜。从现代英格兰的地名中也能追寻到古代盎格鲁-撒克逊人的原始宗教的迹象,如“哈罗”(Harrow)这个地名,就源于盎格鲁-撒克逊语,意为山上的神殿。据考证,在英格兰的东部、南部以及中部地区,至少有50个地方的名字与早期盎格鲁-撒克逊人的信仰崇拜有关,这些地名产生的时间为7世纪中期以前。①

天神提乌、战神沃登和雷神索尔是盎格鲁-撒克逊人最崇敬的神明,而战神沃登又最为突出,这可能与早期盎格鲁-撒克逊人不断同不列颠人发生征战有关,而主神的出现,也反映了王权逐渐增强的趋势,与盎格鲁-撒克逊社会从军事民主制向王制转变相适应。在早期盎格鲁-撒克逊人的社会中,王或部落的首领在宗教生活中扮演着十分重要的角色,占据最重要的地位,祭祀和祈祷等活动也由部落首领或者王来主持,他们行使着人与神沟通的权力,其住地也是宗教活动的中心。早期盎格鲁-撒克逊社会也存在祭司职业,但没有发展成一个独立、强大的阶层,祭司一般只进行日常的供奉活动。

公元6世纪末,基督教再次传入英格兰,当时主要有三支传教力量:来自罗马教会的传教士、来自爱尔兰的传教士以及来自法兰克的传教士。盎格鲁-撒克逊时期传入英格兰的基督教主要有两种不同的风格,分别为罗马风格和爱尔兰风格,它们各自影响着英格兰的东南部和北部

---

① 参见许锦光:《基督教在盎格鲁-撒克逊英格兰的传播及影响(596—750)》,南京大学硕士研究生毕业论文,2011年,第11页。

地区。

　　罗马基督教再度传入英格兰,与教皇格雷戈里一世(Gregory I)有直接关系。格雷戈里是一位虔诚的基督徒,他本人十分仰慕隐修士,曾在罗马建立圣安德烈修道院,并在其中过严格的修士生活。据说有一天他在罗马城中的奴隶市场上见到几位长相俊秀的小男童正在被出售,经询问,他得知这些小男奴来自不列颠,而且是异教徒。当时格雷戈里心生感叹:"他们也有着天使一般的脸,适合于和天使们一道当天堂的继承人。"①于是,格雷戈里萌生了向不列颠传教的念头。他曾面见罗马教皇,请求他向不列颠派出传教士,而且表示自己愿从事这项神圣的事业。但教皇没有同意他的请求。

　　在出任教皇之后的 596 年,格雷戈里一世向英格兰派出一个传教团,以奥古斯丁为首,由 40 名修士组成。据说这个使团曾因对未知世界的恐惧和漫漫传教行程而动摇了信心,他们在旅途中停下来,推举奥古斯丁为代表,让他回罗马,请求教皇取消这次使命。但是教皇不改初衷,为坚定传教使团的信心,格雷戈里一世写信鼓励那些修士:"鉴于与其在开始做某一事件后内心再反悔不做,不如在一开始时就不做,因此我的爱子,你们必须完成你们业已在天主的帮助下开始承担起来的良善事业。"②

　　与此同时,格雷戈里又写信给法兰克教会和世俗贵族,要求他们给予帮助。在教皇的鼓励下,修士们终于坚定了信心,重新踏上前往英格兰的传教之路。597 年,传教团在肯特东面的萨尼特岛(Thnaet)登陆,奥古斯丁派使者与肯特国王埃塞尔伯特(Ethelberht,560—616 年在位)见面,埃塞尔伯特接见了奥古斯丁一行,并为他们提供了生活必需品,还在他的都城坎特伯雷为这些传教士提供了一处住所,允许他们在他的王国自由传教;但是对于奥古斯丁的皈依请求,埃塞尔伯特并未贸然接受。

　　早在罗马传教使团到来之前,埃塞尔伯特就已经接触了基督教,因

---

① 比德:《英吉利教会史》,第 101 页。
② 同上书,第 62 页。

为他娶了法兰克人巴黎王查理伯特(Charibert)的女儿伯莎(Berth)为王后,伯莎是一名基督徒,当她嫁往肯特的时候,就有一位法兰克主教留德哈德(Liudhard)随行。埃塞尔伯特结婚时接受女方的条件,就是允许伯莎与她的主教留德哈德一起保持基督教信仰。[①] 不过,尽管埃塞尔伯特娶了一位基督徒妻子,但他并没有接受基督教,可能是为了避免对法兰克人的过度依附。

在奥古斯丁一行人的不懈努力下,部分肯特人接受洗礼,成了基督教徒。大约在601年或更早,埃塞尔伯特和他的一些臣属也接受洗礼,皈依了基督教。埃塞尔伯特是盎格鲁-撒克逊的第一位基督教国王,他受洗后,听布道、受洗的肯特人越来越多,传教事业取得初步成功。除此之外,埃塞尔伯特还在伦敦城建造了圣保罗教堂,作为伦敦主教的座堂;在罗切斯特建造圣安德鲁教堂,作为罗切斯特主教的座堂。他还给两位主教赠送了大量的土地和财产。在埃塞尔伯特的帮助下,奥古斯丁重建了罗马时代遗留下来的一座教堂,并修建了一座修道院以安置随他而来的修道士。罗马教会对肯特的皈依非常重视,601年,格雷戈里亲自写信给埃塞尔伯特国王,敦促他"不仅要在他的人民中间传播基督教信仰,还要在所有臣服于他的国王和人民中间传播基督教信仰"[②]。

埃塞尔伯特的皈依推动了罗马教会的传教事业,"埃塞尔伯特是当时盎格鲁-撒克逊的霸主,这使基督教的传教事业似乎更容易达到更高的目标"[③]。他的皈依带动了臣服于他的盎格鲁-撒克逊诸王的皈依,埃塞尔伯特对东盎格利亚有很大影响,该国国王雷德沃尔德是他的外甥,在埃塞尔伯特的说服下,一直拒绝放弃异教的雷德沃尔德皈依了基督教。接着,埃塞尔伯特又劝说另一个外甥——埃塞克斯王萨博特皈依了基督教。

---

① 比德:《英吉利教会史》,第64页。

② D. P. Kirby, *The Earliest English Kings*, p. 29.

③ Nicholas Brooks, *Anglo-Saxon Myths：State and Church 400 – 1066*, London：The Hambledon Press, 2000, p. 105.

随着基督徒数量的不断增加,奥古斯丁派使者前往罗马,请求教皇向英格兰派遣更多的传教士。601年,格雷戈里向英格兰派出另一批传教士,其中著名的人物有梅里图斯(Mellitus)、贾斯图斯(Justus)、保里努斯(Paulinus)等。同时,格雷戈里还给奥古斯丁送去了许多书籍、教堂装饰品以及礼拜仪式所需要的物品。格雷戈里任命奥古斯丁为"不列颠主教",同时授予他任命主教的权力;授予奥古斯丁象征大主教权力的披肩,让他在举行弥撒仪式时穿戴,此举奠定了坎特伯雷大主教在英国教会的特殊地位。① 604年,奥古斯丁大主教任命梅里图斯为伦敦主教,贾斯图斯为罗切斯特主教,在英格兰初步建立起教区制。是年,奥古斯丁辞世,由劳伦斯(Laurence)继任大主教。在奥古斯丁等人的不懈努力下,罗马基督教在英格兰初步站稳了脚跟。

但罗马使团在英格兰的传教充满了曲折,616年,肯特国王埃塞尔伯特去世,使英格兰的传教事业遭受巨大损失。埃塞尔伯特的儿子伊德鲍尔德(Eadbald,616—640年在位)继任国王后,摒弃基督教信仰,回归异教,他甚至娶自己的继母为妻,这在基督教眼里是乱伦的行为。实际上,在肯特王国,坚持异教的人一直很多,"他们认为没有理由去放弃传统信仰",这种状况一直保持到7世纪中期。②

相似的事也发生在埃塞克斯和东盎格利亚,埃塞克斯国王萨博特之死也给传教带来巨大的损失。萨博特死后,他的几个儿子重新崇拜异教偶像,并允许东撒克逊人自由地进行偶像崇拜,并且把梅里图斯主教及其随从驱逐出去。东盎格利亚国王雷德沃尔德虽然在肯特王埃塞尔伯特的影响下接受基督教,但信仰并不坚定,不能算是真正的基督徒。雷德沃尔德死后,其子厄普沃尔德(Eorpwold)继位,他也崇拜异教神。在这一时期,伦敦主教梅里图斯、罗切斯特主教贾斯图斯等人曾被迫逃往法兰克,罗马教会在英格兰的传教遭受重大损失。有学者认为:"这种反

---

① 比德:《英吉利教会史》,第84—85页。
② D. P. Kirby, *The Earliest English Kings*, p. 29.

复,是基督教会与盎格鲁-撒克逊异教贵族对封建政治经济权利之争。"①

在梅里图斯、贾斯图斯等人逃亡法兰克时,大主教劳伦斯依然留在英格兰,在他的努力下,肯特王伊德鲍尔德放弃异教偶像崇拜,与异教妻子离了婚,接受了基督教洗礼。此后,伊德鲍尔德积极推动传教事业,他派人去法兰克召回梅里图斯和贾斯图斯,让他们回到各自的教区自由传教。

诺森伯里亚皈依基督教,与肯特国王伊德鲍尔德分不开。625年,诺森伯里亚王埃德温向肯特国王伊德鲍尔德的妹妹埃塞尔伯赫(Ethelburh)求婚,遭肯特王拒绝,理由是"一位基督徒女子不能跟异教徒结婚,否则天主的信仰和圣事就会因结交这样一个丝毫不懂得敬拜真正天主的国王而受到亵渎。"埃德温遂表示:尊重埃塞尔伯赫的信仰,允许其按基督教方式生活。肯特人于是应允这桩婚事,埃塞尔伯赫嫁往诺森伯里亚。② 传教士保里努斯被任命为主教,随埃塞尔伯赫前往诺森伯里亚,罗马风格的基督教通过肯特传入诺森伯里亚。时任教皇波尼法斯五世(Boniface Ⅴ)也给埃德温写信,督促他放弃异教信仰,做一个基督教国王:"你应该知道伊德鲍尔德土地上所取得的成就,因为你距离那片土地很近。"③同时,教皇也写信给埃塞尔伯赫王后,劝她一定要不停努力,争取让埃德温也和她一样成为基督徒。④ 627年复活节,经贤人会议商讨后,埃德温在约克受洗;接着他的亲属、大臣等也接受了洗礼。埃德温国王下令摧毁原来的偶像和祭坛,并在约克建造了一座石头教堂。

埃德温国王积极推动传教事业,他劝说东盎格利亚王厄普沃尔德放弃异教,回归基督教。但传教事业在东盎格利亚并未持续太久,就再次遭遇挫折。627—628年,东盎格利亚异教势力反攻,厄普沃尔德被信奉异教的里克伯特(Ricbert,627—630年在位)杀害,里克伯特统治东盎格

---

① 蒋孟引:《英国史》,中国社会科学出版社,1988年,第47页。
② 比德:《英吉利教会史》,第120页。
③ D. P. Kirby, *The Earliest English Kings*, p. 32.
④ 比德:《英吉利教会史》,第127页。

利亚达三年之久。630 年,厄普沃尔德的弟弟西格伯特(Sigeberht,
630—? 年在位)登上了王位,西格伯特是虔诚的基督徒,也是教会的热
心庇护人,比德曾赞誉说:"西格伯特不论从哪一方面看都可以说是基督
教最虔诚的教徒,学问最渊博。"①在其统治晚期,西格伯特曾将东盎格利
亚交由其族人埃格里克(Ecgric)统治,而他则完全退出政治生活,到他自
己捐建的修道院做修士。7 世纪 40 年代,东盎格利亚与麦西亚为争夺对
东米德兰人的控制权爆发战争,麦西亚王彭达率军入侵东盎格利亚,国
难当头之时,西格伯特从修道院还俗,率领东盎格利亚士兵对抗麦西亚
人,最后他与埃格里克都殒命沙场。

　　基督教在诺森伯里亚的传播更为曲折。633 年,埃德温在对抗不列
颠王卡德瓦隆和麦西亚王彭达的联合进攻时丧生;埃德温死后,贝尼西
亚和德伊勒彼此分治,诺森伯里亚一分为二,奥斯里克(Osric)统治德伊
勒,恩弗里斯(Eanfrith)统治贝尼西亚,两王皆背弃基督信仰,诺森伯里
亚回归异教。至奥斯瓦尔德统治时期,诺森伯里亚才重新回归基督教
信仰。

　　最早到威塞克斯传播基督教的是比林纳斯主教(Birnius),他是受教
皇派遣前往不列颠的。比林纳斯最先来到当时还被称为"格维莎斯人"
的西撒克逊人中间,然后决定留在此地传教。经过比林纳斯主教的努
力,635 年,威塞克斯国王基内吉尔斯(Cynegils,611—642 年在位)接受
了基督教。据《英吉利教会史》记载:在基内吉尔斯受洗的时候,他的盟
友诺森伯里亚王奥斯瓦尔德亲临见证,奥斯瓦尔德还做了他的教父。②
基内吉尔斯领洗后,将多切斯特城赠予比林纳斯主教,比林纳斯在那里
建造了几座教堂,继续推进他的事业。比林纳斯之后,赫迪(Hedde)接任
主教,在威塞克斯继续传教。基督教在威塞克斯的传播也经历过反复。
基内吉尔斯的儿子森瓦尔(Cenwaih,642—673 年在位)继位后,拒绝接

---

① 比德:《英吉利教会史》,第 139 页。
② 同上书,第 163 页。

受洗礼,西撒克逊人背弃基督教信仰。后来,因为麦西亚王彭达入侵威塞克斯,森瓦尔被逐,避难于东盎格利亚安纳王的王廷,在那里度过了三年的流亡生涯。在东盎格利亚安纳王的影响下,森瓦尔皈依了基督教。在森瓦尔复国夺回王位后,先后有阿吉尔伯特(Agilbert)主教、威尼(Wine)主教、洛西尔(Leuthere)主教在威塞克斯传教,其中以洛西尔最著名。[①]

自奥古斯丁使团到达不列颠至 7 世纪 40 年代,来自罗马的传教士已先后使盎格鲁-撒克逊的肯特、埃塞克斯、诺森伯里亚的德伊勒王国、东盎格利亚和威塞克斯皈依基督教。但罗马基督教在英格兰的影响主要集中在肯特及其周边地区,而且,其间还几经反复。至于诺森伯里亚的贝尼西亚、麦西亚和埃塞克斯,这些地方的基督教传教则是由爱尔兰教士完成的。

相对于罗马传教的艰辛和曲折,爱尔兰的传教更加成功。5 世纪中期,不列颠人圣帕特里克(St. Patrick)将基督教传入爱尔兰,经过半个多世纪的发展,大部分爱尔兰人都接受了基督教。与欧洲大陆基督教的组织形式不同,爱尔兰基督教以修道院为主,修道院管理本地区的宗教事务,修道院院长是各地的管理者,掌握教会司法权;主教和修士一样在修道院生活,处于修道院长的管辖之下,而没有正式的主教辖区。此外,同其他地区的传教士相比,爱尔兰修士们更注重神秘的精神和苦修。

565 年,爱尔兰传教士柯伦巴(Columba)向苏格兰地区的皮克特人传教,让他们皈依了基督教。柯伦巴在艾奥纳岛(Isle of Inoa)建造修道院,以后,柯伦巴的门徒们又在不列颠和爱尔兰建造了许多修道院,这些修道院都隶属于艾奥纳岛修道院,奉行爱尔兰教会传统。以这些修道院为基础,爱尔兰基督教在诺森伯里亚、东撒克逊、麦西亚等地逐渐传播,扩大影响。

奥斯瓦尔德统治时期,爱尔兰基督教传入诺森伯里亚。诺森伯里亚

---

① 参见比德:《英吉利教会史》,第 164—165 页。

王埃德温统治时期,为清除王位竞争者,他将贝尼西亚的王子奥斯瓦尔德以及一些年轻的贵族流放到苏格兰西南的一个小王国。这些被流放的贵族与当地的苏格兰人和皮克特人生活在一起,并从他们那里接受了爱尔兰基督教。633年,埃德温被刺身亡,他的死为爱尔兰基督教进入英格兰提供了契机。埃德温死后,诺森伯里亚陷入内乱,奥斯瓦尔德与那些被流放的贵族一起从苏格兰返回诺森伯里亚;634年,奥斯瓦尔德夺取诺森伯里亚王位。

为加强其统治、并满足宗教生活的需要,奥斯瓦尔德向他流亡期间曾给予他庇护的艾奥纳岛上的修道院提出请求,希望他们向自己的王国派出一名主教。应其所请,艾奥纳岛修道院院长指派主教艾丹(Aidan)前往诺森伯里亚。635年,艾丹到达诺森伯里亚,奥斯瓦尔德热情地接待了他。奥斯瓦尔德将林第斯法恩岛送给艾丹,让他在此建修道院和教堂,这以后,林第斯法恩就成了英格兰北部基督教的中心地区。艾丹主教秉承爱尔兰传教士严肃、简朴的生活作风,他总是步行传教,而且还常常将自己所得到的捐赠和赏赐作为施舍来救助穷人。艾丹主教的亲民风格很受下层人的欢迎,为爱尔兰式基督教的传播开创了良好的局面。

奥斯瓦尔德非常虔诚,他积极支持艾丹主教。据说艾丹主教不精通英语,所以当他用苏格兰语向大臣和亲兵传教时,经常由奥斯瓦尔德国王亲自担任翻译。因长期流放在苏格兰,奥斯瓦尔德熟练地掌握了苏格兰语。[1] 艾丹主教与奥斯瓦尔德一直保持良好的"伙伴关系"[2],在奥斯瓦尔德的支持下,艾丹的传教事业进展顺利。艾丹主教还任命一位诺森伯里亚王室女成员希尔德(Hilde)为女修道院的院长,管理女修院事务。此后,越来越多的爱尔兰传教士被派往诺森伯里亚,奥斯瓦尔德慷慨资助,划出土地建造教堂和修道院。642年,奥斯瓦尔德被异教徒彭达所

---

[1] 比德:《英吉利教会史》,第155页。

[2] Kenneth Hylson-Smith, *Christianity in England from Roman Times to the Reformation*, Vol. I, London: SCM Press, 1999, p. 169.

杀,他被比德称为"最虔诚的基督教徒"。① 在《英吉利教会史》中,有多处记载奥斯瓦尔德的死亡地点,其遗骸、坟墓,以及治愈病人的神迹。

艾丹在诺森伯里亚任主教达 16 年之久,经历了奥斯瓦尔德和奥斯维两位国王的统治,对基督教在英格兰北部的传播做出巨大贡献。651年艾丹去世,葬于林第斯法恩修道院。他的继任者是菲南(Finane),与艾丹一样,菲南也来自艾奥纳岛修道院。

在爱尔兰传教士的不懈努力及诺森伯里亚的影响下,麦西亚也接受了基督教。653 年,麦西亚国王彭达之子——中盎格利亚王皮达向诺森伯里亚国王奥斯维的女儿求婚,奥斯维表示不能将女儿嫁给异教徒,于是皮达接受基督教。菲南主教为皮达及其随从施洗礼,回国时,皮达携切德(Cedd)、迪乌马(Diuma)等四位教士同行,为他的国人传教和施洗礼,中盎格利亚人也皈依了基督教。655 年,麦西亚王彭达入侵诺森伯里亚,诺森伯里亚王奥斯维在温沃伊德地区击败彭达,皮达登麦西亚王位(655—657 年在位),后来他和他的岳父奥斯维一起兴建了米茨汉姆斯特德修道院。基督教在麦西亚迅速传播,主教菲南命迪乌马为麦西亚主教。② 在彭达的另一个儿子伍尔夫希尔(Wulfhere,658—675 年在位)统治时期,麦西亚成为基督教王国。麦西亚历史上也曾有一位虔诚的国王埃塞尔雷德(Ethelred,675—704 年在位),他早年极其残暴,曾率军入侵肯特,肆意劫掠和践踏那里的教堂和修道院。但是在他皈依基督教后却变得极为虔诚,在统治麦西亚 29 年之后,埃塞尔雷德在巴德尼修道院成为修士,后任院长,并在那里度过余生。③

即使是连年征战、雄霸四方的麦西亚王奥法对教会也表现出极大的虔敬,他将土地馈赠给修道院,还将自己财货的十分之一奉献给教会,自己也曾到罗马朝圣。根据大卫·休谟的《英国史》,奥法还是彼得捐的始创者:"为了逢迎教廷,奥法发愿向罗马年年进贡,向国人增加赋税,凡年

---

① 比德:《英吉利教会史》,第 150 页。
②《盎格鲁-撒克逊编年史》,第 30 页。
③ 比德:《英吉利教会史》,第 252 页。

收入超过三十便士的业主,计屋加赋一便士。此后,该税遍及整个英格兰,名叫彼得捐。"①

埃塞克斯也在诺森伯里亚王奥斯维的影响下重新回归基督教。6 世纪初,埃塞克斯曾接受罗马基督教,但后来又背弃信仰,回归异教。653年,也是在奥斯维的阿特沃尔庄园,菲南主教为埃塞克斯王"至善者"西格伯特(Sanctus Sigeberht)及其随从施行洗礼。② 西格伯特皈依基督教后,菲南将原先派往中盎格利亚的神父切德召回,在诺森伯里亚为其举行主教授职仪式,之后将他派往埃塞克斯任主教。切德来到埃塞克斯后四处奔走,积极传教,许多当地人皈依了基督教。此外,切德主教还在埃塞克斯建造了许多教堂,任命教士和助祭,完善基督教的组织制度。

在爱尔兰传教士的影响下,诺森伯里亚的贝尼西亚、麦西亚接受了基督教信仰,埃塞克斯重新回到基督教怀抱。不过,他们的基督教是与罗马传统截然相异的爱尔兰风格的基督教。

将罗马风格基督教传至英格兰的还有另外一个重要力量,即法兰克人的传教士。法兰克传教士在更早的时间上进入英格兰,上文曾提到肯特国王埃塞尔伯特娶法兰克王的女儿伯莎为妻,当伯莎出嫁时,法兰克主教留德哈德伴随其前往肯特,所以法兰克传教士来到英格兰的时间,应该早于奥古斯丁传教团。但肯特王埃塞尔伯特并没有从法兰克传教士那里接受基督教,奥古斯丁到来后,埃塞尔伯特才接受洗礼,成为第一个受洗入教的盎格鲁-撒克逊国王。显然,埃塞尔伯特不愿意从法兰克人那里接受基督教,因为那可能意味着对法兰克教会和法兰克人的依附。③

当罗马传教士在英格兰传播基督教时,法兰克传教士也加入其中,不过必须得到坎特伯雷大主教的许可,并处于大主教的有效管辖之下。

---

① 大卫·休谟:《英国史》,第一卷,第 35 页。
② Barbara Yorke, *Kings and Kingdom of Early Anglo-Saxon England*, p. 48. 埃克塞斯的第 5 代王,在位时间不详。
③ 参见 D. P. Kirby, *The Earliest English Kings*, p. 29.

最早到英格兰传教的法兰克传教士是勃艮第人,名叫菲利克斯(Felix),他来到英格兰后,即被坎特伯雷大主教派往东盎格利亚,在该地任主教达17年之久。比林纳斯是另一位著名的法兰克修士,他在热那亚被授予主教之职,曾当教皇之面承诺:一定要把"神圣信仰的种子撒在先前的导师从未去过的遥远的英吉利地区"①。比林纳斯主要在威塞克斯王国进行传教,他与当地的王族和上层建立了良好的关系,深受威塞克斯王的欢迎。635年,比林纳斯主教为威塞克斯王基内吉尔斯施洗,基内吉尔斯将多切斯特赐给比林纳斯主教,作为主教堂所在地。此外,著名的法兰克传教士还有阿吉尔伯特、威尼等,他们都对基督教在英格兰的传播作出了贡献。在惠特比宗教会议之前,担任西撒克逊主教的大多是法兰克人,法兰克传教士的活动,极大地增强了罗马教会的影响力。

至664年惠特比宗教会议召开前,基督教在英格兰的传播已经相当广泛,除苏塞克斯和怀特岛外,几乎所有的盎格鲁-撒克逊王国都接受了基督教。但是,英格兰基督教呈现出两种风格,一是罗马基督教,主要影响肯特、东盎格利亚和西撒克逊。另一种是爱尔兰基督教,主要影响诺森伯里亚、东撒克逊和麦西亚地区。这两种基督教虽然同奉一个耶稣,但是在许多方面又各自不同。在组织形式上,罗马教会以主教及主教辖区为核心;爱尔兰教会则以修道院及修道院院长为核心。在风格上,罗马教会强调纪律,拥有财富和权势;爱尔兰教会则注重神秘的精神,反对纪律约束,主张严格的苦修禁欲生活。在修士外表方面,罗马僧侣将头发剪成一个圆环;爱尔兰僧侣则将头发剪成从左耳到右耳的一条宽带。两种风格的基督教不断发生碰撞,矛盾逐渐增多,"他们不再携手劝化撒克逊偶像崇拜者,反而彼此以异教徒相待"②。

在所有的分歧中,最主要的矛盾集中在复活节的计算问题上:罗马的复活节是阴历十四日以后的第一个礼拜日,在十五至二十一日之间,

---

① 比德:《英吉利教会史》,第163页。
② 大卫·休谟:《英国史》,第一卷,第45页。

以 19 年为一个周期；爱尔兰的复活节是阴历十四以后的第一天，在阴历十四至二十日之间，以 84 年为一个周期。① 早在 664 年前，诺森伯里亚就出现了一场有关复活节的争论：代表罗马的罗南（Rnona）主教与代表爱尔兰的菲南主教就如何信守复活节发生争执，罗南主张按罗马人的传统信守复活节，菲南则坚持按爱尔兰人的传统信守复活节。

诺森伯里亚是由贝尼西亚和德伊勒两个王国合并而成的，德伊勒信奉罗马基督教，按照罗马传统信守复活节；贝尼西亚信奉爱尔兰基督教，按照爱尔兰传统信守复活节。因此在诺森伯里亚，复活节之争不仅是单纯的宗教问题，还是重要的政治问题，这个问题关系到诺森伯里亚的统一，更关系到奥斯维的霸主地位。奥斯维和他的儿子埃格弗里斯（Egfrith，670—685 年在位）分别治理贝尼西亚和德伊勒，奥斯维早年曾流亡苏格兰，得到艾奥纳岛修道院中爱尔兰传教士的庇护，他信奉爱尔兰式的基督教，认为爱尔兰的传统完美无缺；埃格弗里斯则信奉罗马式的基督教，坚持按罗马传统行事。当时的诺森伯里亚王国存在一年守两次复活节的状况：当信奉爱尔兰基督教的信徒停止守斋、开始庆祝主的复活节时，信奉罗马式基督教的信徒却仍然在守斋、守棕枝主日。信仰的对立不仅给奥斯维国王的统治造成困扰，而且也给诺森伯里亚人带来不安，人们"唯恐自己现在或以前徒然奔跑，空有基督教徒的虚名"，因此复活节问题成了一个现实和紧迫的问题。②

664 年，为解决诺森伯里亚王国内部的宗教和政治问题，教俗两界人士在惠特比修道院召开会议，讨论有关复活节的问题。出席会议的有奥斯维王和他的儿子埃格弗里斯王，以科尔曼（Colman）主教为首的爱尔兰教士代表和以阿吉尔伯特主教为首的罗马教士代表。奥斯维国王主持会议，他呼吁与会者讨论出大家都能遵守的正确传统，找出正确的解决方案。爱尔兰派和罗马派围绕复活节问题，阐明各自的主张，进行激烈

---

① 克莱顿·罗伯茨、戴维·罗伯茨、道格拉斯·R. 比松：《英国史》，上册，潘兴明等译，商务印书馆，2013 年，第 45 页。
② 比德：《英吉利教会史》，第 207 页。

的辩论。罗马的威尔弗里德主教陈述了罗马教会的立场，他将罗马传统追溯到使徒彼得，称上帝将天国之城的钥匙交给了彼得，而彼得开创了罗马教会；罗马又是彼得和保罗生活、传教、殉道和埋葬的地方，因此整个世界都应恪守罗马教会确定的日期。

科尔曼则指出爱尔兰传统遵循圣约翰和圣帕特里克的传统，也有它不可动摇的权威性。于是，奥斯维国王的态度就具有决定的意义了，他选择了罗马基督教，因为"他看到罗马教会体系的权威和不可比拟的优越性"[1]。出于维护诺森伯里亚王国统一和国王自身神圣性的需要，他只能选择具有更大权威性、更严格组织结构的罗马基督教。诺森伯里亚贵族们也都随之改变传统，惠特比宗教会议以罗马派的胜利而告终。惠特比宗教会议之后，以科尔曼为首的部分爱尔兰教士离开了诺森伯里亚，返回苏格兰；而诺森伯里亚人则按罗马人的方式一统庆祝复活节。奥斯维的选择很快就得到回报，在惠特比宗教会议结束后不久，罗马教皇写信给奥斯维，高度赞扬他遵从罗马的决定，并以"撒克逊人之王"来称呼他。[2]

惠特比宗教会议在英格兰教会史上十分重要，它"使英格兰避免了因南北基督教教会传统的不同而分裂的可能性，宗教的统一为以后几个世纪中英格兰走向政治统一创造了条件"[3]。惠特比宗教会议之后，英格兰在整体上接受大陆的基督教文化，成为"世界性基督教大家庭"的一个部分。有学者认为惠特比宗教会议"是一个转折点，现在英格兰各王国的教会可以在一个大主教之下联合起来成为一支团结的力量了"[4]。屈勒味林指出："种族的统一、君权及封建权的增长，秩序井然的行政、立法及税收，属土政治的荣盛而部落政治的衰退：凡此种种多少俱得力于统

---

① Kenneth Hylson-Smith, *Christianity in England from Roman Times to the Reformation*, Vol. I, p. 175.

② 比德：《英吉利教会史》，第221页。

③ 钱乘旦、徐洁明：《英国通史》，第22页。

④ 肯尼思·O. 摩根：《牛津英国通史》，第78页。

一的教权。"①

惠特比会议解决了英格兰教会的统一问题,但新生的英格兰教会内部仍然存在许多问题,教会的组织结构不完善,教士匮乏,教职人员授职制度不规范,这些问题长期存在,直到西奥多大主教(Theodore,668—690 年)任职期间才得到改善。

西奥多大主教出生于东地中海沿岸的塔尔苏斯,他博学多才,通晓圣经和世俗学问,精通希腊语和拉丁语,"是第一位为整个英吉利教会所承认和服从的大主教"。② 惠特比宗教会议后,诺森伯里亚国王奥斯维和肯特国王埃格伯特曾吁请罗马教廷任命威格哈德(Wigheard)为坎特伯雷大主教,威格哈德赴任前染病身亡。668 年,教皇任命西奥多为坎特伯雷大主教,669 年他赴英格兰上任。西奥多对英格兰教会的突出贡献是完善了教会的组织结构。在他到达英格兰之时,英格兰教会问题很多,首先,主教和其他神职人员匮乏,当时英格兰只有三名主教,很多王国的主教职位空缺多年。其次,世俗的国王经常任命主教,如西撒克逊主教威尼就是由威塞克斯王任命的。最后,英格兰还存在头卖主教职位的现象,比如威尼主教被威塞克斯王驱逐出境后,又花钱从麦西亚王伍尔夫希尔那里买到了伦敦主教的职位。

针对这些问题,西奥多着手完善主教授职制度,其主要措施如下:一、对于那些授职虽不规范,但适合其职位的主教予以留任,但重新为其举行主教授职仪式,以示合法;二、对于那些不服从命令、不胜任职务的主教予以革职;三、任命新主教,以填补长期空缺的主教职位。③ 在西奥多的努力下,英格兰地区形成由一个大主教区和五个主教区组成的统一的英格兰教会,即坎特伯雷大主教区、罗切斯特主教区、诺森伯里亚主教区、西撒克逊主教区、麦西亚主教区、肯特主教区,由此对英格兰教会实施有效的管理。

---

① 屈勒味林:《英国史》,钱端升译,中国社会科学出版社,2008 年,第 75 页。
② 比德:《英吉利教会史》,第 229 页。
③ 参见比德:《英吉利教会史》,第 229—238 页。

在解决了主教授职和主教匮乏问题后,西奥多开始完善英格兰教会的教区制。早期英格兰教会的主教辖区非常大,往往与盎格鲁-撒克逊各国的疆域基本一致,而且主教辖区亦随王国疆域的扩大而扩大。但主教辖区过大,不利于向居民传教,受交通和通信情况限制,一位主教很难在一年内巡视自己教区内的所有地方。另一方面,主教辖区经常变化还造成辖区界限模糊,引发主教之间的矛盾。最后,辖区过大使英格兰教会组织松散,不利于管理和控制。西奥多大主教采取措施,把原来过大的主教辖区分解为多个相对小的主教区,如他将东盎格利亚主教区分成两个主教区,分别任命一位主教来管理;将麦西亚主教区也分成两个主教区,诺森伯里亚主教区则拆分为三个。西奥多还按照盎格鲁-撒克逊人传统部落的界限设立新的主教区,这些调整使英格兰教会的组织结构更加完善了,同时也有利于基督教在英格兰地区的进一步传播。

673 年,为规范主教行为和修道生活,西奥多在赫特福德主持召开主教会议,英格兰的所有主教都参加了会议。此次会议制定了十条规则,其中有五条是规范主教的行为,如第二条规则规定:“任何一个主教都不得干涉另一个主教辖区的事务,每位主教只能满足于对自己教区里的人履行职责。”第八条规则禁止“任何主教将自己置于其他主教之上,每个主教都要承认自己接受圣职的时间和顺序”①。

除了对主教的管理范围和管理权限做规定之外,该宗教会议还明确了主教对本教区神职人员的管理权限,主要是针对教士在不同主教区随意迁移的现象而制定的,如第五条规则这样规定:“凡离开自己的主教的教士如果没有自己主教的介绍信,任何人都不得接纳;凡已受接纳的教士如果被召回时拒绝回去,那么接纳者和被接纳者都将受到惩罚。”第六条规则也强调了主教对其他神职人员的权力,如“没有辖区主教的允许,行使神父的任何职权都是非法的”。赫特福德主教会议还制定了有关修道院的规定,如针对教区主教侵犯修道院财产的问题,会议为保护修道

①　比德:《英吉利教会史》,第 240 页。

院的合法权利做出如下规定:"主教干扰修道院,或从修道院中强行拿走任何东西皆属非法。"该会议还加强了修道院院长对本修道院修士的管理权:"未经修道院院长的允许,任何修士不得随意从一座修道院转移到另一座修道院。"①

最后,此次会议还将主教会议制度化,规定每年都要举行这种宗教会议,以解决宗教问题。"通过这些方式,年轻的英格兰教会在 7 世纪的晚期,建立了一个比法兰克王国或伦巴德王国更加有效率和组织更加严密的教阶制度。"②

西奥多的改革增强了英格兰教会的实力,主教不仅拥有稳定的教区,而且权力也更加清晰,各个教区的主教由坎特伯雷大主教任命,坎特伯雷大主教每年召开全英格兰的宗教会议,以此加强自身的权威。如果说惠特比宗教会议是使英格兰教会在法理上成为统一的教会,那么西奥多的所作所为就使它在组织上真正成为统一的教会。

西奥多时期,英格兰教会开始介入世俗政治。679 年,西奥多利用大主教的权威平息了诺森伯里亚和麦西亚王国之间的冲突。当时诺森伯里亚与麦西亚发生战争,麦西亚王埃塞尔雷德杀死了诺森伯里亚王埃格弗里斯(Egfrith,670—685 年在位)的兄弟埃尔夫温(Elfwine),战争即将升级。西奥多出面调停,埃塞尔雷德向埃格弗里斯支付一笔偿命金,埃格弗里斯放弃了复仇企图,即将发生的大战终得平息,这件事彰显了教会在英格兰的影响力。

西奥多推进了英格兰的传播事业,在其任坎特伯雷大主教期间,苏塞克斯和怀特岛接受了基督教。678—686 年间,威尔弗里德主教辗转来到当时还信仰异教的苏塞克斯,向那里的人传教,苏塞克斯成为基督教王国。苏塞克斯王埃塞尔沃尔奇还把 87 海德的土地赠给威尔弗里德主教,供他建立修道院。686 年,西撒克逊国王卡德瓦拉征服怀特岛,他把

---

① 比德:《英吉利教会史》,第 240 页。
② Nicholas Brooks, *Anglo-Saxon Myths: State and Church 400 – 1066*, p. 107.

1/4 的土地和战利品送给威尔弗里德主教,怀特岛也接受了基督教。[①]至此,盎格鲁-撒克逊各国大体上完成了地域上的基督教化。

西奥多时期是英格兰教会发展的重要阶段,西奥多所建立的英格兰教会体制以及他在宗教领域实施的各项措施,对英格兰教会的发展有重要影响,因此,有学者将其称为“7 世纪晚期英格兰教会的掌舵人”[②]。

邓斯坦(Dunstan,960—988)任坎特伯雷大主教时期是英国教会发展的另一个重要时期,在教俗权威的共同推动下,英格兰兴起了修道院制度改革运动,摒弃了修道院颓废奢靡之风,提升了教会的权威,复兴了英国的道德生活。邓斯坦是一位颇具传奇色彩的隐修士,被认为是英国最伟大的早期圣人之一,他曾担任过格拉斯顿伯里(Glastonbury)修道院院长、伍斯特(Worcester)主教,伦敦主教等教职。在埃德雷德(Eadred,946—955 年在位)、埃德加(Edgar,959—975 年在位)、“殉难者”爱德华(Edward the Martyr,975—978 年在位)统治时期,他还出任国库长、御前大臣等职。960 年邓斯坦担任坎特伯雷大主教,在他的推动下,英国兴起了修道院制度改革运动。

英国的修道院始建于奥古斯丁使团时期,使团在抵达英格兰不久后就创建了圣彼得和圣保罗修道院,随后在马姆斯伯里(Malmesbury)、伊利(Ely)以及英格兰的其他地方兴建修道院。7 世纪后,爱尔兰风格的修道院也在诺森伯里亚、麦西亚、埃塞克斯等地建立起来,比较著名的有惠特比修道院、林第斯法恩修道院等。西奥多大主教时期,英格兰修道院得到发展,673 年的赫特福德主教会议将罗马修道生活与爱尔兰修道生活相结合,确立了盎格鲁-撒克逊的修道制度。与基督教的传入一样,修道院的建立使英格兰的生活方式和精神世界发生了深刻变化,当时进入修道院的不仅有国王、贵族,还有教士和农民,修士在这里过着隐世沉思的生活,将全身心敬奉给上帝。除此之外,修道院还是英格兰的教育中

---

① 比德:《英吉利教会史》,第 254、255、260 页。

② Kenneth Hylson-Smith, *Christianity in England from Roman Times to the Reformation*, Vol. Ⅰ, p. 189.

心、学术中心和主教的培训中心，盎格鲁-撒克逊时期的学校、图书馆以及诺森伯里亚的学术和艺术繁荣都是在修道院里生根发芽的。维京人入侵期间，教会和修道院受到很大破坏，诺森伯里亚、麦西亚等地的修道院遭劫掠焚毁，学术、艺术随之陨落。与那些修道院一同被摧毁的还有英格兰的修道方式，在维京人入侵期间，英格兰早期简朴严谨的修道生活逐渐松懈，世俗化的生活方式逐渐盛行，修士们娶妻生子，享受世俗的乐趣；修道院长和修士中饱私囊，侵吞修道院财产，这类现象也时有发生。阿尔弗雷德大王曾试图恢复严格的修道院生活，但未能成功。

10 世纪的修道院改革运动是在克吕尼（Cluny）修道院的影响下发生的。910 年，法国一位公爵威廉在克吕尼建造了一座大修道院，与其他修道院不同，这座修道院不再强调苦修和劳动，而是注重宗教活动；强制教士独身，禁止买卖教职；反对教会世俗化，抵制世俗贵族对教会的控制。在最初几位院长的领导下，克吕尼修道院因严格的禁欲主义而著称，一时成为欧洲各地效仿的典范。为改变英国的宗教生活，尤其是修道院的颓废之风，邓斯坦决定以克吕尼改革为榜样，在英国推行修道院改革。在威塞克斯国王埃德加的支持下，大主教邓斯坦、温切斯特主教埃塞尔沃尔德（Ethelwold）、伍斯特主教——后来的约克大主教奥斯瓦尔德进行了修道院改革。

英国的修道院改革主要包括两方面内容：一是重建修道院的宗教生活模式，二是修复与新建修道院。964 年复活节，埃德加国王、邓斯坦等人在温切斯特召开有关修道院改革的专门会议，会上制定了有关修道院生活方式的《教规》（*Regularis Concordia*）。《教规》规定：各修道院都要选举一名监督员，从本院修士中产生，其职责是规范监督修士们的生活；修道院的财产受到保护，不可被侵夺和转化为私产；教士不仅要向教区居民传播信仰，还要教授其技艺；教士要为国王、王室乃至整个王国的利益而祈祷。①英国修道院改革运动最先在温切斯特教区展开，修道院、教

---

① H. R. Loyn, *The English Church*, 940 - 1154, Harlow: Pearson Education Ltd., 2000, p. 14.

堂中不胜任的修士、神父被驱逐,不胜任的修道院长被撤换;其他的教区和修道院也循其道而行。改革运动在英格兰不断推广,甚至影响到当时的丹法区。至970年,各种传统被编进一部《教规》,《教规》成为所有英格兰修道院必须遵守的规则。修道院改革运动促成了英国宗教生活的复兴,改变了修道院生活的颓废之风,提高了教会的地位,也为英格兰教会准备了主教。至11世纪,英格兰的主教大部分是僧侣,主教和修道院长在贤人会议中与世俗贵族商谈事务,重要的教会人士跻身于盎格鲁-撒克逊末期国王最重要的谋臣之列。

埃德加大力支持修道院改革,他下令贵族要捐钱建造修道院。至10世纪结束时,在格拉斯顿伯里(Glastonbury)、阿宾登(Abingdon)等修道院的带动下,在英格兰修建和重建的修道院有将近50座。① 由于国王和贵族拿出土地捐献给教会,结果教会得到了英格兰已开垦土地的大约1/3。"此后数世纪的关于宗教的思想及习惯完全萌育于寺院中,而寺院亦占封建英国的经济,以及社会生活的重要地位"②。同时,修道院的重建和修道院生活方式的复兴也意味着学术的复兴,10世纪下半叶到11世纪初,英语方言和拉丁文学作品繁荣,著名的修道院长埃尔弗里克(Elfric)和约克大主教伍尔夫斯坦(Wulfstan),都是盎格鲁-撒克逊后期的著名学者。

埃德加国王也从教会方面得到回报,他在位期间,英格兰各地逐渐承认了威塞克斯国王的权威。973年,作为第一位全英格兰的国王,埃德加在巴思接受加冕,坎特伯雷大主教邓斯坦和约克大主教奥斯瓦尔德出席,邓斯坦主持了整个仪式。国王身着王袍、头戴王冠,在两名主教的引领下走入教堂。此时,赞美诗唱起来,国王从头上摘下王冠,拜倒在祭坛前。赞美诗结束后主教们将国王从地上扶起,国王立加冕誓言:他要保证整个王国都奉行真正的和平,禁止抢劫和其他犯罪行为;他将公正而

---

① 肯尼思·O. 摩根:《牛津英国通史》,第101页。
② 屈勒味林:《英国史》,上,第111页。

仁慈地对待一切判决。接着,在人们的欢呼声中施行涂油礼,大主教把戒指戴到国王的手上,为其配剑,并为其戴王冠。伴随着弥撒曲,国王在邓斯坦和奥斯瓦尔德的陪伴下登上王位。"经过涂油礼,国王成为由神指定、人民受其约束的基督教国王,负有栽培、教育、保卫和指导教会的职责。"①埃德加以后,"殉难者"爱德华和"无主见者"埃塞尔雷德登位时,也是由邓斯坦出席他们的加冕典礼的。邓斯坦于988年5月19日去世。

丹法区(Danelaw)的维京人最终也皈依了基督教,这是一个复杂的过程。在维京人入侵前,基督教已经对斯堪的纳维亚地区有所渗透,据记载,早在8世纪初就有一位基督教传教士到过丹麦;9世纪时,一位名为安斯加尔(Ansgar)的日耳曼传教士也到过斯堪的纳维亚半岛地区进行传教,有些当地人还在他的影响下皈依了基督教。②但这些只是特例,维京人基本上都是异教徒,他们来到英格兰之后,对已经接受基督教的盎格鲁-撒克逊社会造成了破坏性影响,其中有三个王国被毁灭,无数教堂遭劫掠,各主教区也分崩离析。

在抵抗维京人的过程中,英格兰教会和盎格鲁-撒克逊国王经常借助战争、外交、联姻等手段促成维京人皈依基督教。878年,阿尔弗雷德和古思伦(Guthrum)签订了《韦德莫尔条约》,其中规定丹麦首领古思伦要接受基督教洗礼;古思伦依约行事,尊阿尔弗雷德为教父,还接受了英国名字埃塞尔斯坦(Athelstan)。926年,统治诺森伯里亚的维京人首领西特里克(Sihtric)也皈依了基督教。③994年,英格兰人和挪威国王奥拉夫议和,"无主见者"埃塞尔雷德(Ethelred the Unready)听从坎特伯雷大主教西吉里克(Sigeric)和温切斯特主教阿尔夫赫(Ehtleha)的建议,认奥拉夫为教子,促成奥拉夫皈依基督教。④

---

① Kenneth Hylson-Smith, *Christianity in England from Roman Times to the Reformation*, Vol. I, pp. 261 - 262.
② 参见美国时代-生活图书公司:《巨舰横行:北欧海盗》(公元800—1100年),邓庆平译,山东画报出版社,2003年,第57页。
③《盎格鲁-撒克逊编年史》,第82—83、111页。
④ 同上书,第135页。

维京人皈依基督教,也得益于一些传教士及教会组织的不懈努力,教士科恩瓦尔德(Koenwald)是促使维京人皈依基督教的著名人物。在维京人占领东盎格利亚并肆意劫掠的时候,科恩瓦尔德就在那建立了一个传教点,向信仰异教的人传播福音,终使荷宁森(Horningsen)附近的入侵者皈依了基督教。893 年,维京人首领哈斯泰因(Hastein)的妻子和儿子也皈依了基督教。对此,有西方学者指出:"斯堪的纳维亚定居者皈依基督教是在丹法区内完成的,并且是通过该地区教士的努力而完成的。"①有些维京人不仅成为基督徒,而且成为传教士,丹麦人古思雷德(Guthred)就是一位代表性人物。古思雷德曾是一名奴隶,后来在丹法区成为主教,895 年,他被葬于约克的教堂墓地。丹麦人奥达(Oda)的影响更大,他最初随丹麦海盗来到英格兰,909 年他成为兰斯伯里(Ransbury)的主教,941—948 年还曾任坎特伯雷大主教。②

英国的修道院改革运动也推动了丹法区的基督教化。在盎格鲁-撒克逊地区广泛推行修道院制度后,约克大主教奥斯瓦尔德还将它推广到丹法区;同时,修道院改革运动还引发了对斯堪的纳维亚的传教活动。

最后,丹法区内盎格鲁-撒克逊人与维京人日常的交往和交流是推动丹法区基督教化更为广泛的力量。尽管维京人在丹法区占据优势地位,但他们毕竟人数较少,当信仰异教的丹麦人与信仰基督教的盎格鲁人、撒克逊人交往和交流的时候,便不可避免地受到了基督教潜移默化的影响,丹法区的维京人与盎格鲁-撒克逊人在宗教信仰上逐渐合流。

如果说 9 世纪 70—80 年代,英格兰多数的斯堪的纳维亚人还是好战的异教信仰者,那么到 9 世纪的最后 10 年,越来越多的维京人已经接受基督教了。该时期定居在约克和东盎格利亚的丹麦人所使用的货币上的基督教纹饰,可以反映维京人信仰上的变化;从 10 世纪早期丹法区

---

① D. M. Hadley, *The Northern Danlaw: its social structure*, *800 - 1100*, London: Leicester University Press, 2000, p. 310.

② 参见袁风:《中古英国丹麦区试探》,华东师范大学硕士学位论文,2004 年,第 29—30 页。

残留下来的许多没有日期的硬币上,也能发现基督教主题的铭文。① 通过当时的墓葬,我们也能对丹法区的基督教化管窥一斑:"至 10 世纪中叶,英格兰的教堂墓地里到处都有受过洗礼的丹麦人的坟墓,上面竖着十字纪念碑。"②

基督教化促进了英格兰民族的形成,奠定了英格兰统一的基础。在诺曼征服前,不列颠人、盎格鲁-撒克逊人和维京人共同生活在不列颠,各自拥有不同的文化。基督教的传入,不仅为这些源于不同种族、不同文化的人确立了一种共同的宗教信仰,而且还为他们提供了一种共同的文化意识;在此基础上,盎格鲁-撒克逊时期的英格兰诸民族日渐融合为具有共同经济基础、社会结构和语言表达的整体。基督教的传入促成了英格兰诸民族在宗教上的合流与统一:盎格鲁-撒克逊诸王曾为土地而争霸,但英格兰的统一在他们靠武力征伐最终完成之前,已经在观念上完成了。教皇格雷戈里一直视英格兰为一个整体,奥古斯丁到达英格兰后,被授予"不列颠主教"之职。奥古斯丁以及后来的西奥多、邓斯坦等人通过传教、建立教会等活动,将这种统一的观念散布于全英格兰,单一王国的观念由此而孕育生成。也许正是在这层意义上,霍莱斯特评论道:"格雷戈里虽从未踏足英格兰,却是早期英国历史的核心人物之一。"③

惠特比宗教会议后,英格兰各王国分散的教会在一个大主教统管之下,逐渐联合成一支统一的力量,而宗教的统一促进了政治的统一。当盎格鲁-撒克逊各国霸主仍在相互征伐之时,英格兰人就已经"在宗教和语言方面意识到了他们种群的统一"④,因此,先有宗教的统一,然后才有政治的统一。按历史学家的说法:"早在 8 世纪上半叶,即统一的英格兰

---

① Henry Loyn, *The Vikings in Britain*, Oxford: Wiley-Blackwell, 1995, p. 64.

② 戴尔·布朗:《北欧海盗——来自北方的入侵者》,华夏出版社,2002 年,第 124 页。

③ C. Warren Hollister, *The Making of England: 55 B. C. to 1399*, Toronto: D. C. Heath Company, 1992, p. 39.

④ Kenneth Hylson-Smith, *Christianity in England from Roman Times to the Reformation*, Vol. I, p. 279.

杳无踪影之际,比德就已经看到基督教的作用,看到他的同胞在统一英格兰教会中所分担的共同命运,有着共同的组织,为此,比德设想出一个'英吉利民族'的术语,从而写下了命名为《英吉利民族的教会史》这样一部伟大的著作。"[1]

---

[1] 钱乘旦、徐洁明:《英国通史》,第 26 页。

第三章　维京人入侵与英格兰统一

8世纪末9世纪初,维京人开始进攻西欧基督教诸国,这给盎格鲁-撒克逊英格兰带来了长期的动荡。在抵抗维京入侵的过程中,盎格鲁-撒克逊人的认同感和凝聚力加强了,而入侵并定居在英格兰的维京人亦因与盎格鲁-撒克逊人碰撞融合,自身演变为英格兰民族的组成部分,共同推动了英格兰的统一进程。

维京人亦称诺曼人,意为"居住在峡湾的人",指中世纪居住在欧洲北部日德兰半岛和斯堪的纳维亚半岛上的丹麦人、挪威人和瑞典人。[①]由于北欧耕地稀少,所处纬度较高,不利于发展农业生产,而其森林茂密,有取之不尽的木材和许多优良的天然港湾。因此,维京人自古以来就善于航海,重视渔猎,是一个以航海为生的民族。维京人入侵是北方日耳曼民族的又一次大迁移,它开始于8世纪,持续了300年之久,历史上称它为"维京时代"(the Age of the Vikings)。维京人长期横行于海上,从事杀人越货的海盗抢劫,故也被称为"北欧海盗"。

维京人入侵是多种原因作用的结果。首先,维京人的生活环境十分恶劣,斯堪的纳维亚半岛和日德兰半岛上沼泽遍布,土地贫瘠,农业不发

---

① 沈坚:《维京时代:冲突与交融》,载《历史研究》,1989年第5期,第164页。

达,居民多以捕鱼或抢劫为生。8—9世纪,由于该地区人口激增,低下原始的农业生产无法维持人口的生存,于是,维京人对外移民已成必然。其次,该时期维京人的社会分化正在加剧,王权强化,许多不满国内政局的人被迫移民海外寻求生路。560年,挪威国王哈罗德(Harold)继位后,进一步加强王权,致使很多不愿归附于他的贵族携家人移民海外。854年,丹麦王朝垮台,留下一个权力真空,没有强大的国王能够团结武士,他们因而结成散兵游勇劫掠海外财富。

再次,维京人之所以从事海盗事业,亦与他们拥有先进的造船和航海技术有关。8世纪,维京人的造船业和航海业已经相当发达,他们能够制造出各种形状不同、大小不一的船只,既有沿海航行用的6桨小船,也有庞大壮观的龙船,还有各种用途不同的独桅快船、渡船、二桅小船、大肚子货船、远洋船和大型划桨船等等。其中最值得称道的是在北欧海域称霸一时的长船,这种船是维京人许多世纪以来造船技术不断革新和演变的结果,它精美、坚固、轻便、快速,船的四周用铁条紧箍,以铆钉相衔;船的两侧配有十对至十六对划桨,在高翘的船尾附近有一支大划桨作为船舵,这就是当时常见的海盗船,非常适合航海,一次可乘40—100人,以每小时10海里的速度航行。这种船是当时欧洲最先进的船,它结构特别,船身浅阔,吃水浅,可以沿河逆流而上,能在许多溪流和港湾中停泊,可出没于当时大部分欧洲船只不能进入的水域。维京人除了善于制造船舶和武器,长期的海洋生活又使他们富于冒险精神、拥有高超的航海技术,这一优势在8—10世纪诺曼人的扩张中起了重要作用。维京人入侵的成功,在很大程度上基于他们的"流动性和袭击的不可预测性"[1]。

最后,维京人入侵也恰逢西欧政局动荡、割据争霸的时期。不列颠之所以不断遭遇维京人的袭击,一是在地理位置上与维京人临近,很容易成为劫掠的目标;二是9世纪初,不列颠自身分裂成许多地域,处于小

---

[1] H. R. Loyn, *The Governance of Anglo-Saxon England*, *500 - 1087*, London: Edward Arnold Ltd. , 1984, p. 71.

国割据时代,麦西亚、诺森伯里亚、威塞克斯、埃塞克斯等国彼此争霸、刀兵相向,没有经常的霸主,也没有对亨伯河以北地区实施有效控制的能力,不能抵御维京人的入侵。欧洲大陆的政局也为维京人入侵提供了机会,9世纪20年代开始,加洛林帝国争夺王位的斗争愈演愈烈,843年凡尔登条约三分天下,统一的帝国开始崩溃,西欧无法抵御入侵,使维京人的入侵事业日渐旺盛。

从8世纪末开始,丹麦人就不断袭击和劫掠英格兰的沿海地区,不列颠岛受到严重威胁。丹麦人对法兰西的掠夺比对英国的掠夺更加凶猛,几乎所有法国沿海和沿大河的重要城市都遭到丹麦人的抢劫,其中有的被多次劫掠,如亚眠(Amiens)、鲁昂(Rouen)、巴黎和南特(Nantes),连马赛(Marseille)、波尔多(Bordeaux)和瓦朗斯(Valens)也都几次遭劫,难以幸免。随丹麦海盗而来的,是挪威和瑞典的海盗;丹麦海盗往往以英格兰、法兰西、德国的北部和爱尔兰作为主要目标,其足迹也到过西班牙、意大利和地中海沿岸的其他地方。挪威海盗的主要目标是苏格兰、冰岛、格陵兰,甚至远及北美。瑞典海盗则穿越波罗的海,溯顿河而上,深入俄罗斯腹地,远达黑海。

792年,针对维京人入侵的威胁,奥法给肯特教会发布特许状,允许其组织力量反击"异教海上人"。[1] 793年,维京人劫掠了英格兰东北海岸的林第斯法恩修道院,震惊了整个欧洲。林第斯法恩遭到毁坏,是英国历史上的痛苦回忆:

> 这些北方来的异教徒乘船来到不列颠,像蜇人的大黄蜂一样,又像可怕的狼群迅速散布到各个角落……他们肮脏的脚印玷污了圣地,他们在神坛下使劲挖掘。他们杀了一些教友,又绑走一些。被他们掠走的教友,往往被迫赤身裸体,受尽屈辱,有一些则淹死在海里。[2]

---

[1] 蒋孟引:《英国史》,第55页。
[2] 美国时代-生活图书公司编著:《巨剑横行:北欧海盗(公元800—1100年)》,第56页。

三个世纪后,英格兰教士西门说起林第斯法恩修道院的劫难与罹难教士时,仍旧充满愤怒和悲怆。

795年,维京人劫掠了诺森伯里亚的多内穆坦(Donemuthan)修道院;同年,又攻击艾奥纳岛(Isle of Inoa)的圣·柯伦巴修道院。维京人的入侵引起了英格兰人的恐慌:"近350年来,我们的先祖和我们一直居住在这块迷人的土地上,在异教的灾难来临之前,不列颠从未有过如此的恐惧。"①

8世纪晚期的袭击过后,盎格鲁-撒克逊人度过了一段较为安稳的日子。9世纪30年代,这种安稳再次被打破,835年,维京人大规模入侵肯特,接下来进攻东盎格利亚和林赛(Lindesy);842年,维京人进攻伦敦和罗切斯特,851年,进驻泰晤士河口的萨尼特(Thanet)。不过,从9世纪30年代重新发动劫掠起,至865年共30多年时间里,维京人并没有表现出长期殖民的企图,他们大多只关心掠夺财物,专注于进行间歇性袭击,而没有着眼于长期居住。

但是在9世纪60年代出现了第一次定居高峰。865年,丹麦首领哈夫丹(Healfdene)和伊瓦尔(Ivar)率领丹麦人在东盎格利亚登陆,在此逗留数月后,他们向北转向诺森伯里亚。866年,他们开始攻击诺森伯里亚,并且还袭击了惠特比修道院。此时正逢诺森伯里亚王室纷争,内战致使国力虚弱,两个相互争斗的国王都死在抵抗维京人的战场上。866年3月2日约克城被攻破,诺森伯里亚沦为丹麦人的附属国,一位有名无实的国王埃格伯特(Egbert)成为傀儡,以便于丹麦人统治诺森伯里亚。随后,丹麦队伍进入麦西亚,因为遇到抵抗,退回约克。869年,丹麦人进攻东盎格利亚,将其击败,还俘虏了国王埃德蒙(Edmund,855—869年在位),并最终将其杀死。② 曾经强大的诺森伯里亚和东盎格利亚就这样被维京人消灭了,此时,盎格鲁-撒克逊诸王国中只剩下最具实力

---

① Henry Loyn, *The Vikings in Britain*, p. 39.
②《盎格鲁-撒克逊编年史》,第78页。

的威塞克斯王国了,它成了反抗外来侵略势力、实行英格兰国家统一的唯一力量。

780 年,维京人以 35 艘战舰入侵多塞特郡(Dorsetshire),威塞克斯王埃格伯特亲率军队抵抗,丹麦人损失惨重。埃格伯特死后,其子埃塞尔伍尔夫继承王位,他的才能远逊于先王,但是极其虔诚,有学者评价说:"把王国托付给他,还不如把修道院托付给他来的合适。"[①]埃塞尔伍尔夫的主要成就是安排四个儿子的继承顺序,避免了导致王朝毁灭的王室纷争。后来,这四个儿子都是盎格鲁-撒克逊英格兰抗击丹麦人的领袖。

阿尔弗雷德大王(Alfred the Great,871—899 年在位)是盎格鲁-撒克逊历史上最伟大的统治者,也是把英格兰从维京入侵的厄运中拯救出来的英雄。871 年阿尔弗雷德即位,此时正逢维京人大肆进攻。对阿尔弗雷德来说,这一年战事连连,仅一年之中就与维京人交战 19 次之多。在雷丁(Riding)和威尔顿(Wilton)的失败之后,这位新国王不得不交纳赎金购买和平。但 872—878 年维京人的入侵进一步深入,他们的势力范围扩展至东盎格利亚腹地及诺森伯里亚和麦西亚的大部。874 年,维京人击败了麦西亚国王伯格雷德(Burgred);876 年,丹麦人开始定居。

877—878 年,古思伦率领的维京人再次进攻威塞克斯,在威尔特郡和萨默塞特郡大肆掠夺,占领了威塞克斯的大部分地区。878 年复活节,阿尔弗雷德和他的一队随从被迫逃到阿瑟尔尼岛上(Isle of Athelney)的湿地中避难,这里离威尔士很近,在维京人入侵的时候,威尔士人往往与他们合作,共同进攻威塞克斯王国。当时,威塞克斯存亡危旦,仅凭茂密的森林和周围的沼泽地,阿尔弗雷德和他的随从才得以保全性命。在这危难之际,各路忠诚于阿尔弗雷德的塞恩们(thegn,即贵族)组建的军队应召而来;5 月,这些军队在威尔特郡和萨默塞特郡交界处会合后,阿尔弗雷德向驻扎在埃丁顿(Edington)的维京人发起进攻,取得重大胜利。

---

① 大卫·休谟:《英国史》,第一卷,第 49 页。

虽说这次战役并没有瓦解古思伦的军队,但它是战争的转折点,维京人在坚持了两个星期之后,接受了威塞克斯的停战条件,与阿尔弗雷德签订《韦德莫尔条约》,双方依约划地而治,英格兰东北部归丹麦人,西南部仍由英格兰人统治,并且,规定丹麦人皈依基督教。[①] 和约也承认了丹麦人占领英格兰大部分土地的既成事实,以伦敦向切斯特(Chester)西北走向划定边界,线北为古思伦的辖地,称丹法区,主要包括莱斯特郡(Leicester)、林肯郡(Lincolnshire)、诺丁汉郡(Nottingham)和约克郡(Yorkshire),莱斯特郡是丹麦军队的中心;线南归阿尔弗雷德大王,包括英格兰剩下的区域,相当于今天英格兰的西部与西南部。[②] 至阿尔弗雷德去世之时,英格兰的政治地图大致如此,古思伦取得对东盎格利亚的统治权,以及877年麦西亚分裂后被维京人占领的地区。麦西亚、东盎格利亚和诺森伯里亚都不存在了,在9世纪中叶原来存在的四个独立王国中,唯有威塞克斯幸存下来。

《韦德莫尔条约》可视为威塞克斯与丹麦人势均力敌的标志,从威塞克斯的角度看,该条约是"一次仁慈的救赎"[③],因为丹麦人的攻击告一段落,他企图完全征服英格兰的计划也最终落空;从丹麦人的角度看,该条约第一次让他们得到了自己真正想要的东西,即在业已控制的土地上定居。[④] 而《韦德莫尔条约》的签订,还标志着丹法区正式形成。

在抗击维京人的斗争中,阿尔弗雷德进行了英国历史上最早的军事改革,创建了一支军队和一套有效的防御体系。892—896年,丹麦人在肯特登陆,然后入侵威尔特郡和切斯特。阿尔弗雷德看到由农村公社成员组成的民军(fyrd)作战不力,于是实施两项改革,一是把民军分为两部分,一部分在家种田,一部分外出作战,这就避免了农忙时无人打仗、都在家忙于农活的危险,保证国王手上随时都有一支军队;人们普遍认为,

---

① Michael Swanton, *Anglo-Saxon Chronicle*, London: Phoenix Press, 2000, p.77.

② F. M. Stenton, *Anglo-Saxon England*, pp.260-261.

③ Henry Loyn, *The Vikings in Britain*, p.43.

④ 袁风:《中古英国丹麦区试探》,第17页。

这就是英国历史上"民军"制度的肇始。二是组织常备军,由贵族(thegn)组成,他们是职业军人,被授予土地,而且世袭。至10世纪末,这种军事服役体制发展起来,它规定每5海德(hide)的土地必须提供一个男子服兵役。[①]

在此之前,作战的威塞克斯军队都是临时征召的,但892年之后维京人再次入侵英格兰时,情势发生了变化,"维京人几乎每天,不管是白天还是黑夜,都受到其他小队的搜索,这些队伍来自英军和堡垒两方面"[②]。英格兰军队已经能对逃跑的维京人实施包围,当某支军队服役期满,就会有另一支部队来接替他们;而当英格兰军队受到维京人的围困时,也会有援军来帮助他们。这种变化得益于阿尔弗雷德对军队的改革,它使英格兰常年可以有军队戍卫。

阿尔弗雷德还改进了一种称为"堡"(burhs)的防御体系,该体系在抵抗维京人入侵的过程中发挥了重要作用。关于堡的起源目前尚不清楚,可能源于麦西亚或法兰克王国;在维京入侵时期,法兰克和麦西亚均采用过筑堡防御的办法,麦西亚王埃塞尔鲍德时期的法律文件上就经常提到这种要塞。堡的类型多样,有的是罗马时代的旧城市,主要用残存的城墙作为工事;有的是对罗马时代的堡垒进行再利用,也有的是在海角上构筑防御工事。堡与堡之间的距离一般为20英里,相当于一天的行军路程。[③]

据记载,堡海德(Burghal Hidage)是当时最著名的堡垒体系,其中每一个堡都有一定数量的人员驻守。当时的惯例是,每海德(长度单位)配备一名士兵,并由数名士兵戍守一定长度的城墙;每堡所辖海德的数量由该堡卫戍的城墙长度来决定,一般每杆(五又二分之一英尺)配备四名

---

① 参见蒋孟引:《英国史》,第57页。

② 《盎格鲁-撒克逊编年史》,第89页。

③ James Campbell, ed., *The Anglo-Saxons*, London:Penguin Books,1991, p.152.

卫戍人员。① 在威塞克斯所控制的地区内,除堡海德外,还有 33 个堡,各堡所辖控的海德数量不一样,配备的卫戍人员亦有多少之分,此处是一些较大的堡所辖海德的数量:温切斯特(Winchester)为 2 400 海德,韦勒姆(Wareham)为 1 600 海德,克里克莱德(Cricklade)为 1 500 海德,沃灵福德(Wallingford)为 2 400 海德。经过学者的测算,所有堡的卫戍力量大约为 27 000 人②,这些堡构成一个庞大的环状防御网络,成为有效抵御维京人入侵的军事防御体系。有一个实例可以说明堡对于防御维京人入侵的重要性:据《盎格鲁-撒克逊编年史》记载,892 年,维京人再次入侵英格兰时,他们到达东肯特的威尔德(Weald),"在那里猛袭了一座堡垒。堡垒里有几个农民,它只造了一半"③。这说明威尔德当时既未建成堡垒,也未按照规定配备卫戍人员。有西方学者对堡的这种防御体系做出评价:"不论阿尔弗雷德的海军和他轮番戍守的部队有多大的重要性,都无法否认 893—896 年间,堡是驱离维京人离开威塞克斯的关键因素。"④堡不仅具有抵抗和防御维京人入侵的功能,而且还可促进居住和商业发展,在盎格鲁-撒克逊后期,很多堡成了永久的居民点,还有一些成了市场和铸币厂。阿尔弗雷德去世后,他的继承者将这种体制不断改进,至埃德加统治时期,堡的防御体系更加完备。

　　阿尔弗雷德还亲自设计船舰,组建了海军。在抵御维京人入侵方面,军事问题首当其冲。维京人的军队机动性很强,他们驾驶的船能够在海岸的任何地方靠岸,而且能够驶入各条河流。此外他们的骑兵在陆地上也行动快速,根据 893 年的战役来看:维京入侵者能够到达任何地方,威塞克斯的军队却不能,当阿尔弗雷德的军队刚向西转往埃克塞特(Exeter)时,维京人已经包围了该郡;等他到达该郡时,维京人又已登船

---

① Simon Keynes and Michael Lapidge ed. , *Alfred the Great : Asser's Life of King Alfred and Other Contemporary Sources* , London:Penguin Books, 1983, p. 194.

② 参见 James Campbell ed. , *The Anglo-Saxons* , pp. 152 – 154.

③《盎格鲁-撒克逊编年史》,第 88 页。

④ James Campbell ed. , *The Anglo-Saxons* , pp. 152, 154.

离开了。当他再向西迎敌的时候，另外两支丹麦军队已经在埃塞克斯合兵一路，沿着塞纳河前进。这些都说明威塞克斯军队与维京人的军队在机动性方面存在很大差距，为此，阿尔弗雷德设计建造了一种新型船只，这种船比别的船几乎长一倍，配备 60 条桨甚至更多，专门用来对付维京人，根据《盎格鲁-撒克逊编年史》896 年记载，这些船"既非按弗里西亚船仿造，又非按丹麦船仿造，而是按其本人认为最能起作用的样式造的"[①]。阿尔弗雷德以此为基础组建海军，包括 120 艘船舰，配备了军事器械和专业水手。[②] 有了这支舰队，威塞克斯人就可以巡海防御，追击维京入侵者。出于这样一种首创海军的功绩，维多利亚时期的英国人称阿尔弗雷德为"英国海军的缔造者"[③]。

阿尔弗雷德的军事改革效果显著，保障了国家的多年安宁。8 世纪 70—90 年代，维京人曾不断袭扰威塞克斯腹地；至 9 世纪 80 年代，入侵者就很难侵入威塞克斯了。

除了军事改革和建立防御体系以外，阿尔弗雷德在内政、司法等方面都有建树。为了加强统治，阿尔弗雷德把英格兰划分为郡，郡又划分成百户区（hundred），百户区再划分成十户组（tithing），十户组彼此联保，由十户长（tithingman）监督，各户家长为自己的家人、奴仆、甚至宾客负责。没有十户长的许可和证明，任何人都不得改变住所；没有编入区、组的人被视为亡命之徒，要受惩罚。十户长负责缉拿辖区内的罪犯，如有失职，要缴纳罚金。通过这样严格的户籍制度，威塞克斯的居民被置于国家的法律和政府的监管之下。[④] 阿尔弗雷德还是一个成功的立法者，为了适应社会发展的需要，在继承盎格鲁-撒克逊先辈法典的基础上，他制定了《阿尔弗雷德法典》（The Laws of Alfred），该法典反映了 9 世纪下半期英国的依附农制，同时也反映了法制的发展，例如刑罚，已经

---

① 《盎格鲁-撒克逊编年史》，第 94 页。
② 大卫·休谟：《英国史》，第一卷，第 60 页。
③ 转引 James Campbell ed., *The Anglo-Saxons*, p. 150.
④ 大卫·休谟：《英国史》，第一卷，第 63—64 页。

从以前的支付赔偿金、罚金向判刑和监禁过渡。该法典所确立的典章制度被认为是英国司法制度的起源，为英国的普通法奠定了基础。阿尔弗雷德还将伦敦定为威塞克斯王国的首都，在阿尔弗雷德的统治下，英格兰焕然一新、秩序井然，据说"把金链挂在路边，也没有任何胆大妄为的人敢碰"[①]。

阿尔弗雷德最杰出的贡献是促进了英国文化的发展，他在位期间，从欧洲各地请来最著名的学者，兴办学校，教化塞恩及其子弟，他的宅邸成了为贵族和平民提供教育的学校。即位之初，阿尔弗雷德发现"泰晤士以南没有一个人懂拉丁语，北部也为数寥寥无几"[②]。为了将古典作品译成英语，他不仅自己学习拉丁语，还将麦西亚、威尔士乃至欧洲大陆的许多学者邀至宫中，为他进行翻译工作。878—885年间，他的宫廷里经常是贤者会聚，高朋满座。在阿尔弗雷德的亲自主持及参与下，很多古籍被翻译成盎格鲁-撒克逊英语，罗马帝国时教皇格雷戈里一世所著《教牧关怀》(*Pastoral Care*)，就是由阿尔弗雷德大王亲自翻译成盎格鲁-撒克逊语的，这是一部有关主教基本职责的手册，后来这部书一直作为主教们的职务指南。此外，格雷戈里的《对话录》(*Dialogues*)、波爱修斯(Boethius)的《哲学的慰藉》(*The Consolation of Philosophy*)、圣奥古斯丁的《独语录》(*Soliloquies*)等宗教和哲学著作，也都在这个时候被翻译成盎格鲁-撒克逊英语。阿尔弗雷德和他的学者们还翻译了两部历史著作，即比德的《英吉利教会史》和奥罗修斯(Orosius)的《反异教徒史》(*History against the Pagans*)。在阿尔弗雷德的主持下，学者们校订了各地的编年史，将其汇编成一部名著，即《盎格鲁-撒克逊编年史》(*Anglo-Saxon Chronicles*)。这是中世纪早期西欧最重要的史学著作之一，其记载所涉，包括从公元前55年凯撒(Caesar)进军不列颠至公元891年之间英格兰所发生的事，后来又由修道院修士将其续写到1154年

---

① 大卫·休谟：《英国史》，第一卷，第65页。
② 同上书，第66页。

英王斯蒂芬(Stephen,1135—1154年在位)去世。这部编年史着重于世俗事务,材料来源广泛,较多地采用了英国中部、南部的文字记录、口头传说和诗歌。这些工作都有助于增强英格兰的民族意识,为国家统一培育文化根基。有西方学者评论道,"阿尔弗雷德在他的有生之年未能看到威塞克斯王室统一英格兰,但他的法律、翻译作品和由他鼓励写成的《盎格鲁-撒克逊编年史》都为英格兰的统一奠定了思想基础"①。

阿尔弗雷德的个人威望和影响力都远远超过以前的麦西亚和诺森伯里亚王,他深受英格兰人的爱戴和支持,他的一系列政策,为英格兰的统一国家创造了前提,在英国历史上,他是唯一拥有"大王"之称的英格兰国王。

自9世纪下半叶至11世纪中叶,丹法区与英格兰其他地区并存对峙,时战时和,经过150多年的碰撞和交流,丹法区和英格兰其他地区逐渐融合,成为英格兰统一进程的一部分。维京人入侵英格兰时,斯堪的纳维亚正处于氏族社会瓦解阶段,当时的维京领导人多为海盗头领而非"王"。丹法区形成之后,其内部统治也很松散,与严格意义上的独立王国还相距甚远。丹法区的特殊性主要表现在法律上,定居在这里的维京人习惯遵循他们的传统法律,而不轻易接受盎格鲁-撒克逊人的法律。在盎格鲁-撒克逊时期,英格兰并没有全国统一的法律,更没有可以通行全国的判例,一些英格兰国王为了取得维京人的支持,也允许他们在法律方面享有一定的特权。如国王埃德加颁行的法典就给予维京人一定程度的法律自治,1008年埃塞尔斯坦的法典也是这样。到克努特(1016—1035年在位)时期,《克努特法典》(The Laws of Cnut)的实行范围不仅包括丹麦本土,还包括英格兰的丹法区。尽管如此,这并不意味着丹法区的维京人可以完全脱离盎格鲁-撒克逊法律的控制,埃德加的法典虽然允许包括丹法区在内的地方习俗的存在,但又坚持"世俗法律

---

① 克莱顿·罗伯茨、戴维·罗伯茨、道格拉斯·R.比松:《英国史》,上册,第53页。

适用于每一个人,只有这样才能牢靠确立"①。

丹法区维京人的法律习俗和传统为盎格鲁-撒克逊英格兰的法律制度增添了新的元素,屈勒味林认为,盎格鲁-撒克逊英格兰由 12 名法官组成的陪审团制度是由丹麦传至英格兰的,因为丹麦人原来就有由自由人组成委员会的习惯,"即或是陪审制所以能在英国繁盛的一因"②。

丹法区是维京人与盎格鲁-撒克逊人彼此均势的表现,但这种均势远非一纸条约可以保证。从 9 世纪下半叶至 11 世纪中叶,这种均势经常被打破,反映在盎格鲁-撒克逊与维京首领对丹法区的争夺上。总体而言,从 878 年签订《韦德莫尔条约》到阿尔弗雷德辞世,古思伦大体上履行了自己的诺言,虽然这期间并非总是风平浪静,小规模冲突仍有发生。892 年 9 月,维京人在肯特东南部登陆,他们大约拥有 250 艘船。但由于英格兰人已经形成了一套完整的防御体系,最终有效地阻挡住了他们的进攻。据《盎格鲁-撒克逊编年史》记载,893 年,阿尔弗雷德军在本弗利特打败了丹麦首领黑斯滕(Hæsten)的军队,丹麦军逃跑,阿尔弗雷德下令将丹麦人的船只烧毁,将丹麦妇女和儿童悉加俘获,一并带往伦敦。后来阿尔弗雷德将黑斯滕的妻子儿女送还黑斯滕,并送以钱财。894 年,围攻埃克塞特的丹麦军在返程路过苏塞克斯的一个城市时,"城中居民将其赶跑,杀死好几百人,俘获了一些船只"。896 年,丹麦人"连船带人覆灭于南部海岸的船不下于 20 艘"③。

阿尔弗雷德去世后,"长者"爱德华(Edward the Elder,899—924 年在位)开始进攻丹法区。爱德华采用阿尔弗雷德的堡垒战术,每进入维京人的一个地界,即就地建筑堡垒,以巩固战果,这些堡垒遍及了切斯特郡(Chester)、沃里克郡(Warwickshire)、白金汉郡等地。918 年,英格兰军队在坦普斯福德(Tempsford)取得胜利,亨伯河以南的丹麦军迅速投降,德比郡重归于英格兰的统治之下。919 年,爱德华接管了麦西亚,"随

① 肯尼思·O. 摩根:《牛津英国通史》,第 99 页。
② 屈勒味林:《英国史》,第 100 页。
③《盎格鲁-撒克逊编年史》,第 90,92,95 页。

后,苏格兰国王和全体苏格兰人,拉格纳尔德,埃德伍尔夫的诸子,以及诺森伯里亚的全体居民,包括英格兰人、丹麦人、北欧人和其他人,还有斯特拉斯克莱德的威尔士人的国王和所有斯特拉斯莱德的威尔士人,都选择他为父亲和封君"①。899—924 年,在爱德华统治时期,东麦西亚和东盎格利亚重新承认了威塞克斯王的权威。"长者"爱德华的继承人埃塞尔斯坦在位期间,英格兰曾一度收复丹法区,威塞克斯的统治扩展到英格兰的北部,包括全部诺森伯里亚。埃塞尔斯坦被认为是王朝统治者中最强有力的一位国王,927 年,他轻易地把约克的斯堪的纳维亚人赶了出去,连挪威国王金发哈罗德(Harold the Fair Haired)也承认其统治权威,并送给他一艘战舰作为礼物。埃塞尔斯坦还将哈罗德的小儿子哈康收为养子,留在宫廷抚养,充当人质。

埃塞尔斯坦去世后,丹麦王奥拉夫"通过与约克和坎特伯雷两大主教签订条约,重新夺得对整个丹法区的统治权"②。埃德蒙(940—946 年在位)在其最初统治期间,被迫将英格兰北部和中部的大部分地区让给斯堪的纳维亚王奥拉夫。944 年,埃德蒙开始北伐,驱逐了奥拉夫,重建英格兰人的统治。在埃德蒙统治的最后两年,威塞克斯王室重新获取对北方的统治权,控制了丹法区的大片土地。946 年埃德蒙被暗杀,维京人趁乱进逼,都柏林的奥拉夫·西特雷克森(Olaf Sihtrieson,919—952 年在位)、挪威王埃里克(Eric,952—954 年在位)相继统治约克。埃德蒙的继承者埃德雷德(Eadred,946—955 年在位)打败了维京人的进攻,维京人再度臣服。为了防备维京人再度反叛,埃德雷德在他们的主要城邑构筑了要塞。954 年,威塞克斯再度收复丹法区。至埃德加(Edgar,959—975 年在位)继位时,威塞克斯不仅控制了麦西亚、诺森伯里亚、东盎格利亚等地,还基本完成了对丹法区的收复行动。定居在英格兰的维京人也因接受基督教而逐渐与盎格鲁-撒克逊人合流,他们把基督教国王埃德

---

① 《盎格鲁-撒克逊编年史》,第 109 页。

② Henry Loyn, *The Vikings in Britain*, p. 51.

加视为他们的统治者,威塞克斯也认同丹法区的法律、风俗和习惯。有学者认为,此为"一个联合的基督教化的英格兰的政治模式的形成"①。威塞克斯的行政体制也在丹法区建立起来,例如,郡制扩大到丹法区,并以旧的丹麦城镇为中心。

10 世纪后半叶,丹麦成为由数个小王国联合而成的统一的君主国,它不仅国力强盛,而且拥有强大的军队和舰队。980 年,丹麦人开始新一轮劫掠,他们以英国南部为主攻方向,在控制了大部分英格兰海岸线之后,又劫掠了汉普敦、萨尼特和切斯特。981 年,丹麦人进犯德文(Devon)和康沃尔(Cornwall);次年,他们又进犯英格兰西南各郡。

991 年,丹麦人大举入侵,统帅是丹麦国王斯维恩(Sweyn)和挪威国王奥拉夫·特里格维逊(Olaf Tryggvason)。这一年,丹麦人在马尔登战役大败英国人。当时正逢威塞克斯国王"无主见者"埃塞尔雷德(Ethelred the Unready,978—1016 年在位)统治时期,这位国王统御无方,不能进行有效的抵抗,他接受了坎特伯雷大主教西吉里克(Sigeric)的建议,缴纳 1 万镑贡金换取和平,此为"丹麦金"(Danegeld)的肇始。

此后,丹麦金经常成为换取和平的主要手段,而且其征收量也逐年增加,成为英格兰人的沉重负担。991 年首次缴纳 10 000 镑,994 年 16 000镑,1002 年 24 000 镑,1007 年 36 000 镑,1009 年 30 000 镑,1012 年 48 000 镑,1014 年 21 000 镑,1018 年 72 000 镑;除此之外,丹麦人在 1018 年还单独向伦敦勒索了 10 500 镑的丹麦金。② 丹麦金初为临时征收,后来成为固定税项,只有教会土地可以免征。丹麦金的主要负担落在了自由民身上,"忏悔者"爱德华(Edward the Confessor,1042—1066 年在位)时期曾一度废止。1066 年威廉一世(William I,1066—1087 年在位)入主英格兰,丹麦金作为财产税被恢复,征收了若干次,但这时它不再是纳贡换取和平的手段,而是诺曼王朝的敛财办法。丹麦金在英国

---

① Michael Swanton, *Anglo-Saxon Chronicle*, p. 113.
② 《盎格鲁-撒克逊编年史》,第 133—154 页。

社会史、财政史以及行政史上留下深刻印痕,屈勒味林指出,"直接税即由此可耻之赎金而起"①。

10 世纪末,维京人的入侵进一步升级。994 年,挪威的奥拉夫·特里格维逊与斯维恩率军入侵英格兰,他们在沿海各地以及埃塞克斯、肯特、苏塞克斯和汉普郡烧杀抢掠,其破坏程度非笔墨可述。埃塞尔雷德及其议政大臣决定派人前往,"答应向他们缴纳贡赋,提供粮食,条件是停止骚扰"。是年冬天,在埃塞尔雷德国王的劝导下,奥拉夫皈依了基督教,并且承诺:"他决不再怀着敌意回英国。"②但是 997 年丹麦人又开始新的一轮袭击,他们先是在康沃尔、威尔士和德文郡大肆破坏,接着又烧毁位于塔维斯托克(Tavistock)的奥德伍尔夫修道院,劫掠了许多财物,装满了他们的战船。998 年,丹麦军队蹂躏了多塞特、汉普郡、苏塞克斯等郡,还曾有一段时间驻留在怀特岛(Isle of Wight)。999 年,丹麦人来到罗切斯特和马恩岛(Isle of Man),遍加蹂躏。1000 年夏,丹麦人转到诺曼底,次年再次来袭,通过埃克斯河口进入内地。③ 面对持续不断的攻击,埃塞尔雷德除了付给巨额的丹麦金外,还娶诺曼底公爵的妹妹埃玛(Emma),试图获得海外支持。由于经年日久的劫掠,盎格鲁-撒克逊人与丹麦人之间的仇恨不断升级,1002 年,埃塞尔雷德下令在圣布鲁斯节屠杀境内的丹麦人,丹麦领主罗丹(Rodin)也被处以死刑。④

1011 年复活节,丹麦军再度入侵,他们最先到达东盎格利亚,在那里蹂躏达 3 个月之久,烧光了塞特福德(Thetford)和剑桥郡后,就进军埃塞克斯、牛津郡、白金汉郡和贝德福德郡。他们一路行进,一路烧杀,破坏了基督教圣地坎特伯雷,坎特伯雷大主教因为不愿支付赎金而被杀害。1012 年,英格兰以 48 000 镑的丹麦金换得和平。1013 年夏,丹麦王斯维恩(1013—1014 年在位)再次率军入侵英国,他先后攻克诺森伯里亚、麦

① 屈勒味林:《英国史》,第 100 页。
②《盎格鲁-撒克逊编年史》,第 135 页。
③ 大卫·休谟:《英国史》,第一卷,第 92 页。
④《盎格鲁-撒克逊编年史》,第 139 页。圣布鲁斯节是 11 月 13 日,丹麦人通常沐浴的节日。

西亚、威塞克斯、伦敦等地,一路所向披靡。由于无力抵抗,埃塞尔雷德携妻儿出逃诺曼底,斯维恩则入主英国,开始了英国历史上的丹麦王朝(1013—1042年)。

1014年2月斯维恩去世,英国贵族要求埃塞尔雷德复位,条件是"其统治要比以往改善"①,于是埃塞尔雷德重返英格兰。两年后埃塞尔雷德去世,其子埃德蒙(Edmund,1016年在位)即位;斯维恩的儿子克努特(Cnut)入侵英格兰,他与埃德蒙在埃塞克斯境内的阿兴登山激战,埃德蒙军队损失惨重。随后,双方在阿尔尼会晤,立下誓言,并规定了给丹麦人的付款数目。"有了这次和解,他们分头离去,埃德蒙继承威塞克斯,克努特继承麦西亚。"②7个月后,埃德蒙遇刺身亡,饱经动荡的英格兰人需要一个强大的国王,英格兰贤人会议遂推举克努特为王(1016—1035年在位),盎格鲁-撒克逊人与北方维京人之间历经几百年的冲突与对抗,总算落下了帷幕。

克努特在很短的时间内就建立起有效的统治基础,为了维持统治,他建立了一支常备军,即近卫军(housecarls),他还维持了一支海军。为了维持近卫军和海军,克努特以重税聚敛军费,据休谟说:"英国税额高达七万二千磅,仅伦敦一地就付出一万一千英镑。"③巨额赋税给英格兰人带来了沉重的负担,但自此得到了和平,免遭维京人的入侵。

虽然克努特来自异族,而且是依靠征服而非继承权来统治英国的,但是从一开始,克努特就重视他的统治政策和以前英格兰政策的连续性,推行丹麦人与英格兰人的和解政策,调和征服者与被征服者的关系。他曾说,"我,克努特王是继承埃德蒙(Edmund)为王的"④。为表示尊重盎格鲁-撒克逊英格兰的传统,1018年他召集丹麦和英格兰的权贵至牛津觐见,让他们发誓在埃德加的法律之下和平相处。克努特为了笼络盎

---

① 克莱顿·罗伯茨、戴维·罗伯茨、道格拉斯·R.比松:《英国史》,上册,第72页。

②《盎格鲁-撒克逊编年史》,第155页。

③ 大卫·休谟:《英国史》,第一卷,第100页。

④ F. M. Stenton, *Anglo-Saxon England*, p. 260.

格鲁-撒克逊贵族,以减少他们的敌意,继续起用埃塞尔雷德国王的亲信,特别是约克大主教伍尔夫斯坦(Wulfstan)。他娶了埃塞尔雷德国王的遗孀、诺曼底的埃玛为后,并生有一子哈德克努特(Harthacnut,1040—1042年在位)。通过这个婚姻,克努特既保证了与诺曼底的联盟,又赢得了臣民的信任。作为一位有政治远见的统治者,克努特非常重视益格鲁-撒克逊教会的作用,他通过笃信基督,恪守礼拜,严禁新来的丹麦人信仰异教,缴纳什一税,捐助教堂、修道院等方法,取得了英国教会的支持;他还承诺在原有主教的襄助下治理王国。按照12世纪一位编年史学家的话说:克努特将自己"从野蛮之人——变为最基督教化的君主"①。克努特的宗教政策非常有效,"他的虔诚像他的公平和审慎一样赢得了臣民的爱戴"②。

克努特统治时期,以前的政府和教会人员大部分不变,基本上维持了连贯性和稳定性,政府在很大程度上靠教士来运行。但是克努特的统治也不可避免地带有斯堪的纳维亚色彩,他将土地分赠给丹麦贵族,扶植支持自己的力量。1017年,克努特把整个王国分成4部分:诺森伯里亚、东盎格利亚、麦西亚以及威塞克斯,前三个部分各交由一位丹麦人或者接近丹麦的英格兰人为其治理,威塞克斯则留给自己直接统治。11世纪20年代,他还在统治方式上做了一个重要决策:即将威塞克斯交由戈德温伯爵(Godwine)代为统治。10世纪时,威塞克斯也曾被分成两或三个伯爵领,但没有哪位威塞克斯国王会把整个威塞克斯交给一个贵族管理。克努特如此行事,可能是没有更好的选择,因为他与英格兰北方和中部的联系,比与威塞克斯的联系更密切;他还要向斯堪的纳维亚的丹麦、挪威、瑞典用兵,所以无暇经营威塞克斯。"很多时候,克努特对于他的威塞克斯塞恩来说只是一个陌生者。"③

克努特在巩固了对英国的统治之后,就出兵斯堪的纳维亚,夺取丹

① 转引自肯尼思·O.摩根:《牛津英国通史》,第106页。
② 大卫·休谟:《英国史》,第一卷,第102页。
③ F. M. Stenton, *Anglo-Saxon England*, p. 408.

麦。1020 年克努特继承丹麦王位,身兼英王和丹麦王。1023 年,挪威国王和瑞典国王联合起来反对克努特,但遭失败,克努特赢得了挪威及瑞典的部分地区。1027 年,苏格兰国王向克努特宣誓效忠。1028 年,克努特率 50 艘船赴挪威,驱逐了挪威王,征服挪威,他也成了英格兰、苏格兰、丹麦、挪威和部分瑞典的主人,建立起庞大的克努特帝国(1028—1042 年),在这个帝国内,英格兰的安全也有了更大的保障。克努特帝国是盎格鲁-丹麦王朝的辉煌时期,克努特也成为欧洲强大的的君主之一。

克努特的地位在他赴罗马朝圣时得到承认,早在 1027 年,当他以"忏悔者"的身份朝圣罗马期间,不仅受到教皇的盛情款待,还得到德皇对他的承认,他被视为是"阿普利亚(Apulia)至北海之间所有人的君主"①。克努特罗马之行收获颇丰,为英格兰赢得了重大利益,在他统治之下的克努特帝国在欧洲世界的影响力颇大,他不仅说服德皇削减英格兰朝圣者和经过罗马疆域的英格兰商人的通行税,还劝说教皇降低了英格兰大主教在获职时用于支付法衣的费用。此外,克努特与德国皇帝及阿奎坦的威廉(William of Aquitaine)建立了良好的关系,他还成功地安排了女儿贡希尔德(Gunhild)与德皇之子亨利的婚姻。

尽管来自异族,克努特仍不失为英国历史上最伟大的君主之一。由于得到丹麦人和英格兰人双方的效忠,克努特是第一位真正统一英格兰的国王。在他的统治下,丹麦人和盎格鲁-撒克逊人杂居各地,双方在语言、法律和习俗上日益趋同,维京人的入侵和劫掠也一去不复返了。克努特时期有助于丹麦人与英格兰人的互融互谅,克努特既将维京时代推向了顶点,也将维京时代推向了终点。

克努特于 1035 年去世,英国因王位继承陷入纷争,以王后埃玛和威塞克斯伯爵戈德温为首的一派主张推埃玛的儿子哈德克努特为国王,而克努特当年娶埃玛的时候,就与诺曼底公爵有约,保证埃玛的后裔可以继承英格兰王位。另一派以利奥夫里克(Leofric)为首,主张立克努特和

---

① F. M. Stenton, *Anglo-Saxon England*, p. 408.

诺森伯里亚公主的儿子哈罗德（Harold Ⅰ，1036—1040 年在位）为王。当时哈德克努特已经是丹麦国王，而哈罗德仍在英格兰境内。1036 年，经过一番争斗，两派贵族在牛津达成妥协：由哈罗德继承王位，分地而治，泰晤士河以北连同伦敦归哈罗德，其余各地归哈德克努特。① 1040 年后哈罗德去世，哈德克努特继任英国国王。哈罗德和哈德克努特皆为平庸君主，统治能力远逊于先王，因此由克努特建立的横跨北海的丹麦帝国很快就瓦解了，这个帝国本来就没有联合的基础，英格兰、丹麦、挪威之间既没有彼此的地理联系，也没有内在的凝聚力，它在很大程度上是靠克努特个人的能力维持的，这就决定了该帝国必定是昙花一现。

1042 年，"忏悔者"爱德华（1042—1066 年在位）继承王位，这是盎格鲁-撒克逊时代的最后一位国王。爱德华是"无主见者"埃塞尔雷德与诺曼底的埃玛的儿子，1013 年丹麦王斯维恩入侵英格兰时，爱德华与其父母避难于诺曼底，后在诺曼底的一个修道院长居达 20 多年。1041 年，哈德克努特曾邀请这位同母异父的哥哥爱德华返归英格兰，接受其为家族成员。1042 年哈德克努特突然死去，当时只有 24 岁，而克努特谱系也就绝嗣了，英国贵族于是推具有盎格鲁-撒克逊血统的爱德华继承王位，一时间，他似乎肩负着恢复盎格鲁-撒克逊独立王国的伟大使命。

"忏悔者"爱德华在诺曼底长大，他有强烈的亲诺曼底倾向。爱德华即位后，诺曼底的语言、风俗和习惯在英格兰很快流行，很多诺曼底人被他委以重要职务，尤其是教会职务。1049 年，爱德华任命诺曼底的教士伍尔夫（Wolff）为多切斯特主教；1051 年又任命来自法国瑞米耶日（Jumieges）的罗伯特（Robert）为坎特伯雷大主教，诺曼底人威廉则成为伦敦主教。此外，爱德华的王廷主教也由诺曼底人担任，苏塞克斯的通商大道和赫里福德郡（Herefordshire）交给诺曼底人管理。② 这些诺曼底人利用国王的信任和倚重，左右国家事务，尤其是教会，几乎成了诺曼底

---

① F. M. Stenton, *Anglo-Saxon England*, p. 420.
② Peter Hunter Blair, *An Introduction to Anglo-Saxon England*, Cambridge: Cambridge University Press, 2003, p. 107.

人的天下。他们在英格兰的权势,激起了以戈德温伯爵为首英格兰贵族的不满和敌意。

　　威塞克斯伯爵戈德温位高权重,他不仅任威塞克斯伯爵,还兼领肯特、苏塞克斯等地,他的子侄多为伯爵或郡守,拥有广阔的领地,整个戈德温家族据此而占有了三分之二的英格兰土地。[①] 他的长子赛维涅(Sevigne)据守牛津、格洛斯特(Gloucester)和赫里福德郡,次子哈罗德(Harold)是东盎格利亚和埃塞克斯伯爵。爱德华继承英国王位的时候,曾遭到戈德温伯爵的反对,主要原因是戈德温家族根深叶茂,势力强大,在丹麦人统治时期,很多英格兰人尤其是威塞克斯人曾把戈德温视为抗衡丹麦人的希望。另外,戈德温与他的儿子哈罗德曾害死过爱德华的哥哥阿尔弗雷德(Alfred),因此爱德华与戈德温家族有仇。但为了获取支持,爱德华还是在盎格鲁-撒克逊贵族的调停下娶了戈德温的女儿作为王后,双方建立政治联盟,由此维持了一时的平衡。

　　爱德华即位后,戈德温伯爵位高权重,把持朝政,爱德华想借助诺曼底的势力打压戈德温,在这个背景下发生了多佛(Dover)事件。1051 年,布洛涅 (Boulogne)伯爵与他的侍从谒见爱德华后经多佛返国,爱德华命令多佛人接待他们,却遭到反对,多佛人还企图以武力阻止伯爵一行入境,于是伯爵与当地人发生了冲突,双方有 20 多人殒命。爱德华命戈德温伯爵惩罚多佛,戈德温不肯,并起兵抗命,与他的两个儿子集结人马陈兵在格洛斯特附近。在麦西亚伯爵利奥夫里克和诺森伯里亚伯爵西沃德(Siward)的帮助下,爱德华打败了戈德温,后者携家人逃亡海外。但1052 年戈德温和哈罗德率一支舰队打回英格兰,很快就控制了局势。爱德华的亲诺曼底倾向是失败的重要原因,当戈德温的舰队出现时,许多人参加进去,爱德华不得不做出让步,驱逐在英格兰的诺曼底势力,坎特伯雷大主教罗伯特和多切斯特主教伍尔夫等人被逐至海外。戈德温伯爵重新把持朝政,与"忏悔者"爱德华平起平坐。1053 年戈德温去世,他

---

① 蒋孟引:《英国史》,第 68 页。

的儿子哈罗德继任威塞克斯伯爵,哈罗德的野心和才干比他的父亲更高一筹,爱德华曾试图以麦西亚伯爵和诺森伯兰伯爵的力量制衡他,但未能成功,哈罗德成了英格兰最强大的权臣和英格兰王位的竞争者。

1066年爱德华去世,贤人会议推举哈罗德继任国王。当时英格兰面对着好几个王位的觊觎者,其中包括诺曼底公爵威廉、挪威国王哈德拉达(Hardrada)和诺森伯兰伯爵托斯蒂(Tostig)1066年9月,诺曼底公爵威廉入侵英国;10月,在黑斯廷斯(Hastings)战役中,威廉大败哈罗德,成功入主英格兰。诺曼入侵标志着盎格鲁-撒克逊时代的终结,而英国历史也进入了一个新的阶段。

第四章　政治法律制度

　　盎格鲁-撒克逊时期是英格兰国家产生和走向统一的时期,也是政治法律制度奠基和形成的时期。在这个过程中,英格兰形成了以国王为中心的中央政府和三级地方管理体系,制定和颁布了一系列成文法,并逐渐形成一套固定的诉讼程序和审判方法。当这个过程结束的时候,英格兰已初步确立了自上而下、较为系统的君主统治体系和政治法律制度。

　　盎格鲁-撒克逊英国的中央政府由王、王廷(court)和贤人会议(witenagemot)组成。王是从日耳曼部落军事首领演变而来的,5—6世纪末,盎格鲁-撒克逊人入居不列颠,部落军事首领率亲兵征战,为部落赢得土地和财富。随着权力和地位的日益强化,他们转变为早期的王,军权成为王权之首。6世纪末至9世纪末的七国争霸成就了一批强权霸主,这些霸主不仅能统御强大的军事力量,还向附属国收取贡赋。为维持霸权、统治域内,除了行使军事统治权外,王还需要行使管理和组织国家政治经济生活的职能。7世纪后,英格兰的王权日渐出现行政化倾向,这种倾向在奥法、奥斯瓦尔德、阿尔弗雷德、埃格伯特诸王身上表现得尤为突出。他们越来越广泛地行使制定法律、分配土地、征收贡赋、建立行政体系的权力,王在国家行政、司法、财政体系中的特权和地位也日益明

确。基督教的传人不仅给王更广泛的统治职能,还使王权神圣化和制度
化。10 世纪,埃德加的加冕誓词表明,英格兰的王已经不仅是战争统帅,
更是和平的维护者、国家的管理者、教会的保卫者。这个誓词有三项内
容:"第一,保证上帝的教会以及王国内所有基督徒享有真正的和平;第
二,禁止所有等级的人的抢劫等错误行为;第三,保证所有审判的公正和
宽容。"①后世英王的加冕誓词,基本沿袭了这些内容。

　　盎格鲁-撒克逊时期,尽管英格兰的王权一直受到来自贤人会议、日
耳曼传统习俗以及基督教会的限制,但王始终居于国家统治体系的核
心,王权一直向更强和更广泛的方向发展,"其规模之大,是 10 世纪任何
欧洲其他国家难以比拟的"②。

　　王廷是盎格鲁-撒克逊诸王生活的中心,也是他们发布政令的统治
机构,王廷由国王的家人、扈从(comitatus)和仆从,以及后来演变出来的
王廷小吏构成。早期盎格鲁-撒克逊诸王的王廷,不论其结构还是其统
治理念,都与公元 1 世纪的日耳曼氏族首领(chieftain)没有什么区别,王
廷首先是扈从们聚集的地方,扈从的全部职责就是忠诚和保卫王,他们
的衣食、财物则由王提供和加以保护。对王来说,如果扈从比他更英勇,
那是一种耻辱;对扈从来说,王战死自己苟活却是一种耻辱。因此国王
与扈从,忠诚与背叛,自我牺牲与论功奖赏是那些描写早期王庭生活的
作品中经常出现的主题。有一个著名的例子可说明这种情况:786 年,威
塞克斯国王基内伍尔夫在一个晚上突然遭遇袭击被杀,尽管他的扈从们
知道国王已经身死,但没有人逃生,所有人都奋战到底,最终全部战死。
至少到 8 世纪,盎格鲁-撒克逊各国的王廷几乎都是军事机构,国王的个
性决定他能否建立一个吸引勇士的王廷。王的扈从都以个人的身份陪
侍国王,直到阿尔弗雷德统治时期才发生变化。阿尔弗雷德把他的扈从

---

① C. Stephenson and F. G. Marcham ed. , *Sources of English Constitutional History：A Selection of Documents from A. D. 600 to the Present* , New York：Harper&Brothers Publishers, 1937, p. 18.

② 肯尼思·O. 摩根:《牛津英国通史》,99 页。

分为三组,每一组在王廷住一个月,三组轮换,这样可以保证扈从的出勤率,有利于王廷的有效运行,扈从以个人身份陪侍国王的做法也逐渐停止了。[①] 扈从渐渐变成了土地的所有人,11 世纪早期,扈从都拥有 5 海德(hide)的土地,作为他们为王廷服务的报偿。[②]

　　盎格鲁-撒克逊时期的王廷是流动的,国王和他的内府成员以及扈从需要从一地转移到另一地,一是为了获取和消费财税,二是为了巡行各地,以利于国王的统治。一般来讲,国王出现在哪里,王廷就跟随在哪里,因此国王的王廷具有家庭意义。至 11 世纪这种状况有所改变,因为王廷巡游是一件费力的事,国王及王廷成员越来越愿意在某一个地方连续住上一段时间,在圣诞节、复活节和圣灵降临节等重要节日,国王及其随行人员多在伦敦、温切斯特或牛津等地驻跸,以度过节日。尽管在 11 世纪还没有出现固定的首都,但伦敦、温切斯特等地越来越成为国王和其他在王国统治和国家行政事务中发挥重大作用的人长期居住的地方。

　　随着基督教的传播和发展,教士开始进入王廷,传教士的到来不仅使王廷的成分发生变化,也使得王廷的功能向更复杂的方向发展。王廷逐渐分化出几个不同的职能部门,最重要的一个机构就是秘书处(secretariat),这是专门起草和保存文书政令、掌管玺印、拟定法律草案、接受和答复外国政府来函、签发外交文件等事务的地方。

　　早期盎格鲁-撒克逊国王的许多政令都是口头下达的,因此需要证人和誓言来证明其真实性。随着王国的统治日益复杂化,英格兰逐渐停止了以口头传达王命的做法,改用文字书写方式。最初负责为国王起草文件、政令的人多为宫廷教士,因为他们能读会写,是当时的知识阶层,所以除却宗教职责之外,传教士还要负责为国王起草法律、撰写和保管文书,他们是最早的王廷秘书。852 年,有一位来自法兰克的教士菲利克斯(Felix),他曾担任过阿尔弗雷德的父亲埃塞尔伍尔夫国王的秘书,承

---

① Peter Hunter Blair, *An Introduction to Anglo-Saxon England*, pp. 209 - 212.
② H. R. Loyn, *The Governance of Anglo-Saxon England*, 500 -1087, p. 100.

负书写国王书信的重任。从埃德加至诺曼征服前夕，王室秘书一度由坎特伯雷、伊利（Ely）和格拉斯顿伯里（Glastonbury）三个修道院的院长轮流担任，每人每次任职4个月。"无主见者"埃塞尔雷德就有一位叫埃尔夫温（Elfwine）的秘书，984年，国王曾将自己在阿斯顿（Aston）等地的大片土地赐予他。[①]

　　早期的王室秘书几乎全部是高级教士，所以教会和修道院也成为专门为王廷培养和提供秘书的地方。10世纪中期，温切斯特的本尼迪克修道院设有一个书写室，它规定了多种书写规范和文件撰写法，很多在这里接受过训练的人都在宫廷谋到了职位。此外，格拉斯顿伯里和阿宾登（Abingdon）两个修道院也有专为国王服务的撰写室，但起草文书政令的活动主要还是集中在王廷，王廷秘书制定的文件格式和书写规范更加标准。

　　10世纪，国王的秘书班子变得更加固定化和专业化了。这一时期，秘书在制作赐地文书方面发挥了重要作用，956年的60份赐地文书都非常专业化，显然是由专门的秘书机构制作的，这些赐地文书相关于伯克郡、汉普郡、萨默塞特郡（Somersetshire）以及威尔特郡的地产，它们分别保存在6个修道院中。从前的赐地文书有时候是由个人、修道院或教会制作的，11世纪，绝大多数赐地文书都由王的秘书机构负责写作。11世纪以后，国王的文书制作更加规范了，不仅有固定的格式，而且还要加盖王印（signet），以证明其真实性和权威性。因此，国王印玺的使用可看作是国王在王国政府中独一无二的象征，从前国王或以口头发布命令，或由可信之人代为传达，一般需要一个能代表国王的信物来证明所传达命令的真实性，往往使用国王的戒指，或能够证明国王身份的其他物件；现在，印玺越来越成为国王政令文书中不可缺少的部分，此后，不加盖印玺的文件被称为特许状（charter），加盖印玺的文件被称为令状（writ）。

　　由于王的印玺是证实令状真实性的标志，因此王廷秘书处慢慢出现

[①] H. R. Loyn, *The Governance of Anglo-Saxon England*, 500 - 1087, pp. 108 - 109.

了专门保管国王印玺的人。盎格鲁-撒克逊后期,令状的制作格式更加规范、内容更精炼,而且也更加难以仿造;特许状则越来越少见了。这一时期的令状有两个明显的特点:一是加盖王的印玺,以显示王的权威;二是以盎格鲁-撒克逊语书写,因为要在郡法庭上当众宣读,这样可使得王令晓谕地方。当然也并非不存在通过口头传达政令的情况,阿尔弗雷德大王、"无主见者"埃塞尔雷德及克努特等就经常先通过口头传达政令,过后再由秘书记录下来,加盖印玺,发至各郡(shire)会议。至"忏悔者"爱德华时代,令状和文书才全部加盖印玺。文书制作的专业化,加盖印玺,用盎格鲁-撒克逊语书写,这些都是王廷秘书处日渐复杂化的证据,要求有一批相当专业的人员长期从事这些工作。①

王廷的另一个重要职能是主理财政。盎格鲁-撒克逊时期,国家财政和王廷财政尚未分开,也未建立正规的税收制度。王廷的各种主要收益如下:第一,食物税(food-rent),古英语称其为 *Feorm*,即拉丁语中的 *firma*,这是盎格鲁-撒克逊国王最重要的一项收入,除享有豁免权的土地之外,王国所有的土地都要征课这项税,通常以啤酒、谷物、家畜、蜂蜜、奶酪等实物形式交付,偶尔也以货币折偿;第二,附属王的供奉,由附属国交纳;第三,王室领地的收益;第四,司法审判收入;第五,贸易税;第六,出让专卖权的费用;第七,各种关税收入等。② 上述各项收入最初主要集中于国王藏衣室内,由王庭总管(seneschals)负责保管与支出。11世纪初,温切斯特设立国库,出现司库(chamberlain)一职,财政收支遂由王室总管和司库共同负责。③ 盎格鲁-撒克逊后期,每个国王大致有两三个人担任司库职,"忏悔者"爱德华的一个司库就是温切斯特的奥多(Odo)。温切斯特并不是王廷财物的唯一储藏地,因为王廷经常四处巡游,因此不论收取赋税,还是战争费用支出以及日常的支出工作都具有相当大的随意性,而且当时的税收皆以郡为单位,因此大贵族的庄园、王

---

① H. R. Loyn, *The Governance of Anglo-Saxon England*,500 - 1087,pp. 112 - 116.

② Peter Hunter Blair, *An Introduction to Anglo-Saxon England*,p. 213.

③ 程汉大:《英国政治制度史》,第 20 页。

室领地、教堂的塔楼以及本尼迪克修道院（Benedict Monastery）等都曾是国王财物的储藏地。国王埃德雷德（Eadred，946—955 年在位）就曾将很多重要的契约、珠宝委托给格拉斯顿伯里修道院的邓斯坦（Dunstan）等人负责保管。[1]

有关早期王廷岁入用度情况的资料不多，这里以阿尔弗雷德时期为例。阿尔弗雷德将整个岁入分为两部分，其中一部分用于教会，另一部分再分成三份：第一份作为王廷贵族的费用，第二份为王廷工匠们的费用，第三份给那些来访王廷的人花费。[2] 这仅仅是用于王廷部分的，除此之外，还有用于军事开支以及付给丹麦人的丹麦金。丹麦金虽非年年征收，但数额巨大，尤其在"无主见者"埃塞尔雷德时期，一方面要付给丹麦人大量贡金，另一方面还要筹措同丹麦人作战的军事费用，这就要求一个有相当组织程度的机构来负责财政。根据《盎格鲁-撒克逊编年史》中对 991 至 1018 年丹麦金的统计：英格兰付出的丹麦金高达 240 500 镑；其中 1018 年最高，为 72 000 镑，此外伦敦又付了 10 500 镑。[3] 巨额税金表明盎格鲁-撒克逊英格兰具有较为完善的税收体系，以及发掘和组织税收的能力，否则很难在短期内多次完成巨额赋税的征收。除了税收和安排管理国王的各种收益之外，国库人员还有其他职能。11 世纪，市场上大量流通银币，有关银币重量、成色、辨别真伪的工作也由王廷或者温切斯特国库的人负责。

除王廷秘书和司库之外，王廷中还有专门负责王廷供应的总管（seneschals）、主管国王饮食的司膳（butler）以及负责马匹和国王巡行事宜的司厩（marshal）等。王廷也有一些军事人员如统领国王亲兵的宫廷司令、保卫宫廷安全的侍卫长以及负责供应武器军饷的军需长等。此外，还有一些负责国王的精神生活和信仰的教士。所有这些人常伴国王身边，后来逐渐演变为国家官吏，构成中央政府各职能部门的主体。955

---

[1] H. R. Loyn, *The Governance of Anglo-Saxon England*, 500–1087, p. 107.

[2] Peter Hunter Blair, *An Introduction to Anglo-Saxon England*, p. 212.

[3] 《盎格鲁-撒克逊编年史》，第 133–154 页。

年,国王埃德雷德去世,他留下遗嘱,给他内府的各位官员留下了数量不等的钱,这些人有负责食物、衣服和酒的人员,管理王室领地的人员,也有教士等。在盎格鲁-撒克逊时期的王廷中还有一个特殊群体,被称为统治亲族(ruling kins),指那些与国王有直接血缘关系的王室成员,主要是国王的儿子或兄弟们,他们在王国统治中占有重要地位,常常辅助国王实施统治。

尽管盎格鲁-撒克逊时期的王廷各部门之间还缺乏明显的区别,但在职能方面已逐渐出现分工,王廷比我们想象的更复杂。至 10 世纪,王廷官员不仅有了职别之分,而且也有职位高低之分,这一点可以通过王廷人员在文件上签名署证的次序反映出来:王的儿子是按长幼次序签署的,如 993—1015 年间,"无主见者"埃塞尔雷德诸子埃塞尔斯坦(Athelstan)、埃格伯特(Egbert)、埃德蒙(Edmund)等都是按照严格的长幼次序署名,几乎没有例外。大贵族也是按照一定的次序签名署证,979—983 年,麦西亚的埃赫尔(Efhere)总是在贵族中第一个签名;983—990 年,第一个在文件上签名的是东盎格利亚的埃塞尔温(Ethelwine);993—998 年,是贵族埃塞尔沃德(Ethelweard)第一个签名。999—1009 年,第一个签名的是汉普郡的埃尔弗里克(Elfric)。与此相应,教士们的署名也是按照一定次序排列的,塞恩也如此,如 994—1006 年,埃塞尔默(Ethelmær)总是第一个签名。①

贤人会议(witenagemot)是盎格鲁-撒克逊时期中央政府的重要机构,它是由古代盎格鲁-撒克逊的民众大会演变而来的。民众大会最初由全体自由人组成,随着盎格鲁-撒克逊在创建国家过程中地域的不断扩大和人口的不断增多,召开民众大会已经不再可行,于是由少数有影响的权贵人物组成贤人会议,参与重要决策。贤人会议何时出现,并不能确定,"7 世纪的时候,差不多每一个盎格鲁-撒克逊王国里都有某种被

---

① H. R. Loyn, *The Governance of Anglo-Saxon England*, 500 - 1087, pp. 97, 98.

称为'witenagemot'的机构在发挥着作用"①。在历史文献中,贤人会议始见于8世纪的麦西亚王国,麦西亚是盎格鲁-撒克逊时期第一个称霸的国家,约8世纪中叶,麦西亚国王埃塞尔鲍德召集大主教、贵族以及近臣、内侍召开大会,共同商讨国家大事。8世纪后半叶,麦西亚的奥法在英格兰南部的亨伯河确立霸主地位,也有一些文献表明他经常召开这种会议,不过却没有任何一次会议记录被完整地保存下来,根据现有的文件来看,这些会议经常与土地转让有关。

至11世纪,"witenagemot"一词开始在盎格鲁-撒克逊的文献中普遍出现,会议的名称来自参加会议的人,他们被称为"贤人"(witan),故而有贤人会议之称。斯坦顿认为,构成贤人会议的主要人员是国王以及"直接向国王效忠的贵族",这些人包括高级教士、世俗大贵族、重要的塞恩,以及其他王廷成员等。② 在当时,贤人会议的成员都是有身份地位、有影响力的人,因此"witan"的实际意义应该是国王的顾问(councillors),贤人会议也就是国王顾问们的会议。在整个盎格鲁-撒克逊时期,高级教士在贤人会议上发挥了重要作用,尤其是坎特伯雷大主教和约克大主教,他们起草决议、制定法律,在贤人会议的各种文件上签名署证。960—988年间,坎特伯雷大主教邓斯坦就是贤人会议上首屈一指的重要人物。"无主见者"埃塞尔雷德和克努特统治时期,约克大主教伍尔夫斯坦(Wulfstan)也是贤人会议中的重要角色,经常由他起草贤人会议的各种判决。

早期贤人会议没有固定的时间和地点,因为当时诸王国都没有固定的首都,国王四处巡行,宫廷游移不定,因此贤人会议的召开大多取决于国王的方便和现实的需要。贤人会议由国王召集和主持,国王在遇到战争、和平、制定法律、封赐土地等重大事务需要做出决定时,才召集贤人会议。参加贤人会议的人数现在尚不可知,可能规模较小,其中宗教贵

---

① Peter Hunter Blair, *An Introduction to Anglo-Saxon England*, p. 216.

② F. M. Stenton, *Anglo-Saxon England*, pp. 550 - 551.

族所占的比例比较大。695 年,肯特国王威特雷德(Wihtred)为制定《威特雷德法典》而召开贤人会议时,在文件上署证的是国王本人、坎特伯雷大主教和罗切斯特主教。781 年,奥法在布伦特福德(Brentford)召开贤人会议,以解决他与伍斯特教会之间的土地争端,在这些文件上签署的有奥法、坎特伯雷大主教、来自南部教区的 12 位主教,以及 6 位世俗贵族。①

盎格鲁-撒克逊后期,贤人会议逐渐向更加正式形态变化,这种变化与王权的增长和国事日益复杂化有关。与 8 世纪相比,10—11 世纪的贤人会议最明显的变化是世俗因素有所增长,世俗贵族的人数增加了。埃塞尔斯坦统治时期,正常出席贤人会议的教俗贵族大多在 60—70 人之间②,某些大型会议的参加者甚至过百,如 931 年的卢顿(Luton)贤人会议,参加者共 100 人,包括坎特伯雷和约克两位大主教,17 位主教,5 位修道院长,2 位威尔士诸侯,15 位长老和 59 名塞恩。934 年,参加温切斯特贤人会议的共 91 人,包括大主教 2 人,主教 17 人,修道院长 4 人,威尔士诸侯 4 人,长老 12 人和塞恩 52 人。③若将士兵、扈从、仆从这些人与也算进去,参会人员最多能达到 500 人。当时,召开贤人会议的时间已基本固定了,多在圣诞节、复活节、圣灵降临节等宗教节日时,虽说也有临时召开的情况。

900—1066 年,贤人会议曾在 50 多个城市召开过,这些城市大多位于英格兰南部。在所有这些城市中,伦敦是召开贤人会议次数最多的城市,仅 1044—1066 年伦敦就召开过 9 次贤人会议;仅次于伦敦是温切斯特。盎格鲁-撒克逊晚期,有很多会议是在西部乡村召开的,但多数仍选在与王室靠近、方便联系的城市,如阿克明斯特(Axminster)、巴思、卡恩(Calne)、切德(Cheddar)、齐彭纳姆(Chippenham)、赛伦塞斯特

---

① Peter Hunter Blair, *An Introduction to Anglo-Saxon England*, pp. 217 - 219.
② Peter Hunter Blair, *An Introduction to Anglo-Saxon England*, p. 221.
③ F. M. Maitland, *The Constitutional History of England*, Cambridge: Cambridge University Press, 1926, p. 56.

(Cirencester)、埃丁顿（Edington）、马姆斯伯里（Malmesbury）、萨默顿（Somerton）等地,此外还有距离较远的埃克塞特（Exeter）。英格兰北部的某些大城市,如约克、林肯、诺丁汉等有时也会召开贤人会议。更具体地说,适合召开贤人会议的地点多为国王的居所、国王领有的城市、王村以及国王经常狩猎的地方。切德有一栋木制建筑,长 60 英尺,宽 28—30英尺,四周环有教堂、厨房、磨坊、铁匠铺、库房等建筑物,其周围的安全防范使得这个地方在 10 世纪中期非常适合作为召开大会的场所,941—968 年,至少有 3 次贤人会议是在这个大厅里召开的。尽管我们对此前贤人会议的情况并不清楚,但至少在这个时期,贤人会议通常是在室内召开,且用英语讨论。978 年,贤人会议在卡恩召开,其间上层的楼板突然塌陷,多名与会人员受重伤或者遇难,大主教邓斯坦因为躲在一根大柱子下安然无恙。

当时,出席贤人会议不仅是一种权利,也是一种义务。为防止教俗贵族不听召唤,推诿拒绝参加会议,对那些没有应召来参加贤人会议的人要施以责罚,轻则罚款,重则剥夺某些权益。贤人会议的会期长短也并无定数,有的较长,有的较短,可能与会议内容和会议目的有关。当然,也会根据具体需要临时变更开会地点或延长会期,如 980 年,贤人会议先是在安多佛（Andover)举行,后来又换到温切斯特,因为要向新的大教堂献祭。997 年,贤人会议先是在卡恩召开,接着又迁至旺蒂奇（Wantage)。1051 年,"忏悔者"爱德华的军队与戈德温的军队对峙,内战即将爆发,为解决争端,国王先是在格洛斯特召开贤人会议,后因情势有变,会议地点改到伦敦,又继续召开了 18 天。①

作为益格鲁-撒克逊时期最重要的中央机构,贤人会议拥有广泛的职能,可以归纳为五个方面:

第一,协商和决定土地转让、赐地及税收等事宜。781 年,布伦特福德贤人会议就曾解决过奥法与伍斯特主教之间关于地产的纠纷。当时

---

① H. R. Loyn, *The Governance of Anglo-Saxon England*, 500 - 1087, pp. 102 - 104.

奥法与伍斯特主教对位于巴思以及其他地区的地产所属权发生争议,奥法称伍斯特教会无权占有这些土地,这些土地是他的祖先埃塞尔鲍德的。最后,主教将争议提交给贤人会议,经过协商,贤人会议做出如下决定:伍斯特主教将在巴思的地产交还奥法,而奥法要承认伍斯特教会对另外一些地产的所有权,不论是奥法还是与会的教俗贵族都在文件上签了字,认可了贤人会议的决定。① 840 年,麦西亚国王伯特沃夫(Botwulf)没收了伍斯特主教辖区的部分土地,赐予亲信,伍斯特主教向贤人会议投诉,最后由贤人会议作出判决,国王将土地退还教会。国王封赐土地也都会在贤人会议上协商,盎格鲁-撒克逊后期,英国封建化过程已经开始,国王经常将土地赐封给教会、军事扈从和世俗贵族,封地仪式经常在贤人会议中进行,而且会议参加者要在赐地文书上签名署证。"忏悔者"爱德华统治时期的赐地文书,有 18 份保存下来,其中每一份都有数十名贤人会议的成员签名,以证明其效力。② 重大的特殊税收,亦得经贤人会议讨论同意后方可执行,那时税收的制度虽未建立,但自 10 世纪以后就不断征收土地税、丹麦金,每当征收这些税赋时,都必须经过贤人会议的同意。

第二,参与商讨、制定和颁布法律。贤人会议是盎格鲁-撒克逊时期重要的立法机构,这一时期著名的成文法从《伊尼法典》到《克努特法典》都是通过贤人会议协商制定的,其他重要的法令,诸如有关国王遗嘱的宣布等,也要通过贤人会议。盎格鲁-撒克逊时代长达近五个世纪,其间,英王的法律都是经贤人会议制定认可的,这种长期的司法实践不可避免地促进了贤人会议的权威。

第三,辅助国王统治国家,参与和决定有关王国内外的重大事务。在这方面,诺森伯里亚于 627 年皈依基督教就是一个例子。诺森伯里亚国王埃德温最初为异教徒,在罗马传教士保里努斯(Paulinus)的劝说下,

---

① Peter Hunter Blair, *An Introduction to Anglo-Saxon England*, p. 219.
② J. E. A. Jolliffe, *The Constitutional History of Medieval England from the English Settlement to* 1485, London: Adam and Charles Black, 1937, p. 28.

他答应皈依基督教，但埃德温提出要先与他的贵族顾问们协商，为此他于627年专门召开贤人会议，经贤人会议讨论和同意后，埃德温才正式领洗，皈依基督教。另一个著名的例子发生在阿尔弗雷德大王时期，阿尔弗雷德与丹麦首领古思伦签订的《韦德莫尔条约》也是经贤人会议讨论同意的。贤人会议由国王、教俗贵族、国王的附庸、扈从等构成，囊括了全社会最有影响的各种政治势力，因此取得他们的支持是保证政策顺利实施、稳固国王统治地位的必不可少的条件；国王在处理重大事务时，总是要与贤人会议协商。

第四，受理讼案，很多时候贤人会议还是一个法庭，享有司法权威，涉及国王利益和达官显贵的大案经常受其审判，这是它的重要职能之一。

第五，选举和废黜国王，决定王位继承人。757年，威塞克斯国王西格伯特(Sigeberht，756—757年在位)就是因为"违反法律习惯"被贤人会议废黜的。774年，诺森伯里亚贤人会议废黜了阿尔雷德(Alhred)国王，将其驱逐出境，推举埃塞尔雷德(Ethelred，774—779年在位)为王。埃塞尔雷德统治五年后，也被贤人会议废黜，阿尔雷德复被召回。[1] 9世纪，贤人会议有权举荐国王继承人。871年4月，威塞克斯王埃塞尔雷德(Ethelred Ⅰ，865—871年在位)去世，尽管他自己有儿子可以作为王位继承人，但因为阿尔弗雷德在对抗丹麦人入侵的过程中赢得了贵族的信任和拥戴，他在贤人会议的推举下成为国王。在盎格鲁-撒克逊后期，当国家发生危机时，贤人会议的权力很大，贤人会议不但可以变更继承的次序，还可推举王室之外的人继承王位，如"忏悔者"爱德华之后的哈罗德就是被贤人会议推上王位的。因为贤人会议对盎格鲁-撒克逊王位有如此巨大的影响，"那些通过征服和武力获得王位的王，则更要小心地去赢得贤人会议的同意和支持"[2]。

---

[1] J. E. A. Jolliffe, *The Constitutional History of Medieval England from the English Settlement to* 1485, p. 31.

[2] H. R. Loyn, *The Governance of Anglo-Saxon England*, 500–1087, p. 101.

总之,由教俗贵族组成的贤人会议是一个拥有司法、立法、征税、决定国家政策等多种职能的综合性机构。学者们说:"这个机构在王国统治中发挥了重要作用,尤其是在 10、11 世纪,若无贤人会议这一重要机构,王国的统治是无法持续下去的。"①

盎格鲁-撒克逊时期,英格兰已初步形成了地方行政体系,主要由郡区(shire)、百户区(hundred)、村镇三级构成。郡区是盎格鲁-撒克逊英格兰在统一王国的形成过程中建立起来的,郡区出现的确切时间难以判定,但一般认为不会晚于 9 世纪中叶。如果根据郡区和郡长在《伊尼法典》中出现的时间,以及郡长开始在国王的法律文件和特许状上签名的情况来看,郡区可能在 8 世纪的威塞克斯就已经出现了。学者们也认为多塞特郡和萨默塞特郡早在阿尔弗雷德统治之前就已存在。按照地域来看,郡区最早出现在威塞克斯,接着是麦西亚,然后是肯特、苏塞克斯、埃塞克斯等东南部地区,最后是除了丹法区北部以外的地方。郡区的起源各异,有的是由原来的部落聚集地形成,以较大的城镇或重要的王家田产为中心设置;有的是被兼并的小王国,如肯特、苏塞克斯、埃塞克斯等,它们被威塞克斯征服后,作为郡区并入了威塞克斯王国;有的是围绕某个军事城堡形成的,如英格兰中北部的哈福德(Harford)、贝德福德等,是在收复丹法区的过程中形成的。

郡区长官为郡长,多由贵族世家担任,有的还是王室血亲,这些人最初可能是因为继承权而成为郡长,但后来由国王任命。郡长权力很大,主管郡内的军事、司法及其他事务、执行国王的政令。他们的酬劳一般是土地,部分是司法或税收收入。后来,郡长的势力日渐增大,成为世袭职位,国王难以统辖,成为分权力量。②

郡守原是王廷小吏,地位并不高,主要职责是经营王田。后来除了经营王田,还执行国王命令,逮捕和惩罚罪犯,主持郡区的法庭和维持地

---

① Peter Hunter Blair, *An Introduction to Anglo-Saxon England*, p. 221.
② 蒋孟引:《英国史》,第 60 页。

方的治安,以至征税和率领军队。郡守的地位不断上升,成为郡中要人。郡守的职务也渐成为世袭,发生尾大不掉的情况,如"忏悔者"爱德华时期的戈德温、哈罗德父子就是这样。但英国的郡守始终受王的控制,与大陆上的伯爵地位不同。①

郡区设有郡区会议,同贤人会议一样,郡区会议也是一种具有广泛权利的综合性机构。除传达贯彻中央的政令、分配和征收土地税外,其主要职权是受理各类案件、维护正常秩序,决定修桥筑路等地方性公共事务,因此郡区会议兼有地方行政机构和审判机构的职能。依照传统,凡是自由人都有权利和义务出席郡区会议,后来,随着封建土地所有制的建立,郡区会议的出席权与土地所有权联系起来,丧失土地的农民维兰(villein)——农奴被剥夺了出席会议的资格,郡区会议也被大大小小的自有土地所有人所控制。郡区会议每年召开两次,一次在春天的复活节前后,另一次在秋天的米迦勒节前后。

郡区下设若干百户区(hundred),关于百户区建制的起源,学者们众说纷纭,莫衷一是。一种说法是:国王为征税之便,以 100 户居民为一个单位,进行估产和税额分配,所以百户区最初可能是征税单位。第二种说法认为:它起源于古代的军事组织百人团,所以它最初是出 100 人参军作战之地区,与西欧大陆的情况相似。第三种说法说它是涵盖 100 海德之地区,古代威塞克斯和其他王国就有以 100 海德作为区域单位的做法。第四种说法认为,它是一个地区为防止偷盗和暴力行为,保证乡村安宁,通过自身联合而成的设置。②

百户区出现的时间并不清楚,可能在 7 世纪中叶就已经存在,当时的肯特、萨里、威塞克斯、苏塞克斯等地,都有这种行政区划。阿尔弗雷德以及后来的威塞克斯王将这种体制予以改进,至埃德加统治时期(Edgar,959—975 年在位),百户区体制更加完备起来。10 世纪中叶《埃

---

① 马克垚:《英国封建社会研究》,第 9 页。
② H. R. Loyn, *The Governance of Anglo-Saxon England*, 500 – 1087, p. 141.

德加法典》(*The Laws of Edgar*)颁布时,百户区作为一级地方行政区域已在全国确立。

由于各郡地域大小不等,所辖百户区数目也多少不一,像汉普郡、萨里等大的郡都有120个百户区,康沃尔郡有140个,埃塞克斯只有20个,贝德福德郡只有9个。[①] 百户区的名字也多与著名的自然景观联系在一起,比如与一座山、一棵大树或一块巨石有关。

百户区设有百户长(hundredman)和百户区会议,百户长由郡长任命,百户区会议每月召开一次,由百户长主持,出席者有百户区内的地主、教士以及每村4名代表,他们都是殷实的农户。[②] 许多自由农民在理论上是可以出席会议的,但实际上大多都不参加,或者虽然参加了也很难起大的作用。百户区会议除征税,处理地区公务外,主要职能就是受理有关财产所有权和继承权、土地转让、地界争端、契约纠纷等民事案件,处理盗窃、抢劫、凶杀等刑事案件。通常,很多地方的百户区会议都是在百户区的中心区域召开的,但也有些是在百户区的边缘召开,这可能与早期组成百户区的传统有关。大多数场合下,百户区会议都是在露天举行。

在丹法区也有类似的百户区组织,经常被称为邑区(wapentake)。它原指在部落时期的群众集会上,与会者挥动武器表示赞成,所以它起源于部落的聚集地。邑区与百户区在机构和功能方面并无区别,只是用词不同而已,wapentake一词源于斯堪的纳维亚语,在英格兰,见于五大重镇以及约克郡的大部分地区。与郡区一样,邑区会议也兼具法庭的功能,"无主见者"埃塞尔雷德时期就有专门针对五大重镇邑区治安的法律:在邑区每次召开会议的时候,都要由12个重要的塞恩与国王的郡守一同前往观审,他们要宣誓:秉持公正,既不冤枉无辜,也不放纵罪犯。这种做法同样适用于其他的英伦斯堪的纳维亚地区,以及切斯特和约克

---

① H. R. Loyn, *The Governance of Anglo-Saxon England*, *500 - 1087*, pp. 137 - 138.
② 马克垚:《英国封建社会研究》,第10页。

等地。① 盎格鲁-撒克逊时期,除北部的边界地区之外,百户区和邑区几乎遍及全英格兰,不论从财税、法律还是军事上看,百户区都是一种直接有效的管理机制。

村镇是在农村公社基础上形成的一个基层社会组织,设有由百户长指定或村民推选的村长。村镇设有村镇会议,村镇会议权限很小,只能处理轻微的不端行为,调节居民纠纷,组织协调农田耕种以及缉捕盗贼,重大的事件和重大案件均须提交百户区会议或郡区会议处理。

村镇居民划分为十户组(tithing),设十户长(tithingman)一职。十户组的起源十分模糊,它最初可能是一种自愿组成的乡村互助组织,为维持治安和防范盗窃而组建,后来得到官方的认可而确立下来。埃塞尔斯坦曾发布一部有关十户和百户的条例,作为其正式法典的补充,该条例规定:自由人划分为十户和百户,每十户设一个十户长,负责管理其他九户并征收税务;百户长与10位十户长一起掌管百户区财政。十户组也召开会议,但无固定时间,多是选在人们方便的时候。克努特时期曾颁布过一份法令,该法令规定:如果一个自由人超过12岁还没有纳入到十户组和百户区,那么他的辩解权以及他的偿命金都不被承认;只有入了百户、十户才能获得各项权利,因此,加入百户、十户对自由民而言意味着权利得到了保证。

十户组要对人们的日常行为负责,如果一个人犯了法不到百户区法庭受审或者不改过自新,十户组要对此负责,还要在百户区法庭上受罚款,因此十户组的主要功能是对居民进行监督,保证民众遵纪守法。盎格鲁-撒克逊时期,十户制没有覆盖诺森伯里亚地区,威尔士边界各郡也没有这种组织。至1066年,英格兰的绝大多数地区都有十户组,通常由治安法官(Justices of the Peace)监管,当时,治安法官还收取一种叫"十户便士"(the tithing pennies)的钱作为其监管十户的薪酬。

在盎格鲁-撒克逊时期,尽管英国的地方行政管理还比较粗糙,军

---

① 参见 H. R. Loyn, *The Governance of Anglo-Saxon England*,500 - 1087,p. 144.

事、行政、司法各职能交叠,地方长官作为国王的代表或属下小吏在各地兼职且并无专司,但以郡区、百户区或邑区、村镇所构成的地方组织仍然发挥了重要作用,它们的发展和演进也是盎格鲁-撒克逊晚期国王统治能力总体增长的关键组成部分。在各级地域组织中,郡制是最主要也是最持久的,虽说它的建制还不完备,但它为诺曼征服后的英国提供了地方统治的有效模式,郡区会议、郡守和其他郡制传统,都是从盎格鲁-撒克逊时代流传下来的珍贵遗产。

在盎格鲁-撒克逊人征服的过程中,英格兰的法律和法律制度也随之产生了。早期盎格鲁-撒克逊的法律主要是部落的习惯法,它是日耳曼传统习俗与英格兰社会生活相结合的产物,在入侵英格兰的过程中,成为盎格鲁-撒克逊人治理国家、维护社会秩序的主要手段。由于受到社会生产力水平的制约,盎格鲁-撒克逊时代的习惯法保留了很多氏族部落的残余,如血亲复仇、神明裁判及决斗等,各王国的习惯法甚至相互矛盾,不同地域和部落的民众根据所处地区的实际情况而衍生出不同的习惯制度,呈现出分散和地域的特点。

随着社会的发展和王国之间的兼并与融合,各地习惯法也渐趋融合,内容也不断丰富,仍旧依照习惯案例去规范人们的行为和实施判决已无法适应社会的需要,也不利于王国的统治,因此就有了将从前约定俗成的惯例、规范记录下来以作同类案件参照的需要。6 世纪末基督教传教士开始进入英格兰,他们在使盎格鲁-撒克逊人皈依基督教的同时,也把欧洲大陆的教会法观念和立法技术带入英格兰,推动了盎格鲁-撒克逊习惯法的成文发展。

这个过程开始于 6 世纪末,从这时起到 1018 年颁布《克努特法典》,盎格鲁-撒克逊英格兰共编纂过 11 部成文法,分别为:《埃塞尔伯特法典》(*The Laws of Ethelberht*)、《洛西尔和埃德里克法典》(*The Laws of Hlothhere and Eadric*)、《威特雷德法典》(*The Laws of Wihtred*)、《伊尼法典》(*The Laws of Ine*)、《奥法法典》(*The Laws of Offa*)、《阿尔弗雷德法典》(*The Laws of Alfred*)、《长者爱德华法典》(*The Laws of*

Edward the Elder)、《埃塞尔斯坦法典》(The Laws of Athelstan)、《埃德蒙法典》(The Laws of Edmund)、《埃德加法典》(The Laws of Edgar)、《埃塞尔雷德二世法典》(The Laws of Ethelred Ⅱ)。在这些法典中,前3部为肯特王国所制定,《奥法法典》是麦西亚王国颁布的,其他几部都出自威塞克斯王国。[①]

《埃塞尔伯特法典》是英格兰历史上第一部成文法,为6世纪末肯特国王埃塞尔伯特所颁布。该法典主要依据贤人会议的意见汇编而成,几乎全部是刑法条文,关注的是如何制止暴力。面对于弥散整个盎格鲁-撒克逊社会的"血亲复仇",该法典以偿命金(wergild)制度对暴力伤害他人和侵害他人财产的行为制定了比较统一的赔偿标准,贵族的偿命金为1200先令,国王亲兵的偿命金为600先令,刻尔(ceorl)[②]的偿命金是200先令,奴隶只有60或50个先令。[③]该法典还规定对破坏"国王的和平"(King's Peace)的行为进行惩罚。法典第3条规定:"当王在某人舍中饮酒时,若有人在那里作恶,则对之处以两倍罚金";"凡杀害自由人者,须付50先令罚款于国王,因国王失去了臣民而受损"。[④]此外该法典还规定了对偷盗教会、主教或者其他神职人员财产的惩罚和赔偿。可以看出,法典旨在保护国王、教会和公社社员刻尔的私有财产和利益,维护刚刚产生的封建依附制。

694年,威塞克斯国王伊尼颁布了《伊尼法典》,这也是早期盎格鲁-撒克逊的重要法典。这部法典包括序言和正文两部分,现保存76条。[⑤]《伊尼法典》借鉴了肯特王国同时期的法律,相比《埃塞尔伯特法典》,则

---

① 参见戴维·M.沃克:《牛津法律大词典》,邓正来译,光明日报出版社,1988年,第45页。
② 刻尔是最低等级的自由人,见 J. R. Clark Hall, with a supplement by Herbert D. Meritt, *A Concise Anglo-Saxon Dictionary*, 4th edn., Toronto: Toronto University of Press, 2008, p. 67.
③ 蒋孟引:《英国史》,第48页。
④ 刘文溪:《〈埃塞尔伯特法典〉译注》,《古代文明》,2012年第2期,第44页。
⑤ 法学教材编辑部外国法制史编写组:《外国法制史资料汇编》,上册,北京大学出版社,1982年,第187—200页。

更加详细、更加成熟。《伊尼法典》以法律的形式增强了国王在法制生活中的权威,如该法典第 6 条规定:假如有人在王室打斗,应受罚使其丧失全部财产,且国王决定是否给予他死刑。第 23 条规定:假如某人杀害外来人,国王应拥有其赎罪金的三分之二,如果他没有亲属,国王应拥有二分之一。第 45 条规定:擅自闯入设有防卫的王室及其宅地,应赔偿 120 先令。① 该法典也以法律的形式确立和维护教会的权威,对履行宗教义务做了相关规定。《伊尼法典》第 2 条规定:孩子出生后 30 天内必须受洗,否则监护人应受罚 30 先令。第 4 条规定:在圣马丁节,教民应缴纳教堂费用,否则罚款 60 先令并支付 12 倍应缴纳的教会税。第 6 条第 1 款规定:假如任何人在教堂斗殴,他须支付 120 先令的赔偿金。此外,该法典还非常详细地规定了封建地租的内容,比如规定"每十海德的食物租为:10 大桶蜂蜜,300 条面包,麦酒 12 安蒲,淡啤酒 30 安蒲,两大条牛或 10 只阉羊,20 只母鹅,10 块干酪,1 安蒲牛油,5 条鲑鱼,20 磅饲料和100 条鳗鱼"。② 总体而言,《伊尼法典》是盎格鲁-撒克逊法典的进一步发展,反映了封建社会初期的英格兰社会风貌。

阿尔弗雷德大王组织编定了著名的《阿尔弗雷德法典》,该法典是在继承盎格鲁-撒克逊先王诸法的基础上制定的,为此阿尔弗雷德说:"现在,我,国王阿尔弗雷德编纂法典,下令将先王遵奉的且本王赞同的诸法汇编成册。"③《阿尔弗雷德法典》的正文由 120 条构成,其中包括《伊尼法典》以及其他前代国王的法典内容。在所有遗留下来的手稿中,《阿尔弗雷德法典》都把《伊尼法典》作为附录,而阿尔弗雷德添加的部分仅为 43条,由此可见盎格鲁-撒克逊法律的继承性和延续性。该法典对触犯"国王的和平"的人予以重罚,可以将其处死或交纳罚金,即使逃脱也不能免除。如《阿尔弗雷德法典》的第 4 条规定:谋害王命者杀,并没收其全部

---

① 法学教材编辑部外国法制史编写组:《外国法制史资料汇编》,上册,第 188,191,195 页。

② 同上书,第 198—199 页。

③ F. L. Attenborough ed. , *The Laws of the Earliest English Kings*, Cambridge: Cambridge University Press, 1922, p. 62.

财产;在王宫战斗中抽出武器,则其生死由王决定。① 由此可以看出,阿尔弗雷德时期王的权威得到进一步强化。该法典包括与刑事法律程序相关的规范,如专门列出了对作伪证的惩处规定。虽然该法典也有关于土地、节日聚会等民事法律方面的条文,但总体来讲依然是一部刑法典,有关民事方面的条文很少。与《伊尼法典》相比,《阿尔弗雷德法典》编定于英格兰统一国家的形成时期,所以更完整、全面地反映了盎格鲁-撒克逊人向封建制度转变的社会状况。

《埃德加法典》是埃德加国王在位时制订的一部法律,该法典只有 9 条,主要是关于当时的基层政权——百户区会议的法令。主要内容为:百户区会议每四周召开一次;百户区处理盗窃案件,盗贼不仅要物归原主或等价赔偿,还要将其剩余财产上交百户区和领主;百户区对不参加百户区会议者应处各种惩罚;百户区及十户组在处理无主家畜的归属时如何予以证明等。②

除以上诸法典外,盎格鲁-撒克逊时期还有一部较为特别的法典,即《克努特法典》。1018 年,克努特在约克大主教伍尔夫斯坦(Wulfstan)的协助下,制定了英国历史上著名的《克努特法典》,该法典融合了北欧的习惯法和盎格鲁-撒克逊习惯法的特点,对犯罪、侵权、关税及补偿金问题都做了明确规定,集二者法律文化为一体。

但总体而言,盎格鲁-撒克逊时期的立法水平都比较低,成文法只是对各种习俗、惯例与判例的收集、分类和整理,是具体法律条文的堆砌,缺乏一般的抽象原则,因此这时期的法律编纂工作并不是后世真正意义上的立法活动。盎格鲁-撒克逊时期的立法技术也很不成熟,法典内容杂乱无章,编排体例也没有逻辑,内容也比较单调,多以调整刑事法律关系为主,缺乏有关民法的规定。尽管如此,盎格鲁-撒克逊成文法典的制定,还是在一定程度上克服了习惯法内容的不确定性,加速了各地区法

① 转引马克垚:《英国封建社会研究》,第 7 页。
② 参见 H. R. Loyn, *The Governance of Anglo-Saxon England*, 500 - 1087, pp, 142 - 143.

律的融合,缩小了不同地区法律间的差异,为诺曼征服之后出现一部通行于全国的习惯法奠定了基础。因此,盎格鲁-撒克逊成文法的制定是英国法律发展史上具有重要意义的一步。

在长期的司法实践中,盎格鲁-撒克逊时期也形成一系列司法机构,主要由中央司法机构、地方法庭和领主法庭等构成。

中央司法机构是贤人会议,它协助国王制定、颁布法律。盎格鲁-撒克逊时期诸成文法的制定都离不开贤人会议,694年,威塞克斯国王伊尼与"所有长老和贤哲协商后"制定了《伊尼法典》。695年,肯特王国《威特雷德法典》的序言称,该法典是由"教俗贵族参加的会议制定并经众人同意的",序言中提及的人物有威特雷德国王、坎特伯雷大主教和罗切斯特主教等。①《阿尔弗雷德法典》的前言称:这些法律由国王"出示给贤人会议,他们一致同意应认真遵守"。②《埃塞尔雷德二世法典》和《克努特法典》也都是在贤人会议上商讨制定并通过的。

贤人会议的另一个法律职能是受理和审判各种讼案,特别是涉及国王及贵族等级的重大案件。作为盎格鲁-撒克逊时代唯一的中央司法机构,贤人会议在当时的司法体系中占有非常重要的地位。埃德加统治时期,有人因犯盗窃罪被贤人会议处以没收财产惩罚,其妻通过坎特伯雷大主教邓斯坦向国王请求宽恕,埃德加国王却表示爱莫能助,理由是"我的贤人会议已经作出判决"③。"忏悔者"爱德华时期,大贵族戈德温反叛一案也是经贤人会议判决的,戈德温是爱德华国王的岳父,其家族权势显赫,5个儿子都是各地伯爵,其家族占有全国土地的2/3。1051年,戈德温辖下的领民与诺曼贵族布洛涅伯爵尤斯塔斯的侍从发生冲突,致多人死亡。爱德华国王命令戈德温严惩肇事领民,戈德温不从命,反而纠合附庸扈从,与国王分庭抗礼。爱德华召开贤人会议,经议席审判,将戈

---

① Peter Hunter Blair, *An Introduction to Anglo-Saxon England*, p. 217.

② 程汉大:《英国政治制度史》,第24页。

③ J. E. A. Jolliffe, *The Constitutional History of Medieval England from the English Settlement to* 1485, p. 27.

德温褫夺法律保护权,没收其全部财产,流放国外。翌年,戈德温借助外国军队卷土重来,与国王军队对峙于伦敦城下,内战一触即发。为避免内战,贤人会议宣布取消原判,无条件归还戈德温家族的财产,并将一批得宠于国王的诺曼廷臣逐出王廷。

盎格鲁-撒克逊时期的地方法庭包括郡区法庭、百户区法庭和村镇法庭。盎格鲁-撒克逊时期,各郡区无论大小都设有郡法庭,通常每年开庭2—3次。① 埃塞尔斯坦之前,郡区法庭由郡长主持;埃塞尔斯坦设立郡守后,郡守逐渐代替郡长掌管一郡的军事、财政与司法,因此郡法庭改由郡守主持。② 最初,凡是居住在郡内的自由民,都有权利和义务出席郡法庭或参与诉讼审判;后来,随着封建制度的确立,该项权利与封建土地所有制联系在一起,只有自由土地持有人才有权出席法庭。即便这样,理论上出席郡法庭的人数仍然十分庞大,因为大大小小的教俗封建主和自由农民都属于自由土地持有人。但由于出席郡法庭是一种义务,一切费用需自理,加之交通不便,人们总是寻找各种理由逃避出席义务,这种现象在小贵族和自由农民中尤为普遍。因此,实际出席郡法庭的人数往往不过百人。此外,作为一项习惯特权,教俗大贵族往往不亲自出庭,而是委派总管代劳,总管因长期负责大贵族的家务和地产管理,具有组织才能和处事经验,所以在法庭上往往处于主导地位。

各百户区设有百户区法庭,由百户长主持,大约每四周召开一次。百户区法庭是一个开放法庭,经常在古代召开民众大会的地点召开,如10世纪的百户区法庭召开地点经常是一个古代的大坟丘或者大土堆,这可能是盎格鲁-撒克逊在异教时代召开民众大会的传统地点。

百户区法庭受理有关财产所有权和继承权、土地转让、地界争端、契约纠纷、侵权行为等民事案件,以及盗窃、抢劫、凶杀等刑事案件。为维护地方安宁,打击盗窃是百户区的主要任务,据埃德加国王时期的《百户

---

① 程汉大:《英国法制史》,第33页。
② 马克垚:《英国封建社会研究》,第9页。

区法令》(Hundred Ordinance)规定:凡偷窃者除将盗窃财物归还原主外,偷窃者本人的财产也要没收充公;百户区内的居民都有义务追捕盗贼,拒不履行义务者应处以罚款。① 百户长尤其要严打偷盗行为,懈怠疏忽者要处以巨额罚金,违反百户区法令者也要被施以惩罚。参加百户区法庭的多为区内的塞恩、神父以及每村4名代表。和出席郡法庭一样,百户区法庭的实际出席人数也往往少于理论上出席的人数,在多数情况下,参加者往往只有数十或十几人。

埃塞尔雷德时期,百户区法庭实行观审制度,即由12名塞恩与国王的郡守一同观审,由被称为里长(reeve)的地方小吏主持审判。在作出判决的时候,12位观审者要遵循全体一致的原则,如果判决结果达不到全体一致,则采取多数人同意的原则,即12个人中至少要有8个人一致,但少数派一方每人要付一定数额的钱。这是英国第一次在法律上承认多数判决的效力,百户长和十户长则负责审查证据。

10世纪后期,国王多次下令加强百户区会议的职权,诉讼当事人必须亲自或派代理人出席百户区会议,包括主教、伯爵等贵族。至10世纪末、11世纪初,大量的地方行政、财政、司法事务是在百户区会议上处理的。克努特时期,为了保证起诉人能够出席法庭,也采取了相关的法律措施,如对不出席法庭者施以重罚,而对于那些来参加法庭的人还要给予特殊的安全保护。

村镇是盎格鲁-撒克逊时代英国的基层社会组织,设有选举产生的村长和村镇会议。村镇会议即为村镇法庭,由全体自由村民组成,不定期召开,负责处理村镇公共事务,也处理轻微的不法行为,调解居民纠纷。这种法庭司法方面的权限很小,大多只处理关于盗窃牲畜以及其他的盗窃案件。在对窃贼的审判中,人口稀疏地区的每十户要选出一个人,人口稠密地区每两个十户选一个人组成法庭。②

---

① 程汉大:《英国政治制度史》,第28页。
② H. R. Loyn, *The Governance of Anglo-Saxon England*, *500 - 1087*, pp. 142 - 146.

盎格鲁-撒克逊后期,英格兰出现了封建法庭。自 10 世纪中叶起,国王在册封土地的时候,常常把封地连同封地上领民的司法管辖权及司法收益权一起授予封臣,英格兰逐渐出现了建立于封建土地保有制基础上,以实施封建法和维护封建法权关系为职能的封建法庭。

凡是接受国王封地的教俗贵族均可在领地上设立领主法庭和庄园法庭,前者由领地上的自有土地持有人组成,采用封建法审理案件,用以调整领主和封臣、封臣和封臣之间有关债务、契约和抵押等方面的民事案件;后者由庄园上的维兰组成,采用庄园习惯法,主要审理涉及维兰封建义务或维兰之间的债务、契约、土地转让等案件,以及与池塘、牧场、林地等使用权相关的民事案件。领主法庭和庄园法庭大约每 3 周召开一次。11 世纪,《克努特法典》规定:国王可以把相关于擅入民宅、伏击、疏忽军役义务等刑事案件的司法审理权赐授给大封建主,把相关于盗窃等民事案件的司法审理权赐授给小封建主。[1]

封建法庭一般不受国王干涉,具有较大的独立性。领主在其所辖的领地上,享有广泛的领主裁判权,每一个领主都有权主持法庭,对他的封臣和佃农实施司法管辖权,在某些领主法庭上,还有对当场被抓获的窃贼的死刑管辖权。[2]

总体来看,盎格鲁-撒克逊时期的各级司法机构有如下特点:首先,司法机构与行政机构并未分离,御前会议、郡区会议、村镇会议等既是行政机构,也是司法机构,行政会议与法庭重叠。其次,没有专职和专业的司法人员,国王法庭由贵族组成,各级地方法庭由自由人组成,他们在法庭上既充当公诉人又充当审判官,案件判决遵从出席者一致的原则,作为法庭主持人的郡守、百户长不得参与判决。此外,当时各级法庭并不存在上下隶属关系,任何一级法庭做出的判决即为结案,一般不得上诉,不服判决可另行立案重新起诉。最后,地方司法机构的司法管辖与当时

---

① 马克垚:《英国封建社会研究》,第 26 页。
② 参见哈罗德·J. 伯尔曼:《法律与革命——西方法律传统的形成》,贺卫方、高鸿钧、梁治平等译,中国大百科全书出版社,1983 年,第 375 页。

的行政管辖一样,都带有明显的地域特征。

在长期的审判实践中,各类司法机构逐渐形成相对固定的诉讼程序,主要包括起诉、应诉、验证、宣判四个程序,各级法院的审判程序都基本类似。

起诉,即由原告向法庭提出自己的权利诉求,法庭受理后通知具体的开庭时间和地点。开庭时,原告须亲自出庭并负责将被告扭送到法庭。在法庭上,原告要首先向法庭宣誓保证自己所说的一切真实可信,然后正式提出控告,并且遵循谁指控谁举证的原则。9 世纪后,法庭取消了由原告扭送被告到庭的作法,改由法庭直接传唤被告出庭,违抗法庭传唤者被处以罚款。①

应诉,即被告对原告的指控做出自己的陈述,在陈述前也要向法庭宣誓保证自己所说的一切真实可信,若被告在受到严重的刑事犯罪指控时保持沉默,则被判为败诉。

验证,即原告、被告分别陈述后,由法庭负责检验证据的真伪和有效性,以具体的审判方法或验证方法判定罪责。

宣判,即法庭根据验证结果作出判决,并将判决结果公之于众,并保证执行。如果被告被判有罪,处罚多为逐出法外(outlawry,意即不受法律保护)、没收财产、处以罚金等,其中罚款是最常见的惩罚。盎格鲁-撒克逊的法律规定了不同伤害类别的定价:一英尺的伤口,若在头发下面付 1 先令罚金,在脸上付 2 先令;失去耳朵付 30 先令。若与邻人妻子通奸,其所付罚金需让邻人足以再买一个妻子。② 除以上处罚外,还有肉刑,包括砍去手脚、鞭刑、宫刑等。当时也有死刑,但不常使用,只适用于重大的犯罪,多为砍头、绞刑、火刑等。盎格鲁-撒克逊时期很少判处犯人监禁,因为开办监狱、关押犯人的费用是沉重的负担。

法庭的审判方法包括证人誓证法(witness)、公证昭雪法(compurgation)、

---

① 程汉大:《英国法制史》,第 38 页。
② 大卫·休谟:《英国史》,第一卷,第 142 页。

神判法(ordeal)和司法决斗法(duel),这些方法应用于验证程序阶段。

证人誓证法,即由诉讼双方分别向法庭提供一定数量的证人,通过证人的证词来证明诉讼当事人的言辞是否真实可信。证人的数量及其社会地位直接决定验证的结果,一般来说,证人越多,证词的效力越大,因此"在某些案件中,被告无罪证人多至三百人"①。同样,证人的社会地位越高,证词也越有效力,盎格鲁-撒克逊时期,"一个贵族的证词等于6个普通自由民证词的价值"②。

公证昭雪法广泛应用于各类案件,其做法是由被告面对一定数量的公证人重新陈述自己无罪,若2/3的公证人认为他品行端正,誓言可信,其答辩即为有效,而原告则败诉;否则,被告就有罪。公证人的数目一般为12人,特殊案件可达36人或48人。③ 最初,公证人由被告从自己的邻居中挑选,"忏悔者"爱德华时期,由法庭直接指定公证人。

神判法起初是古代日耳曼人的审判方法,后来与基督教信仰融为一体,该法多用于刑事案件,偶尔也用于民事案件。神判法有热铁法、热水法、冷水法等多种方式,据说热铁适用于贵族,热水适用于平民,在采用这些方法之前,滚水和烙铁都须经过反复的祈祷、斋戒、驱邪。实行神判法时须有神职人员在场,而且也要在固定的地点,一般在教堂,审判应在周六进行。热铁法是由被告手持烧红的铁块前行至一定的距离,然后当众将灼伤的手包裹起来,3天后打开检验伤势,根据手上灼伤溃烂的情况判断其是否有罪。还有一种热铁法是让被告人在炽热的铁犁上行走,然后判断其是否有罪。"忏悔者"爱德华的母亲诺曼底的埃玛因为被控与温切斯特主教有奸情,法庭让她赤脚在烧热的铁犁上行走9步,然后验伤判定她是否清白。热水法与热铁法大致相同,就是以手持石插入滚水达一定深度,然后当众包好伤口,三天后验伤判定是否有罪。冷水法就是将被告捆住一只手和一只脚扔入水中,如果浮上来则被认为有罪,沉

---

① 大卫·休谟《英国史》,第一卷,第143页。
② 戴维·M.沃克:《牛津法律大词典》,第192页。
③ 程汉大:《英国法制史》,第39页。

入水中则为无辜。神判法一般是在没有确凿证据的情况下使用的,谈不上公正,但是能对刑事犯罪起到一定的威慑作用。

司法决斗法是古代大陆欧洲普遍使用的一种解决争端的方法,盎格鲁-撒克逊时期引入英国。当原告、被告在法庭上相持不下时,一方提出决斗,另一方表示同意,法官便命令双方以武力决斗,确定决斗的时间、地点和武器种类,经双方保证人到场公证后开始决斗,直至一方战死或投降服输。妇女、教士、病人、老人可以雇佣他人代替自己决斗,因此这种方法更有利于豪勇者。由于教士的反对,决斗法曾被废除,但由于伪证成风,又不得不一再恢复,最终司法决斗法成为审判的一种方法。

盎格鲁-撒克逊时期的诉讼程序不仅简单落后,审判方法也原始、荒谬,充满了神秘主义。由于缺少科学理性的证据核查程序,法官在审判过程中要么只看证人的多少,要么求助于神判,因此判决结果很难有什么确定性。

总之,盎格鲁-撒克逊时期是英国法律制度的草创时期,存在着机构不健全、制度不完善、法律不统一、程序简单、方法原始等弱点。但是与同时期西欧其他国家相比,英格兰已建立起一套自上而下、较为完整的司法体系,对中世纪英国法律传统的形成产生了深远影响。

第五章　中央层面的治理

　　行政泛指各种管理,是国家的一项重要职能,在我们所考察的治理中,因为行政对国家事务具有直接的效力,产生直接的影响,所以处在核心的地位。在盎格鲁-撒克逊人初建的各个小王国中,部落社会的部落大会和亲兵队被保留下来,而全体战士都出席的部落大会则逐渐不再召开,议事会转化为贤人会议(witenagemot);贤人会议最初由国王、贵族和祭司出席,信奉基督教后,教士取代祭司。贤人会议和亲兵(即塞恩,thegn)在诸国的行政事务中发挥重要作用。随着统治区域的扩大和英格兰的初步统一,英格兰的行政治理逐渐形成中央和地方两个层面,内府(household)是国王进行直接统治的重要部门。

　　进入国家阶段后,诸小国的国王在进行国家治理时,自然会利用他们身边的亲兵,形成以国王为中心的内府。德伊勒(Deira)国王奥斯温(Oswine,642—651年在位)曾同他的亲兵们一起打猎,比德即称其亲兵为"朝官"。[①] 诺森伯里亚国王奥斯瓦尔德(Oswald,634—642年在位)统治时,其内府官员已有职责分工,有一次在复活节,国王和艾丹(Aidan)主教坐在一起准备吃饭,"忽然他的一位分管救济穷人的官员走了进来,

---

① 比德:《英吉利教会史》,第181页。

告诉国王说,来自各地的许多穷人坐在公共道路上,希望国王施舍"①。奥斯瓦尔德立即下令把他面前的食物送给穷人,把盛食物的银盘也敲成碎片分给这些穷人。由此可见,内府中最早的官员应是护卫国王的亲兵,他们进入内府后已有具体的职责分工。

阿尔弗雷德大王(871—899 年在位)统治时期,随着抗击维京人入侵的初步胜利,加上威塞克斯(Wessex)统治区域的扩大,其政府也需要做出相应的调整。阿尔弗雷德国王的内府由管事、内廷陪侍人员、司马官、司膳官(饮食供应官)、御衣官(衣柜保管者)等组成,但是他并不满足于此,而是通过各种方式来补充他的内府,特别是那些有文化的教会人士。他在威塞克斯之外召唤了伍斯特主教沃费斯(Werferth),坎特伯雷大主教普莱格蒙德(Pledmund),司铎兼特遣神父埃塞尔斯坦(Ethelstan)和沃伍尔夫(Werwulf);他派信使到高卢去,请兰斯(Reims)大主教帮助他寻找有学问的人,并从高卢召来司铎僧侣约翰(John)。约翰和沃伍尔夫的名字,就出现在阿尔弗雷德赐郡长埃塞赫尔姆(Ethelhelm)在北纽纳顿(North Newnton)的 10 海德(hide)土地的特许状(charter)见证人名单中。② 特许状见证人的名单上有国王、主教、郡长和王子等要人,都是内府主要成员;约翰和沃伍尔夫出现在见证人名单中,说明这些教会人士参与了内府的工作。此外,当阿瑟(Asser)第一次在萨塞克斯(Sussex)一个叫迪恩(Dean)的王室庄园见到阿尔弗雷德国王时,国王急望他成为内府一员;正是通过阿瑟的《阿尔弗雷德王传》,我们才对阿尔弗雷德国王有了更多的了解。来自不同地区的、有文化的教士对内府的补充,有助于开阔政治视野,提高行政效率。

阿尔弗雷德国王注重王国政府管理。中世纪早期,王国政府的职责几乎包罗万象:组织狩猎,指导金匠、工匠、养鹰人、驯鹰人和养狗人,设计珠宝式样,号令追随者,从事慈善事业,向国人及外邦访问者发放救济

---

① 比德:《英吉利教会史》,第 162 页。

② Simon Keynes, Michael Lapidge eds., *Alfred the Great*: *Asser's Life of King Alfred and other Contemporary Sources*, Penguin Books, 2004, p. 181.

金等,这些活动都与国王本人密切相关,"所有这些事情他亲自运用他最大的能力去做"①。但是由于抗击维京人的迫切需要,加上威塞克斯控制地区的扩大,单靠国王和内府就远不能满足行政的需要,因此,他对中央政府进行改革,"现在,王室内府按三班轮流的方式被系统地管理:国王的随从被合理地分成三组"②。第一组亲兵在王室宫廷生活一个月,日夜履行它的职责;当这个月结束时,第二组亲兵已经到达,第一组则回家两个月,照料自己的私人事务。第二组亲兵在宫廷生活一个月后,第三组亲兵又到达了,一旦第三组亲兵的服役结束,第一组又返回。正是通过这种三班轮换的方式,阿尔弗雷德国王得到一个初具规模、全年运作的政府,提高了政府的行政能力。

针对盎格鲁-撒克逊时期不存在首都的批评,洛因(Loyn)指出在 11世纪,温切斯特(Winchester)和伦敦(London)是理想的中心,那里有宫殿、国库和官员的宅第,这些对国家管理来说是重要的。但洛因也强调,"政府主要的、积极的主流仍是国王,是他的内府和完全家庭意义上的宫廷"③。洛因认为,可能有一个时期,国王、他的内府和随从,需要从一个庄园移动到另一个庄园,消耗呈交给他们的贡品,但是这种情况到 11世纪已完全消失了。戴尔(Dyer)也认为,"维京时代以前的经济不多产也不先进,大地产用于蒐集食物,供国王、贵族和主教的流动内府消耗,或者送到修道院"④。在英格兰的部分地区,如威尔特郡(Wiltshire),有许多给国王提供短期食品的王室庄园,它们的贡赋不以实物、而是以货币形式计算。诺曼征服前,"忏悔者"爱德华(Edward the Confessor,

---

① Simon Keynes, Michael Lapidge eds., *Alfred the Great: Asser's* Life of King Alfred *and other Contemporary Sources*, p. 91.

② Ibid., p. 106.

③ H. R. Loyn, *The Governance of Anglo-Saxon England 500 - 1087*, London: Edward Arnold, 1984, p. 95.

④ Christopher Dyer, *Making a Living in the Middle Ages: The People of Britain 850 -1520*, New Haven and London: Yale University Press, 2009, p. 50.

1042—1066 年在位)拥有奇彭纳姆(Chippenham)庄园,这是一个有 100个犁队的大地产,但它不交税,也不按海德估算,它要供应国王及其随从一天一夜的饮食,它呈交的贡赋"总计 110 镑"。①

贤人会议将一群活跃的地方统治者聚集在一起,"为了常规的管理,国王依赖于他的内府"②。凯恩斯(Simon Keynes)在《"无主见者"埃塞尔雷德的文书:978—1016 年》一书中,对"无主见者"埃塞尔雷德(Ethelred the Unready,978—1016 年在位)统治时期的特许状进行了研究,书后附有 8 个表格,对王子、大主教和主教、修道院院长、郡长及亲兵在特许状中的签名进行了统计;洛因分析后认为:"在特许状的见证人名单中,王国要人之间长期存在证据确凿的等级排序。"③

埃塞尔雷德有 8 个儿子,从 993 年到 1015 年,长子埃塞尔斯坦在特许状中总是第一个署名,直到 1013 年去世。第二个署名的是次子埃格伯特(Ecgbert),直到 1005 年,他的地位被第三子"刚勇者"埃德蒙(Edmund Ironside,1016 年在位)所取代,埃德蒙最后继承了父亲埃塞尔雷德的王位。"其余的儿子,几乎没有例外,无论何时他们出现在见证人名单上,都按资历的恰当顺序署名。"④

郡长的签名也有一定顺序,从 979 年到 983 年,是麦西亚(Mercia)郡长埃尔夫希尔(Elfhere)在见证人名单中高居首位;从 983 年到 990 年,是东盎格利亚(East Anglia)郡长埃塞尔温(Ethelwine);从 993 年到 998年,是西部郡的郡长埃塞尔沃尔德(Ethelwold);从 999 年到 1009 年,是汉普郡(Hampshire)郡长埃尔弗里克(Elfric);从 1012 年到 1016 年,是麦西亚郡长埃德里克(Eadric)。

大主教的署名中,坎特伯雷大主教绝大多数情况下排在第一位,约

① Ann Williams, G. H. Martin eds. , *Domesday Book*: *A Complete Translation*, London: Penguin Books, 2003, p. 162.

② H. R. Loyn, *The Governance of Anglo-Saxon England 500 - 1087*, p. 96.

③ Ibid. , p. 97.

④ Ibid.

克(York)大主教排在第二位,只有到 1012 年,丹麦人索凯尔(Thurkil)的军队杀害了坎特伯雷大主教埃尔夫赫亚(Elfheah)后,约克大主教伍尔夫斯坦(Wulfstan)才在大主教的署名中排列第一位。主教和修道院长按照类似的资历顺序。尽管由于人数众多,变化更复杂些。亲兵也有一个先后顺序,从 993 年到 1005 年,埃塞尔默(Ethelmær)和奥杜夫(Ordulf)总是在亲兵的署名中名列第一和第二。相对固定的署名顺序表明,这些排位靠前的人在内府中承担更持久和更重要的工作。可见,国王的内府不是一盘散沙,而是在核心人物的领导下积极有效地工作的。

955 年,埃德雷德(Eadred,946—955 年在位)国王去世,他留下的遗嘱有助于了解国王内府的组成。国王给坎特伯雷大主教 200 曼库斯(mancus)①的黄金,每一个教区主教 120 曼库斯的黄金,每一个郡长 120 曼库斯的黄金,"每一个被任命的总管、每一个被任命的衣柜保管者、每一个被任命的司膳总管各 80 曼库斯的黄金"②。给每一个照管国王遗体的弥撒司铎 50 曼库斯的黄金和值 5 镑的便士,给每一个其他的司铎 5 镑。给每一个被任命的管事 30 曼库斯的黄金;给自国王即位以来每一个按司铎等级使用的人,30 曼库斯的黄金;给王室内府中每一个国王使用的任何官员,30 曼库斯的黄金,除非此人与王室住处很少联系。埃德雷德国王的遗嘱表明,大主教、主教、郡长是内府中的大人物,他们是国王的主要谋臣,国王对他们特别照顾。在特许状中出现的一般意义上的亲兵,被这份遗嘱细化了,他们被委托以不同的官职,其中最主要的是与宫廷管理有关的亲兵,即统领宫廷事务的总管,掌管王室内府服装的衣柜保管者,和负责王室内府饮食供应的司膳总管。这些内府官员职责明确,是内府事务的具体管理者,内府工作能力的大小和工作效率的高低与他们有直接关系。除了负责具体事务的世俗官员,内府中还有负责专

---

① 曼库斯通常是一种重量单位,也见于金币。见 Dorothy Whitelock ed., *English Historical Documents*, 2nd edn, vol. I, c. 500 - 1042, London and New York: Routledge, 2001, p. 555, n. 7.

② Dorothy Whitelock ed., *English Historical Documents*, vol. I, p. 555.

项事务的教会人士,国王在遗嘱中也考虑到了他们。当然,内府中还有级别更低的教俗人士,他们进入内府,有的是通过任命的方式,有的虽然不是任命,但仍按一定的级别和方式被国王使用,这些人应当是王室内府中每项具体事务的执行者。从埃德雷德国王对级别较低的内府成员的任命和使用来看,内府似乎是不断扩大的,这就导致内府人员和非内府人员之间的界线模糊。界线模糊并不是没有界线,埃德雷德国王在遗嘱中将那些与王室住处很少联系的人排除在外,这也表明王室内府是一群经常聚集在一起的人,尽管它有宽泛的外延,但仍然有一定的界线,这个界线就是一旦加入内府,就要经常与王室住处有联系,与王室内府中的其他人经常聚集。这种由比较熟悉的人组成的内府,有助于消除内府官员间的彼此隔膜,提高内府的工作效率。

内府成员的资格并不是毫无限制的,中世纪早期的世俗贵族,还没有完全摆脱武士和军事首领的身份,极可能好勇斗狠,如果他们犯有杀人罪,是禁止进入内府的。《埃德蒙第二法典》第 4 条即规定:"我宣布我禁止任何犯有杀人罪的人进入我的内府,直到他承诺做出教会要求的赔偿,已做出——或开始做出——对亲属的赔偿,顺从其主教区主教规定的每一个法律赔偿。"然而禁止杀人犯进入内府的埃德蒙国王(939—946年在位)最终却被人刺杀,这在盎格鲁-撒克逊晚期的国王中是绝无仅有的。

内府成员增多,为具体职责的分工提供了基础,洛因认为,在盎格鲁-撒克逊晚期,政府事务的三个主要方面即文档管理、财政管理和司法管理之间的区分渐渐明显,与欧洲大陆进行对比,盎格鲁-撒克逊政府的统治艺术相对领先。[①]

秘书处(文秘监)是中央政府的重要组成部分,从留存下来的大量土地特许状、遗嘱、令状(writ)、王室信件和其他外交文书中,可以看出秘书工作与政府事务的联结。在索耶(Sawyer)出版的《盎格鲁-撒克逊特许

[①] H. R. Loyn, *The Governance of Anglo-Saxon England 500 - 1087*, p. 99.

状:注解目录和书目》中,收录的王室特许状有1 163件①,尽管其中有些可能是伪造的,"但是,以它们单纯的数量,为书面记录的运用提供了可畏的证明。在同时期的欧洲它们是独一无二的"②。

在格拉斯顿伯里(Glastonbury)修道院,埃德雷德国王将"许多地契和先代国王的古代珍宝,还有他自己获得的许多珍贵的东西"③,委托给修道院院长邓斯坦,它们被保存在修道院的安全之处。在埃德雷德国王即将去世时,他希望在临死前分发他的财产,因此,像其他王室珍宝保管人一样,邓斯坦将自己保管的王室珍宝收集装包,用马驮到王室宫廷,但是在到达之前,国王已经去世了。

为了避免在土地所有权、土地之上的权利和习惯方面发生纠纷,特许状被写成2到3份,受益人持有一份,其余的保存在国王、公正的主教或其他值得信赖的人手里。1018年,克努特国王以特许状向康沃尔主教授予土地,为了便于查询,在特许状背面写着简明的内容提要:"这是一份在兰德雷克(Landrake)和廷纳尔(Tinnel)土地的地契,有4海德,由克努特国王用特许状授予伯霍沃尔德(Burhwold)主教永久继承。"④值得注意的是,简明提要以古英语写成,特许状是用拉丁语写的,但是为了查询的便利,简明提要使用了与生活更加接近的古英语。

令状体现着盎格鲁-撒克逊时期政府领域的最高成就。状通常有固定的开头,向令状所涉及地区的重要人物,通常是主教、当地的伯爵和地方官员致以问候,告知在他们管辖的范围内将要发生什么事,并希望得到他们的确认。"忏悔者"爱德华在1053年至1058年间颁布的一份令状即是如此:

> 爱德华王向埃尔夫沃德(Elfwold)主教、哈罗德(Harold)伯爵

---

① P. H. Sawyer, *Anglo-Saxon Charters: An Annotated List and Bibliography*, London: Offices of the Royal Historical Society, 1968, p. 69.

② H. R. Loyn, *The Governance of Anglo-Saxon England 500 - 1087*, p. 107.

③ Dorothy Whitelock ed., *English Historical Documents*, vol. I, p. 900.

④ Ibid., p. 599.

和阿尔弗雷德郡守,以及我所有多塞特郡的亲兵致以友好的问候。
我告知你们,我的侍卫尤卡(Urk)将拥有他的海岸,所有与他自己土
地相对的,从海上到海里和所有冲到他海岸的东西……(*Anglo-
Saxon Writs*, 1.)

令状的内容通常是授予令状持有人以各种司法特权和经济特权。"忏悔
者"爱德华在 1052 年至 1066 年间授予圣玛丽(Mary)修道院院长奥迪克
(Ordric)的令状,使他拥有在堡内的司法权、通行费并收取利益,抓捕其
中的盗贼,不允许用武力闯入他的土地,不可违反国王的和平及妨碍司
法。① 在 1065 年 8 月 1 日至 1066 年 1 月 5 日间颁布的令状中,"忏悔
者"爱德华甚至还授予圣埃德蒙贝里(St. Edmund's Bury)修道院院长鲍
德温(Baldwine)铸币权,允许他拥有一个铸币人,这个铸币人拥有像国
王在任何城堡中的铸币人一样的自由。②

令状除上述的告知功能外,更主要的还是它的管理功能。1051 年,
坎特伯雷大主教埃德西耶(Eadsige)去世后,英格兰的教职进行了调整,
伦敦主教罗伯特(Robert)升任坎特伯雷大主教,阿宾登(Abingdon)修道
院院长斯帕罗霍克(Sparrowhawk)升任伦敦主教,"忏悔者"爱德华的亲
戚罗瑟尔夫(Rothulf)就任阿宾登修道院院长。同年,罗伯特前往罗马接
受披肩,回来后就任大主教一职。不久他去见"忏悔者"爱德华国王,途
中斯帕罗霍克院长迎面而来,"他携有盖着国王印玺的国王信函,内容是
他将由大主教任命为伦敦主教"③。此处的令状即被作为教职任命的前
奏。在世俗事务管理方面,令状更发挥它的独特作用,成为中央对地方
事务进行管理的重要工具:

爱德华国王向埃塞尔默主教、埃尔夫加(Elfgar)伯爵和我在诺

---

① F. E. Harmer, *Anglo-Saxon Writs*, Manchester: Manchester University Press, 1952,
p. 132.
② F. E. Harmer, *Anglo-Saxon Writs*, p. 166.
③《盎格鲁-撒克逊编年史》,第 184 页。

福克郡的所有亲兵致以友好的问候。我告知你们我希望的是,柯比
(Kirby)的土地和所有合法属于它的东西,应属于圣埃德蒙的神圣
修道院,伴以完整的司法权,如同以前任何一个人拥有的,和我母亲
将之遗赠给修道院的。我恳求你们所有人,针对非法占有它的塞默
(Semer),为我宣告一个判决……(Anglo-Saxon Writs,17.)

这份令状可能颁布于 1052 年 3 月至 9 月间,国王对涉及地方的纠纷,要
求地方长官给以判决。而在另一份令状中,国王则是直接要求地方长官
在读到令状的时候,就要立即执行:

爱德华国王向埃塞尔默主教、哈罗德伯爵、格思(Gyrth)伯爵,
修道院院长利奥夫斯坦(Leofstan)和我在萨福克郡的所有亲兵问
候。我告知你们我的意愿是,我合法地、完整地拥有在伊克沃思
(Ickworth)的土地,如同被证明的,为了威斯敏斯特的神圣修道院,
基督、圣彼得(Peter)和我合法地拥有它。我希望一旦现在这封信被
读到,它就转归我的控制,这样事情可以被解决。(Anglo-Saxon
Writs,80.)

有学者认为,具有命令性质的令状,"它们的目的是迫切的,向能够
在地方上执行命令的人传达准确的书面指导,当它们的目的实现后,它
们很可能被销毁"①。似乎令状只有暂时的效力,一旦事情解决,令状就
失去效力。可是从诺曼征服后的例子来看,情况并不是如此:

1066 年以前,哈罗德伯爵从圣玛丽教堂取走这个庄园和斯陶尔
(Stour),但是威廉(William)国王使它依法再占有它们,因为爱德华
国王一个带印章的令状在教堂里发现了,命令它们应被还回教堂,
还有国王依然持有的梅尔科姆(Melcombe)。(Domesday Book,
i,78v.)

_____

① H. R. Loyn, The Governance of Anglo-Saxon England 500 - 1087, p. 117.

这是《末日审判书》(Domesday Book)中记载的多塞特郡沙夫茨伯里 (Shaftesbury)修道院拥有的第 19 项土地,诺曼征服前,哈罗德伯爵从圣玛丽修道院取走切舍伯恩(Cheselbourne)庄园等,"忏悔者"爱德华发布令状,要求他把地产归还修道院,而这一要求在诺曼征服以后依然有效,征服者威廉的裁决就是以令状为依据的。因此,对令状效力的问题,还是值得进一步思考的。

盎格鲁-撒克逊时期英格兰中央政府对财政的管理,可以大致分为国库、税收和铸币三个部分。

国库是王室财富储存的地方,并负责王室的支出,有时需要在多个安全的地方贮藏多余的财富。埃德雷德国王就将他的财富分几个地方保存,在这些贮藏中心中,温切斯特的地位突出。《盎格鲁-撒克逊编年史》记载了盎格鲁-撒克逊晚期发生的对克努特国王的遗孀埃玛所进行的两次掠夺,1035 年,克努特国王去世,他与前妻所生之子哈罗德被推举为王,哈罗德国王派人到温切斯特他的继母埃玛王后那里,"将最好的珍宝从王后那里取走。这些珍宝曾属于克努特国王,而她无从隐匿"①。实施另一次掠夺的人是埃玛王后的亲生子——"忏悔者"爱德华。1042 年,"忏悔者"爱德华的同母异父弟弟哈德克努特(Harthacnut)国王去世,爱德华被推举为国王。刚即王位不久,"忏悔者"爱德华就在别人的建议下,"偕同利奥夫里克伯爵、戈德温伯爵、休厄德伯爵及他们的随从,从格洛斯特骑马前往温切斯特"②,他们出其不意地对埃玛王后下手,取走了她拥有的全部金银和难以胜数的财物。"忏悔者"爱德华还强占他母亲拥有的土地。

实行掠夺的国王哈罗德和"忏悔者"爱德华有一个共同点,即他们的王位继承并不顺利,哈罗德与其同父异母弟弟哈德克努特之间存在王位之争,而"忏悔者"爱德华作为"无主见者"埃塞尔雷德的儿子,先是受斯

---

① 《盎格鲁-撒克逊编年史》,第 163 页。
② 同上书,第 168—169 页。

威恩(Swein)所迫长期流亡诺曼底,后来回到英格兰,寄寓于他同母异父弟弟哈德克努特的宫廷,而他的母亲埃玛对他却十分冷酷,"在他当国王之前和当国王之后,她为他所做的都比他期望的要少"[①]。

两次掠夺也有很多共同点:首先,地点都在温切斯特;其次,被掠夺的人物是与前任国王有密切关系的人,1035 年,哈罗德掠夺的是刚去世国王的妻子,1042 年,"忏悔者"爱德华掠夺的是刚去世国王的母亲;第三,时间都在新任国王继位不久;第四,掠夺的财物以金银珍宝为主;第五,采取的方式是突袭式的;最后,进行掠夺的不是一个人,而是一伙人。这样来看,我们似乎可以推断,温切斯特是王国财富的主要贮藏地,与国王有密切关系的人是财富的主要看管者;王位继承并不顺利的新王,在登基之后需要控制王国的财富,一般采取多人突袭的方式,使以金银珍宝为主的动产不易被转移。因此,将温切斯特视为盎格鲁-撒克逊晚期英格兰王国的国库所在地,是有一定道理的。

阿尔弗雷德国王统治时期,为了更好地使军队、官员和教会人士开展工作,用划分税收的方式,为他们提供强大的物质支持。阿尔弗雷德国王"命令他的亲兵们将任何一年全部税收的收益分成相等的两份"[②],一份用于世俗事务,这部分再分为三份,其一给战士和在宫廷轮值的亲兵,其二给他从各种族中召集来的工匠,其三给访问他宫廷的外国人。第二份用于宗教事务,这部分再分为四份,其一给各种族的穷人,其二给他创立的男女修道院及其中的修士和修女,其三给贵族或非贵族的学校,其四给威塞克斯、麦西亚之外的修道院。阿尔弗雷德国王的财政支出,在照顾全面的基础上,突出了军事、行政和教会的重点。

到盎格鲁-撒克逊晚期,英格兰的税收系统已比较完备,税收额也非常可观。这可以从《盎格鲁-撒克逊编年史》中记载的丹麦金(Danegeld)及其它税收中间接地看出:

[①]《盎格鲁-撒克逊编年史》,第 169 页。

[②] Simon Keynes and Michael Lapidge eds., *Alfred the Great: Asser's* Life of King Alfred *and Other Contemporary Sources*, p. 106.

表 1　991—1051 年英格兰支付的丹麦金和其他税款

时间	数额 （单位：镑）	类别	支付方	接收方	备　注
991 年	10 000	丹麦金	英格兰人	奥拉夫	第一次支付丹麦金
994 年	16 000	丹麦金	英格兰人	奥拉夫；斯威恩	Ⅱ Ethelred，7. 2. 记为 22 000 镑
1002 年	24 000	丹麦金	英格兰人	丹麦船队	
1007 年	36 000	丹麦金	英格兰人	丹麦船队	
1009 年	3 000	丹麦金	东肯特人	索凯尔	全体东肯特人单独媾和
1012 年	48 000	丹麦金	英格兰人	索凯尔	ASC 的 E、F 本作 8 000 镑
1014 年	21 000	丹麦金	英格兰人	索凯尔	弗洛伦斯谓 3 万镑
1018 年	72 000	丹麦金	英格兰人	克努特	
1018 年	10 500	丹麦金	伦敦人	克努特	
1041 年	21 099	军税	英格兰人	哈德克努特	
1041 年	11 048	船税	英格兰人	哈德克努特	

资料来源：《盎格鲁-撒克逊编年史》，第 133—183 页。

　　从 991 年"无主见者"埃塞尔雷德第一次征收丹麦金，中间加上 1041 年哈撒克努特征收的军税、船税，到 1051 年"忏悔者"爱德华最终取消丹麦金，如果按《盎格鲁-撒克逊编年史》记载的数字，50 年间，英格兰 11 次总共支付的丹麦金和其他税额高达 27.2647 万镑。如果没有较为完善的税收系统、高效的征税能力，不可能在短期内多次完成高额的税款征收。洛因认为巨额丹麦金"是英格兰社会繁荣和效率的标志"，"它们不仅表明英格兰可获得的流动资本的量，也表明开发这种量的能力"。[①]

　　丹麦金等税款是如何征收的呢？《埃塞尔雷德第七法典》第 1 条第 2 款规定："每一个犁田应交纳 1 便士或 1 便士的价值。"第 3 款规定："每一个有家庭的人应确保他的每个依附者交 1 便士。如果任何人没有钱，他

[①] H. R. Loyn, *The Governance of Anglo-Saxon England 500 - 1087*, p. 121.

的领主应替他交；每一个亲兵应递交他所有东西的什一税。"此外参照《埃塞尔雷德第七法典》的盎格鲁-撒克逊语版，我们会看得更清晰一些。盎格鲁-撒克逊语版的序言中指出："当大军到达这个国家时，制定了这些法令。"第2条第2款规定："每一个海德应给予1便士或1便士价值作为应缴款。"第3款规定："它应被带到教堂，之后当着忏悔神父的面被分成三份，村的地方长官作为证人。"第3条则是："如果任何人不递交这些，他应如法律规定的作出赔偿：家主应支付30便士，奴隶遭受鞭打，亲兵应支付30先令。"综合上述两条材料，我们可以看出，《埃塞尔雷德第七法典》规定的征税办法，正是为应付维京人的入侵而支付的丹麦金，税额以犁田、即海德为单位征收，大家庭中的每个人还须交人头税，亲兵等级的人以什一税(tithe)的形式交得更多。税收初步征缴后，按不同的使用目的，被划分为不同的份额。这种以土地税为主，兼顾人头税，不同等级的人税额不同，税款在基层被划分的方法，可能正是盎格鲁-撒克逊晚期英格兰的基本税收体系，这个体系应该是很有效率的。詹姆士·坎贝尔(James Campbell)认为：《末日审判书》中的记载显示：税赋是"依据村庄而非贵族领地来征收的"，"在晚期盎格鲁-撒克逊国家中，英国是一个领土性观念而不是贵族领地的集合，其主要因素是国王和村庄之间的联系，这一直是英国宪政的核心要素"。[1]

税赋在村一级征收后，被上缴到百户区(hundred)，在百户区有国王的征税处。963年，"和平缔造者"埃德加国王(Edgar the Peacemaker，959—975年在位)赐给彼得伯勒(Peterborough)修道院的特许状中说："我希望下列地区的货物交易税征收权得予献赠：先由惠特尔西塘一路延伸直至诺曼克罗斯诸百户区的国王征税处。"[2]相对于乡村地区的村和百户区，作为城镇的堡(borough)，其税收是整体支付的。在《末日审判书》中，萨塞克斯郡的刘易斯(Lewes)堡在诺曼征服前，"从租金和通行费

---

[1] 詹姆斯·坎贝尔：《英国宪政的盎格鲁-撒克逊起源》，孟广林、鞠长猛译，载《历史研究》，2010年第3期，第71页。
[2]《盎格鲁-撒克逊编年史》，第123页。

中递交 6 镑 4 先令 1½ 便士"①。汇集于百户区和堡的税收,向上交纳到
郡一级,洛因认为:"管理和收集日常的缴纳和收益是在郡的基础上实施
的。坚固的房子、王室庄园、教堂的塔楼,可能在某些地区新复兴的本尼
狄克修道院,将提供合适的地方中心。"②之后,由郡再转到国库。

除了这种由下而上的、从基层到中央的税收模式外,还有一种直接
由中央派专员收取的模式。1040 年,哈德克努特到英格兰当国王后,改
变其父克努特和兄长哈罗德统治期间对"16 艘船按每个桨架收 8 马克
(Mark)"的征税办法③,将征税船数增为 62 艘。为了征收这项苛税,他
派自己的御卫队员到各郡强制执行。不过,这种税收模式不是主流。

教会税是国家税收体系的组成部分,王室官员被委派追缴拖欠的教
会税。《1027 年克努特的公告》第 16 条提及的教会税中,包括犁队救济
金、一年内初生牲口的什一税、城乡都需交纳的彼得便士(Peter's
Pence)、8 月中旬水果的什一税和圣马丁节初产的谷物税。第 17 条规
定,没有支付这些教会税的人,"应被王室官员按照法律严厉地、没有减
缓地索取"。《克努特第二法典》第 48 条及第 48 条 1—3 款规定对武力拒
交教会税的人处以罚金;如果伤害了其他人,则应赔偿,向领主交罚金,
向主教赎回他的手,否则将失去双手;如果在抗税中杀了人,就应处以法
外(outlaw);如果武力抗税者在抗税中自己被杀,一经证明,则无需
赔偿。

如果在征税中出现多征的情况,国王是什么态度?《1027 年克努特
的公告》第 12 条规定:"所有的贵族和普通人,富人和穷人,应有权拥有
公正的财产,其财产不应以任何方式被侵犯,无论是为了获得国王的恩
惠,或满足任何有权势的人,还是为我收集钱财;我不需要以任何不公正
的索取为我收集的钱财。"这条规定间接地反映了在征税中有多征的现
象,但国王的态度很明确,他反对税收中出现的不公正,不管多征者是出

---

① Ann Williams, G. H. Martin eds., *Domesday Book: A Complete Translation*, p. 62.

② H. R. Loyn, *The Governance of Anglo-Saxon England 500 - 1087*, p. 118.

③《盎格鲁-撒克逊编年史》,第 166 页。

于什么目的。

戴尔认为,英格兰的国王们能比他们在大陆的同时代人做得更多,"特别是比罗马帝国衰亡以来欧洲的任何国家和组织更能控制有效的征税机制";即使在诺曼征服后,也能将"高效税收体系的财政益处"转交给威廉一世和他的追随者。①

5世纪早期罗马军队撤离后,不列颠便不再有货币,最初作为装饰品输入的大陆金币,到6世纪末成为货币流通,大约在此时,出现了最早的盎格鲁-撒克逊硬币,7世纪30年代有更多的硬币铸造出来,这些小金币以同时期墨洛温王朝的(Merovingian)硬币为模型,有一些硬币上刻有肯特国王伊德鲍尔德(Eadbald,616—640年在位)的名字,另一些刻有铸币人或铸币厂的名字,更多的只是复制大陆或罗马货币原型上的文字。虽然在诺森伯里亚和稍后的东盎格利亚,硬币上有国王的名字,但这不意味着不具名的硬币便不具备王室的权威。约在675年,金先令被银便士取代,直到14世纪中期它依然是最主要的货币形式。约760年,奥法可能引入了加洛林(Carolingian)的新型便士,自此硬币上通常刻有统治者和铸造者的名字,王室的权威就公开了。9世纪继续存在政府控制的证据,铸币人的图案变得更加标准化了。阿尔弗雷德统治时期,麦西亚和威塞克斯建立货币联盟,使相同图案的硬币能在更广的范围内流通。②

盎格鲁-撒克逊晚期的英格兰渐趋统一,统一国家的重要标志是拥有统一的货币。多个国王的法令明确表达了这一观念,《埃塞尔斯坦法典》第14条说:"遍及国王的王国应使用一种货币。"《埃德加第三法典》第8条说:"遍及国王的整个王国,只应流通一种硬币,没有人应予以反对。"《埃塞尔雷德第六法典》第32条第1款说:"遍及全国只有一种货币。"《克努特第二法典》第8条说:"应使一种货币遍及国土。"

---

① Christopher Dyer, *Making a Living in the Middle Ages*: *The People of Britain 850 - 1520*, pp. 55, 80.

② Michael Lapidge, John Blair, Simon Keynes, Donald Scragg eds., *The Blackwell Encyclopaedia of Anglo-Saxon England*, Blackwell, 2001, p. 113.

城镇是国家规定的铸币地点,这与城镇的经济有联系,也表明国家希望更有效地控制铸币。《埃塞尔斯坦第二法典》第 14 条第 1 款规定,如果一个铸币人因为地点的问题犯罪,他的手应该被砍掉。《埃塞尔雷德第三法典》第 16 条规定:"在树林或其他地方工作的铸币人应丧失他们的生命,除非国王愿意宽恕他们。"此外,国家规定了城镇铸币人的人数,《埃塞尔斯坦第二法典》第 14 条第 2 款规定:"在坎特伯雷应有 7 个铸币人:国王的 4 人,大主教的 2 人,修道院院长 1 人。在罗切斯特,国王的 2 人,主教的 1 人。在伦敦 8 人;在温切斯特 6 人;在南安普敦 2 人;在韦勒姆(Wareham)2 人(多切斯特 1 人);在埃克塞特 2 人;在沙夫茨伯里 2 人;其余每个堡 1 人。""无主见者"埃塞尔雷德执政时期,可能由于维京人再度入侵,国内形势进一步恶化,法典对铸币人进行了更为严格的限制,《埃塞尔雷德第三法典》第 8 条第 1 款规定:"除国王外没有人可拥有铸币人。"《埃塞尔雷德第四法典》第 9 条规定:"铸币人的数量应比以前减少,在每一个主要的城镇只有 3 个,在每一个其他城镇只有 1 个。"

如果说现代国家要防范假币,那么在贵金属货币的时代,则要防范劣币。《埃塞尔斯坦第二法典》第 14 条第 1 款规定制造劣币者,其犯罪的手应被砍掉;如果想为自己辩白,则实行热铁神判。《埃塞尔雷德第三法典》规定了更严重的处罚,其中第 8 条说:"自从被禁止后,任何被控告铸造劣币的人,应进行 3 倍神判,如果他有罪,则应被处死。"与铸造劣币者相关的还有三类人,一类是不法商人,他们将良币交给铸币人,贿赂他们制造劣币,以次充好,进行牟利;另一类是秘密铸模者,他们在铸模上刻一个无辜的铸币人的名字,将其卖给劣币铸造者,使他放心大胆地进行非法活动。第三类是纵容制造劣币的城镇地方长官,他们可以用誓言为自己辩白,如果证明有罪,惩罚方法与前二类人相同。《埃塞尔雷德第四法典》第 8 条将劣币铸造和传播者的监视责任交给主教、伯爵、郡长和地方长官,其中既有丹麦人也有英格兰人。[1]

---

[1] 以上见 H. R. Loyn, *The Governance of Anglo-Saxon England 500－1087*, p. 123.

埃德加国王加冕后发行了新硬币,增加了铸币厂的数量,以免"任何人可以声称因得不到硬币而不能交税,因为几乎每一个人都生活在距铸币厂 15 英里范围之内"①。《末日审判书》中保存了铸币人使用压模的程序:在什罗普郡(Shropshire)的什鲁斯伯里(Shrewsbury)城,"忏悔者"爱德华有 3 个铸币人,当需要更换硬币时,他们买来压模,如同王国的其他铸币人一样,"在第 15 天每人给国王 20 个先令"②。在赫里福德(Herefordshire)郡的赫里福德(Hereford)城,"忏悔者"爱德华时期有 7 个铸币人,其中 6 人属于国王,1 人属于主教,"当硬币更新时,为获得压模,他们每人支付 18 先令";在他们回来后的 1 个月内,国王的铸币人向国王支付 20 先令,主教的铸币人向主教支付 20 先令。③

洛因说:"国王,只有国王有权力铸造硬币,不管地位多么高贵,这项权利没有委托给任何一个臣民,而且硬币在欧洲是无与伦比的。斯堪的纳维亚国家愿意注意英格兰,不仅因为英格兰是其银和硬币的来源,而且在铸造硬币和管理硬币的艺术上是其指导。它是盎格鲁-撒克逊政府和管理技术的体现,这种体系领先于诺曼底的任何东西,它成功地经历了诺曼征服而保留下来。"④

为维护社会治安,盎格鲁-撒克逊英格兰充分利用了法律的手段。部落时代的盎格鲁-撒克逊人没有成文法,他们在不列颠立国、特别是信奉基督教之后,才由国家制定了法律。肯特和威塞克斯的法律保存了下来,麦西亚的奥法王也制定了法律,只是没有保存下来。《埃塞尔伯特法典》《洛西尔和埃德里克法典》以及《威特雷德法典》是肯特王国保存下来的三部法典,从中可以看出法律所关注的对象。

埃塞尔伯特(Ethelberht,560—616 年在位)在法典中特别保护基督

---

① Christopher Dyer, *Making a Living in the Middle Ages*: *The People of Britain 850 -1520*, p. 55.

② Ann Williams, G. H. Martin eds., *Domesday Book*: *A Complete Translation*, p. 688.

③ Ibid., p. 493.

④ H. R. Loyn, *The Governance of Anglo-Saxon England 500 -1087*, p. 126.

教会,其法典的第一条即是:

> 1. 偷盗上帝的财产和教会的财物应付 12 倍赔偿,主教的财物 11 倍赔偿,司铎的财物 9 倍赔偿,助祭的财物 6 倍赔偿,教士的财物 3 倍赔偿。如果当众斗殴影响了教堂或会场,应双倍赔偿。(Ethelberht,1.)

可是根据第 4 条,抢劫国王只需"9 倍"赔偿,比主教的还要少。但法典中还有多条涉及国王,而且国王有权收取罚金,如第 2 条,国王召见臣仆,如果有人骚扰,付双倍赔偿,并向国王支付 50 先令。在第 9 条中,一个自由人抢劫另一个自由人,国王会对犯罪者收取罚金,或拿走他的所有财产。至于国王的铁匠、信使、伙食供应人和磨面女奴等,也都受到保护。除此之外,《埃塞尔伯特法典》也保护社会的其他部分如贵族和刻尔(ceorl),如第 13 条:在贵族的房屋内杀人,支付 12 先令的赔偿;第 15条:侵犯被刻尔保护的人支付 6 先令。为了维护社会安宁,法典禁止以暴力闯入他人房屋,禁止给他人提供武器,规定对拦路抢劫和杀人的赔偿,特别值得玩味的是,法典对身体伤害尤为注意,每个伤害部位都有明确的赔偿规定,连指甲、毁容、伤口以及受伤后留下的青瘀都要按价赔偿,而涉及财产的赔偿条款却不多,也不明确。这似乎反映出,刚步入国家阶段不久的肯特人,其私有财产,除房屋、圈地和依附人员外,并不很多。同时也可能反映了在当时斗殴情况频繁发生,因此需要针对伤害程度制定明确的赔偿标准。

《埃塞尔伯特法典》对婚姻和家庭也进行保护,在这方面主要利用宗族力量。第 81 条规定,一个没有生育的女人,如果丈夫先亡,她父亲的亲属将拥有她的财产和新婚礼物(morning gift)。这种宗族关系还运用到其他刑事犯罪上,第 23 条规定,如果杀人犯逃离国家,其亲属支付一半偿命金。比宗族关系简单的朋友关系也可以得到利用,第 67 条规定,如果一个人的腿被打瘸了,可以委托他的朋友解决这个事端。总之,《埃塞尔伯特法典》反映的是一个等级分明、私有财产不多、宗族关系以及亲朋关系浓郁的社会,国家用法律的形式进行规范。

洛西尔(Hlothhere,673—685 年在位)和埃德里克(684—686 年在位)法典反映的社会状况,比埃塞尔伯特时期有一定的进步。可能随着定居的进展,邻里之间互相熟识,社会稳定发展时,会有一定的诚信存在,因此法典对证人有特殊的要求:

> 如果一个自由人偷了一个人,假使被偷者回来作为告密者,他应当面指控;如果能做到,贼应证明自己无罪。任何一个被控告的人应有一定数量的自由证人,其中至少一个证人来自他自己所属的村庄。如果他不能这样做,他必须尽其所能进行赔偿。
>
> (Hlothhere and Eadric, 5.)

证人之一必须来自被告自己的村庄,这种证人熟悉情况,因此更有说服力。在涉及财物是否赃物的经济纠纷中,财物的拥有者应提出 2 到 3 名值得信赖的证人,或让国王在地方上庄园的总管作证人;他可以到国王的住所说明谁将此财物卖给他,如果做不到,就要和一个证人或王室庄园总管在祭坛上宣布:大家都知道他公开购买了属于他的货物。这反映王室庄园总管在纠纷裁决中具有诚信担保、公正仲裁的作用。《洛西尔和埃德里克法典》也暗示了法官、法庭的存在,第 15 条规定,如果一个人在自己家里款待了陌生人 3 天,而陌生人伤害了其他人,主人要么将陌生人送交法庭审判,要么替他赔偿。这种肯特的法庭未必在室内,许多审判是在露天集会上举行的。在地方上,人们交往的场合是共同饮酒的大屋,

> 如果在人们饮酒的地方,一个人夺去另一个并没有冒犯行为的人的大杯,按照既定的习俗,他应支付 1 先令给房主,6 先令给被夺去大杯的人,12 先令给国王。
>
> (Hlothhere and Eadric, 12.)

举行饮宴的地方被称为酒屋(winehouse),是村民们聚会的地方,坎贝尔认为,这种酒屋"可能更像是村庄的大厅而不是一个酒馆,它履行着法庭

的功能"。

他还说:"各层次的社区和社团通过喝酒的方式建立的密切联系、庄园大厅中的盛宴,以及非常重要的商人协会,可能都为同阶层的人提供了喝酒的机会。从威斯敏斯特大厅到庄园大厅或村庄啤酒馆,英国社会逐步清晰化,人们通过喝酒而彼此联系起来。"[1]他强调在探讨英国宪政的起源时要关注这种交往。

威特雷德(Wihtred,690—725年在位)的法典是在一个贤人会议上公布的,内容主要相关于婚姻、斋戒和教会的内部管理,但也反映了一些社会治理的信息,比如第2条规定,违反教会和平的罚金,同国王的一样,是50先令,可见教会的和平与国王的和平同样重要。第16条规定,主教或国王的言辞,即使没有誓言支持,也被认为毋庸置疑。另外一些规定也很有意思,比如第25条规定,如果一个人杀死正在偷窃的人,他不必偿付罚金;第28条规定,如果一个陌生人从远方来,他远离大路,既不高喊,也不吹喇叭,他应被认为是一个贼,可以被杀死,或者交赎金。

类似于肯特的三部法典,威塞克斯国王伊尼(Ine,688—726年在位)制定的法典也为我们提供了当时许多重要的资料。法典第6条,对在上至国王下至纳税人的房屋里打斗的人,做出不同的财产处罚;即使在户外或饮酒时打斗,也要交罚金。其次,法典用大量条文惩罚偷盗和抢劫,比如第7条:如果全家知道男主人外出偷盗,那么全家成为奴隶,10岁的儿童即可被认为是同案犯。第18条、37条:如果一个人经常因偷窃被控告,最后用神判证明,或在偷窃时被抓获,他应该被砍掉手或脚。第16、21、35条:杀死一个盗贼,可以用誓言说明那个盗贼试图逃跑,而被杀者的亲属、伙伴和领主不可接着起誓言,不可索要偿命金,亲属还要发誓不以宿仇反对他。可是对于允许盗贼逃跑的人,第36条第1款规定:即使此人是郡长,也要被剥夺职位,直到国王原谅他。法典第13条第1款还划定:7人以下为"盗贼",7—35人为"匪帮",35人以上为"抢劫队"。所

---

[1] 詹姆斯·坎贝尔:《英国宪政的盎格鲁-撒克逊起源》,载《历史研究》,2010年第3期,第71页。

有这些规定似乎都反映出:在伊尼统治时期偷盗抢劫成风,国家必须加大对此打击的力度。

引人注意的是,法典中出现了军役的条款:

> 如果一个拥有土地的贵族疏忽了军役,他应支付 120 先令,丧失他的土地。不拥有土地的贵族应支付 60 先令;普通人因忽略军事服役应支付 30 先令的罚金。

(Ine,51)

肯特的三部法典中没有出现军役的条款,这似乎反映出威塞克斯的军役制度已经更加完备,而且更加重要。

阿尔弗雷德大王的法典强调避免暴力,比如:

> 一个人若知道他的对手居住在家,在向他索要正义之前,不应诉诸暴力。
>
> 如果他有足够的力量包围他的对手,把他围困在房屋内,他应使他在那里停留 7 天,如果他的对手愿意呆在他的住房里,他不应与他作战。如果 7 天后,他愿意屈服并交出武器,他可不伤害地控制他 30 天,将他的状况向他的亲属和朋友发送正式的通知。
>
> 然而,如果他逃到教堂,如我们上面已宣布的,教堂的特权应得到尊重。
>
> 然而,如果他没足够的力量在房中围困他的对手,他应骑马到郡长那里寻求帮助。如果郡长不愿帮助他,在诉诸暴力之前,他应骑马到国王那里。(Alfred,42,42.1—3.)

关于教堂的特权《阿尔弗雷德法典》是这样规定的:

> 我们授予每一个由主教祝圣的教堂有庇护权:如果一个被敌人追击的人,步行或骑马到达教堂,如果尽管饥饿他仍能活着,那么 7 天之内他不应被拖出,除非他自己出来战斗。然而,如果任何人确实试图把他拖出,那是因为他侵犯国王的保护而丧失应得的金额,

侵犯教堂的庇护而丧失罚金，——如果在这样的地方他抓住一个以上的人，他应丧失更大的金额。

（Alfred，5.）

《伊尼法典》中关于教堂庇护权的规定是这样的：

如果任何可能遭受死刑的人，他逃到教堂里，他的生命应被赦免，他应支付赔偿，如同法律决定命令他的。

如果任何可能遭受鞭打的人，自己逃到教堂里，他应免于鞭笞。

（Ine，5，5.1.）

比较两部法典关于教堂庇护权的规定，我们可以看出，《伊尼法典》中的教堂庇护权主要针对可能遭受死刑的人或可能遭受鞭打的人，他们逃到教堂，可以保住生命或免于鞭笞。《阿尔弗雷德法典》主要针对遭受敌人追击的人，如果他们逃入教堂，任何人不能闯进教堂把他们拖出，违者处以罚金。如果逃到教堂的人自己愿意屈服，向追击他的人交出武器，那么他的敌人可以控制他 30 天，向他的亲属正式通告他的处境。这样规定是为了将暴力的可能性降至最低。

国王的保护（king's mund）是盎格鲁-撒克逊晚期法典中的一个重要内容。《埃德蒙第二法典》第 6 条，对违反国王保护和袭击别人房屋的处罚是丧失所有财产，其生命由国王定夺。《克努特第二法典》将侵犯国王的保护和袭击别人的房屋，规定为支付 5 镑的赔偿，虽然处罚减轻了，仍表明对这两种犯罪的重视。该法典还把侵犯国王的保护扩大到侵犯大主教或王室成员的保护，及侵犯教区主教或郡长的保护，其支付的赔偿分别是 3 镑和 2 镑。

关于国王的保护，《埃德蒙第二法典》做了详细的阐述：

当权者必须停止家族仇杀。首先，按照公共法律，凶手应向他的辩护人交保证金，辩护人交给被害人的亲属，凶手应向亲属作出赔偿。

之后，被害人的亲属向凶手的辩护人交保证金，凶手可以在安全的行为下接近(被害人的亲属),承诺支付偿命金。

⋯⋯

当做完这些时,国王的"保护"应被建立。

可见,国王的保护是一种法律程序,主要适用于有权势者之间的家族仇杀,由凶手的辩护人做中介,在双方都提供保证金之后,国王的保护得以建立,凶手于是向被害人的亲属支付偿命金,从而避免家族仇杀的进一步扩大。在国王的保护中,国王本人并不在场也不直接干预,但国王通过立法确定和平解决争端的程序,从而维护社会的稳定。

与国王的保护相比,国王的和平(king's peace)更有意义。《埃塞尔雷德第三法典》第1条规定:"国王的和平应继续保持,按照在他祖先时代以最高的标准被遵守,因此破坏他亲自建立的和平不能通过支付赔偿而得以赎罪。"该法典还将国王的和平向下延伸,如破坏五堡法庭的和平需赔偿1200银币,破坏堡法庭和百户区法庭的和平赔偿600银币和100银币,破坏啤酒馆的和平,如果有人被杀需赔偿6个半马克,无人被杀赔偿12欧尔(ore)[1]。

与国王的和平相连的是目无法纪。《克努特第二法典》第38条规定:"目无法纪在任何时候都不许可,然而在神圣的季节和神圣的地点,必须采取特别的注意避免它。"该法典对目无法纪制定了罚金,一个人的等级越高,因目无法纪而受到的处罚越严厉。国王的和平还扩展到对前往集会和离开集会途中的保护,《克努特第二法典》第82条规定:"我的愿望是每个人在前往集会和离开集会时应有权被保护,除非他是一个臭名昭著的盗贼。"有中国学者指出,国王的和平是不断延展的,"在保护的地域上,先前'王之和平'仅局限于王宫与王的行宫等少数地方,这时扩大到教堂、圣地、公共会场或法庭,以及往返会场或法庭的道路上"[2]。

除了"国王的保护"及"国王的和平"这样一些抽象的概念,国王还会

---

① IV Ethelred, 9.2. 欧尔是一种北欧辅币,15欧尔等于1镑。
② 邓云清、宫艳丽:《"王之和平"与英国司法治理模式的型塑》,第126页。

采取一些具体措施保证其意志被贯彻。首先,国王会派人出席贤人会议,或派人将自己的意见通告贤人会议的参与者。《埃塞尔斯坦第六法典》第10条反映:内府成员埃尔夫赫亚·斯泰布(Elfeah Stybb)和布里特诺思(Brihtnoth),应国王的要求,出席在桑德斯菲尔德(Thundersfield)举行的贤人会议;在那次会议上,所有成员都承诺:每一个郡的郡长都须从自己的郡得到保证,保证遵守国王及其顾问们通过的法令。其次,国王会运用行政手段,使法律的副本广为传布,如《埃德加第四法典》第15条提到:法律的副本被大量制作,由埃尔夫希尔郡长、埃塞尔温郡长向各个地方发送,使穷人和富人都知晓。第三,国王还会动用武力保证法律的执行,《1020年克努特的公告》第9条命令索凯尔伯爵将作恶者缉拿归案,第10条则说明,如果索凯尔力量不足,则可以联合他自己和国王的力量,将罪犯从国内驱逐或制伏。最后,用罚金做手段,维护社会稳定,比如《埃塞尔雷德第一法典》第1条第14款规定:任何以特许状的形式持有土地的人,如果他们犯罪,应向国王交纳罚金;《克努特第二法典》第12条和第14条规定,在威塞克斯和麦西亚,侵犯国王的保护、袭击他人的房屋以及忽视军事服役,要向国王交纳罚金。

与国王的司法权相连的是私人的审判权,也就是教会和世俗领主拥有的审判权。马克垚认为领主司法权"最早的形态当不是国家权力的分赐,而是社会自然形成的一种职能"[1],是盎格鲁-撒克逊早期社会中血缘宗族关系和领主—臣属关系的一种混合。洛因承认领主对家臣的管理,但他更强调制度的因素,认为"在10世纪之前,没有明确的证据表明一个世俗的领主拥有一个正式的法庭"[2]。10世纪中期,教会和世俗领主从国王那里接受审判权,似已成为习俗,在特许状中,其常用的表达方式是sake and soke,"sake"的意思是争端,"soke"的意思是寻求一个领主或一个集会以解决此项争端,所以这一词汇的意思是给此地的受地者以司

---

① 马克垚:《英国封建社会研究》,第2版,北京大学出版社,2005年,第24页。
② H. R. Loyn, *The Governance of Anglo-Saxon England 500 – 1087*, p. 128.

法权。到盎格鲁-撒克逊晚期,多数拥有私人审判权的法庭被认为是百户区法庭或一组百户区的法庭,在教会地产上尤其如此。例如,彼得伯勒修道院对剑桥郡(Cambridgeshire)北部和北安普敦郡(Northamptonshire)的广阔地区拥有司法权,贝里圣埃德蒙兹(Bury St Edmunds)修道院对萨福克郡 8½个百户区拥有司法权。但这种私人审判权的授予会不会引生欧洲大陆的所谓"封建革命"(feudal revolution)呢?洛因认为,这类审判权对于维护地方社会稳定是必需的,但国王对这些权利十分关注,不会将其轻易授予私人或组织。盎格鲁-撒克逊晚期司法权被广泛授予,"与其说是蔑视国王的权威,不如说是有效法律管理的来源"。由修道院院长或他的随从轮流主持的法庭,不是由修道院院长自己的人(比如他的封臣)参加,而是由从邻近地区抽取的人参加,因此"这种授予背后的原则不是封建的而是地域的"①。戴尔将英法两国进行比较,认为"英格兰的权贵不享有海峡对面伯爵和公爵享有的私人司法权,那种司法权允许他们行使一系列王室权力,从死刑到铸币。英格兰人被授予较小的司法权,称之为'sake and soke'"②。总之,学者们认为盎格鲁-撒克逊晚期是不存在欧洲大陆所谓的"封建革命"。其原因除了授予的司法权较小之外,有的学者还认为,"王权的力量和反对丹麦人政治行动的性质导致英格兰的统一,使私人司法权最坏的滥用得以避免"。"单独的执行力量,通过有财政前提的郡守集中表现,阻止百户区退化为主赐的机构。"③戴尔也认为像"封建革命"这样极端的分权形式,"在英格兰由于国王对郡区的持续控制而得以避免";"英格兰的贵族缺少私人城堡,作为主要的防御工事,堡垒系统牢牢地保留在国王手中"。④ 巴克斯特(Baxter)则强调法律的因素,在诺曼征服前,领主司法权在英格兰缺失,因此没有出现

---

① H. R. Loyn, *The Governance of Anglo-Saxon England 500 – 1087*, p. 129.

② Christopher Dyer, *Making a Living in the Middle Ages：The People of Britain 850 – 1520*, p. 54.

③ H. R. Loyn, *The Governance of Anglo-Saxon England 500 – 1087*, pp. 162，163.

④ Christopher Dyer, *Making a Living in the Middle Ages：the People of Britain 850 – 1520*, p. 54.

像欧洲大陆那样的封建无政府状态。[①] 有中国学者认为:在英格兰,诺曼征服后,"贵族的领地不但数量少,而且分散在各地。这种状况使得英国的贵族很难像法国贵族那样割地自守、称霸一方。这就决定了英国的任何一个贵族都无力单独与国王抗衡。因此,贵族们通常采取联合一起集体与国王斗争的方式。而且,由于贵族无望建立地方独立王国,于是,他们便把争取限制王权,强迫国王按照法律和习惯行事奉为集体斗争目标"[②],由此导致《大宪章》(*Magna Carta*)的产生。盎格鲁-撒克逊时期贵族私人司法权的弱小,可能也影响到这个结果。

---

① Stephen Baxter, "Lordship and Justice in Late Anglo-Saxon England: The Judicial Functions of Soke and Commendation Revisited", in Stephen Baxter, Catherine Karkov, Janet L. Nelson, David Pelteret eds. , *Early Medieval Studies in Memory of Patrick Wormald*, Farnham: Ashgate, 2009, p. 418.
② 程汉大主编:《英国法制史》,齐鲁书社,2001年,第211页。

第六章　地方层面的治理

　　盎格鲁-撒克逊诸小国建立后已经出现一些行政区划,但这些区划"是为了司法目的和经济剥削而组织起来的"①,与 10 世纪英格兰普遍郡区化以后的郡并不完全等同。掌管地方事务的长官有一定的分工,郡长对他们有管辖权。英格兰初步统一后,郡长一个职务不足以满足地方治理的需要,郡守应运而生;郡是政府的基本管理单位,郡之下还有百户区、十户组(tithing),以后城市兴起,"堡"体现了城市的管理。

　　郡有法庭,郡法庭"处理广泛的事务:管理的、军事的和经济的"②;郡法庭每年召开 2 次,大区主教和郡长都要出席。按照《埃德加第三法典》的规定:"堡法庭应一年举行 3 次,郡法庭 2 次。"《1020 年克努特的公告》要求郡守与主教合作,公正地审判,违则丧失国王的友谊,丧失财产甚至生命。

　　法庭的职责除了惩罚,还有保护。郡法庭保护土地持有人在应召进行的军事远征时,其权益受到保护。《克努特第二法典》第 79 条规定:

---

① 约翰·布莱尔:《盎格鲁-撒克逊简史》,肖明翰译,外语教学与研究出版社,2008 年,第 115 页。

② Christopher Dyer, *Making a Living in the Middle Ages*:*The People of Britain 850 -1520*, p. 52.

"一个人履行土地所有人要求的服役,不论进行海上或陆上远征,在他活着时,应持有他的土地,不受诉讼的打扰,在他死时,应有权处理它,或把它送给任何他喜欢的人。"郡法庭应保护这样的土地不被诉讼。

郡法庭可以受理百户区法庭难以处理的诉讼。《克努特第二法典》规定:任何人在郡内或郡外扣押财产,都需经过百户区法庭的判决,如果他三次在百户区法庭申请失败,"第四次他应到郡法庭";这时,郡法庭应指定一天审理他的案件。但郡法庭和百户区法庭"并无高低大小之分,彼此之间不存在上下隶属关系"①。

盎格鲁-撒克逊时期形成的郡区制,对英国影响深远。1066 年诺曼征服时,英格兰地方政府结构中的郡、百户区、村已完全形成。14 世纪时由治安法官(Justices of the Peace)组成的郡法院协助地方长官管理,形成拥有立法权、司法权和行政权的郡管理体系。这种制度延续到 19 世纪,才被 1888 年的《地方政府法》所改变,然而,迄至今日,郡依然是英国的基本行政区划单位。

郡长是地方显赫人物,他们要随同国王作战,率领郡区居民与维京人进行战斗。阿尔弗雷德统治时期,以郡长为首的地方长官的权力得到加强,比如外国商人应在公开的集会上把他们的人带到地方长官面前,避免以后在贸易中发生纠纷。如果有人当着国王和郡长的面打斗,或拔出武器扰乱集会,就要向郡长交纳 120 先令的罚金;即使此类事情发生在郡长的下级官员面前,也要支付 30 先令的罚金。在郡长或地方长官的集会上,常常会发生激烈的争执;阿尔弗雷德大王关心判决的公正性,如果发现不公正的判决,他要么亲自、要么派他信任的人,去询问有关的情况。如果发现法官们经验不足或者愚蠢,他会让法官们选择:"要么立即放弃你们拥有世俗权力的官职,要么更专心地努力学习追求智慧。"②这些地方官从童年起就是文盲,他们往往选择学习,而不愿放弃自己的

---

① 程汉大主编:《英国法制史》,第 34 页。

② Simon Keynes, Michael Lapidge eds., *Alfred the Great*:*Asser's* Life of King Alfred *and Other Contemporary Sources*, p. 110.

职位。阿尔弗雷德有机会，就会让他的儿子或亲属，日夜为他们朗读英语书，可以这样说："阿尔弗雷德为了推进其目的，而依赖书写语言的力量。"①

在阿尔弗雷德统治时期，地方上的最高长官是郡长，通常他们只负责一个郡的事务。随着英格兰渐趋统一，一群权力更大的人物出现了，尽管他们仍使用郡长的头衔。"半边王"埃塞尔斯坦（Ethelstan Half King）从 923 到 957 年是东盎格利亚郡长，他的两个兄弟和儿子也都是郡长②；布里特诺思从 956 年到 991 年阵亡之前，一直是埃塞克斯郡长；《盎格鲁-撒克逊编年史》的拉丁文译者埃塞尔沃德（Ethelweard），本人具有王室血统，973—998 年是"西部省区"的郡长。③克努特入主英格兰后，进一步加强了显贵的力量，1017 年克努特将英格兰分为 4 部分，威塞克斯由他自己控制，东盎格利亚归索凯尔，麦西亚归埃德里克，诺森伯里亚归埃里克。④ 为巩固王位，他在 1017 和 1020 年诛杀和放逐了一部分显贵，之后出现了三个主要的显贵家族，即威塞克斯的戈德温，麦西亚的利奥夫里克和诺森伯里亚的休厄德（Siweard），他们把持着众多的职位，可以调动民军，享有众多收益。

百户区和十户组是盎格鲁-撒克逊晚期英格兰的基层组织，每一个人都被组织在十户组和百户区的建制中。《克努特第二法典》规定，每一个超过 12 岁的自由人，如果想拥有接受公正审判的权利和被杀后得到偿命金的权利，他就应该属于某一个百户区和十户组，否则无权拥有这些自由人的权利，不能得到可靠的生计，不能为另一个人服务。

《埃塞尔斯坦第六法典》规定了十户组和百户区的组织办法及相应

① Simon Keynes, "The Power of the Written Word: Alfredian England 871-899", in Timothy Reuter ed., *Alfred the Great: Papers form the Eleventh-Centenary Conferences*. Aldershot: Ashgate, 2003, p. 197.

② Cyril Hart, "Athelstan 'Half King' and His Family", *Anglo-Saxon England*, 1973(2), pp. 115-144.

③ H. R. Loyn, *The Governance of Anglo-Saxon England, 500-1087*, p. 132.

④《盎格鲁-撒克逊编年史》，第 156 页。

职能,十户组作为一个整体进行统计,十户组组长应确保其余的 9 人交清国家税款。在十户组的基础上,以 100 人为单位组成百户区,百户区长负责管理 10 个十户组长,他们 11 人共同保管百户区的资金和收支项目,违者罚款 30 便士或一头公牛。《埃塞尔斯坦第六法典》规定,百户区长和十户组长每月集会一次,在大酒桶刚满的时候,或任何其他便利的时刻,通报不同法令被遵守的情况。《埃德加第一法典》规定,百户区应每四周集会一次。

百户区的重要收入是罚金。《埃德蒙第三法典》规定,抓捕盗贼人人有责,拒绝为抓捕盗贼提供帮助的人,向国王支付 120 先令,向百户区支付 30 先令。《克努特第二法典》规定,在英格兰地区,拒绝遵守公正的法律和公正判决的人,或者向国王交罚 120 先令,或者向伯爵交罚 60 先令,或者向百户区交罚款 30 先令,如果三者的利益全部涉及,要同时向三者支付罚金。《埃德加第一法典》规定,盗贼被处死后,其财产在抵消所偷牲畜的价值后,剩余的财产被分成两半,一半给百户区,另一半给他的领主,领主并接收依附于盗贼的人。《埃德加第三法典》规定,任何人若三次不出席法庭会议,应从会议上选派人,骑马到他那里;如果此人不能找到一个保证人,从法庭上派去的人就应该不管死活将其羁押,取走他的财产,将其中的一半交给领主,另一半交给百户区。《克努特第二法典》中也有类似的规定。

百户区还有军事职能。《埃塞尔斯坦第六法典》规定,如果有百户区内外的强大亲属集团保护盗贼,那么百户区长和十户组长就应动员部队,骑马反对他们;同时,向四方百户区长求援,寻求他们的增援,派更多的人来共同行动,杀死盗贼和那些保护他、为他作战的人。《埃德加第一法典》规定,人们应刻不容缓地追捕盗贼,如果情况紧迫,百户区的主要官员应立即通知十户组的主要官员,率众出发,直到成功缉捕盗贼。

百户区还有两项任务,一是为经济交易提供证人,二是追踪被偷的牛。《埃塞尔斯坦第二法典》禁止在没有证人作证的情况下交换牛,违者罚款 30 先令,牛由当地领主取走。证人的问题在《埃德加第四法典》中有所规定：

> 我的愿望是每一个人处于保证人之下，不管他生活在堡中，还是生活在乡下。
>
> 每一个堡和每一个百户区应任命一个常设的证人团体。
>
> 每一个堡应选择 36 人作为证人。
>
> 每一个小的堡和每一个百户区应选择 12 个人，除非他们需要更多。
>
> 每一个人应在堡中或百户区当着这些证人的面买卖所有的货物。
>
> 他们中的每一个人，当他第一次被选为证人时，应发誓，他将决不为了钱财、偏爱或恐惧，否认他已作证的事，或在他的证言中宣说其所见所闻之外的事。
>
> ……
>
> （Ⅳ Edgar，3—6.）

盗窃，尤其盗牛，是百户区的大事。百户区建有偷盗物的赔偿基金，一方面对遭受损失者进行补偿，另一方面也可以调动集体的力量追踪被偷的牛，将损失降到最小。《埃塞尔斯坦第六法典》第 2 条规定："我们公布，我们中的任何一个人，为我们共同的利益每年捐献 4 便士；在我们捐献后为所偷的财物支付赔偿，探寻丢失的财物应由我们全体执行。"第 4 条规定：每一个人在听到召唤追寻失踪的牛之后，要帮助其余的人，一起跟踪痕迹，踪迹消失后，"从两个十户组中，人口较多的提供 2 人，人口较少的提供 1 人"，沿着最可能的方向继续追踪。其他条款要求百户区长官对跨地区的追踪盗牛活动予以支持，否则赔款 30 便士或 1 头牛。对盗牛嫌疑人，《埃塞尔雷德第一法典》规定：国王的地方长官应该前往，将嫌疑人置于保护人之下，使其得到公正的对待；如果疑犯找不到保证人，他应被处死；如果有他人介入护卫疑犯，该人应遭受同样惩罚；如果地方长官不愿这样做，他须向国王支付 120 先令罚金。《克努特第二法典》中也有同样的规定。

由百户区长和十户组长组成的百户区管理机制是一个特殊的团体，类似于教会中的主教团体，具有内部互助的性质。他们不仅定期集会，在集会时共进晚餐，而且当成员之一去世时，会致以哀悼和进行抚恤。《埃塞尔斯坦第六法典》规定："我们公布，关于所有那些已庄严发誓作为我们团体成员的人，如果他们中的任何一个人死了，每个伙伴应为他的灵魂进献一个杰苏韦（gesufel）①，在 30 天内唱赞美诗，或找人代唱。"

每个百户区有一个法庭，《埃塞尔雷德第三法典》第 3 条规定了其组成方式：12 个塞恩和地方长官到户外，凭放在手中的圣物起誓，他们将不控告任何无罪的人，也不庇护任何有罪的人。

百户区法庭每 4 周开庭一次，每一个案子有一天裁决。《爱德华第二法典》第 8 条明说："这是我的意愿。"被告应在指定开庭的日子到庭出席。《埃德加第一法典》规定，不在指定时间出庭的人，应付 30 先令罚金。每一个自由人都有义务参加百户区法庭，《克努特第二法典》规定："一个人无论何时被法律要求，都应参加百户区法庭，违则处以罚金。"

百户区法庭拥有警察的拘捕功能。《埃塞尔雷德第三法典》规定，12 名组成百户区法庭的塞恩，应逮捕正被地方官起诉的有不好名声的人，这些人须支付 6 个半马克作为保证金，并为获得法律的帮助而支付 12 欧尔，等等。百户区法庭不仅采用神判法，也采用誓证法，《埃塞尔雷德第一法典》规定，如果领主想为被控告偷盗的下属辩白，他应在百户区选择 2 名有信誉的塞恩，他们应对被告的誓言进行发誓，称其可信，也不应被宣判为盗贼。该法典还规定，如果诉讼案所涉的物品价值超过 30 便士，被告可以选择神判受审，也可以在 3 个百户区寻找"宣誓免责者"（compurgator），用 1 英镑代价获其誓言。

百户区法庭的裁决奉行多数原则，强调判决一致。《埃塞尔雷德第

---

① 杰苏韦，意义不明，可能指一种加了佐料的面包，见 J. R. Clark Hall, with a supplement by Herbert D. Meritt, *A Concise Anglo-Saxon Dictionary*, p. 325.

三法典》规定,如果有人被控告向破坏和平的人提供食品,他应受地方长官推荐的 12 个宣誓免责者的裁决,裁决中 12 人意见一致,应被认为有效;如果他们有分歧,其中 8 个人裁决相同,即为有效,其余少数派每人应支付 6 个半马克罚款。但这些持少数判决的人有两种选择:要么心平气和地接受多数人的裁决,要么提起诉讼;如果他们选择前者,那么判决如同最初一样,即意见一致。

百户区法庭是维护地方稳定、避免越级申诉的重要机构。阿尔弗雷德国王统治时期,地方上有许多直接向国王吁求的案件,以求从国王那里得到公正,阿尔弗雷德国王似乎乐此不疲,将其作为中央控制地方的手段之一。然而,随着英格兰统一国家的发展,这种"告御状"的方式不利于地方稳定,而且导致效率低下,因此,晚期英格兰国王要求在向国王提出申诉前,应在当地多次审理,尽量将矛盾化解在百户区。《埃塞尔斯坦第二法典》规定:"向国王申请的人,之前他应于当地多次恳求公正,否则应支付同样的罚金。"《埃德加第三法典》规定:"没有人应向国王申请任何案件,除非他不能获得法律的益处,或不能在当地得到公正。"《克努特第二法典》则直接指明:百户区"没有人应向国王上诉,除非他不能在百户区获得公正"。

百户区长官和十户组长也要参加教会的司法活动,满足教会的世俗需要。《埃德加第二法典》规定,任何人拒交什一税,国王的地方长官、主教的地方长官和教堂的司铎应到他那里,不经其同意就取走教会应得的十分之一,给他留下十分之一,剩余的在庄园领主和主教之间分配。《埃塞尔雷德第八法典》规定,每个地区的地方长官都应保证修道院中修士的安全,使他们能够平静地过修道生活。《埃塞尔雷德第七法典》规定,每一个司铎和每一个村庄的地方长官,应对救济金的发放和禁食的执行作证;此外,法庭判处的罚金,也只能在百户区长官面前交付。

盎格鲁-撒克逊晚期,英格兰地方性的组织发展迅速,国王与地方长官的联系加强了,不再是阿尔弗雷德时期,国王亲自或派人前去询问案件审理状况,而且仅仅用迫使他们接受文化教育的办法救治弊端,这种方法并没有真正地纠正冤假错案。盎格鲁-撒克逊晚期，英格兰法律已涉及对违法地方长官的处罚：

表 2　盎格鲁-撒克逊晚期法典涉及地方长官处罚表

处罚原因	处罚内容	法典条款
没有按照法律索取罚金	120 先令	Ⅱ Edward，2.
疏忽向穷人提供食品	30 先令	Ethelstan，Charities
盗贼同犯，首犯	偿命金	Ⅱ Ethelstan，3. 1—2.
盗贼同犯，再犯	丧失拥有的一切	Ⅱ Ethelstan，3. 1—2.
不愿执行国王的法令，首犯	5 镑	Ⅱ Ethelstan，25. 2.
不愿执行国王的法令，再犯	偿命金	Ⅱ Ethelstan，25. 2.
不愿执行国王的法令，三犯	丧失拥有的一切及所有人的友谊	Ⅱ Ethelstan，25. 2.
不愿处死屡犯的盗贼	120 先令；鞭打	Ⅳ Ethelstan，7.
未让无罪的人寻找新的领主	120 先令	Ⅴ Ethelstan，1. 2.
因贿赂阻止无罪的人寻找新的领主	120 先令；鞭打	Ⅴ Ethelstan，1. 3.
蓄意或因贿赂进行错误判决	120 先令；永远丧失塞恩等级	Ⅲ Edgar，3. Ⅱ Cnut，15a. 1.

资料来源：① F. L. Attenborough ed. ，*The Laws of the Earliest English Kings*，pp. 102 - 169. ② A. J. Robertson ed. ，*The Laws of the Kings of England from Edmund to Henry I*，pp. 6 - 219.

从表中可以看出，地方长官首先要自觉执行国王的法令，如果三次不执行，就要丧失拥有的一切；其次要公正执法，应按法律索取罚金，向穷人提供食品，保护受领主压迫的无罪之人寻找新的领主；第三不可成为盗贼的同犯。国王可将不执行国王法令的地方长官免职，而以愿意执行国王法令的人取而代之。《克努特第二法典》还禁止地方长官以国王和王族巡游为名勒索民众，规定国王的所需是从国王自己的财产中提取的，如果地方长官以人们不向国王提供所需为由索要罚金，则应向国王支付他的偿命金。

　　益格鲁-撒克逊晚期,英格兰的城镇生活持续发展。关于什么是城镇,以及城镇与"堡"的关系,戴尔在《中世纪的生活:850—1520年的英国人民》中说:城镇"应有人口永久的聚集,至少几百人,他们通过多种非农职业谋生。"他进而指出:在英格兰,有些城镇是在有堡垒之后才发展起来的,有些城镇是先围绕"前城镇中心"发展起来,之后才有设防的工事。[①]

　　堡是设防的建筑物,在阿尔弗雷德反抗维京人的战争中发展出来,到其统治末期,威塞克斯已经出现了30多个堡,形成环状护卫。"它们中的一些建立在罗马的防御物上,如在奇切斯特、波切斯特(Porchester)、温切斯特、巴思和埃克塞特;另外一些则不过是铁器时代山寨上的应急堡垒。一些发展成为重要的永久的城市定居点;另一些则逐渐消失直至完全默默无闻。所有的堡都有围墙或土垒,通常围住一大块地域。"[②]戴尔认为,"堡围住的区域在40到300英亩之间,为驻扎的军队提供充足的空间,为该地区的人口提供庇护所"[③]。阿尔弗雷德一直到他的晚年都在修建堡垒;他去世后,他的女儿"麦西亚贵妇"(Lady of the Mercians)埃塞尔弗莱德(Ethelflæd)和他的儿子"长者"爱德华(Edward the Elder,899—924年在位)继续修建堡垒,并攻占了许多丹麦人的堡垒,他们逐步收复丹法区,继续推进英格兰的统一事业。

表3　"麦西亚贵妇"埃塞尔弗莱德和"长者"爱德华修筑、攻占的堡垒

时间	地　点	发起人	备　注
910	布雷姆斯	埃塞尔弗莱德	
912	赫特福德北部、威特姆、赫特福德的利河南岸	爱德华	3座堡垒

① Christopher Dyer, *Making a Living in the Middle Ages:The People of Britain*, 850 - 1520, pp. 58 - 59.

② H. R. Loyn, *The Governance of Anglo-Saxon England*, 500 - 1087, p. 71.

③ Christopher Dyer, *Making a Living in the Middle Ages:The People of Britain*, 850 - 1520, p. 51.

续表

时间	地　　点	发起人	备　　注
912	舍吉特、布里奇诺斯	埃塞尔弗莱德	2座堡垒
913	塔姆沃斯、斯塔福德	埃塞尔弗莱德	2座堡垒
914	白金汉	爱德华	河的两岸各造一座堡垒
914	埃迪斯伯里、沃里克	埃塞尔弗莱德	2座堡垒
915	贝德福德	爱德华	占领;又在河南岸建堡
915	彻伯里、沃德堡、朗科恩	埃塞尔弗莱德	3座堡垒
916	莫尔登	爱德华	
917	托斯特、坦普斯福德、科尔切斯特、亨廷登	爱德华	攻占4座堡垒
917	德比	埃塞尔弗莱德	攻占
918	莱斯特	埃塞尔弗莱德	以和平手段控制
918	斯坦福、塔姆沃斯、诺丁汉	爱德华	河的南岸建堡;攻占后2座
919	塞尔沃尔、曼彻斯特	爱德华	攻占曼彻斯特
920	诺丁汉、贝克韦尔	爱德华	河南岸建堡;2座堡垒
921	克利德穆撒	爱德华	

资料来源:《盎格鲁-撒克逊编年史》,第100—110页。

从表中可以看出,修建这些堡,最初虽出于军事目的,但有些堡后来发展成重要的城市,如赫特福德(Hertford)、斯塔福德(Stafford)、贝德福德(Bedford)、德比(Derby)、莱斯特(Leicester)等。

堡垒需要定期维护,《埃塞尔斯坦第二法典》规定,每一个堡垒在祈祷日后应花费两个星期的时间去修缮。《克努特第二法典》规定,任何人忽视修缮堡垒、维护桥梁和军事服役,在英格兰法律执行范围内,他应向国王支付120先令作为赔偿;在丹法区,金额由现存的法规确定。国王以特许状赐予土地,可免除土地上的一些赋税,但是修缮堡垒、维护桥梁和军事服役这三项义务则不可被免除。934年12月16日,在弗罗姆(Frome)的王室庄园,埃塞尔斯坦国王(924—939年在位)赐予温切斯特老教堂 50 海德的土地,这些土地可永远免除世俗的义务,"除了军事服役、修建堡垒和桥梁"①。

与以农业为主的乡村地区相比,堡中集聚了更多的人口,商品流通更为频繁,同时也为活跃的交易提供了证人这个群体。《埃塞尔斯坦第二法典》规定,价值超过 20 先令的货物应在城镇内交易,而且要在一个公众集会上当着地方长官的面进行。《埃德加第四法典》规范了堡的证人体系:每个堡选派 36 人作为证人,每个小堡选派 12 人;所有人都应在堡中当着这些证人的面买卖一切商品。

堡中有精确的计量工具,《埃塞尔斯坦第一法典》规定,堡的长官在为国王缴纳什一税时,要"依照最严格的精确,测量、计算、称量它们"。《埃塞尔雷德第六法典》和《克努特第二法典》都规定,要校正计量工具,杜绝不公正行为。《埃德加第三法典》将同一标准的计量工具推及全国,其法典第 8 条第 1 款规定:"应采用同一种测量体系,同一种重量标准",那就是在伦敦和温切斯特使用的计量工具。这种同一标准的计量工具,也与国家在全国推行统一货币的政策紧密相连。使用统一的计量工具是主教的职责,在一份 11 世纪早期的"主教职责"中规定,"每一个堡的量具和每一个衡器,须按照他的指导精确地调节,以免任何人错误地对待其他人,并对所有人犯更大的过失"②。

在堡中,商人要交纳通行费,交易双方要支付交易税。《埃塞尔雷德第四法典》第 2 条及附属条款是关于各种船只、商人交纳通行费的规定,如一只小船交纳半便士,一只有帆的较大的船交纳 1 便士,一只三桅帆船交纳 4 便士。用带盖的大篮子装母鸡或鸡蛋到市场去,要交纳 1 只母鸡或 5 枚鸡蛋作为通行费。《末日审判书》中,在萨塞克斯郡的刘易斯堡,"任何在堡中卖马的人,须向地方长官支付 1 便士,买者支付另一份;

---

① A. J. Robertson ed. , *Anglo-Saxon Charters* , p. 51.

② D. Whitelock, M. Brett, C. N. L. Brook eds. , *Councils and Synods with other Documents Relating to the English Church.* vol. I, part I, *871 -1066.* Oxford: Clarendon Press, 1981, p. 419.

卖牛,支付半便士"①。《埃塞尔雷德第四法典》规定,城镇地方长官或村庄地方长官或任何其他地方官员都有权控告不缴纳通行费的人;如果被控告者将收税人作为证人,声称向他交付了通行费,而收税人否认,那么被控告者只能通过神判为自己辩白。

"无主见者"埃塞尔雷德统治时期,英格兰与丹麦人维系着脆弱的和平,堡在这种情况下被视为维护停战协定的重要场所。《埃塞尔雷德第二法典》认定 8 个人被杀即为破坏停战协定,如果发生在城镇,堡中的人应自己前往,无论死活将杀人者抓住,被害人的亲属应实行一命偿一命。如果堡中的人做不到,郡长应行动;如果郡长做不到,国王应行动;如果连国王也做不到,该伯爵领应被排除出和平协定的条款之外。除了与停战协定有关的条款外,也有一般的治安条款,如《埃塞尔雷德第四法典》第 4 条规定:城镇中的任何人未经允许,不得强行进入另一个人的房屋,否则犯下最严重的破坏和平罪;在国王的大道上不得袭击无辜的人,如果袭击者本人被杀,应掩埋在不荣誉的墓地里,也就是没有获得偿命金的人的墓地里。

堡也有自己的法庭,《埃德加第三法典》规定:"堡法庭应一年举行三次。"《埃塞尔斯坦第二法典》规定,开庭应在 7 天前宣告。主持堡法庭的是郡长、主教和城镇地方长官;所有人都应该参加法庭集会,如果三次不参加,应处以违抗王命的罚金,如果有人拒交,按照《埃塞尔斯坦第二法典》第 20 条第 1 款的规定,堡的全体要人应骑马到他家里,取走他所有的东西,将其置于保证人之下。同样,对于屡犯的盗贼,第 4 款规定,堡的所有要人应骑马到他那里,取走他所有的东西,其中国王获得一半,骑马逮捕他的人获得另一半,并将其置于保证人之下。堡中要人有权决定犯重罪者的生死,《埃塞尔斯坦第六法典》附录"关于纵火者和谋杀者"的规定中,这两种人的誓言应增加三倍,他们应经由神判,神判中使用的铁应增至 3 磅;如果被告不能提出誓言并被证明有罪,堡中要人决定是否

① Ann Williams, G. H. Martin eds., *Domesday Book: A Complete Translation*, p. 62.

饶恕他的生命。由于堡的数量众多,在法律的实施上难免会有差异,《克努特第二法典》对此进行规范:"关于证明无罪,不同的堡应该有共同的法律。"

限于资料匮乏,现在对中小堡的管理状况不是很了解,但是其中 4 个不太著名的堡:剑桥、埃克塞特、贝德温(Bedwyn)和阿伯茨伯里(Abbotsbury)有档案流传下来,这些档案有助于了解行会的活动和管理情况。剑桥的亲兵行会规定,对被杀的成员进行复仇,如果复仇成功,行会成员共同支付偿命金,如果被杀者的偿命金是 1 200 先令,"每一个行会兄弟支付半马克作为帮助"。行会成员去世或生病,都需要其他成员集体出力,"为了纪念死者,行会提供葬礼上一半的饮食"①。埃克塞特的行会条例规定,行会一年集会 3 次,分别是在米迦勒节(Michaelmas)、圣母净献日(Purification)和殉教节(the Feast of All Martyrs);如果有行会成员到罗马朝圣,"每人捐献 5 便士"②。贝德温的行会条例是一个残篇,但是遵循同样的模式,对去世的行会成员和房屋失火进行救济,对成员纠纷进行调解。阿伯茨伯里的行会条例表明,曾是克努特国王侍卫的尤卡,向阿伯茨伯里行会捐赠会馆,在他和行会达成的协议中有这样的规定:

> 如果我们中的任何一个人在 60 英里的范围内生病了,我们将找到 15 个人把他接回来——如果他去世了就找 30 个人——把他带到他一生中渴望的地方;如果他死在邻人家里,管事将被告知尸体应带到什么地方,管事将会通知行会兄弟,他将尽可能多地召集人,骑马到那里去,或派往那里去,他们到那里尊敬地陪同尸体并把它带回大教堂,为其灵魂真诚地祈祷。③

从以上 4 个堡的行会条例可以看出,行会的基本职责是对行会成员进行

---

① Dorothy Whitelock ed. , *English Historical Documents*, vol. I, p. 604.
② Ibid. , p. 605.
③ Ibid. , p. 607.

救济,对生病和去世的成员提供帮助,对外保护成员的利益,对内调解成员的纠纷;为了维持行会的运作,成员应该交纳会费,并履行相应的义务。

行会与国家是什么关系? 这可在行会条例中找到答案。剑桥的亲兵行会条例规定行会成员不得与凶手同席宴饮,但是"当着国王的面、教区主教的面或郡长的面"①,他可以这样做。这表明行会管理从属于国家管理,行会条例须服从以国王为代表的国家权威,和以主教为代表的教会权威。当然,4 个堡的情况不足以反映各堡的情况,人们只能从中管窥一斑。

---

① Dorothy Whitelock ed. , *English Historical Documents* , vol. I, p. 604.

第七章　社会经济生活

　　罗马人撤离不列颠后,不列颠人面临的最大威胁是苏格兰人和皮克特人,在他们的袭击下,不列颠人放弃了城墙和城市,四下逃命,而其内部争斗则加深了外族入侵带来的灾难,不列颠人陷于绝境。按照比德的说法,在经历了战争、混乱和瘟疫之后,不列颠所有的人"都同意向海外的撒克逊人求救"①。

　　449年,盎格鲁-撒克逊人受不列颠王的邀请,乘3艘巨船到达不列颠,奉命驻扎在岛的东部,同苏格兰人和皮克特人作战,把他们赶到较远的地方。初战得胜的盎格鲁-撒克逊人将捷报以及不列颠富饶而不列颠人胆怯的情况告诉他们的族人,于是,盎格鲁-撒克逊人组成更大的船队,配备更强的军队来到不列颠。新来者获准在不列颠居住,条件是他们要同不列颠的敌人作战,保卫国家的安全与和平。比德说这些新来的人属于日耳曼三个强大的部落,即撒克逊人、盎格鲁人和朱特人,他们大量涌入不列颠,人数剧增,对不列颠人造成威胁。他们甚至同皮克特人勾结起来,以要求更多的补给为借口,寻衅滋事,进而与不列颠人作战,于是"公共和私人住宅被夷为平地;各地神父在祭坛上被活活打死;主教

---

① 比德:《英吉利教会史》,第47页。

和他们的教徒失去了一切尊严,被惨无人道地用火烧死或用剑刺死"①。不列颠人中有一些逃往山区,另一些则逃往海外。据《盎格鲁-撒克逊编年史》记载,从455年到556年,盎格鲁-撒克逊人不断与不列颠人作战。

在频繁的战争中,盎格鲁-撒克逊人与不列颠人两者,谁在人口的变动中占据优势? 传统观点认为,在一次次血腥的战争中,盎格鲁-撒克逊人在数量上压倒了不列颠人。另一种观点认为盎格鲁-撒克逊征服只是相对少量的军事精英所为,他们将自己的语言和物质生活强加给不列颠人,其总量约在1万至2万人之间。斯奈德基于考古学新发现和对文字资料的最新解读,提出人口变动的新模型,认为在不列颠东部城镇中,人口急剧下降是不列颠人主动放弃的结果,不列颠的主教们领导了这场大迁徙,一部分不列颠人在他们的带领下,乘船前往大陆,定居于从布列塔尼到加利西亚的无人地区;留下来的不列颠基督徒则从城镇撤退到乡村甚至边远的地区。②

盎格鲁人、撒克逊人、朱特人在不列颠立足后,逐渐迁往各地,到比德时代,朱特人扩散到肯特、怀特岛(Isle of Wight)以及怀特岛正对面的西撒克逊地区;撒克逊人分化成东撒克逊人、南撒克逊人和西撒克逊人;盎格鲁人演化出东盎格鲁人、中盎格鲁人、麦西亚人和诺森伯里亚人等。③ 最初进入不列颠的盎格鲁-撒克逊人驻扎在不列颠岛的东部,稍后成批前来的人开始与不列颠人杂居,他们依照惯例,生活在河边的阶地和其他易于耕种的地势较高处,主要生活在轻质土区。之后,随着重犁的广泛采用,盎格鲁-撒克逊人扩散到河谷的黏土区,特别是支流交汇处,将其开拓成殖民的主要据点。一度被废弃的农庄,也会被再度耕种,比如在埃塞克斯的马克英(Mucking),从5到7世纪,盎格鲁-撒克逊人在此居住约300年,建筑物散布约一公里,然而在任何一个时期,只有相

---

① 比德:《英吉利教会史》,第49页。
② 克里斯托弗·A. 斯奈德:《不列颠人:传说和历史》,第93—97页。
③ Bede, *The Ecclesiastical History of the English People*. Judith McClure and Roger Collins eds., Oxford, 2008, p.27.

对较小的区域有人居住。从 7 世纪晚期起,拓殖团体的数量大量增长,并扩展到沼泽地带等新区域。到盎格鲁-撒克逊人拓殖的晚期,分散的拓殖模式转变为集中的模式,王权增长,新的地主地产逐渐形成,宗教团体在乡村创建,人口增加,敞田(open fields)制度推广开来,这些都对拓殖过程起了催化作用。①

盎格鲁-撒克逊人在定居之后就从事农耕生产,他们的土地叫"民田"(folkland),是"以习惯法占有的土地"②,继承时不可以传到本族之外。7 世纪时,随着基督教会在英格兰的立足和发展,由教会引入并为教会持有的"书田"出现。书田以特许状永久赐予,可以自由转让。定居的事实也反映在军事组织上,军队不再是跟随国王四处流动的亲兵,而是征召来的农民军队。679 年,诺森伯里亚国王埃格弗里斯(Ecgfrith,670—685 年在位)与麦西亚王埃塞尔雷德(Ethelred,674—704 年在位)在特伦特河(the Trent)作战,诺森伯里亚一位叫伊马(Imma)的亲兵被俘,当他被带到麦西亚国王的一名家臣那里,被询问身份时,"他不敢承认自己是士兵,只说他是一个穷乡下人,已经结过婚,并且宣称,他这次同乡亲们一道参战是为了给士兵运粮"③。

集合民军外出作战需要一定的时间,东盎格利亚国王雷德沃尔德(Rædwald)曾率一支大军向诺森伯里亚国王埃塞尔弗里斯(Ethelfrith,592—616 年在位)开战,由于埃塞尔弗里斯"来不及召集所有的力量组成大军",他"率领了一支显然弱小得多的军队前来应战",结果被雷德沃尔德杀死。④ 农民军队解散起来比较容易,642 年,奥斯瓦尔德国王死后,诺森伯里亚的两个组成部分德伊勒和贝尼西亚(Bernicia)闹不和,分别统治两地的奥斯维国王(Oswiu,642—670 年在位)和奥斯温国王相互争

---

① Michael Lapidge, John Blair, Simon Keynes, Donald Scragg eds. , *The Blackwell Encyclopaedia of Anglo-Saxon England* , pp. 416 – 418.
② 马克垚:《英国封建社会研究》,第 2 版,第 18 页。
③ 比德:《英吉利教会史》,第 277 页。
④ 同上书,第 132 页。

斗,在一次双方的对阵中,奥斯温看到对方人多势众,不能硬拼,便"遣散了已经招集起来的军队",命令他们各自回家。①

列国征战造成各国间的仇恨日深,在这个时候,盎格鲁-撒克逊人彼此并不认同。642 年 8 月 5 日,诺森伯里亚和麦西亚在马塞菲尔思(Maserfelth)发生恶战,诺森伯里亚国王奥斯瓦尔德被麦西亚国王彭达杀死,奥斯瓦尔德的兄弟奥斯维成为诺森伯里亚国王,而奥斯维的女儿奥斯思里思(Osthryth)后来成为麦西亚新王埃塞尔雷德的王后。后来,奥斯瓦尔德的遗骸被找到了,奥斯思里思希望把他叔叔的遗体安葬在林赛的巴德尼(Bardney)修道院②,尽管该修道院深受王后及国王的恩宠与庇护,并接受了他们的大量馈赠,但修道院的修士们说,奥斯瓦尔德"原来是外地人,又作为国王统治过他们,所以尽管他死了,他们对他仍有余怨"③,因此拒绝了奥斯思里思的请求;只是由于遗骸上空出现了"神迹",巴德尼修道院的修士们才同意安葬这位战死的国王。由此可见,盎格鲁-撒克逊各王国都把对方视为"外人"。

与列国的分裂不同,早在英格兰统一之前,基督教会就形成了统一的整体。惠特比宗教会议之后,在罗马基督教取得胜利的基础上,罗马传统与爱尔兰传统两种基督教逐渐融合,信奉罗马基督教的图达(Tuda)被任命为诺森伯里亚主教;切德(Cedd)放弃爱尔兰式的基督教,接受罗马复活节的方式,从而继续担任东撒克逊人的主教。西奥多(Theodore)于 669 年 5 月抵达坎特伯雷,他"是第一位为整个英吉利教会所承认和服从的大主教"④,此后他巡视英格兰各地,任命主教,统一实行教会法,对全英格兰教会进行有效的管理。罗切斯特主教达米安(Damian)去世后,主教职位长期空缺,西奥多任命普塔(Putta)为罗切斯特主教。西奥多因为约克主教查德(Chad)没有举行过适当的接受圣职的仪式而责备

---

① 比德:《英吉利教会史》,第 179 页。
② 909 年,奥斯瓦尔德的遗体由巴德尼运入麦西亚,见《盎格鲁-撒克逊编年史》,第 99 页。
③ 比德:《英吉利教会史》,第 172 页。
④ 同上书,第 229 页。

他,查德主教谦卑地接受了西奥多的批评。这时,麦西亚国王伍尔夫希尔(Wulfhere)在贾路曼(Jaruman)主教去世后,要求西奥多为麦西亚委派一名主教。西奥多并没有将查德免职,而是要诺森伯里亚国王让出查德,担任麦西亚和林赛主教。672年查德主教因病去世,西奥多任命查德的助祭温弗里德(Wynfrith)继任主教。东盎格里亚主教比西(Bisi)身染重病无法行使主教职权,西奥多切分了他的教区,任命阿奇(Acci)为邓尼奇(Dunwich)主教,巴德温(Badwin)为埃尔姆汉(Elmham)主教。675年,西奥多大主教因麦西亚主教温弗里德不服从命令革除了他的圣职,任命塞克斯伍尔夫(Seaxwulf)为麦西亚主教。诺森伯里亚主教威尔弗里德(Wilfrid)与诺森伯里亚国王埃格弗里斯不和,埃格弗里斯在678年解除了威尔弗里德的主教职务;西奥多大主教趁机重新划分诺森伯里亚的教区,他在约克城任命博萨(Bosa)为约克主教,管辖德伊勒地区,伊塔(Eata)为林第斯法恩(Lindisfarne)主教,管辖贝尼西亚地区。埃格弗里斯打败麦西亚国王伍尔夫希尔后夺取林赛,伊德赫德(Eadhed)被西奥多任命为首任林赛主教。681年,由于麦西亚国王埃塞尔雷德夺回林赛地区,伊德赫德受命撤往里彭(Ripon)。685年,卡思伯特(Cuthbert)被选为林第斯法恩主教,西奥多将原林第斯法恩主教伊塔调任赫克瑟姆(Hexham)主教。这些都说明西奥多在任期间,英格兰教会已完成了统一。

西奥多时期,英格兰宗教会议初步形成。673年西奥多在赫特福德召开主教会议,参加会议的除西奥多外,还有东盎格里亚主教比西、诺森伯里亚主教威尔弗里德的代表、罗切斯特主教普塔、西撒克逊主教洛西尔(Leuthere)和麦西亚主教温弗里德。在这次宗教会议上,确定了教会管理的第一批法规。680年,为排除优迪克主义①的影响,西奥多在希思菲尔德(Heathfield)平原召开由主教和神学家参加的宗教会议,重申三

---

① 优迪克(Eutyches,378—454年)是古代基督教神学家,因提出基督一性论被教廷判为异端,
　其学说被称为"优迪克主义"。

位一体,谴责优迪克异端。教皇代表、圣彼得教堂的首席领唱约翰也出席了这次会议,并将会议情况汇报给教皇。685 年,西奥多在阿尔涅(Alne)河畔的特怀福德(Twyford)召开大型宗教会议,诺森伯里亚国王埃格弗里斯也出席了这次会议,在这次会议上,卡思伯特被选为林第斯法恩主教。宗教会议使整个英格兰得到一种认同的机制,精神的统一显然有利于政治的统一。

　　731 年,教会组织已分布各地,此时英格兰共有 17 个主教区,它们是肯特的坎特伯雷和罗切斯特,东撒克逊的伦敦,东盎格里亚的邓尼奇和埃尔姆汉,西撒克逊的温切斯特和舍伯恩(Sherborne),麦西亚的利奇菲尔德(Lichfield)、赫里福德、伍斯特和林赛,南撒克逊的塞尔西(Selsey),诺森伯里亚的约克、林第斯法恩、赫克瑟姆和怀特恩(Whithorn),还有怀特岛主教区。比德将他的著作命名为《英吉利教会史》(*Historia ecclesiastica gentis Anglorum*),暗示着"早在政治领域之前,人们就在宗教和语言领域意识到他们种群的统一"①。比德这部著作之所以在英国历史上具有无与伦比的伟大地位,就是因为它第一个意识到英吉利民族的形成。

　　最终促使英格兰完成政治统一的是维京人的入侵。《盎格鲁-撒克逊编年史》789 年条目下记载:"这年布里特里克国王娶奥法的女儿埃德伯为妻。他在位时,第一次驶来了 3 条北方人的船,于是管事骑马迎上前去,希望迫使他们前往国王住地,因为他不知道他们是干什么的。他们将他杀死。那些是第一批来到英格兰人土地上的丹麦人的船。"②此事发生于威塞克斯国王布里特里克(Beorhtric,786—802 年在位)统治时期,由此揭开了维京人入侵的序幕。793 年林第斯法恩教堂遭劫,794 年贾罗(Jarrow)修道院被抢劫。851 年,维京人入侵发生质的变化,如果说以前他们以抢劫为主,那么这一年,他们第一次在萨尼特(Thanet)过冬,

① H. R. Loyn, *The Governance of Anglo-Saxon England*, *500 - 1087*, p. xiv.
②《盎格鲁-撒克逊编年史》,第 61 页。

表现出长久驻留的迹象。

从865年起，列国纷争的英格兰发生了巨大的变化。这一年肯特人与维京人议和，但肯特东部仍遭蹂躏。866年，东盎格利亚人与维京人议和。867年，维京人同当时正严重内讧的诺森伯里亚人作战，两位国王奥斯伯特（Osberht）和埃拉（Ella）阵亡，诺森伯里亚人与维京人议和。868年，维京人进入麦西亚，麦西亚向威塞克斯求援，威塞克斯军队开入麦西亚，与维京人遭遇，双方没有交战；麦西亚与维京人议和。870年，东盎格利亚国王埃德蒙与维京人作战，战败被杀，维京人征服东盎格利亚。这时，整个英格兰只有威塞克斯还可以与维京人抗衡；但在871年，威塞克斯与维京人进行了9次交锋，总体上处于劣势，也不得不与维京人议和。在战乱中继承王位的阿尔弗雷德，担当起救亡的重任。

维京人的成功在很大程度上得益于他们的"流动性和袭击的不可预测性"[1]，866年维京人在东盎格利亚配备马匹后，更是强化了他们的作战优势。阿尔弗雷德修筑既可防御又可进攻的堡垒，来抵御维京人的入侵，并制定了供给和防卫堡的办法。《堡海德》（*Burghal Hidage*）一书介绍了威塞克斯的堡网络，指出分配给堡的土地由堡的城墙长度决定，每杆（pole）（5½码或16½英尺）城墙配备4人防卫，"每海德出1人"[2]。比如黑斯廷斯（Hastings）属地有500海德，意思是黑斯廷斯须防卫2062½英尺的城墙，需要500人驻守，这些人由在堡周围核定的500海德土地提供。阿尔弗雷德督促修建这些堡垒，对那些拖延或懈怠的人会严厉斥责。《盎格鲁-撒克逊编年史》892年记载：当维京人再次入侵英格兰时，他们到达东肯特的威尔德（Weald），"在那里猛袭了一座堡垒。堡垒里有几个农民，它只造了一半"[3]。这些人在遭到维京人的袭击后，才会"大声赞许国王的远见，承诺竭尽全力做他们以前不愿做的事，即，建造堡垒及

---

[1] H. R. Loyn, *The Governance of Anglo-Saxon England*, 500 – 1087, p. 71.

[2] Simon Keynes, Michael Lapidge eds., *Alfred the Great: Asser's Life of King Alfred and Other Contemporary Sources*, p. 193.

[3] 《盎格鲁-撒克逊编年史》，第88页。

与整个王国普遍利益相关的其他事"。①

阿尔弗雷德改变了以往征召军队的办法,"国王已将他的军队分成两支,因此总是有一半人留在家里,一半人在服役,另外还有守卫堡垒的人"②。在此之前,军队是临时征召的,农忙时,国王手中经常没有军队,因为民军都解散各自回家了,面对维京人经久不息的袭击活动,无法解决燃眉之急。实行新的办法后,到892年维京军队再次入侵英格兰时,情况已经发生变化,维京人"几乎每天,不管是白天还是黑夜,都受到其他小队的搜索,这些队伍来自英军和堡垒两方面"③。英格兰军队已经能对逃亡的丹麦人实施包围战,当一支部队服役期满时,就会有另一支部队赶来接替他们;当英格兰军队在野外或堡垒中受到维京人的围困时,就会有援军赶来帮助他们。这些都得益于阿尔弗雷德对军队征召办法的改革,使英格兰常年有军队守备。

在阿尔弗雷德统治晚期,到东盎格利亚和诺森伯里亚去的维京人组成抢劫团伙,利用多年前建造的战船,骚扰威塞克斯南海岸。阿尔弗雷德下令建造由他自己设计的"长船"④,这种船比别的船几乎长一倍,也比别的船高,有60根甚至更多的桨。威塞克斯依靠这支由新船组成的海军有效地平定了海盗的骚扰。

除了用军事手段扼制维京人的袭击,阿尔弗雷德还运用宗教手段劝导维京人,让他们改信基督教。878年阿尔弗雷德在埃丁顿(Edington)率军迫降古思伦(Guthrum),维京人交出重要人质,并承诺接受基督教洗礼。稍后,以古思伦为首的30名最显要的维京人到阿勒尔(Aller)会见阿尔弗雷德,接受了洗礼,古思伦并取教名埃塞尔斯坦,认阿尔弗雷德为教父。893年,英格兰军队攻克维京人首领黑斯滕(Hæsten)修建的本

---

① Simon Keynes, Michael Lapidge eds. , *Alfred the Great：Asser's Life of King Alfred and Other Contemporary Sources*, p. 102.
②《盎格鲁-撒克逊编年史》,第89页。
③ 同上书,第89页。
④ 同上书,第94页。

弗利特(Benfleet)堡垒,俘获他的妻子和两个儿子,阿尔弗雷德成为其中一个孩子的教父,另一个孩子成为"埃塞尔雷德郡长的教子"①。

　　阿尔弗雷德努力使英格兰人和维京人处于相同的地位,在《阿尔弗雷德和古思伦条约》中,第2条规定:"如果一个人被杀,不管他是英格兰人还是丹麦人,我们所有的人应给他的生命以同样的价值——即八个半纯金马克。"②丘吉尔在他写的《英语国家史略》中说,古思伦接受这一条款,就意味着他同意在赔款问题上对英格兰人和维京人"一视同仁",因而证明了阿尔弗雷德的实力。③

　　阿尔弗雷德发展文化教育事业,他在阿瑟尔尼(Athelney)建造一个男修道院,为交通不便的修道院建造堤道,聚集了一批不同国籍的僧侣;在靠近沙夫茨伯里的地方建造一个女修道院,由自己的次女埃塞尔吉夫(Ethelgifu)任女修道院院长,许多贵族修女也生活在其中。阿尔弗雷德向这两个修道院捐赠了土地和各种财富。阿尔弗雷德将伍斯特主教沃费斯、坎特伯雷大主教普莱格蒙德和圣戴维兹主教阿瑟等人召集到身边,在他们的帮助下,国王本人也学会了读写拉丁文,并将一些重要的著作从拉丁文翻译成威塞克斯通行的古英语,其中包括教皇格雷戈里的《牧师职责》(*Regula pastoralis*)、波爱修斯的《哲学的慰藉》、圣奥古斯丁的《独语录》和前50篇赞美诗。其他的人翻译了格雷戈里的《对话录》(*Dialogi*),奥罗修斯的《反异教徒史》和比德的《英吉利教会史》。阿尔弗雷德在《哲学的慰藉》中添加的部分尤其令人感兴趣:

　　　　就国王而言,统治的资源和工具是让他的土地配足人手:他必须有祈祷的人、战斗的人和劳作的人。你也知道若没有这些工具,国王就不能使他的才能焕发出名。他的另一个资源是,他须有供养

---

① 《盎格鲁-撒克逊编年史》,第90页。
② F. L. Attenborough ed. , *The Laws of the Earliest English Kings*,Cambridge, 1922, p. 99.
③ 温斯顿·丘吉尔:《英语国家史略》(上),薛力敏、林林译,林葆梅校,新华出版社,1985年,第120页。

其工具、也就是三个等级的人的方法，这些就是他供养这些工具的方法：居住的土地、礼物、武器、食物、麦芽啤酒、衣服和每个等级必需的其他任何东西。没有这些东西他就不能维持其工具；没有这些工具，他就不能完成他下令所做的任何事。①

　　这些添加的部分充分反映了阿尔弗雷德的治国理念，如果联系阿尔弗雷德的军事改革，我们发现阿尔弗尔德对英格兰的治理决不是漫无目的、随心所欲的。《盎格鲁-撒克逊编年史》的拉丁文译本中，于899年条目下，记载了阿尔弗雷德最后的日子以及当时人们对他的看法：

　　　　最后，在同一年，西撒克逊人的国王、宽宏大度的阿尔弗雷德去世，他是西方人坚定不移的中流砥柱，一个充满正义、积极作战、谈吐博学、尤其是被神圣的知识所教导的人。由于他从辞藻华丽的拉丁语中，将不知数目的书籍译成他自己的语言——如此多彩如此丰富，以至他译的波爱修斯的著作，不仅在那些熟悉它的人中，甚至在那些第一次听到它的人中，都催人落泪。②

　　在英格兰人抗击维京人的同时，维京人也逐步在英格兰定居，从劫掠生活转向农耕。《盎格鲁-撒克逊编年史》876年条目下记载：哈夫丹（Healfdene）率领的一支维京人分取了诺森伯里亚人的土地，"他们耕起地来，自谋生计"③。877年维京人又瓜分了麦西亚的一些土地，878年在西撒克逊人的土地上定居下来。880年，维京人进入东盎格利亚，在那里定居，并分享土地。《阿尔弗雷德和古思伦条约》划定了英格兰人和维京人之间的边界："沿着泰晤士河，然后沿着利河（the Lea），直到它的源头，再以直线到贝德福德，然后沿着乌斯河（the Ouse）到华特灵古道

---

① Simon Keynes, Michael Lapidge eds. , *Alfred the Great : Asser's Life of King Alfred and Other Contemporary Sources* , pp. 132 - 133.

② Simon Keynes, Michael Lapidge eds. , *Alfred the Great : Asser's Life of King Alfred and Other Contemporary Sources* , p. 191.

③《盎格鲁-撒克逊编年史》，第81页。

(Watling Street)。"①这条线以北是丹法区,丹法区实行北欧人的法律和权利观念,使用十二进位制以及他们自己的语言。《阿尔弗雷德和古思伦条约》第三条就反映了维京人的影响:"如果任何人控告国王的亲兵为杀人犯,假如被告敢于为自己辩白,他应以十二个国王亲兵的誓言为自己辩白。"②《埃塞尔雷德第三法典》第三条第一款被认为是"陪审员制"在丹法区的出现,其中规定:"每个百户区拥有一个法庭,十二名领头的亲兵和地方长官应到户外,凭放在他们手中的圣物起誓:他们将不控告任何无罪的人,也不庇护任何有罪的人。"③到 20 世纪,在英国东部的某些集市上,还能听到"大一百"的说法,即一百二十。④

在英语的地名和人名中,保留着许多斯堪的纳维亚语的影响,在英国东部和北部,带有词尾-by 的地名有 1 400 多个⑤;人名中,带词尾-son 的姓氏起源于斯堪的纳维亚语。英语中的基本词汇和日常用语直接受斯堪的纳维亚语影响,丹麦语言学家叶斯柏森(Jespersen)在《英语的成长和结构》中写道:"如果没有斯堪的纳维亚词汇,英国人就无法发迹(*thrive*)、生病(*ill*)或死去(*die*),也正是由于斯堪的纳维亚语言,英国才有了面包(*bread*)和鸡蛋(*egg*)这样的日常食物。"⑥

阿尔弗雷德去世后,他的儿子"长者"爱德华继承王位。在平定堂兄弟埃塞尔沃尔德王子的叛乱后,"长者"爱德华"出于需要",同东盎格利亚和诺森伯里亚的维京人议和。⑦ 此后不久,英格兰人转而反攻,"长者"爱德华和他的姐姐"麦西亚贵妇"埃塞尔弗莱德及姐夫"麦西亚长官"(Lord of the Mercians)埃塞尔雷德历经多年征战,将亨伯河以南维京人

---

① F. L. Attenborough ed. , *The Laws of the Earliest English Kings*, p. 99.

② 同上。

③ A. J. Robertson ed. , *The Laws of the Kings of England from Edmund to Henry I.* Cambridge, 1925, p. 65.

④ 温斯顿·丘吉尔:《英语国家史略》,上,第 111 页。

⑤ 参见 David Hill, *An Atlas of Anglo-Saxon England*, Oxford:Basil Blackwell, 1984, p. 45.

⑥ 克莱顿·罗伯茨、戴维·罗伯茨、道格拉斯·R. 比松:《英国史 上册:史前—1714 年》,第 49 页。

⑦《盎格鲁-撒克逊编年史》,第 98 页。

的所有土地夺回,归英格兰人控制。在运用军事手段反击维京人的同时,"长者"爱德华如同他的父亲阿尔弗雷德一样,注重运用宗教手段,《爱德华和古思伦法典》第一条规定:"首先,他们公开宣布他们只敬一神,真情地宣布与所有的异教行为决裂。"[①]

到"和平缔造者"埃德加统治时期,国王已被称为"英格兰人之王",英格兰在一时之间,不受外来人入侵。但是在"无主见者"埃塞尔雷德的统治时期,维京人重返英格兰,战乱不息,经过一系列动荡,最终由维京人克努特登上英格兰王位。尽管在征服英国时克努特还是异教徒,但他成为英格兰国王后,便敦促维京人信奉基督教,《1020 年克努特的公告》第 9 条规定:"如果任何人,不管是神职人员还是俗人,丹麦人还是英格兰人,如此放肆以至于违抗上帝的法律和我的王室权威或世俗法律,不愿意按照我的主教们给予的指导,停止违法的行为并进行赔偿,那么我企盼并责令索凯尔伯爵,如果他能够,将作恶者缉拿归案。"[②]《1027 年克努特的公告》第 16 条和第 17 条则督促人们缴纳各种教会税。

克努特去世后,历经他两个儿子的短暂统治,王位复归威塞克斯王室,"忏悔者"爱德华继位,由于他长期流亡诺曼底,所以在登上英格兰王位后,从诺曼底招来许多朋友。1050 年,爱德华拒绝了权臣戈德温为其亲戚说项、索要坎特伯雷大主教一职的要求;次年,他又袒护在英格兰为非作歹的法国亲属,引发了戈德温父子的反叛。1052 年,戈德温父子率大军自海外归来,许多英格兰人加入他们的队伍;国王的军队"几乎都痛恨与本族人交火,因为除了双方的英国人之外,没有什么其他有任何价值的东西了,他们也不愿意由于自相残杀,而使国家进一步向外人敞开"[③]。从这段文字可以看出:到这个时候,英吉利民族已大体形成了,曾在上千年时间里分别来到英格兰的克尔特人、罗马-不列颠人、盎格鲁-

---

① F. L. Attenborough ed. , *The Laws of the Earliest English Kings*, p. 103.

② A. J. Robertson ed. , *The Laws of the Kings of England from Edmund to Henry I*, p. 143.

③《盎格鲁-撒克逊编年史》,第 192 页。

撒克逊人、丹麦人、还有其他人，在经历了漫长的融合过程后，已经把自己都看成是"英国人"，诺曼人现在是"外人"了；可是不久之后，这些"外人"将缔造一个永恒的英吉利民族。

在诺曼征服前夕，英格兰是欧洲高度城市化的地区之一，至少10％的人口居住在城镇里。1065年，伦敦、约克、诺里奇、林肯和温切斯特有1 000多所住宅，人口在5 000人以上。有26个城镇的居民超过1 000人。市场是城镇的最重要特征之一，为市场生产商品并在市场上出售，是大多数城镇居民的谋生手段。10世纪时，英格兰国王试图将贸易限制在他们控制的市场中，这样做的目的，部分是阻止赃物的非法交易，有助于查明盗贼，同时也能提升王室声望，增进王室的财力。在7世纪和8世纪，贸易的主要商品是重量轻、价值高的奢侈；到11世纪时，重量较大、价值较小的商品贸易明显增长。①

对盎格鲁-撒克逊时期妇女的描述多保存在早期的法典中，她们有与男子同样的法律地位，承担自己的法律责任，可以接受和处置财产。对妇女进行性侵犯，不论她们是奴隶还是自由人，都将受到严惩。妇女也同男人一样，可以接受因侵犯其保护人而产生的赔偿，可以起誓作证，也可以作为特许状的见证人。在《末日审判书》中，一些主要的地产所有人是女性。女奴从事磨面、烘烤、烹饪、哺乳、编织、裁缝等工作；刻尔及其上等级的妇女负责料理家务。创建于7世纪和8世纪的大型双重修道院（double monasteries），其中既有修士也有修女，但是按性别分开，男女住在各自的修道院中。这种修道院往往由女修道院院长管理，是维京人入侵之前英格兰宗教生活的一个特征——664年著名的惠特比宗教会议，即在女修道院院长希尔德（Hild）管理的惠特比修道院举行。10世纪中后期的修道院改革运动后，女修道院院长不再拥有这样的权利，但妇女可通过对修道院的捐赠，以及个人的虔诚，依然在宗教事务中扮演

---

① P. H. Sawyer, *From Roman Britain to Norman England*, 2nd edn., London and New York: Routledge, 1998, pp. 204 – 233.

重要角色。①

　　在盎格鲁-撒克逊社会中,婚姻由新郎与新娘的亲属采用合约形式形成,未来的新郎要承诺支付一大笔钱,作为对女方的回报。盎格鲁-撒克逊晚期由妇女本人接受彩礼,她的亲属则保护她的利益。在完婚后的第二天早上,新娘从新郎那里接受新婚礼物,这些是她的个人财产,如果死后无嗣,这份财产转归她自己的亲属。到 11 世纪,四代表兄妹之间以及教亲(spiritual relatives)之间禁止通婚,对通奸的处罚十分严厉。②

　　在盎格鲁-撒克逊社会,核心家庭是社会的基本单元,父母对养育孩子负有责任,他们通常珍爱自己的孩子,并保护子女。在预期寿命较短的时代,祖父母在家庭生活中并不扮演重要角色,更重要的是父母的亲属,男人与外甥之间关系密切,兄弟姐妹关系友好。③

　　面包是盎格鲁-撒克逊人最主要的食物,妇女的日常工作是碾磨谷物并制作面包。在上层人士家庭中,奴隶用手工碾碎谷物;到盎格鲁-撒克逊晚期,磨坊的使用更为普及,一些磨坊由牛牵引,而《末日审判书》则记载了 6000 多座水磨坊,在多佛(Dover)港口,甚至有一座潮水动力磨(tide mill)。盐是重要的调味品,蜂蜜是唯一的甜味剂,它可以制作甜酒、蜂蜜酒,也出现在盎格鲁-撒克逊人的药方中。从牛、山羊、绵羊获取的奶,用于制作奶制品,也可以饮用。牛肉、羊肉和猪肉是主要的肉类食品,小麦、黑麦、大麦、燕麦是主要的谷类作物;到盎格鲁-撒克逊中期,二粒小麦由于产量低,被其他谷物所取代。④

　　总之,盎格鲁-撒克逊时期的英格兰再次经历从部落社会向农业社会转变的过程,在这个过程中,农业生产发展缓慢,经常遭受严重的摧

① Michael Lapidge, John Blair, Simon Keynes, Donald Scragg eds., *The Blackwell Encyclopaedia of Anglo-Saxon England*, pp. 485 - 487.

② Michael Lapidge, John Blair, Simon Keynes, Donald Scragg eds., *The Blackwell Encyclopaedia of Anglo-Saxon England*, pp. 302 - 303.

③ Sally Crawford, *Daily Life in Anglo-Saxon England*, Oxford and Westport: Greenwood World Publishing, 2009, pp. 66 - 70.

④ Sally Crawford, *Daily Life in Anglo-Saxon England*, pp. 101 - 104.

残;但城市和商业还是被恢复了一点,那是和抵抗维京人的入侵联系在一起的。当英格兰的统一事业正在进展时,维京人的入侵一方面打断了这个过程,一方面又在新的基础上促进了这个过程。诺曼征服发生以后,英格兰步入了中世纪的兴盛时代。

第八章　思想文化

　　"王权神授"是基督教会的重要政治理论,然而在盎格鲁-撒克逊人皈依基督教之前,他们尚有自己的王权观,即日耳曼王权观。日耳曼人认为他们的国王源于沃登(Woden),即战神,因为"幸运"而成为王族,国王是人民群体神秘力量的化身。钱尼(William Chaney)考察了斯堪的纳维亚、英格兰和欧洲大陆的日耳曼王权,认为它执行着宗教和政治的功能,国王是人和神之间的中介,是部落民众蒙受神恩的体现,国王要确保神对部落的恩惠,为了胜利、丰收以及和平,需要向神献祭。国王不仅是祭司,他还是民众的领袖,国王要正确地行动,这样神就会眷顾他的部落。当国王"幸运"、能够蒙受神恩时,神的恩惠停留于部落;当国王丧失"幸运"、无力确保神的祝福时,部落民众就应该用另一个可以维持这种能力的人取代他。[①]

　　597年基督教再次传入英格兰,教会对王权产生了双重影响。在部落时代,盎格鲁-撒克逊人的统治者往往将他们的祖先追溯到日耳曼的最高神;皈依基督教后,他们没有抛弃源自异教的沃登祖先,而是将沃登

---

① William A. Chaney, *The Cult of Kingship in Anglo-Saxon England*, Manchester: Manchester University Press, 1970, pp. 11 - 12, 16.

向前追溯，一步步推塑到基督，使其与基督教确定的世系表相吻合。《盎格鲁-撒克逊编年史》A 本的序言将威塞克斯国王埃塞尔伍尔夫的祖先追溯到彻迪克（Cerdic，519—534 年在位）；在 552 年的记载中，又将彻迪克之子金里克（Cynric，534—560 年在位）的祖先追溯到日耳曼人的最高神沃登。855—858 年的记载，依次将埃塞尔伍尔夫的宗谱，推到出生在方舟中诺亚（Noah）的儿子，然后推到"第一个人亚当和我们的父，即基督"①。盎格鲁-撒克逊人不论在部落时代，还是从部落社会向地域国家过渡的时候，都将其统治者神圣化，虽说多神信仰与一神崇拜都能将统治者神化，但基督教显然比原始的多神信仰更有说服力，耶稣/基督是神之子，而他们的异教祖先让国王的权威直接源自于神。盎格鲁-撒克逊人在征服不列颠的过程中，部落首领已是王族与战争领袖的统一体，也就是说，他们既是战争领袖，又是"幸运"的保有者。这种关于神圣、有能力的国王的蛮族观念，不仅在盎格鲁-撒克逊人皈依基督教后继续保存，而且被基督教会所强化。教会反对私生子继承王位，通过支持婚姻的神圣性提升王权的神圣性。②

基督教国王登基时要行涂油礼。787 年，奥法利用麦西亚的霸权地位，从坎特伯雷大主教管区中剥离利奇菲尔德主教管区，将它提升为与坎特伯雷大主教管区和约克大主教管区平起平坐的大主教管区，让新上任的大主教为其子涂油，使"埃格弗里斯接受涂油成为国王"，以示其神圣。③ 这是英国历史上有记载的第一次国王登基礼，但此时的埃格弗里斯（796 年在位）尚未单独统治，而是和他的父王奥法共同治理国家。奥法通过涂油礼，只是加强其子埃格弗里斯的地位，使其更好地与他本人共治国家，确保王位的顺利继承。这种国王登基时的涂油仪式很快被其他王国所模仿，796 年厄德伍尔夫继位为诺森伯里亚国王，由约克大主教

---

① 《盎格鲁-撒克逊编年史》，第 76 页。

② William A. Chaney, *The Cult of Kingship in Anglo-Saxon England*, pp. 19 - 24.

③ 《盎格鲁-撒克逊编年史》，第 61 页。

和 3 位其他主教"为其涂油,登基为王"①。此时期诺森伯里亚政局动荡,确实有必要通过各种手段巩固王位。但涂油礼并不是万能的,在政治动荡的环境下,还是要看国王掌控局势的能力,因此在 806 年,厄德伍尔夫还是被驱逐出诺森伯里亚。盎格鲁-撒克逊时期,典型的涂油仪式出现在埃德加国王的加冕典礼上,973 年埃德加国王在巴思举行加冕礼,坎特伯雷大主教邓斯坦和约克大主教奥斯瓦尔德到场,这个典礼在国王 30 岁那年举行,"因为这个年龄是获得牧师资格的最起码年龄。加冕仪式的高潮不是加冕,而是涂圣油;它给予国王近乎牧师的地位,使之凌驾于人类判决之上"②。

在钱尼的研究中,日耳曼王权时常遭受罢免,而基督教则禁止罢免上帝的受膏者,神圣王权取代日耳曼王权。③ 阿瑟在描述阿尔弗雷德的父亲埃塞尔伍尔夫被他的儿子埃塞尔鲍德(Ethelbald,858—860 年在位)剥夺王位时,称这个行动"与所有基督教人们的习俗相反"。④ 无名氏于 995—1005 年间写作的《约克大主教圣奥斯瓦尔德传》,就对谋杀"殉难者"爱德华(Edward the Martyr,975—978 年在位)的贵族严厉谴责,说"他们拥有如此受诅咒的思想,如此黑暗邪恶的盲目,不怕向上帝的受膏者下手"。⑤ 996 年,"无主见者"埃塞尔雷德将一些土地赐给他的母亲,在发出通常的威吓后,他引用了《圣经》诗篇中的话:"你不能碰我的受膏者。"⑥埃文沙姆(Eynsham)修道院院长埃尔弗里克指出:"无人能自封为王,然而人民愿选最悦己者为王。但是一当他加冕为王,他就拥有统治人民的权力,人民则无法摆脱自己置于脖项之上的枷锁。"⑦

①《盎格鲁-撒克逊编年史》,第 64 页。

② 肯尼恩・O. 摩根主编:《牛津英国通史》,王觉非等译,商务印书馆,1993 年,第 102 页。

③ William A. Chaney, *The Cult of Kingship in Anglo-Saxon England*, p. 253.

④ Simon Keynes and Michael Lapidge (eds.), *Alfred the Great: Asser's Life of King Alfred and other Contemporary Sources*, p. 70.

⑤ Dorothy Whitelock ed., *English Historical Documents*, vol. I, p. 915.

⑥ Ibid., p. 576.

⑦ 肯尼恩・O. 摩根主编:《牛津英国通史》,第 102 页,

在日耳曼人族群中,盎格鲁-撒克逊的基督教统治者崇拜出现得较早。① 786 年,奥斯蒂亚(Ostia)主教乔治(George)和托迪(Todi)主教西奥菲拉克特(Theophylact)作为教皇阿德里安一世(Adrian I)的使者前往英格兰,他们在诺森伯里亚国王埃尔夫沃尔德(Elfwald,778—788 年在位)召集的会议上制定了一些法令,并得到麦西亚国王奥法的同意,这些法令中有"没有人敢密谋杀害国王,因为他是上帝的受膏者"之说。② 916 年,在欧洲大陆阿尔特海姆(Hohenaltheim)召开的宗教会议上,规定若有人亵渎上帝的受膏者,应受到停止教籍(excommunication)的处罚,有学者认为这可能受盎格鲁-撒克逊先例的影响。③ 有中国学者指出,涂油加冕礼的形成与完善"推动了英国封建王权的成长,并为诺曼征服后封建王权的确立、巩固和发展,留下了可资依赖的丰厚的神权政治遗产"④。

盎格鲁-撒克逊晚期,英格兰国王在其法典中注重利用基督教给予他们的这种特殊地位,他们常称自己为"基督的代理""上帝的副手",为自己的行动提供神学依据。《埃塞尔雷德第八法典》声称:"因为基督徒国王是基督在基督徒人们中的代理,他必须以全力向反对上帝的犯罪复仇。"⑤第 42 条规定:"将一个受停止教籍处罚的人置于其保护之下而超出国王规定的期限,应冒着将其生命和财产丧失给上帝副手的危险,此上帝副手即是基督信仰和王室权威的保护者和促进者,如同上帝许诺的那样长久。"⑥这里的"上帝副手",就是指国王。

如果说盎格鲁-撒克逊人因接受基督教而推动了王权的成长,那么,另一方面,基督教在一定程度上又对王权产生贬抑作用,这表现为国王

---

① William A. Chaney, *The Cult of Kingship in Anglo-Saxon England*, p. 253.

② Dorothy Whitelock ed., *English Historical Documents*, vol. I, p. 838.

③ William A. Chaney, *The Cult of Kingship in Anglo-Saxon England*, p. 253.

④ 孟广林:《英国封建王权论稿——从诺曼征服到大宪章》,人民出版社,2002 年,第 191 页。

⑤ A. J. Robertson ed., *The Laws of the Kings of England from Edmund to Henry I*, p. 119.

⑥ A. J. Robertson ed., *The Laws of the Kings of England from Edmund to Henry I*, p. 129.

要向教会下跪。诺森伯里亚国王埃德温接受基督教时,保里努斯(Paulinus)主教将右手放在他头上,提醒埃德温要遵守流亡时的许诺,向主教下跪。① 德伊勒国王奥斯温给艾丹主教赠送一匹马,主教将其施舍给穷人,国王责怪主教将贵重礼物轻易送人,主教回答道:"陛下,您为什么要这么说呢? 难道在您的心目中,一匹母马的儿子比天主的儿子更值钱?"②醒悟的国王大步走到主教面前跪下,祈求与主教和好。可见,摆脱了多神信仰影响的王权,不得不对基督教会表示崇敬。

　　盎格鲁-撒克逊早期的国王中,并不乏抛弃王位而成为修士者。参与特伦特河大战的麦西亚国王埃塞尔雷德后来成为巴德尼修道院的院长③;他的继任者森雷德(Coenred,704—709 年在位)也到罗马当了修士,同去的还有东撒克逊王西格希尔(Sigehere,664—690? 年在位)的儿子奥法。④ 威塞克斯国王卡德瓦拉(Cædwalla,685—688 年在位)放弃王位,前往罗马成为修士;他的继任者、著名的伊尼国王也让出王位,前往罗马朝圣。⑤ 据比德记载,这是当时许多英吉利人不论男女贫富都竞相向往的归属。⑥ 但这种做法对王位继承显然不利,也动摇了王权的基础,据《盎格鲁-撒克逊编年史》758 年记载:诺森伯里亚国王埃德伯特(Eadberht,737—758 年在位)成为修士,其子奥斯伍尔夫(Oswulf,758—759 年在位)继位只有一年,就被人杀害;东盎格里亚国王西格伯特(Sigeberht,631—? 年在位)在统治一段时间后进入修道院,后来,面对麦西亚国王彭达的入侵,已成为修士的西格伯特被人从修道院中强行拉出,但因其有修道誓言,所以西格伯特手中的武器只是"一小节棍棒",结果同其继任者埃格里克一起被彭达杀死,而在西格伯特进入修道院之

---

① 比德:《英吉利教会史》,第 129—133 页。
② 同上书,第 180 页。
③ 同上书,第 172 页。
④ 同上书,第 348 页。
⑤《盎格鲁-撒克逊编年史》,第 43—44 页;比德:《英吉利教会史》,第 317—320 页。
⑥ 比德:《英吉利教会史》,第 320 页。

前,他被认为是最勇敢最杰出的国王。[1]

教会法也对国王构成约束,这在盎格鲁-撒克逊早期尤为明显。东撒克逊国王"良善的"西格伯特有一名家臣,因违反教会法结婚,切德主教不予批准,又不能使他翻然悔悟,便将其停止教籍,命令所有的基督徒不得与他一起吃饭,但西格伯特国王无视主教的命令竟应邀到这名家臣家中吃饭,饭后出来时,恰巧碰上切德主教,国王吓得立即跳下马来,栽倒在主教脚下,请求宽恕,主教"在愤怒之中把手里的棍子按在趴倒在地上的国王身上",严厉地予以训斥。[2] 从这个例子可以看到教会的权威在那个时候有多大的力量。

集会在早期盎格鲁-撒克逊时期的社会和政治生活中具有特殊地位,这显然与日耳曼族群的部落传统有关。路透(Timothy Reuter)在"8—12世纪西欧的集会政治"中讨论了集会政治的起始,以及集会的频率和参与问题,指出集会对于中世纪早期国家的重要性。所谓"集会政治",路透的定义是:"它既指通过集会实施的政治,也指在集会上实施的政治。"[3]中世纪早期的政治集会可能有多种名称、多种形式,然而在盎格鲁-撒克逊时期的英格兰,贤人会议是最常见的形式。

"无主见者"埃塞尔雷德统治时期,埃塞克斯的埃塞尔里克(Ethelric)去世,他交纳的遗产税是60曼库斯的黄金,他的剑及剑带,此外还有"两匹马、两面圆盾和两支矛"[4]。根据遗产税判断,他可能是一个与国王有密切来往的丹麦人。多年前有人向国王告密,说埃塞尔里克与维京人斯威恩领导的入侵行动有牵连,因此犯有背叛罪。国王曾将此事告知当时的坎特伯雷大主教西格瑞克(Sigeric),但西格瑞克接受了埃塞尔里克赠送的庄园,所以此事不了了之。埃塞尔里克死后,其寡妻要求

---

① 比德:《英吉利教会史》,第187页。

② 同上书,第198页。

③ Timothy Reuter, "Assembly Politics in Western Europe from the Eighth Century to the Twelfth", in Peter Linehan, Janet L. Nelson eds., *The Medieval World*, London and New York: Routledge, 2001, p. 432.

④ Dorothy Whitelock ed., *Anglo-Saxon Wills*, Cambridge, 1930, p. 43.

将他的遗嘱合法化，国王遂召集协商会议，出席的有教会人士坎特伯雷大主教、温切斯特主教和几个修道院的院长，世俗人士包括以利奥夫西耶（Leofsige）郡长为首的各处亲兵。国王希望在全体会议上提起控告，判定埃塞尔里克的谋反罪。然而在集会上，国王未见得能随心所欲，因为埃塞尔里克在遗嘱中向多个宗教团体赠送土地，且其寡妻向现时的坎特伯雷大主教埃尔弗里克等许诺赠送更多的地产，以冀国王能够放弃控告、使死者的遗嘱得以成立。最后，在以埃尔弗里克为首的遗嘱受益人的斡旋调停下，国王同意放弃控告，确认死者的遗嘱有效，"这个声明被直接写下，在国王和协商会议前宣读"①。这样的事国王居然不能处理，而必须在一个集会上作出决定，可见"集会政治"在盎格鲁-撒克逊时期有多么重要。

也是在"无主见者"埃塞尔雷德统治时期，温弗莱德（Wynflæd）与利奥夫温（Leofwine）诉讼案表明，即使是国王的直接命令，也要在集会上才能生效。温弗莱德曾要求国王承认她对伯克郡的哈格伯恩（Hagbourne）和布拉德菲尔德（Bradfield）庄园的所有权，国王直接通过特伯雷大主教西格瑞克和其他证人，向占有上述庄园的利奥夫温下令，告知国王对温弗莱德的支持。但利奥夫温不接受，"除非问题送交郡会议"②。在库克姆斯莱（Cuckamsley）举行的郡会议上，"无主见者"埃塞尔雷德通过修道院院长埃尔夫希尔将他的印章送到会议上，并向所有参会者表明态度，要他们公正地处理纠纷。按会议的要求，温弗莱德在国王母亲的帮助下，举出证人；然后，集会的议政大臣们宣布：利奥夫温应放弃他拥有庄园的誓言、归还庄园并向国王支付赔偿金和他的偿命金。利奥弗温于是遵照会议的决定执行。从这件事可以看出，尽管国王可以向当事人直接下命令，但最终还是要在一个集会上才能将事情完全解决，虽说这次会议是郡会议而不是贤人会议。

---

① Dorothy Whitelock ed. , *Anglo-Saxon Wills*, p. 45.

② A. J. Robertson ed. , *Anglo-Saxon Charters*, p. 137.

集会似乎是一个调和冲突的场合。戈德温曾一度担任罗切斯特主教，他发现利奥夫温霸占了属于修道院的斯诺德兰（Snodland）庄园，于是他要求讨回庄园的所有权，并将此事告知国王。"无主见者"埃塞尔雷德于是给坎特伯雷大主教埃尔弗里克发去一份令状，要求他和东西肯特的塞恩们公正地解决这个纠纷。坎特伯雷大主教召集郡会议，戈德温和郡守利奥夫里克、修道院长埃尔夫亨（Elfhun）、东西肯特的塞恩等应招赴会。在会上，利奥夫里克、埃尔夫亨等人作为协调人在双方之间活动，最终达成妥协，"目的是满足所有在此集会的议政大臣"①。根据妥协方案，利奥夫温可以终生保有此庄园，但死后须归还庄园、地契和教堂以西的那个住宅，参加会议的所有在场人对此作证。由此看来，坎特伯雷召开的郡会议为解决冲突提供了平台，在调解人的努力下冲突双方达成妥协，目的是"满足所有集会的议政大臣"。

然而在集会上并不总是能达成妥协。1055 年，诺森伯里亚伯爵休厄德去世，"忏悔者"爱德华将伯爵位授予戈德温的儿子托斯蒂（Tosti）。1065 年，约克郡的塞恩发动叛乱，杀死托斯蒂的侍卫，抢走他的财宝，指责托斯蒂"先是抢劫天主，继而剥夺势力小于他的那些人的生命和土地"②。事后，在北安普敦召开一次大型贤人会议，又在牛津举行另一次会议，托斯蒂和他的兄弟哈罗德到会，希望能够达成妥协，但没有能做到。诺森伯里亚人将托斯蒂及其同伙全都放逐，接纳麦西亚伯爵埃德温的弟弟莫卡（Morcar）为伯爵。这次集会未能达成妥协的原因，除了托斯蒂本人民怨极大外，还与反对他的人数量众多有关，一方力量太大，另一方力量太小，无法求取平衡。可见力量是决定性的因素，虽说会议为协商搭建了平台。

在盎格鲁-撒克逊时期，英格兰产生了两部重要的历史著作，即比德的《英吉利教会史》和《盎格鲁-撒克逊编年史》，这是英格兰历史学诞生

---

① A. J. Robertson ed., *Anglo-Saxon Charters*, pp. 141 - 143.
②《盎格鲁-撒克逊编年史》，第 207 页。

的时代。

比德约于673年出生于泰恩河畔的纽卡斯尔（Newcastle-upon-Tyne），7岁进芒克威尔茅斯-贾罗（Monkwearmouth-Jarrow）修道院，该修道院的院长本尼狄克·比斯科普（Benedict Biscop）曾经是诺森伯里亚国王奥斯维的亲兵，他一生多次赴罗马，带回了大量书籍，比德从这些书籍中受益良多。19岁和30岁时，比德接受了助祭和司铎的职务，除为数极少的几次短期旅行外，他一生都在芒克威尔茅斯-贾罗修道院中度过，写了很多书，据他自己开列的书目就有30多种，大多数是神学著作。比德的书流传甚广，从8世纪到15世纪，在欧洲大陆，特别是在德国和法国，被大量抄写，其中《英吉利教会史》就有130多个完整的抄本，具有巨大的史料价值。按史学史专家J. W. 汤普森的说法："从公元597年到731年，无论就世俗或教会的事件来说，这部书都是唯一的一部可靠的史料，尔后所有作家都是从他这部书中摘取材料的。"①

《英吉利教会史》分五卷，第一卷描写不列颠和爱尔兰的地理位置及古代居民，叙述了凯撒和克劳狄对不列颠的征服，罗马对不列颠的统治，以及罗马人撤出不列颠。在混乱中，盎格鲁-撒克逊人应邀来到不列颠，却与不列颠人反目成仇，成为不列颠岛的统治者。格雷戈里教皇为使盎格鲁-撒克逊人皈依基督教，派出以奥古斯丁为首的传教使团，他们到达肯特，进行传教。第二卷叙述奥古斯丁去世后，英格兰出现短暂的异教复辟，但基督教很快恢复，并向埃德温国王治下的诺森伯里亚传播。第三卷叙述埃德温国王被杀，继位的奥斯瓦尔德国王接受了爱尔兰传统的基督教，为此，在664年召开了对英格兰后来历史影响深远的惠特比宗教会议。第四卷主要叙述西奥多大主教在英格兰的活动。第五卷主要叙述在比德生活的时代，英格兰的宗教、社会状况。比德叙述的重点是自597年奥古斯丁传教团到达英格兰后，基督教的传播与发展情况，但

---

① 转引自：J. W. 汤普森：《历史著作史》，上卷，第一分册，谢德风译，李活校，商务印书馆，1996年，第229页。

对当时的政治、社会状况也有所述及。

若排除英格兰教会的内容，我们发现《英吉利教会史》里除极个别事件外，全都是比德熟悉的诺森伯里亚事件，显然，比德从诺森伯里亚的"立场出发记录了不列颠和英国教会的事务"[1]。除此以外，"比德的贡献也体现在为西方历史编纂奠定了计算年代的方法，其影响一直持续至今"[2]。换言之，比德以基督降生之年为基准来计算年代。比德还是"唯一一个被授予教会博士称号的英国人，也是但丁神曲《天堂篇》中所提到的神学家和教会博士名单中唯一的一个英国人"[3]，他被誉为"英国史学之父"。

《盎格鲁-撒克逊编年史》源出于英格兰几个地方修道院的年代纪事，从9世纪末开始汇编，其中最早记录的是凯撒征服，这是公元前事件的唯一记录。从公元元年开始，事件虽不是逐年记录，但渐趋丰富，每个年份下虽说只有寥寥数语，但它记载了盎格鲁-撒克逊人进入不列颠的历史，他们通过暴力建立了诸多小国，在父子之间传递王位，将不列颠转化为英格兰。按该书中文译本的译者所说：《盎格鲁-撒克逊编年史》"愈后愈细"[4]，自阿尔弗雷德大王起，对许多重大事件都能较为完整地记载。该书记录的最后一件事是1154年斯蒂芬（Stephen）去世，安茹（Anjou）伯爵亨利（Henry）继位，他是历史上的亨利二世，开启了英国的金雀花（Plantagenet）王朝。正如同《贝奥武甫》（*Beowulf*）是古英语诗歌中最高的典范，《盎格鲁-撒克逊编年史》是"古英语散文中首屈一指的楷模"[5]。

盎格鲁-撒克逊的第一部成文法典始于肯特国王埃塞尔伯特，他"接受了贤人会议的建议，仿效罗马人的做法给他的臣民制定了各种法令。这些以英文写成的法令他们至今仍在遵守和执行。他在这些法令中第

---

[1] 唐纳德·R. 凯利：《多面的历史：从希罗多德到赫尔德的历史探询》，陈恒、宋立宏译，生活·读书·新知三联书店，2003年，第196页。

[2] 同上书，第204页。

[3] 赵立行：《西方史学通史》，第三卷，复旦大学出版社，2011年，第68页。

[4] 《盎格鲁-撒克逊编年史》，中译本序言，第viii页。

[5] J. W. 汤普森：《历史著作史》，上卷，第一分册，第234页。

一次规定了偷盗教会、主教或其他神职人员财产的人应该怎样赔偿,其用意显然在于保护这些机构和个人——他接受了这些机构和个人,同时也接受了他们的信条"①。据阿滕伯勒(Attenborough)编译的《早期英王法令》(*The Laws of the Earliest English Kings*)和罗伯逊(Robertson)编译的《从埃德蒙到亨利一世的英王法令》(*The Laws of the Kings of England from Edmund to Henry I*)所说,肯特的法令有三部,即:《埃塞尔伯特法典》、《洛西尔和埃德里克法典》和《威特雷德法典》。其他的为威塞克斯及统一后的英格兰所颁布的法令,其中与丹麦人的条约、国王的公告以及一些法典的附录也被列入法典之中,这些法典是:《伊尼法典》、《阿尔弗雷德法典》、《阿尔弗雷德和古思伦条约》、《爱德华和古思伦法典》、两部《爱德华法典》、六部《埃塞尔斯坦法典》,其中《埃塞尔斯坦第一法典》之后录有《与慈善机构有关的法令》,《埃塞尔斯坦第六法典》附有《关于纵火者和那些秘密谋杀者》和《关于热铁和水法令》,三部《埃德蒙法典》,四部《埃德加法典》,《埃德加法典》之后录有《加冕誓言》,十部《埃塞尔雷德法典》,《1020 年克努特的公告》、《1027 年克努特的公告》,以及两部《克努特法典》。这些法典多以古英语写成,是了解盎格鲁-撒克逊时期英格兰社会状况的重要材料。

　　学校教育是随奥古斯丁传教团的到来而出现的。起初,格雷戈里教皇为了支持奥古斯丁的传教,向英格兰派去"更多的传播福音的助手和人员"②,其中包括梅里图斯(Mellitus)、贾斯图斯(Justus)、保里努斯等人,这些人中有一些后来成为主教,推动了基督教在英格兰的传播。但依靠大陆提供传教人员的办法毕竟不是长久之计;在当地建立学校,培养本土教士才是解决之道。奥古斯丁在坎特伯雷东边离城不远的地方建造了一座修道院,该修道院后来成为历代肯特国王及大多数坎特伯雷大主教的安息地。奥古斯丁等人的努力逐渐开花结果,东盎格利亚国王

---

① 比德:《英吉利教会史》,第 112 页。
② 同上书,第 83 页。

西格伯特"回国登上王位后,立即希望仿效他所目睹的在法兰西所实行的良好规程。他在从肯特所带来的主教费利克斯的帮助下,创办起一所男童们能在其中学习文化的学校。这个学校的校长和导师是由费利克斯按照肯特人的方式委派的"①。

在英格兰北部,诺森伯里亚国王奥斯瓦尔德在艾丹主教的帮助下,建立和发展本国的基督教会,他"慷慨地捐出财产,划出土地,用以建造修道院。年幼的英吉利儿童和他们的长辈一道,在苏格兰导师的教导下学习和遵行修道院院规"②。经过数十年的发展,英格兰出现本土的主教和大主教,当644年先后担任约克和罗切斯特主教的保里努斯去世后,伊撒马尔(Ithamar)接任主教,他是第一个担任主教的当地人,"他的阅历和学问都和他的前任相当"③。653年坎特伯雷大主教荷诺里乌斯(Honorius)去世后,来自西撒克逊的多斯德迪特(Deusdedit)被选为第六任坎特伯雷大主教,他是第一个担任大主教的当地人。许多学校在修道院和主教堂中建立起来,当英吉利人向欧洲大陆传教时,他们可以派出自己的传教人员。西奥多大主教在陪同其前来英格兰的得力助手哈德良(Hadrian)的协助下,走遍英格兰,各地教会开始学习如何研究《圣经》,"如果有人想学习《圣经》,随时都可以得到名师指导"④。一大批学者聚集在西奥多和哈德良周围,一些学者"对希腊语和拉丁语的精通程度无异于对他们母语的精通程度"⑤。维京人入侵前的英格兰教会培养了像比德、阿尔琴这样的著名学者。阿尔弗雷德大王力图挽回维京人入侵对英格兰文化造成的损失,他本人不仅积极学习读写,还在内府中创办学校,教育贵族子弟等世俗人士。阿尔弗雷德大王的继承人"长者"爱德华、埃塞尔斯坦继续支持宫廷学校,然而当939年埃塞尔斯坦去世后,

① 比德:《英吉利教会史》,第186页。
② 同上书,第155—156页。
③ 同上书,第179页。
④ 同上书,第230页。
⑤ 同上书,第229页。

英格兰教育的主导权复归修道院。在 10 世纪英格兰的修道院复兴运动中，宗教领袖邓斯坦、埃塞尔沃尔德等都是饱学之士，后者还积极创办修道院学校，并亲自教授课程。当然，这些修道院学校的数量并不多，学生人数也不多，最好的修道院学校也只有十一二个学生。①

从史前到公元 11 世纪，是不列颠岛上文明的生成期，不列颠岛的文明生成有几个特点，一是它的外来性，文明源于外来的影响，不同的人群在不列颠岛上来来往往，使这种外来性尤其明显。二是它的延缓性，不列颠的文明与欧洲大陆相比较，不仅姗姗来迟，而且发展缓慢，显得幼嫩不成熟。三是它的间断性，大陆文明传入不列颠，来回经历了好几次：罗马人进入不列颠时，他带来的是当时欧洲最优秀的古典文明；但是当他离开时，他又把文明带走了，让不列颠重新回到了蒙昧的黑暗中，要花几个世纪的时间才重新回归文明，当然，到那个时候，出现的是另外一种完全不同于罗马文明的新的文明。

这种情况就使得不列颠文明的生成期特别漫长，而它的成熟则需要花费更多的时间。等盎格鲁-撒克逊人逐渐走出蒙昧、形成自己的文明时，新的入侵却又开始了，再一次打断了文明的进程。在这多次反反复复的文明生成过程中，英格兰逐渐形成自己的特色，也慢慢实现了英格兰的统一。就在这时，诺曼入侵发生了，将英格兰再次纳入大陆主流文明的发展框架中，这就是我们在第二卷开场时即将讲述的故事。

不过，从罗马统治时期起，却有一种延续的因素在起作用，使不列颠始终不能脱离欧洲的影响，那就是基督教。基督教在不列颠文明生成时期的独特作用，使它不仅是一种宗教，更是一种文明的承载体，这种作用在罗马人退出不列颠后就体现得更加明显——当然，在罗马人退出不列颠时，他们也已经接受基督教了，因此整个欧洲事实上都在经历一场文明的转型。

---

① Michael Lapidge, John Blair, Simon Keynes, Donald Scragg eds., *The Blackwell Encyclopaedia of Anglo-Saxon England*, p. 408.

附　录

一　地图 *

1. 公元 100—400 年罗马的军事统治

公元100—400年罗马的军事统治

安东尼长城

哈德良长城

第六军团
约克

军团总部驻地

切斯特
第二十军团

默尔迈恩大道

福斯路

华特令大道

伦敦

第二军团
卡利恩

道斯路

军事统治区
军团司令部
要塞和军营
罗马人修筑的军用公路
罗马人使用的凯尔特人的古道
公元300—400年的沿海要塞，由萨克
逊海岸伯爵控制

0　　　50
英里

---

*　本书地图引自[英]马丁·吉尔伯特著《英国历史地图》(第三版)，王玉菡译，中国青年出
版社，2009 年。

2. 罗马统治时期的民生

罗马统治时期的民生

哈德良长城
卡莱尔　铅　煤
铜
煤
达灵顿
铅
银　铁
约克
煤
曼彻斯特
煤
铅
林肯
铜　银
霍尔卡斯尔
银　纽瓦克
铅　安克斯特
利奇菲尔德　凯斯托
铜　罗克斯特　莱斯特　凯斯托
铅　伍斯特　剑桥
锡　托斯特
肯切斯特　科尔切斯特
黄金　格洛斯特　阿尔切斯特　圣奥尔本斯
铁　赛伦塞斯特
煤　凯尔文特　米尔登霍尔　伦敦
铅　巴斯　锡切斯特　罗切斯特　坎特伯雷
温切斯特　铁　铁
石料　比特恩　奇切斯特
石料　多尔切斯特
埃克塞特
锡
锡

非军事统治区
主要的小麦种植区
矿场和采石场
制陶作坊
地区首府
其他城镇

0　　　50
英里

3. 奥发霸权时期的英格兰

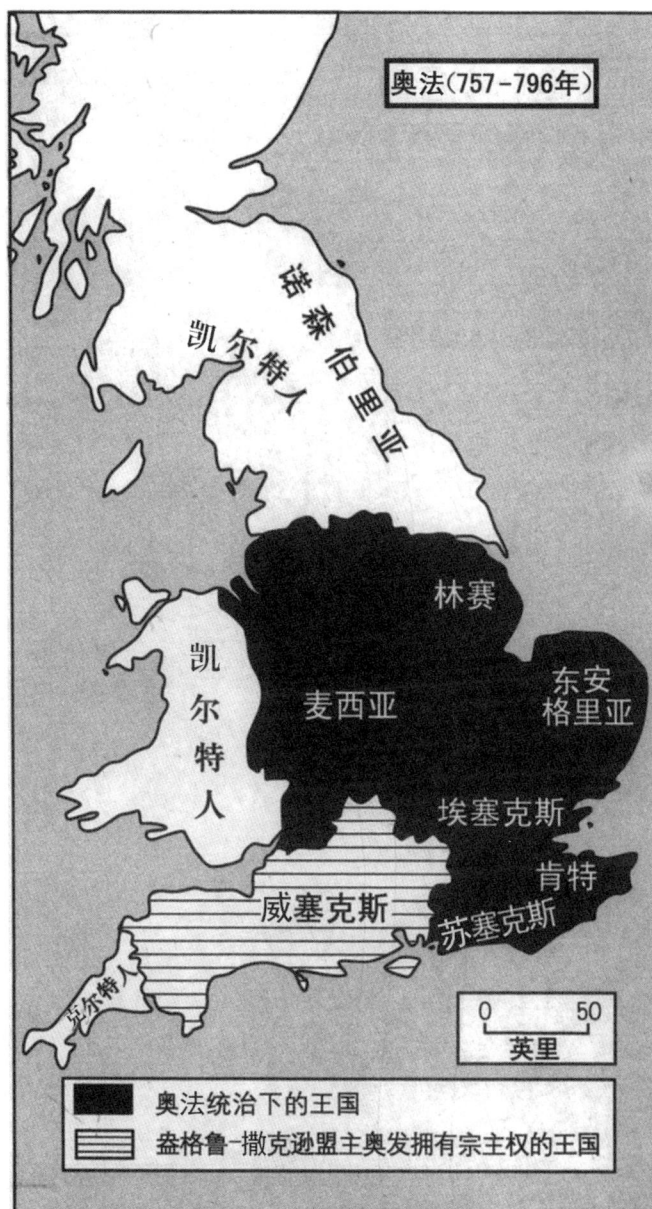

奥法(757—796年)

诺森伯里亚

凯尔特人

林赛

凯尔特人

麦西亚

东安格里亚

埃塞克斯

肯特

威塞克斯

苏塞克斯

凯尔特人

0　　　50

英里

■ 奥法统治下的王国

▤ 盎格鲁-撒克逊盟主奥发拥有宗主权的王国

4．1000—1034 年的丹麦帝国

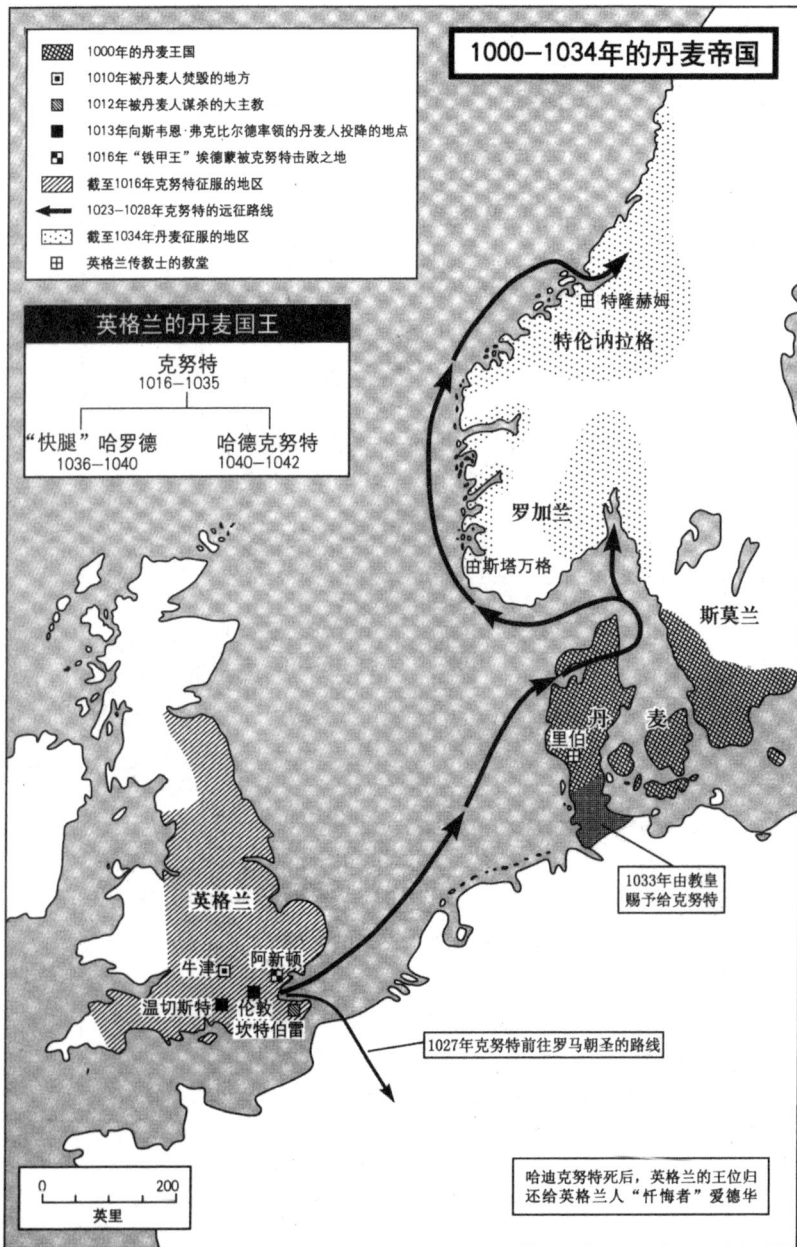

图例：
- 1000年的丹麦王国
- 1010年被丹麦人焚毁的地方
- 1012年被丹麦人谋杀的大主教
- 1013年向斯韦恩·弗克比尔德率领的丹麦人投降的地点
- 1016年"铁甲王"埃德蒙被克努特击败之地
- 截至1016年克努特征服的地区
- 1023—1028年克努特的远征路线
- 截至1034年丹麦征服的地区
- 英格兰传教士的教堂

1000—1034年的丹麦帝国

英格兰的丹麦国王

克努特
1016—1035

"快腿"哈罗德　　　哈德克努特
1036—1040　　　　1040—1042

田 特隆赫姆

特伦讷拉格

罗加兰

田斯塔万格

斯莫兰

丹　麦

里伯

英格兰

1033年由教皇
赐予给克努特

牛津　阿新顿

温切斯特　伦敦
坎特伯雷

1027年克努特前往罗马朝圣的路线

0　　　　200
英里

哈迪克努特死后，英格兰的王位归
还给英格兰人"忏悔者"爱德华

5. 1000—1066 年的主教辖区和修道院

1000—1066年的主教辖区和修道院

圣卡斯伯特主教教区

卡莱尔

切斯特勒斯特里特

达勒姆

约　克

约克

亨伯河畔巴顿

林肯

利奇菲尔德

利奇菲尔德

北埃尔门

赫尔姆的圣伯内

埃尔马姆

多切斯特

拉姆西

伊利

贝里圣埃德蒙兹

赫里福德

赫里福德

伍斯特

特里姆上的韦斯特伯里

伍斯特

阿宾登

拉姆斯伯里

多切斯特

伦敦

伦敦

坎特伯雷

罗切斯特

坎特伯雷

多佛尔

韦尔斯

韦尔斯

拉姆斯伯里

舍伯恩

温切斯特

温切斯特

塞尔西

桑普廷

罗切斯特

克雷迪顿

埃克塞特

舍伯恩

塞尔西

克雷迪顿

圣木曼斯

1058年与拉姆斯伯里教区合并

1027年主教教区合并

主教辖区的分界线

修道院的附属教堂

设有主教座的修道院

修道院

0　　　　50

英里

二 大事年表

公元前 **55** 年　凯撒入侵不列颠

公元前 **54** 年　凯撒再度入侵不列颠

公元 **43** 年　克劳狄征服不列颠

49 年　首座殖民城市科尔切斯特建立

60 年　费施伯恩的乡间别墅开始出现

61 年　波迪卡起义

65—75 年　巴思的苏里斯-密涅瓦神庙建成

77—84 年　阿古利可拉任不列颠总督

80—90 年间　卢林斯顿别墅初建

约 **100** 年　伦敦成为罗马不列颠首府

122 年　哈德良访问不列颠,哈德良长城开始修建

208 年　塞维鲁偕同两个儿子出巡不列颠

212 年　《安东尼谕令》颁行

260—274 年　高卢帝国

286—296 年　卡劳修斯叛乱

306 年　君士坦提乌斯在约克去世,其子君士坦丁在约克称帝

314 年　伦敦、约克和林肯的三位基督教主教出席了阿尔勒教会会议

343 年　君士坦斯出巡不列颠

367 年　皮克特人和苏格兰人入侵不列颠

384 年　马克西穆斯抗击皮克特人和苏格兰人

401 年　斯提利科从不列颠撤军

410 年　罗马在不列颠的统治结束

429 年　圣日耳曼努斯访问不列颠,在圣奥尔本斯与贝拉基分子辩论

约 450 年　撒克逊人首领亨吉斯特和霍沙接受不列颠王沃蒂根的邀请,定居肯特

560 年　埃塞尔伯特成为肯特国王

597 年　圣奥古斯丁使团到达肯特

616 年　东盎格利亚国王雷德沃尔德扶植爱德文为诺森伯里亚国王

627 年　爱德文和诺森伯里亚宫廷皈依基督教

633 年　奥斯瓦尔德成为诺森伯里亚国王

664 年　惠特比宗教会议

669 年　西奥多大主教到达英格兰

731 年　比德完成《英吉利教会史》

757 年　奥法成为麦西亚国王

793—795 年　维京人袭击林第斯法恩、贾罗等英格兰人的宗教圣地

825 年　威塞克斯国王埃格伯特击败麦西亚

871 年　阿尔弗雷德成为威塞克斯国王

899 年　阿尔弗雷德去世,"长者"爱德华继任威塞克斯国王

959 年　"和平缔造者"埃德加成为国王

960 年　邓斯坦成为坎特伯雷大主教

979 年　"无主见者"埃塞尔雷德成为国王

1016 年　丹麦人克努特成为英格兰国王

1042 年　"忏悔者"爱德华成为英格兰国王

1066 年　"忏悔者"爱德华去世,哈罗德伯爵被选为国王;诺曼底公爵威廉在黑斯廷斯之战中杀死英格兰国王哈罗德;诺曼征服

三 参考书目

一、英文部分

Adkins, L. , R. A. Adkins, *Handbook to Life in Ancient Rome*, New York: Facts on File, 1993.

Alexander, P. J. , "Letters and Speeches of the Emperor Hadrian", *Harvard Studies in Classical Philology*, 1938(49).

Allason-Jones, L. , *Daily Life in Roman Britain*, Oxford: Greenwood World Publishing, 2008.

Artemidorus, *The Interpretation of Dreams*, trans. R. J. White, 2nd edn. , Torrance, California: Original Books, 1990.

Attenborough, F. L. ed. , *The Laws of the Earliest English Kings*, Cambridge: Cambridge University Press, 1922.

Baker, J. H. , *An Introduction to English Legal History*, Oxford, 2007.

Balsdon, J. P. V. D. , *Romans and Aliens*, Chapel Hill: The University of North Carolina Press, 1979.

Barasch, M. , "The City", in Philip P. Wiener ed. , *Dictionary of the History of Ideas*, Vol. I, New York: Charles Scribner's Sons, 1968.

Barrett, A. A. , "Claudius' British Victory Arch in Rome", *Britannia*, 1991 (22).

Barrett, J. C. , "Romanization: A Critical Comment", in D. J. Mattingly ed. , *Dialogues in Roman Imperialism: Power, Discourse and Discrepant Experience in the Roman Empire* (*Journal of Roman Archaeology*, Supplementary Series 23).

Portsmouth, Rhode Island, 1997.

Baxter, Stephen, "Lordship and Justice in Late Anglo-Saxon England: The Judicial Functions of Soke and Commendation Revisited", in Stephen Baxter, Catherine Karkov, Janet L. Nelson, David Pelteret eds. , *Early Medieval Studies in Memory of Patrick Wormald*, Farnham: Ashgate, 2009.

Beard, M. , J. North eds. , *Pagan Priests: Religion and Power in the Ancient World*, Ithaca: Cornell University Press, 1990.

Beard, M. , J. North, S. Price, *Religions of Rome*, 2 vols. , Cambridge: Cambridge University Press, 1998.

Bede, *The Ecclesiastical History of the English People*, Judith McClure and Roger Collins eds. , Oxford, 2008.

Birley, A. , *Life in Roman Britain*, London: B. T. Batsford Ltd, 1972.

——, *The People of Roman Britain*, London: B. T. Batsford Ltd, 1979.

——, *The* Fasti *of Roman Britain*, Oxford: Clarendon Press, 1981.

——, "Vindolanda: New Writing Tablets 1986 – 1989", in V. A. Maxfield, M. I. Dobson eds. , *Roman Frontier Studies* 1989, Exeter: University of Exeter Press, 1991.

——, *Hadrian: The Restless Emperor*, London and New York: Routledge, 2000.

——, *The Roman Government of Britain*, Oxford: Oxford University Press, 2005.

Birley, E. , "Law in Roman Britain", in H. Temporini, W. Haase eds. , *Aufstieg und Niedergang der römischen Welt*, Ⅱ. 13, Berlin and New York: Walter de Gruyter, 1980.

Black, E. W. , *Cursus Publicus: The Infrastructure of Government in Roman Britain*, Oxford: Tempus Reparatum, 1995.

Blagg, T. F. C. , A. C. King eds. , *Military and Civilian in Roman Britain: Cultural Relationships in a Frontier Province* (*British Archaeological Reports*, British Series 136), Oxford, 1984.

Blair, John, *The Church in Anglo-Saxon Society*, Oxford, 2005.

Blair, Peter Hunter, *An Introduction to Anglo-Saxon England*, Cambridge: Cambridge University Press, 2003.

Bogaers, J. E. , "King Cogidubnus in Chichester: Another Reading of R. I. B 91", *Britannia*, 1979(10).

Bowersock, G. W. , "Roman Senators from the Near East: Syria, Judaea, Arabia, Mesopotamia", in idem, *Studies on the Eastern Roman Empire: Social*,

Economic and Administrative History, *Religion*, *Historiography*, Goldbach: Keip Verlag, 1994.

Bowersock, G. W. , P. Brown, O. Grabar eds. , *Late Antiquity: A Guide to the Postclassical World*, Cambridge Mass: Harvard University Press, 1999.

Bowman, A. K. , "The Roman Imperial Army: Letters and Literacy on the Northern Frontier", in A. K. Bowman, G. Woolf eds. , *Literacy and Power in the Ancient World*, Cambridge: Cambridge University Press, 1994.

Bowman, A. K. , *Life and Letters on the Roman Frontier: Vindolanda and its People*, London: British Museum Press, 1994.

Bowman, A. K. , E. Champlin, A. Lintott eds. , *The Cambridge Ancient History*, Vol. X, *The Augustan Empire*, 43BC-AD69, 2nd edition, Cambridge: Cambridge University Press, 1996.

Bowman, A. K. , J. D. Thomas, "The Vindolanda Writing Tablets and their Significance: An Interim Report", *Historia*, 1975(24).

——, "A Military Strength Report from Vindolanda", *Journal of Roman Studies*, 1991(81).

——, "Introduction", in A. K. Bowman, J. D. Thomas, *The Vindolanda Writing Tablets* (*Tabulae Vindolandenses* Ⅲ), London: British Museum Press, 2003.

Braund, D. C. , *Rome and the Friendly King: The Character of the Client Kingship*, London and New York: Croom Helm, 1984.

—— ed. , *The Administration of the Roman Empire* 241BC-AD193, Exeter: University of Exeter Press, 1988.

Breeze, D. J. , B. Dobson, *Hadrian's Wall*, 3rd edn. , London: Penguin Books, 1987.

Brooks, Nicholas, *Anglo-Saxon Myths: State and Church* 400 – 1066, London: The Hambledon Press, 2000.

Brunt, P. A. , "Lex de Imperio Vespasiani", *Journal of Roman Studies*, 1977 (67).

——, "Laus Imperii", in P. D. A. Garnsey, C. R. Whittaker eds. , *Imperialism in the Ancient World*, Cambridge: Cambridge University Press, 1978.

——, *Roman Imperial Themes*, Oxford: Clarendon Press, 1990.

Burn, A. R. , "Tacitus on Britain", in T. A. Dorey ed. , *Tacitus*, New York: Basic Books, 1969.

Burnham, B. C. , J. Wacher, *The Small Towns of Roman Britain*, Berkeley: University of California Press, 1990.

Burton, G. P. , "Proconsuls, Assizes and the Administration of Justice under the Empire", *Journal of Roman Studies*, 1975(65).

Campbell, B. , "The Marriage of Soldiers under the Empire", *Journal of Roman Studies*, 1978(68).

——, *The Roman Army*, 31BC-AD337: *A Sourcebook*, London and New York: Routledge, 1994.

——, *War and Society in Imperial Rome*, 31BC-AD284, London and New York, Routledge, 2002.

Campbell, James ed. , *The Anglo-Saxons*, London: Penguin Books, 1991.

Chaney, William A. , *The Cult of Kingship in Anglo-Saxon England*. Manchester: Manchester University Press, 1970.

Clarke, S. , "The Pre-industrial City in Roman Britain", in E. Scott ed. , *Theoretical Roman Archaeology: First Conference Proceedings*, Aldershot: Avebury, 1993.

Clifford, E. M. , "The Roman Villa, Witcombe, Gloucestershire", *Transactions of the Bristol and Gloucestershire Archaeological Society*, 1954(73).

Collingwood, R. G. , *The Archaeology of Roman Britain*, London: Bracken Books, 1996[1930].

Collingwood, R. G. , J. N. L. Myres, *Roman Britain and the English Settlements*, 2nd edition, Oxford: Clarendon Press, 1937.

Collingwood, R. G. , R. P. Wright, *The Roman Inscriptions of Britain*, Vol. I, *Inscriptions on Stone*, addenda and corrigenda by R. S. O. Tomlin, Stroud: Alan Sutton Publishing Limited, 1995.

Crook, J. A. , *Law and Life of Rome*, London: Thames and Hudson, 1984 [1967].

Cunliffe, B. ed. , *Prehistoric Europe: An Illustrated History*, Oxford: Oxford University Press, 1994.

——, *The Extraordinary Voyage of Pytheas the Greek*, London: Penguin Books, 2002.

Davies, R. W. , "The Daily Life of the Roman Soldier under the Principate", in H. Temporini, W. Haase eds. , *Aufstieg und Niedergang der römischen Welt*, Ⅱ. 1, Berlin and New York: Walter de Gruyter, 1974.

David Hill, *An Atlas of Anglo-Saxon England*, Oxford: Basil Blackwell, 1984.

De la Bédoyère, G. , *Roman Britain: A New History*, London: Thames & Hudson, 2006.

Dio Cassius, *Roman History*, trans. E. Cary, 9 vols. Loeb edition, Cambridge

Mass: Harvard University Press, 1925.

Dobson, B. , J. C. Mann, "The Roman Army in Britain and Britons in the Roman Army", *Britannia*, 1973(4).

Douglas, David C. , George W. Greenaway eds. , *English Historical Documents*, 2nd edn. vol. Ⅱ, 1042 - 1189, London and New York: Routledge, 2001.

Dyer, Christopher, *Making a Living in the Middle Ages: The People of Britain, 850 - 1520*. New Haven and London: Yale University Press, 2009.

Evans, D. E. , "Language Contact in Pre-Roman and Roman Britain", in H. Temporini, W. Haase eds. , *Aufstieg und Niedergang der römischen Welt*, Ⅱ. 29. 2, Berlin and New York: Walter de Gruyter, 1983.

Ferrill, A. , *The Fall of the Roman Empire: The Military Explanation*, London: Thames and Hudson, 1986.

Finley, M. I. , *The Ancient Economy*, 2nd edition, London: The Hogarth Press, 1983.

Fishwick, D. , "The Development of Provincial Ruler Worship in the Western Roman Empire", in H. Temporini, W. Haase eds. , *Aufstieg und Niedergang der römischen Welt*, Ⅱ. 16. 2, Berlin and New York: Walter de Gruyter, 1978.

Ford, B. ed. , *The Cambridge Guide to the Arts in Britain*, Vol. 1, *Prehistoric, Roman and Early Medieval*, Cambridge: Cambridge University Press, 1988.

Freeman, P. W. M. , "Mommsen through to Haverfield: the Origins of Romanization Studies in Late 19th-century Britain", in D. J. Mattingly ed. , *Dialogues in Roman Imperialism: Power, Discourse and Discrepant Experience in the Roman Empire* (*Journal of Roman Archaeology*, Supplementary Series 23), Portsmouth, Rhode Island, 1997.

Frere, S. , *Britannia: A History of Roman Britain*, 3rd edition, London and New York: Routledge & Kegan Paul, 1987.

Frere, S. S. , M. Roxan, R. S. O. Tomlin, *The Roman Inscriptions of Britain*, Vol. Ⅱ, *Instrumentum Domesticum*, Fascicule 1, Stroud: Alan Sutton Publishing Limited, 1990.

Gager, J. G. ed. , *Curse Tablets and Binding Spells from the Ancient World*, New York: Oxford University Press, 1992.

Garnsey, P. , "Legal Privilege in the Roman Empire", in M. I. Finley ed. , *Studies in Ancient Society*, London: Rouledge and Kegan Paul, 1974.

——, "Religious Toleration in Classical Antiquity", in W. Sheils ed. , *Persecution and Toleration* (*Studies in Church History*, 21), Oxford, 1984.

Garnsey, P. , R. Saller, *The Roman Empire: Economy, Society and Culture*, Berkeley and Los Angeles: University of California Press, 1987.

Goldsworthy, A. , I. Haynes eds. , *The Roman Army as a Community* (*Journal of Roman Archaeology*, Supplementary Series 34), Portsmouth, Rhode Island, 1999.

González, J. , "The Lex Irnitana: a New Copy of the Flavian Municipal Law", *Journal of Roman Studies*, 1986(76).

Goodman, M. , *The Roman World*, 44BC – AD180, London and New York: Routledge, 1997.

Grant, M. , *A Guide to the Ancient World: A Dictionary of Classical Place Names*, New York: Barnes & Noble Books, 1986.

Hadley, D. M. , *The Northern Danelaw: Its Social Structure*, 800 – 1100, London: Leicester University Press. 2000.

Hall, J. R. Clark, with a supplement by Herbert D. Meritt, *A Concise Anglo-Saxon Dictionary*, 4th edn. , Toronto: Toronto University of Press, 2008.

Harmer, F. E. , *Anglo-Saxon Writs*, Manchester: Manchester University Press, 1952.

Hart, Cyril, "Athelstan 'Half King' and His Family", *Anglo-Saxon England*, 1973(2).

Haverfield, F. , *The Romanization of Roman Britain*, 4th edition, Oxford: Oxford University Press, 1923.

——, *The Roman Occupation of Britain*, revised edition by G. MacDonald, Oxford: Clarendon Press, 1924.

Helgeland, J. , "Roman Army Religion", in H. Temporini, W. Haase eds. , *Aufstieg und Niedergang der römischen Welt*, II. 16. 2, Berlin and New York: Walter de Gruyter, 1978.

Henig, M. , *Religion in Roman Britain*, London: B. T. Batsford, 1984.

——, "Religion in Roman Britain", in S. Gilley, W. J. Sheils eds. , *A History of Religion in Britain: Practice and Belief from Pre-Roman Times to the Present*, Oxford: Basil Blackwell, 1994.

Herodian, *History*, trans. C. R. Whittaker, 2 vols, Loeb edition, Cambridge, Mass: Harvard University Press, 1969.

Higgins, C. , *Under Another Sky: Journeys in Roman Britain*, London: Vintage Books, 2014.

Hingley, R. , "The 'Legacy' of Rome: the Rise, Decline and Fall of the Theory of Romanization", in J. Webster, N. Cooper eds. , *Roman Imperialism: Post-*

colonial Perspectives (Leicester Archaeology Monographs, No. 3), Leicester: Leicester University Press, 1996.

Hollister, C. Warren, The Making of England: 55 B. C. to 1399, Toronto: D. C. Heath Company, 1992.

Hopkins, K., "Taxes and Trade in the Roman Empire (200 BC-AD 400)", Journal of Roman Studies, 1980(70).

——, "Rules of Evidence", Journal of Roman Studies, 1978(68).

Hornblower, S., A. Spawforth eds., The Oxford Classical Dictionary, 3rd edition revised, Oxford: Oxford University Press, 2003.

Huskinson, J. ed., Experiencing Rome: Cultural, Identity and Power in the Roman Empire, London: Routledge in association with The Open University Press, 2000.

Hylson-Smith, Kenneth, Christianity in England from Roman Times to the Reformation, Vol. I, London: SCM Press, 1999.

Ireland, S., Roman Britain: A Sourcebook, 3rd edn., London: Routledge, 2008.

Isaac, B., "The Meaning of the Terms limes and limitanei", Journal of Roman Studies, 1988(78).

James, S., M. Millett eds., Britons and Romans: Advancing an Archaeological Agenda (Council for British Archaeological Research Report, 125), York, 2001.

Jolliffe, J. E. A., The Constitutional History of Medieval England from the English Settlement to 1485, London: Adam and Charles Black, 1937.

Jones, A. H. M., Studies in Roman Government and Law, Oxford: Basil Blackwell, 1960.

Keppie, L., Understanding Roman Inscriptions, London: B. T. Batsford Ltd., 1991.

——, The Making of the Roman Army, 2nd edn, London: Routledge, 1998.

Kern, Fritz, Chrimes, S. B., Kingship and Law in the Middle Ages, Oxford: Basil Blackwell, 1956.

Keynes, Simon, "The Power of the Written Word: Alfredian England, 871 – 899", in Timothy Reuter ed., Alfred the Great: Papers form the Eleventh-Centenary Conferences, Aldershot: Ashgate, 2003.

Keynes, Simon, Michael Lapidge eds., Alfred the Great: Asser's Life of King Alfred and Other Contemporary Sources, London: Penguin Books, 2004.

Kirby, D. P., The Earliest English Kings, New York: Routledge, 2000.

Kurchin, B. , "Romans and Britons on the Northern Frontier: a Theoretical Evaluation of the Archaeology of Resistance", in P. Rush ed. , *Theoretical Roman Archaeology: Second Conference Proceedings*, Aldershot: Avebury, 1995.

Lapidge, Michael, John Blair, Simon Keynes, Donald Scragg eds. , *The Blackwell Encyclopaedia of Anglo-Saxon England*, Blackwell, 2001.

Laurence, R. , J. Berry eds. , *Cultural Identity in the Roman Empire*, London and New York: Routledge, 1998.

Le Bohec, Y. , *The Imperial Roman Army*, London: B. T. Batsford Ltd, 1994.

Le Glay, M. , Jean-Louis Voisin, Y. Le Bohec, *A History of Rome*, trans. Antonia Nevill, Oxford: Blackwell Publishers, 1996.

Levick, B. , *The Government of the Roman Empire: A Sourcebook*, London & Sydney: Croom Helm, 1985.

Lewis, C. T. , C. Short, *A Latin Dictionary*, Oxford: Clarendon Press, 1980 [1879].

Lintott, A. , *Imperium Romanum: Politics and Administration*, London: Routledge, 1993.

Loyn, H. R. , *The Governance of Anglo-Saxon England*, 500 – 1087, London: Edward Arnold, 1984.

——, *The English Church*, 940 – 1154, Harlow: Pearson Education Ltd. , 2000.

Loyn, Henry, *The Vikings in Britain*, Oxford: Wiley-Blackwell, 1995.

Luttwak, E. N. , *The Grand Strategy of the Roman Empire: From the First Century A. D. to the Third*, Baltimore and London: Johns Hopkins University Press, 1976.

MacMullen, R. , *Roman Social Relations*, 50B. C. to A. D. 284, New Haven: Yale University Press, 1974.

——, "The Epigraphic Habit in the Roman Empire", *American Journal of Philology*, 1982(103).

——, *Changes in the Roman Empire: Essays in the Ordinary*, Princeton: Princeton University Press, 1990.

Maitland, F. M. , *The Constitutional History of England*, Cambridge: Cambridge University Press, 1926.

Mann, J. C. , *Legionary Recruitment and Veteran Settlement during the Principate*, London: Institute of Archaeology of University of London, 1983.

——, *Britain and the Roman Empire*, Aldershot: Variorum, 1996.

Mann, J. C. , M. M. Roxan, "Discharge Certificates of the Roman Army", *Britannia*, 1988(19).

Mattern, S. P. , *Rome and the Enemy: Imperial Strategy in the Principate*, Berkeley: University of California Press, 1999.

Mattingly, D. J. , "Dialogues of Power and Experience in the Roman Empire", in D. J. Mattingly ed. , *Dialogues in Roman Imperialism: Power, Discourse and Discrepant Experience in the Roman Empire* (*Journal of Roman Archaeology*, Supplementary Series 23), Portsmouth, Rhode Island, 1997.

——, *An Imperial Possession: Britain in the Roman Empire*, 54 BC-AD 409, London: Penguin Books, 2007.

Meyer, E. A. , "Explaining the Epigraphic Habit in theRoman Empire: the Evidence of Epitaphs", *Journal of Roman Studies*, 1990(80).

Millar, F. , "The Emperors, the Senate and the Provinces", *Journal of Roman Studies*, 1966(56).

——, "Emperors, Frontiers and Foreign Relations, 31B. C. to A. D. 378", *Britannia*, 1982(13).

——, "Epigraphy", in M. Crawford ed. , *Sources for Ancient History*. Cambridge: Cambridge University Press, 1983.

——, "'Senatorial' Provinces: An Institutionalized Ghost", *Ancient World*, 1989(20).

——, *The Emperor in the Roman World* (31 BC-AD 337), 2nd edn. , Ithaca: Cornell University Press, 1992.

——, "The Roman Empire as a System", 载《中西古典文明研究——庆祝林志纯教授 90 华诞论文集》(*Studies in Chinese and Western Classical Civilizations: Essays in Honour of Prof. Lin Zhi-chun on his 90ᵗʰ Birthday*),长春:吉林人民出版社,1999 年。

——, *Rome, the Greek World, and the East*, Vol. I, in H. M. Cotton, G. M. Rogers eds. , *The Roman Republic and the Augustan Revolution*, Chapel Hill and London: The University of North Carolina Press, 2002.

Millar, F. , *The Roman Empire and its Neighbours*, 2nd edition, New York: Holmes & Meier Publishers, 1981.

Millett, M. , *The Romanization of Britain: An Essay in Archaeological Interpretation*, Cambridge: Cambridge University Press, 1990.

——, *Roman Britain*, London: B. T. Batsford, 1995.

Momigliano, A. , *Alien Wisdom: The Limits of Hellenization*, Cambridge: Cambridge University Press, 1975.

——, "Roman Religion: The Imperial Period", in Mircea Eliade ed. , *The Encyclopedia of Religion*, Vol. 12, New York: Macmillan Publishing Company, 1987.

Perring, D. , *The Roman House in Britain*, London: Routledge, 2002.

Pliny the Younger, *The Letters of the Younger Pliny*, trans. B. Radice, London: Penguin Books, 1969.

Polomé, E. C. , "The Linguistic Situation in the Western Provinces of the Roman Empire", in H. Temporini, W. Haase eds. , *Aufstieg und Niedergang der römischen Welt*, Ⅱ. 29. 2, Berlin and New York: Walter de Gruyter, 1983.

Redfield, R. , R. Linton, M. Herskovits, "Memorandum for the Study of Acculturation", *American Anthropologist*, 1936(38).

Reuter, Timothy, "Assembly Politics in Western Europe from the Eighth Century to the Twelfth", in Peter Linehan, Janet L. Nelson eds. , *The Medieval World*, London and New York: Routledge, 2001.

Rich, J. , A. Wallace-Hadrill eds. , *City and Country in the Ancient World*, London and New York: Routledge, 1991.

Richardson, J. , *Roman Provincial Administration 227BC – AD117*, Bristol: Bristol Classical Press, 1978.

Richmond, I. A. , *Roman Britain*, 2nd edition, London: Penguin Books, 1963.

Rivet, A. L. F. , *Town and Country in Roman Britain*, London: Hutchinson University Library, 1958.

Rivet, A. L. F. , C. Smith, *The Place-Names of Roman Britain*, Princeton: Princeton University Press, 1979.

Robertson, A. J. ed. , *Anglo-Saxon Charters*, Cambridge, 1956.

Robertson, A. J. ed. , *The Laws of the Kings of England from Edmund to Henry I*, Cambridge, 1925.

Rostovtzeff, M. , *Rome*, New York: Oxford University Press, 1960.

Saddington, D. B. , "The Development of the RomanAuxiliary Forces from Augustus to Trajan", in H. Temporini, W. Haase eds. , *Aufstieg und Niedergang der römischen Welt*, Ⅱ. 3, Berlin and New York: Walter de Gruyter, 1975.

Saller, R. P. , *Personal Patronage under the Early Empire*, Cambridge: Cambridge University Press, 1982.

Salway, P. , *The Frontier People of Roman Britain*, Cambridge: Cambridge University Press, 1965.

——, *Roman Britain*, Oxford: Clarendon Press, 1981.

Sawyer, P. H. , *Anglo-Saxon Charters: An Annotated List and Bibliography*,

London: Offices of the Royal Historical Society, 1968.

Sawyer, P. H. , *From Roman Britain to Norman England* , 2nd edn, London and New York: Routledge, 1998.

Scriptores Historiae Augustae , trans. D. Magie, 3 vols. , Loeb edition, Cambridge Mass: Harvard University Press, 1921.

Scullard, H. H. , *Roman Britain: Outpost of the Empire* , London: Thames and Hudson, 1979.

Sherk, Robert K. ed. and trans. , *The Roman Empire: Augustus to Hadrian* , Cambridge: Cambridge University Press, 1988.

Sherwin-White, A. N. , *The Roman Citizenship* , 2nd edition, Oxford: Clarendon Press, 1973.

Southern, P. , *Roman Britain: A New History* 55 BC - AD 450, Stroud: Amberley Publishing, 2011.

Speidel, M. P. , "The Rise of the Ethnic Units in the Roman Imperial Army", in H. Temporini, W. Haase eds. , *Aufstieg und Niedergang der römischen Welt* , II. 3, Berlin and New York: Walter de Gruyter, 1975.

——, "Roman Army Pay Scales", *Journal of Roman Studies* , 1992(82).

Stambaugh, J. E. , "The Functions of Roman Temples", in H. Temporini, W. Haase eds. , *Aufstieg und Niedergang der römischen Welt* , II. 16. 1, Berlin and New York: Walter de Gruyter, 1978.

Stenton, F. M. , *Anglo-Saxon England* , Oxford: Clarendon Press, 1971.

Stephenson, C. , Marcham, F. G. eds. , *Sources of English Constitutional History: A Selection of Documents from A. D. 600 to the Present* , New York: Harper & Brothers Publishers, 1937.

Stevenson, G. H. , *Roman Provincial Administration till the Age of the Antonines* , Oxford: Basil Blackwell, 1939.

Summerton, N. , *Medicine and Health Care in Roman Britain* , Princes Risborough: Shire Publications, 2007.

Swanton, Michael, *Anglo-Saxon Chronicle* , London: Phoenix Press, 2000.

Syme, R. , *Tacitus* , Oxford: Clarendon Press, 1958.

Todd, M. ed. , *Studies in the Romano-British Villa* , Leicester: University of Leicester Press, 1978.

——, *Roman Britain* , 3rd edition, Oxford: Blackwell Publishers, 1999.

—— ed. , *A Companion to Roman Britain* , Oxford: Blackwell Publishing, 2004.

Tomlin, R. S. O. , *Tabellae Sulis: Roman Inscribed Tablets of Tin and Lead from the Sacred Spring at Bath*, Oxford: Oxford University Committee for Archaeology, 1988.

——, "Writing to the Gods in Britain", in Alison E. Cooley ed. , *Becoming Roman*, *Writing Latin?: Literacy and Epigraphy in the Roman West*, Portsmouth, Rhode Island: *Journal of Roman Archaeology*, Supplementary Series, 2002(48).

Toner, J. P. , *Leisure and Ancient Rome*, Cambridge: Polity Press, 1995.

Veyne, P. , "The Roman Empire", in P. Veyne ed. , *A History of Private Life*, *I. From Pagan Rome to Byzantium*, trans. Arthur Goldhammer, Cambridge, Mass: The Belknap Press, 1987.

——, *Bread and Circuses: Historical Sociology and Political Pluralism*, trans. Brian Pearce, London: The Penguin Press, 1990.

Wacher, J. , *The Coming of Rome*, London: Routledge & Kegan Paul, 1979.

—— ed. , *The Roman World*, 2 vols. , London and New York: Routledge and Kegan Paul, 1987.

——, *Roman Britain*, 2nd edition, Stroud: Sutton Publishing, 1998.

——, *A Portrait of Roman Britain*, London: Routledge, 2000.

Wallace-Hadrill, A. ed. , *Patronage in Ancient Society*, London and New York: Routledge, 1989.

Watson, G. R. , *The Roman Soldier*, Ithaca: Cornell University Press, 1969.

Webster, G. , *The Roman Imperial Army of the First and Second Centuries A. D.* , 3rd edn, London: A & C Black, 1985.

——, *The Roman Invasion of Britain*, Revised edn. , London: Routledge, 1993.

Webster, J. , "'Interpretatio': Roman Word Power and the Celtic Gods", *Britannia*, 1995(26).

——, "Creolizing the Roman Provinces", *American Journal of Archaeology*, 2001(2).

Whitelock, D. , M. Brett, C. N. L. Brook eds. , *Councils and Synods with other Documents Relating to the English Church*, vol. I, part I, 871 – 1066, Oxford: Clarendon Press, 1981.

Whitelock, Dorothy ed. , *Anglo-Saxon Wills*, Cambridge, 1930.

Whitelock, Dorothy ed. , *English Historical Documents*, 2nd edn. vol. I, c, 500 – 1042, London and New York: Routledge, 2001.

Williams, Ann, G. H. Martin eds. , *Domesday Book: A Complete Translation*, London: Penguin Books, 2003.

Wittgenstein, L. , "Remarks on Frazer's Golden Bough", in James C. Klagge,

Alfred Nordmann eds. , *Philosophical Occasions 1912－1951*, Indianapolis：Hackett Publishing Company，1993.

Witts, P. , *Mosaics in Roman Britain：Stories in Stone*, Stroud, Gloucestershire：Tempus Publishing Limited，2005.

Woolf, G. , *Becoming Roman：The Origins of Provincial Civilization in Gaul*, Cambridge：Cambridge University Press，1998.

Yorke, Barbara, *Kings and Kingdom of Early Anglo-Saxon England*, London and New York：Routledge，2003.

Curse Tablets of Roman Britain, http://curses. csad. ox. ac. uk/.

Vindolanda Tablets Online, http://vindolanda. csad. ox. ac. uk/.

二、中文部分

《盎格鲁-撒克逊编年史》,寿纪瑜译,商务印书馆,2004 年。

《不列颠百科全书：国际中文版》,第 2 版,第 4 卷,中国大百科全书出版社,2007 年。

阿庇安：《罗马史》,谢德风译,商务印书馆,1997 年。

佩里·安德森：《从古代到封建社会的过渡》,郭芳、刘健译,上海人民出版社,2001 年。

比德：《英吉利教会史》,陈维振、周清民译,商务印书馆,1996 年。

哈罗德· J. 伯尔曼：《法律与革命——西方法律传统的形成》,贺卫方、高鸿钧、梁治平等译,中国大百科全书出版社,1983 年。

约翰·布莱尔：《盎格鲁-撒克逊简史》,肖明翰译,外语教学与研究出版社,2008 年。

程汉大：《英国政治制度史》,中国社会科学出版社,1995 年。

程汉大主编：《英国法制史》,齐鲁书社,2001 年。

程汉大、李培峰：《英国司法制度史》,清华大学出版社,2007 年。

法学教材编辑部《外国法制史》编写组：《外国法制史资料选编》,北京大学出版社,1982 年。

朱塞佩·格罗索：《罗马法史》,黄风译,中国政法大学出版社,1994 年。

唐纳德· R. 凯利：《多面的历史:从希罗多德到赫尔德的历史探询》,陈恒、宋立宏译,生活·读书·新知三联书店,2003 年。

凯撒：《高卢战记》,任炳湘译,商务印书馆,1979 年。

杰拉尔德·豪厄特主编：《世界历史词典》,简本,商务印书馆,1988 年。

霍普金斯：《征服者与奴隶》,闫瑞生译,陕西人民教育出版社,1993 年。

蒋孟引主编：《英国史》,中国社会科学出版社,1988 年。

李雅书选译：《罗马帝国时期》,上,商务印书馆,1985 年。

克莱顿·罗伯茨、戴维·罗伯茨、道格拉斯·R. 比松:《英国史　上册:史前—1714 年》,潘兴明等译,商务印书馆,2013 年。

M. 罗斯托夫采夫:《罗马帝国社会经济史》,马雍、厉以宁译,商务印书馆,1985 年。

马克、邓文宽、吕敏主编:《古罗马和秦汉中国——风马牛不相及乎》,中华书局,2011 年。

马克垚:《英国封建社会研究》,第 2 版,北京大学出版社,2005 年。

美国时代-生活图书公司编著:《巨舰横行　北欧海盗》(公元 800—1100 年),邓庆平译,山东画报出版社,2003 年。

梅特兰:《英格兰宪政史》,李红海译,中国政法大学出版社,2010 年。

孟广林:《英国封建王权论稿——从诺曼征服到大宪章》,人民出版社,2002 年。

肯尼恩·O. 摩根主编:《牛津英国通史》,王觉非等译,商务印书馆,1993 年。

钱乘旦、徐洁明:《英国通史》,上海社会科学院出版社,2002 年。

温斯顿·丘吉尔:《英语国家史略》,上,薛力敏、林林译,林葆梅校,新华出版社,1985 年。

屈勒味林:《英国史》,钱端升译,中国社会科学出版社,2008 年。

克里斯托弗·A. 斯奈德:《不列颠人:传说和历史》,范勇鹏译,北京大学出版社,2009 年。

苏维托尼乌斯:《罗马十二帝王传》,张竹明等译,商务印书馆,1995 年。

J. W. 汤普森:《历史著作史》,上卷,第一分册,谢德风译,李活校,商务印书馆,1996 年。

塔西佗:《阿古利可拉传　日耳曼尼亚志》,马雍、傅正元译,商务印书馆,1959 年。

——:《历史》,王以铸、崔妙因译,商务印书馆,1981 年。

——:《编年史》,王以铸、崔妙因译,商务印书馆,1981 年。

文庸、乐峰、王继武主编:《基督教词典》,修订版,商务印书馆,2005 年。

韦格蒂乌斯·雷纳图斯:《兵法简述》,袁坚译,解放军出版社,1998 年。

戴维·M. 沃克:《牛津法律大词典》,邓正来译,光明日报出版社,1988 年。

薛波主编:《元照英美法词典》,法律出版社,2003 年。

大卫·休谟:《英国史 I:罗马-不列颠到金雀花王朝》,刘仲敬译,吉林出版集团有限责任公司,2012 年。

迈克尔·V. C. 亚历山大:《英国早期历史中的三次危机:诺曼征服、约翰治下及玫瑰战争时期的人物与政治》,林达丰译,北京大学出版社,2008 年。

阎照祥:《英国政治制度史》,人民出版社,2012 年。

杨共乐:《罗马社会经济研究》,北京师范大学出版社,1998 年。

赵立行:《西方史学通史》,第三卷,复旦大学出版社,2011 年。

四 译名对照与索引

Z

后　记

　　本卷作者分工如下:宋立宏撰写第一篇"罗马不列颠";李家莉撰写第二篇"盎格鲁-撒克逊英格兰"第一至四章,张建辉撰写第二篇"盎格鲁-撒克逊英格兰"第五至八章。宋立宏统稿并做文字梳理,钱乘旦定稿并对部分内容和文字进行修改。